ドイツ借家法概説

Deutsches Mietrecht

藤 井 俊 二

ドイツ借家法概説
Deutsches Mietrecht

法律学講座 10

信 山 社

はしがき

　本書は、ドイツの現代における Raummietrecht 借家法制の全体像を概説的に紹介しようと試みたものである。

　筆者は、借地借家法の研究に専念してきた。その過程において、前著『現代借家法制の新たな展開』および『借地権・借家権の存続保護』（いずれも、成文堂刊）においてもそうであったが、わが国の借家法制に関する立法論、解釈論研究の一助として、ドイツ借家法制の紹介に努めてきた。このような研究活動の中で、縁あって、関西借地借家法研究会に参加してヨーロッパの借家法調査の後に、この研究会に関わりの深かった信山社社長袖山貴氏より本書の執筆を勧められた。筆者としても、鈴木禄弥先生の研究（「ドイツ法」有泉亨編『借地借家法の研究』（東京大学出版会、1958年）所収、『借地・借家法の研究Ⅱ』（創文社、1984年）所収）および広渡清吾先生の研究（「西ドイツの借地・借家制度」稲本洋之助他編『借地・借家制度の比較研究』（東京大学出版会、1987年）所収）以来、ドイツ借家法制の全容を著した著作は見当たらないので、非常に意義がある仕事であると思い、喜んで引き受けたのであった。

　ところが、ここで、言い訳を述べることを許していただけるならば、ご多分に洩れず、筆者が勤務する創価大学においても法科大学院が設立され、民法の唯一の研究者教員として授業を担当することとなり、当初はその負担にあえぐ状態であった。そのために、執筆が遅々として進まなかった。

　さらに、ドイツでは、後掲の「略語」に記しているように、Mietrecht について多くの大部なコンメンタールが刊行されているが、体系的な概説書は数が少なかった。その中でもドイツにおいて著名な Mietrecht の専門家であるフーベルト・ブランク Hubert Blank 判事が著している「賃貸借 Miete und Pacht〔第12版〕」（2005年）とブランク判事とベルシュティンクハウス Börstinghaus 判事共著のコメンタール „Miete"（C. H. Beck, 3. Aufl. 2008）を本書の底本とすることとした。すなわち、これらの書籍は、ポケットサイズではあるが700頁および1400頁のボリュームのあるもので、ドイツの借家

はしがき

法を余すところなく叙述していることと，著者のBlank判事は，大コンメンタール „Schmidt-Futterer, Mietrecht Kommentar" の編集をされ，さらに，ほかに „Mietrecht von A–Z" をいずれもC. H. Beck社から出版されており，信頼できる著者であると考えたからでもある（Blank判事の詳細な履歴，およびその業績については，hrsg. Börstinghaus/ Eisenschmid, Theorie und Praxis des Miet- und Wohnungseigentumsrechts, Festschrift für Hubert Blank zum 65. Geburtstag, 2006. を参照）。また，Börstinghaus判事は，ドイツ賃貸借法学会 Deutscher Mietgerichtstag の会長を務めているドイツにおける賃貸借法研究の第一人者である。

ところが，早く仕上げなければと焦るあまり，本書の一部は，Blankの著書の抄訳になっている部分もある。さらに，中断を繰り返して，執筆に足かけ9年もかかってしまった。まことに忸怩たる思いである。

しかし，この春休みに何とか時間を得ることができ，最後まで書き上げることができた。牛のごとく涎ばかり垂らしていて仕事の進まない筆者を特に急かせることもなく，暖かく見守っていただいた袖山社長に感謝するばかりである。

本文の中でも触れているが，ドイツでは，2013年に借家法制の改正があった。本書でもこの改正も取り込んだが，いかんせん急いだために十分に正確に記述できたかは，心許ない部分もあるが，できるだけドイツ法の最新の状況を反映した記述にしたつもりである。

もっとも，わが国では借地借家法の改正が議論されているわけではない現在において外国の借家法を紹介する意義がどこにあるかと問われるかもしれないが，なお解釈論において参考とすべき部分は多く，また将来の改正に備える必要もある，と考えた。例えば，借地権や借家権の対抗の問題について，わが国ではかつてのドイツ法学の理論に倣って状態債務論が説かれるが，既に筆者も指摘し，また大窪誠教授（東北学院大学）が精力的に検討しているように，ドイツでは現在主唱者のいない学説にわが国でも固執すべきかは問題であろう。このように，ドイツ法から学ぶべきものはまだまだ多いのではないであろうか。このように考えると，本書刊行の意義もあるのではないかと考えたしだいである。

はしがき

　さて，本書が成るについては，多くの方々の助力があったことを忘れてはならない。特に，筆者が 1996 年ドイツに留学した際の指導教授であったヴェルナー・メルレ Werner Merle 教授には深い感謝の意を表すものである。メルレ先生には，毎年 4 月ないし 5 月にベルヒテスガーデンで開催される「不動産制度の理論と実務のための連邦福音教会連盟」が主催する，賃貸借法専門家会議に 2000 年以来毎年招聘をしていただき，ドイツにおける賃貸借法の最新情報を獲得できる機会を与えてもらっている。

　この会議において，筆者は，先に挙げたフーベルト・ブランク判事のほかに，Wohnungswirtschaft und Mietrecht 誌の編集者であるノルベルト・アイゼンシュミット Norbert Eisenschmid 弁護士，フリーデマン・シュテルネル Friedemann Sternel 判事，ペーター・デァレーダー Peter Derleder 教授（ブレーメン大学），Münchener Kommentar の執筆者であるマーチン・ホイブライン Martin Häublein 教授（インスブルック大学）等の高名な賃貸借法の専門家と交誼を結ぶことができ，貴重な意見をいただける機会を得たことも，筆者にとって幸いであった。

　Ich danke Herrn Prof. Dr. Dr. hc. Werner Merle und dem Evangelischen Bundesverband für Immobilienwesen in Wissenschaft und Praxis e.V für die herzlichste Unterstützung meiner deutsche Mietrechtsforschung.

　また，小西飛鳥教授（平成国際大学）には，校正について助力をお願いした，記してお礼を申し上げる。

2015 年 3 月

著　　者

<略　語>

AG……Amtsgericht
BB……Betriebs-Berater（Jahr, Seite）
BGBl.……Bundesgesetzblatt
BGH……Bundesgerichtshof
BGHZ……Entscheidungen des Bundesgerichtshofs in Zivilsachen（Band, Seite）
Blank……Blank, Miete und Pacht, 12. Aufl. 2005
Blank/ Börstinghaus……Blank/ Börstinghaus, Miete Kommentar, 3. Aufl. 2008
BT-Drucks.……Drucksachen des Deutschen Bundestages
BverfG……Bundesverfassungsgericht
BVerfGE……Entscheidungen des Bundesverfassugsgerichts（Band, Seite）
DWW……Deutsche Wohnungswirtschaft（Jahr, Seite）
Emmerich/ Sonnenschein……Emmerich/ Sonnenschein Miete Handkommentar, 11Aufl. 2014
GE……Das Grundeigentum. Zeitschrift für die gesamte Grundstücks-, Haus- und Wohnungswirtschaft（Jahr, Seite）
JR……Juristische Rundschau（Jahr, Seite）
JZ……Juristen-Zeitung（Jahr, Seite）
KG……Kammergericht
Kossman/ Meyer-Abich……Kossman/ Meyer-Abich, Handbuch der Wohnraummiete, 7. Aufl. 2014
LG……Landgericht
MDR……Monatsschrift für Deutsches Recht（Jahr, Seite）
MM……Mieter-Magazin（Jahr, Seite）
Münchener Kommentar……Münchener Kommentar Zum BGB, 6. Aufl. Band 3, 2012
NJW……Neue Juristische Wochenschrift（Jahr, Seite）
NJW-RR……Neue Juristiche Wochenschrift Rechtsprechungsreport（Jahr, Seite）
NZM……Neue Zeitschrift für Miet-und Wohnungsrecht（Jahr, Seite）
OLG……Oberlandesgericht

略　語

OLGZ……Entscheidungen der Oberlandesgerichte in Zivilsachen einschließlich der freiwilligen Gerichtsbarkeit（Jahr, Seite）
PiG……Partner im Gespräch（Schriftenreihe des Evangelischen Siedlungswerkes in Deutschland e. V.）
RGBl.……Reichsgesetzblatt
RGZ……Entscheidungen des Reichsgerichts in Zivilsachen（Band, Seite）
Schmidt-Futterer……Schmidt-Futterer Mietrecht Großkommentar, 11 Aufl. 2013
Staudinger……Staudingers Großkommentar zum Bürgerlichen Gesetzbuch, 2006
Sternel……Sternel, Mietrecht, 3. Auf. 1988
Sternel aktuell……Sternel, Mietrecht aktuell. 3. Aufl. 1996
VersR ……Versicherungsrecht（Jahr, Seite）
WuM……Wohnungswirtschaft und Mietrecht（Jahr, Seite）
ZMR……Zeitschrift für Miet- und Raumrecht（Jahr, Seite）

　＊BGBの条文の本文は，条数の後に適宜翻訳し，亀甲括弧の中に示した。
　　Mieteに関する全ての条文の翻訳については，龍谷法学34巻4号から35巻4号まで連載された，関西借地借家法研究会訳「ドイツ賃貸借改正法新旧対照仮訳(1)～(5)」を参照されたい。

目　次

はしがき

第 1 編　序 … 3

第 1 章　ドイツ賃貸借法の展開概観 … 3
- 第 1 節　ドイツ民法典制定まで … 3
- 第 2 節　第 1 次世界大戦 … 3
- 第 3 節　第 2 次世界大戦の終了時まで … 4
- 第 4 節　第 2 次世界大戦後 … 4
- 第 5 節　1971 年以降の賃借人保護の回復 … 6
- 第 6 節　2001 年の賃貸借法改正 … 7
- 第 7 節　2013 年の改正 … 7

第 2 章　ドイツ賃貸借法の構成 … 9
- 第 1 節　住居賃貸借 Wohnraummiete … 9
- 第 2 節　事業用空間賃貸借 Geschäftsraummiete … 9
- 第 3 節　混合空間賃貸借 Mischraummiete … 10

第 2 編　賃貸借契約の形成 … 13

第 1 章　賃貸借契約の成立 … 13
- 第 1 節　契約の交渉 … 13
    1. 賃借人の情報提供義務 … 13
    2. 賃貸人の情報提供義務 … 14
    3. 契約交渉の中絶 … 14
- 第 2 節　契約締結 … 15
    1. 合　意 Einigung … 15
    2. 書面方式による賃貸借契約 … 15

目　　次

　　　　　　　⑴　法定書面方式（*15*）
　　　　　　　　㋐　書面の内容（*16*）
　　　　　　　　㋑　延長契約（*16*）
　　　　　　　　㋒　署　　名（*16*）
　　　　　　　⑵　契約書面方式（*16*）
　　　第 3 節　定式賃貸借契約 Formularmietvertag……………………*17*
　　　　1　模範賃貸借契約 ……………………………………………*17*
　　　　2　定式契約に関する法原則 …………………………………*18*
　　　　　a　透明性の原則（*18*）
　　　　　b　不意打ち条項の禁止（*18*）
　　　　　c　不明確性の原則（*19*）
　　　　　d　顧客に敵対的な解釈（*19*）
　第 2 章　賃貸借目的物に関する合意――目的物の用法――　………*20*
　第 3 章　賃貸借期間に関する合意　……………………………………*22*
　　　第 1 節　通常の期間を定めた賃貸借契約　…………………………*22*
　　　　1　延長条項の付されていない期間を定めた賃貸借関係……*22*
　　　　　a　期間を定めた賃貸借関係を設定することができる
　　　　　　　場合（*22*）
　　　　　b　期間の定めのある賃貸借関係の終了（*23*）
　　　　　c　立証責任 Beweislast（*23*）
　　　　2　延長条項付の期間を定めた賃貸借関係 ……………………*23*
　　　第 2 節　BGB 575 条による定期賃貸借 Zeitmiete………………*24*
　　　　1　要　　件 ……………………………………………………*24*
　　　　　a　期間を定める利益（事由）（*24*）
　　　　　⑴　自己使用 Eigennutzung（BGB 575 条 1 項 1 段 1 号）（*25*）
　　　　　⑵　現代化 Modernisierung（BGB 575 条 1 項 1 段 2 号）（*25*）
　　　　　⑶　経営上の必要（*26*）
　　　　　b　期間を定める利益の通知（*26*）
　　　　2　賃借人の情報提供請求権および賃貸人の情報提供義務 … *27*

　　　　　a　情報提供請求権（*27*）
　　　　　b　賃貸人の情報提供義務（*27*）
　　　3　賃借人の延長請求権 …………………………………………… *29*
　　　　　a　期間を定める事由の発生の遅延および消滅（*29*）
　　　　　b　賃借人の延長請求権（*29*）
　　　4　定期賃貸借の終了 ……………………………………………… *30*
　　第3節　解約告知権放棄 …………………………………………………… *30*
　　　1　個別契約による合意 …………………………………………… *31*
　　　2　定式契約による合意 …………………………………………… *31*
　　　3　解約告知権放棄特約の効果 …………………………………… *32*

第4章　賃料に関する合意 …………………………………………………… *33*
　　第1節　賃料の意義 ………………………………………………………… *33*
　　　1　賃　　料 ………………………………………………………… *33*
　　　2　割増賃料 Zuschlag ……………………………………………… *33*
　　　　　a　転貸割増賃料 Untermietzuschlag（*34*）
　　　　　b　営業割増賃料 Gewerbezuschlag（*34*）
　　　　　c　家具設置割増賃料 Möblierungszuschlag（*34*）
　　　　　d　外国人割増賃料 Ausländerzuschlag（*34*）
　　　3　様々な金銭給付 ………………………………………………… *35*
　　　　　a　契約締結料 Vertragsabschlussgebühr（*35*）
　　　　　b　入居賠償金 Einzugspauschale および退去賠償金
　　　　　　Auszugspauschale（*35*）
　　第2節　賃料の最高限度額 ………………………………………………… *35*
　　　1　住　　居 ………………………………………………………… *35*
　　　　　a　経済刑法5条2項1段によって許容される賃料の
　　　　　　最高額（*36*）
　　　　　（1）地域において通常の賃料（*36*）
　　　　　（2）過大賃料額（*36*）
　　　2　事業用空間 Geschäftsraum ……………………………………… *37*

目　　次

　　　　　　a　良俗違反の法律行為（*37*）
　　　　　　b　締め付け契約 Knebelungsvertrag（*38*）
　　　　　　c　暴　　利（*38*）
　　　　　　d　効　　果（*38*）
　　　第3節　賃 料 保 証 ……………………………………………… *38*
　　　　1　住居賃貸借 ……………………………………………… *38*
　　　　　　a　傾斜賃料 Staffelmiete（*39*）
　　　　　（1）　意　　義（*39*）
　　　　　（2）　契約締結時において注意すべき点（*39*）
　　　　　　　ア）方　　式（*39*）
　　　　　　　イ）増加額の明示（*39*）
　　　　　　　ウ）賃料増額の時間的間隔（*40*）
　　　　　　　エ）傾斜賃料の合意と賃貸借期間に関する規定の
　　　　　　　　 関係（*40*）
　　　　　　　オ）傾斜賃料の額（*41*）
　　　　　　　カ）傾斜賃料合意の効果（*41*）
　　　　　　b　指数賃料 Indexmiete（*41*）
　　　　　（1）　意　　義（*41*）
　　　　　（2）　方式および内容（*42*）
　　　　　（3）　指数約款の作用（*42*）
　　　　2　事業用空間 ……………………………………………… *43*
　　　　　　a　指数約款（*43*）
　　　　　　b　連結約款 Spannungsklausel（*43*）
　　　　　　c　スライド条項（*43*）

第5章　運営費の分担額 ……………………………………… *44*
　　　第1節　運営費 Betriebskosten の概念 ………………………… *44*
　　　　1　一般的意義 ……………………………………………… *44*
　　　　2　個別的運営費 …………………………………………… *45*
　　　　　　a　土地の継続的公的負担（*45*）

　　　　　b　水供給費（*45*）
　　　　　c　排　水　費（*46*）
　　　　　d　排ガス装置を含めた集中暖房設備経費（*46*）
　　　　　e　燃料の供給費（*47*）
　　　　　f　独立営業体からの暖房供給費（*47*）
　　　　　g　階層暖房および個別部屋ガス暖炉の清掃および
　　　　　　　整備費（*48*）
　　　　　h　集中温水供給設備の運転費（*48*）
　　　　　i　湯沸かし器の清掃費および調整費（*49*）
　　　　　j　人用もしくは貨物用エレベーターの運転費用（*49*）
　　　　　k　道路の清掃費とゴミ除去費（*50*）
　　　　　l　建物清掃費および害虫駆除費（*50*）
　　　　　m　庭園手入れの費用（*51*）
　　　　　n　照　明　費（*52*）
　　　　　o　煙突掃除費（*52*）
　　　　　p　対物保険 Sachversicherung および責任保険
　　　　　　　Haftpflichtversicherung の費用（*52*）
　　　　　q　家屋管理人 Hauswart に関する費用（*52*）
　　　　　r　共同アンテナの使用費用（*53*）
　　　　　s　広帯域ケーブル網に接続した配分設備の運転費用（*53*）
　　　　　t　洗濯設備運転費（*54*）
　第2節　運営費分担の合意 ………………………………………… *54*
　　1　内容の明確性 ……………………………………………… *54*
　　2　包括運営費および運営費の前払い …………………………… *55*
　　　　　a　包括運営費（*55*）
　　　　　b　運営費の前払い（*55*）
　　3　運営費分担の基準 ……………………………………………… *58*
　　　　　a　法律上の基準（*58*）
　　　　　　（1）　居住面積による分担（*58*）
　　　　　　（2）　消費にしたがった分担（*58*）

　　　　　　　b　合意による分担基準（*58*）
　　　　　（1）合　　意（*58*）
　　　　　（2）契約形成の自由に対する限界（*59*）
　　　　　（3）公平の原則（*59*）
　　　　　（4）経済単位 Wirtschaftseinheit（企業，団体等）による分担（*60*）
　　　　　（5）居住用と事業用とが混合した利用がされている建物における費用分担（*61*）
　　　　　（6）分担基準変更に関する賃貸人の権利（*61*）
　　　　　（7）賃借人の分担基準変更請求権（*62*）

第 6 章　敷　金 Mietkaution ……………………………………… 63
　第 1 節　総　　説 ………………………………………………… 63
　第 2 節　敷金の種類 ……………………………………………… 63
　　1　現金による敷金 Barkaution ……………………………… 63
　　2　債権譲渡または債権質設定 ……………………………… 64
　　3　保　　証 …………………………………………………… 64
　　4　有価証券の質入れ ………………………………………… 65
　第 3 節　住居賃貸借における敷金 ……………………………… 65
　　1　敷金の最高限度額 ………………………………………… 65
　　2　履 行 期 …………………………………………………… 66
　　3　投資および利息 …………………………………………… 67
　　　a　投　　資（*67*）
　　　b　法的効果（*68*）
　　　c　投資義務の不遵守（*69*）
　　4　契約終了時における敷金 ………………………………… 69
　　　a　賃借人の返還請求権（*69*）
　　　b　時　　効（*70*）
　第 4 節　事業用空間賃貸借における敷金 ……………………… 70

第 7 章　美観修復 Schönheitsreparaturen および小修繕 ……… 71
第 1 節　美　観　修　復 ………………………………………… 71
1　美　観　修　復 ……………………………………………… 71
2　賃貸人の義務 ………………………………………………… 71
3　修繕義務の転嫁条項 ………………………………………… 72
4　賃借期間中に賃借人に美観修復実施義務を課す条項 …… 72
　a　有効な条項と無効な条項（72）
　b　修復条項 Renovierungsklausel（賃借人に美観修復義務を負わせる条項）の制限（72）
　c　美観修復の範囲の制限と拡張（73）
　d　修復期間（73）
　　(1)　通常の期間（73）
　　(2)　修復期間の合意（74）
　e　賃貸借期間中における賃貸人の請求権（74）
　　(1)　履行請求権および損害賠償請求権（74）
　　(2)　解約告知権限（75）
　f　契約終了時における賃借人の義務（75）
　　(1)　修復義務の履行期が到来している場合（75）
　　(2)　義務違反に対する責任（75）
　　(3)　適切な美観修復のための給付（76）
　g　給付に代わる損害の賠償請求（76）
　　(1)　期間設定（76）
　　(2)　美観修復給付に対する請求（77）
　　(3)　最終的な履行拒絶（77）
　　(4)　給付に代わる損害賠償（77）
　　(5)　損害賠償の範囲（77）
　　(6)　給付障害 Leistungshindernisse（78）
　　(7)　後継賃借人による美観修復の実施（78）
　　(8)　改　　築（78）
　　(9)　損害賠償請求権の時効（79）

目　　次

　　　　　　⑽　瑕疵のある美観修復（*79*）
　　　5　返還条項　Rückgabeklausel
　　　（賃借人に修復された住居の返還を義務付ける条項）………… 79
　　　　a　修復された住居を返還する義務（*79*）
　　　　b　入居可能な状態で住居を返還する義務（*80*）
　　　6　弁済条項（修復費用分担金支払いに関する賃借人の義務）… 80
　　　　a　効力要件（*80*）
　　　　b　分担の割合（*81*）
　　　7　賃借人が義務を負っていない美観修復を実施した場合… 82
　　　　a　瑕疵除去による費用請求権（*82*）
　　　　b　事務管理の規定による償還請求（*82*）
　　　　c　不当利得返還請求（*82*）
　　　　d　債務関係に基づく義務（*82*）
　第2節　小　修　繕 ……………………………………………… 83
　　　1　対象物の限定（*83*）
　　　2　個別の修繕費用の最高限度額（*83*）
　　　3　小修繕費用分担条項（*83*）
　　　4　損害除去義務条項（*84*）

第8章　入居規則　Hausordnung ……………………………… 85
　第1節　一方的に作成された入居規則 ………………………… 85
　　　1　中庭の使用 ……………………………………………… 85
　　　2　扉閉鎖時間 ……………………………………………… 86
　　　3　家屋の共用部分の清掃および冬季作業 …………………… 86
　　　4　家畜の飼育 ……………………………………………… 86
　　　5　騒音の禁止・静穏時間 ………………………………… 87
　第2節　合意によって成立した入居規則 ……………………… 88
　　　1　概　　説 ………………………………………………… 88
　　　2　不意打ち条項の禁止 …………………………………… 88
　　　3　個別的合意の優先 ……………………………………… 88

目　次

第3編　賃貸人および賃借人の権利・義務 …………………… 91

第1章　賃貸人の義務 ………………………………………… 91

第1節　賃貸借の目的物の委譲 Überlassung ……………… 91
　　1　鍵　の　委　譲 ……………………………………… 91
　　2　引渡しの時期 ………………………………………… 91
　　3　契約に則した状態 vertragsgemäßer Zustand ………… 92
　　　a　住居賃貸借 Wohnraummiete の場合（*92*）
　　　b　事業用空間賃貸借（*93*）
　　　c　公法上の規制に従った状態（*93*）
　　　d　技術的規範に従った状態（*93*）
　　　e　状態に関する黙示の合意（*94*）
　　　f　状態に関する合意がない場合（*95*）
　　　g　法律による競業禁止（*96*）
　　　h　契約による競業禁止（*98*）
　　　i　契約に反する状態で引き渡された場合（*99*）
　　　j　不　履　行（*99*）

第2節　使用維持義務 Gebrauchserhaltungspflicht …………… 100
　　1　賃貸人の保守義務 …………………………………… 100
　　　a　通　　路（*100*）
　　　b　機械および設備（*102*）
　　　c　冬季における保護行為（*102*）
　　　d　主張および立証責任（*103*）
　　2　修　繕　義　務 ……………………………………… 104
　　　a　損傷除去義務（*104*）
　　　b　健康に危険な状態（*104*）
　　　c　住居所有権付住居における住居所有権者共同体所有部分の瑕疵（*105*）
　　　d　修繕請求権の喪失（*105*）
　　　e　修繕義務と犠牲限度 Opfergrenze（*105*）

目　次

　　　　　　　f　費　　用 (*106*)
　　　2　修復義務および修繕義務を賃借人に転嫁する特約 …… *106*
　　　　　a　交通担保義務全体を転嫁する特約 (*106*)
　　　　　b　冬季における作業 (*106*)
　　　　　c　清掃義務 (*107*)
　　　　　d　保守義務 Instandhaltungspflicht (*107*)

第2章　賃借人の賃料支払義務 …………………………………… *109*

第1節　賃料債務の履行期 ……………………………………… *109*
　　1　賃料の支払期限 ……………………………………………… *109*
　　　a　民法上の規定 (*109*)
　　　　(1)　賃料の一括払い (*109*)
　　　　(2)　賃料の回帰的支払い (*109*)
　　　　(3)　仕事日 (*109*)
　　2　約　　款 ………………………………………………………… *110*
　　　a　適時性条項 Rechtzeitigkeitsklausel (*110*)
　　　b　取立権限方式 (*111*)
　　　c　借方記入権限 (*112*)

第2節　賃借人に個人的障害がある場合の賃料の支払い ……… *112*
　　1　使用障害 ……………………………………………………… *112*
　　2　費用の節約 …………………………………………………… *113*
　　3　代替賃貸（再賃貸 Weitervermietung）…………………… *113*

第3章　賃借人の使用権 Gebrauchsrecht …………………… *115*

第1節　賃借空間の形状 ………………………………………… *115*
　　1　修　復 Renovierung ………………………………………… *115*
　　2　設備品 ………………………………………………………… *115*
　　3　絨毯の敷かれている床 ……………………………………… *116*
　　4　建築的変更 Bauliche Änderungen ………………………… *117*

第2節　アンテナ ………………………………………………… *117*
　　1　ラジオ用およびテレビ用アンテナ ………………………… *117*

　　　　　a　共同アンテナが設置されていない建物（*117*）
　　　　　b　共同アンテナが設置されている建物（賃借人のパラボラアンテナを設置する権利）（*117*）
　　　　　c　広帯域ケーブルネットと接続している建物（外国人賃借人に関する特殊性）（*118*）
　　　　　d　賃貸人の指定権（*120*）
　　　2　無線電信アンテナ ………………………………………… *121*
第3節　家具および家庭電化品 ………………………………… *121*
第4節　利用者の行動 …………………………………………… *122*
　　1　清掃および冬季奉仕 ……………………………………… *122*
　　　　　a　賃借空間（*122*）
　　　　　b　共用空間（*122*）
　　2　一般的配慮義務 Obhutspflicht ………………………… *124*
　　3　家屋内の平和 Hausfriede の維持 ……………………… *126*
　　4　動物の飼育 ………………………………………………… *128*
　　　　　a　法律上の規制（*128*）
　　　　　　（1）小　動　物（*128*）
　　　　　　（2）犬および猫（*128*）
　　　　　　（3）危険な動物（*129*）
　　　　　　（4）野生動物の飼育（*129*）
　　　　　b　契約上の特約（*129*）
　　　　　　（1）動物飼育禁止条項（*129*）
　　　　　　（2）承諾留保付動物飼育禁止条項（*130*）
　　　　　c　動物飼育の承諾（*130*）
　　　　　　（1）承諾の付与（*130*）
　　　　　　（2）承諾の撤回（*131*）
　　　　　　（3）契約に反する動物の飼育（*131*）
　　5　職業的併用使用 berufliche Mitbenutzung と営業的併用使用 gewerbliche Mitbenutzung（*131*）
　　6　賃貸されていない家屋部分の使用（*132*）

目　次

第4章　瑕疵担保責任と賃貸人の検査権 Besichtigungsrecht … *135*
第1節　物的瑕疵の概念 …………………………………… *135*
1　瑕疵の概念 ………………………………………… *135*
2　建物の性状の瑕疵 ………………………………… *136*
3　公法による制限 …………………………………… *139*
4　環境瑕疵 Umweltfehler ………………………… *140*
5　重大な瑕疵 ………………………………………… *141*
第2節　保証された性状 …………………………………… *141*
1　性 状 保 証 ………………………………………… *141*
2　保証の対象 ………………………………………… *142*
第3節　権利の瑕疵 ………………………………………… *143*
1　権利の瑕疵の概念 ………………………………… *143*
2　使用の侵害の個別的事例 ………………………… *143*
　　a　二重賃貸借 Doppelvermietung（*143*）
　　　(1)　賃借人のうちの1人に住居を引き渡す前の法的状況（*143*）
　　　(2)　一方の賃借人に引き渡された後の法的状況（*144*）
　　b　転　　貸（*144*）
　　c　無権限者からの賃借（*145*）
第4節　賃借人の瑕疵通知義務 …………………………… *145*
1　瑕疵の通知義務 …………………………………… *145*
2　賃借物件の危険に関する通知義務 ……………… *146*
3　第三者の権利侵害に関する通知義務 …………… *147*
4　瑕疵通知の方式と期間 …………………………… *147*
5　通知義務違反の効果 ……………………………… *147*
　　a　損害賠償（*148*）
　　b　諸権利の喪失（*148*）
　　　(1)　賃料減額権限の喪失（*148*）
　　　(2)　BGB 536条a第1項による損害賠償請求権の喪失（*148*）

　　　　　　(3)　BGB 543 条 3 項 1 号による解約告知権の喪失（*149*）
　第 5 節　賃借人の賃料減額権 ……………………………………… *149*
　　1　賃料減額権の成立と消滅 ………………………………… *149*
　　2　減　額　の　額 ……………………………………………… *150*
　　3　減額の排除 …………………………………………………… *151*
　　4　賃借人の賃料支払留保権 ………………………………… *152*
　第 6 節　賃借人自ら瑕疵を除去する権利 ………………………… *153*
　　1　賃貸人が瑕疵除去を遅滞している場合（BGB 536 条 a
　　　第 2 項 1 号）………………………………………………… *153*
　　2　緊急行為 Notmaßnahmen（BGB 536 条 a 第 2 項 2 号）… *154*
　　3　迅速行為 Eilmaßnahmen ………………………………… *154*
　　4　瑕疵自主除去権と費用償還 ……………………………… *155*
　　5　前払請求権 …………………………………………………… *155*
　　6　住居所有権付住居賃貸借の場合の特則 ……………… *156*
　第 7 節　賃借人の損害賠償請求権 ………………………………… *156*
　　1　原始的瑕疵（担保責任）………………………………… *156*
　　2　瑕疵発生に帰責事由がある場合 ……………………… *157*
　　3　賃貸人の瑕疵除去の遅滞 ……………………………… *158*
　　4　損害賠償請求の範囲 ……………………………………… *158*
　　　a　損害賠償（*158*）
　　　b　費用の償還（*159*）
　　5　特　　　約 …………………………………………………… *159*
　第 8 節　賃借人の解約告知権 ……………………………………… *160*
　第 9 節　賃貸人の検査権 …………………………………………… *160*

第 5 章　第三者への使用の委譲 …………………………………… *162*
　第 1 節　配偶者またはその他の家族構成員の同居 ……………… *162*
　第 2 節　共同生活者 Lebensgefährte との同居 ………………… *162*
　第 3 節　転貸借 Untermiete ………………………………………… *163*
　　1　転貸借の概念 ……………………………………………… *163*

目　　次

　　　　2　転貸借の承諾 …………………………………………… 164
　　　　　a　承諾の付与（*164*）
　　　　　b　承諾の撤回（*165*）
　　　　　c　住居賃貸借の特則（*165*）
　　　　　　(1)　賃借人の承諾付与請求権（*165*）
　　　　　　(2)　賃貸人の利益（*166*）
　　　　　　(3)　賃料の増額（*167*）
　　　　　d　転貸借に対する承諾が拒絶された場合における賃借
　　　　　　人の解約告知権（*167*）
　　　　　　(1)　解約告知権の要件（*167*）
　　　　　　(2)　解約告知権の排除（*168*）

第6章　賃　料　増　額 ………………………………………… 169
　第1節　賃料増減額の合意 ………………………………………… 169
　第2節　事業用空間の賃貸借における賃料の一方的増額 ……… 169
　第3節　住居賃貸借における比較賃料 Vergleichsmiete システム
　　　　による賃料増額（BGB 558条）…………………………… 170
　　　1　増額の要件 …………………………………………………… 170
　　　　a　賃料改定の時間的間隔（*170*）
　　　　b　地域における通常の賃料 Ortsübliche Miete（*171*）
　　　　　(1)　地域において通常の賃料という概念（*172*）
　　　　　(2)　標準賃料表による算定（*172*）
　　　　　(3)　鑑定人による算定（*175*）
　　　　　(4)　賃料データバンク（*176*）
　　　　　(5)　賃料評価に関する個別問題（*177*）
　　　　c　増額限度 Kappungsgrenze（*179*）
　　　　　(1)　3年の期間の計算（*179*）
　　　　　(2)　増額の計算（*180*）
　　　　d　公的助成金（*180*）
　第4節　訴訟前における賃料増額の意思表示 …………………… 180

　　　　　　　　　　　　　　　　　　　　　　　　　目　　次

　　　1　方　　式 ……………………………………………… *180*
　　　2　理由付け ……………………………………………… *181*
　　　　（1）標準賃料表による理由付け（*181*）
　　　　（2）鑑定による理由付け（*181*）
　　　　（3）比較可能な住居の賃料による理由付け（*181*）
　　　3　所有者が交替した場合の賃料増額 ………………… *182*
　　　4　賃借人の同意 ………………………………………… *182*
　　　5　賃借人の解約告知権 ………………………………… *183*
　　　6　賃貸人の解約告知権 ………………………………… *184*
　　　7　賃貸人の増額請求権排除特約 ……………………… *184*
　第5節　現代化 Modernisierung による賃料増額 …………… *184*
　　　1　賃料増額の要件 ……………………………………… *184*
　　　2　分担可能な費用 ……………………………………… *185*
　　　3　増額の意思表示 ……………………………………… *185*
　第6節　運営費の改定 ………………………………………… *186*
　　　1　運営費包含賃料 Betriebskostenpauschale ………… *186*
　　　　a　運営費の上昇（*186*）
　　　　b　増額の意思表示（*186*）
　　　　c　増額の効力発生時期（*186*）
　　　　d　運営費の減額（*186*）
　　　2　運営費の前払い ……………………………………… *187*

第7章　運営費の決算 ………………………………………… *188*

　第1節　決算の内容 …………………………………………… *188*
　　　1　決算の時期 …………………………………………… *188*
　　　2　費用の種類の記載 …………………………………… *188*
　　　　a　内訳の分類（*188*）
　　　　b　経済性の原則（*189*）
　　　3　転嫁の基準 …………………………………………… *189*
　　　4　前払い ………………………………………………… *189*

　　　　　　　　　　　　　　　　　　　　　　　　　　　xxv

目　　次

　　　5　精算の説明 ………………………………………………… *189*
　第 2 節　精算の時期 ……………………………………………… *190*
　　　1　精算期限 Abrechnungsfrist …………………………… *190*
　　　2　精算期限を経過した後の精算の効果 ……………………… *190*
　第 3 節　賃借人の監督権（監視権）Kontrollrecht ……………… *191*
　　　1　資 料 閲 覧 ………………………………………………… *191*
　　　2　賃借人の異議主張期間 …………………………………… *191*

第 8 章　保存行為および現代化行為 ……………………………… *192*
　第 1 節　保存行為（BGB 555 条 a 第 1 項）…………………… *192*
　第 2 節　現代化行為とは ………………………………………… *193*
　　　1　エネルギー現代化 ………………………………………… *194*
　　　2　再生不可能第一次エネルギーの節約並びに気候保全
　　　　（BGB 555 条 b 第 2 号）…………………………………… *194*
　　　3　節　　水 …………………………………………………… *195*
　　　4　使用価値の上昇 …………………………………………… *195*
　　　5　一般的居住状況の持続的改善 …………………………… *196*
　　　6　賃貸人の責めに帰すことができない事由 ……………… *196*
　　　7　新たな住居の増築 ………………………………………… *196*
　第 3 節　賃貸人の現代化行為通知義務 ………………………… *197*
　第 4 節　現代化行為受忍義務 …………………………………… *197*
　　　1　受 忍 義 務 ………………………………………………… *197*
　　　2　苛 酷 事 由 ………………………………………………… *198*
　　　　⑴　現代化の時期（*199*）
　　　　⑵　賃借人の個人的事情（*199*）
　　　　⑶　建築の結果（*199*）
　　　　⑷　賃借人が先行して支出していた費用（*200*）
　　　3　苛酷の抗弁 ………………………………………………… *200*
　第 5 節　賃借人の特別解約告知権（BGB 555 条 e ）……………… *201*
　第 6 節　保存行為および現代化行為に関する合意 ……………… *201*

xxvi

第 7 節　賃借人の現代化に対する権利 ………………………… *201*
　　　　1　住居の改良 …………………………………………………… *201*
　　　　2　バリアフリー化 ……………………………………………… *202*
　　　　　　a　同意請求の要件（*202*）
　　　　　　　（1）必　要　性（*202*）
　　　　　　　（2）正当な利益（*202*）
　　　　　　b　追加的保証金（*203*）
　　　　　　c　効　　　果（*203*）
　　　第 8 節　コントラクティング Contracting ……………………… *204*

第 9 章　賃貸人の法定質権 ……………………………………… *205*
　　　第 1 節　被担保債権 ……………………………………………… *205*
　　　　1　賃貸借関係から生じた債権 ………………………………… *205*
　　　　2　満期となった債権 …………………………………………… *205*
　　　　3　将来の損害賠償債権 ………………………………………… *205*
　　　　4　将来の賃料債権 ……………………………………………… *205*
　　　第 2 節　質権の目的物 …………………………………………… *206*
　　　　1　物 ……………………………………………………………… *206*
　　　　　　a　有価証券（*206*）
　　　　　　b　賃借人の所有物（*206*）
　　　　　　c　譲渡担保（*206*）
　　　　　　d　所有権留保（*207*）
　　　　　　e　善意取得（*207*）
　　　　2　差押禁止物件 ………………………………………………… *207*
　　　第 3 節　法定質権の成立 ………………………………………… *207*
　　　第 4 節　法定質権の消滅 ………………………………………… *208*
　　　　1　不動産からの持ち出し ……………………………………… *208*
　　　　2　持ち出したにもかかわらず法定質権が存続する場合
　　　　　　（遮断権）………………………………………………………… *208*
　　　　　　a　賃貸人が持ち出しを知らなかった場合（*208*）

目　　次

　　　　　　b　賃貸人が持ち出しを知っていた場合（*208*）
　　　3　異議権の排除 …………………………………………… *209*
　　　　　　a　一般的異議排除要件（*209*）
　　　　　　b　経営上通常の持ち出し（*209*）
　　　　　　c　一般的に通常の持ち出し（*209*）
　　　　　　d　賃貸人にとって十分な担保（*210*）

第4編　賃貸借関係の終了 …………………………………… *211*

第1章　解約告知による賃貸借関係の終了 ……………………… *211*
　第1節　解約告知の意思表示に関する一般原則 ………………… *211*
　　　1　明　確　性 ……………………………………………… *211*
　　　2　解約告知期間 …………………………………………… *212*
　　　3　効力の生じない解約告知意思表示の転換 ……………… *212*
　　　4　解約告知の理由 ………………………………………… *212*
　　　5　書面方式 ………………………………………………… *213*
　第2節　解約告知の受領者 ………………………………………… *214*
　第3節　解約告知権者 ……………………………………………… *215*
　　　1　契約当事者 ……………………………………………… *215*
　　　2　代理人による解約告知 ………………………………… *215*
　　　3　代 理 条 項 ……………………………………………… *216*
　第5節　解約告知に対する信頼の保護と解約告知の撤回 ……… *216*
　第6節　賃貸人もしくは所有者の交替 …………………………… *217*
　第7節　解約告知による損害 ……………………………………… *218*
　　　1　賃貸人が解約告知をした場合 ………………………… *218*
　　　2　賃借人が解約告知をした場合 ………………………… *218*
　　　3　当事者双方からの解約告知 …………………………… *218*

第2章　解約告知期間のある通常の解約告知
　　　　Ordentliche befristete Kündigung ……………………… *219*
　第1節　解約告知期間 ……………………………………………… *219*

xxviii

　　　　　　　　　　　　　　　　　　　　　　　　　　目　　次

　　　1　事業用空間賃貸借 ……………………………………… *219*
　　　　a　狭義の事業用空間（*219*）
　　　2　住居賃貸借 …………………………………………… *220*
　　　　a　通常の賃貸借関係（*220*）
　　　　b　一時使用目的の住居賃貸借（*220*）
　　　　c　家具付住居の賃貸借（*221*）
　第2節　住居 Wohnraum の賃貸人による解約告知のための
　　　　解約告知理由 …………………………………………… *221*
　　　1　序 ……………………………………………………… *221*
　　　2　契約違反 ……………………………………………… *224*
　　　　a　契約上の義務の違反（*224*）
　　　　b　帰責事由（*224*）
　　　　c　個別事例（*225*）
　　　　　(1)　契約に反する使用（*225*）
　　　　　(2)　賃料支払いの遅滞（*225*）
　　　　　(3)　迷惑行為（*226*）
　　　　　(4)　主張・立証責任（*226*）
　　　3　自己必要 Eigenbedarf ……………………………… *227*
　　　　a　自己使用が認められる人的範囲（*227*）
　　　　　(1)　賃貸人自身の使用 Eigennutzung（*227*）
　　　　　(2)　世帯構成員（*228*）
　　　　　(3)　家族構成員（*228*）
　　　　b　使用の意図（*229*）
　　　　　(1)　使用もしくは委譲の意図の真剣さと実現性（*229*）
　　　　　(2)　使用・委譲の意図の喪失（*230*）
　　　　c　使用・委譲の利益（*230*）
　　　　d　許されない解約告知（*231*）
　　　　　(1)　他に空き家になっている住居があるにもかかわら
　　　　　　　ず解約告知をする場合（*231*）
　　　　　(2)　信義に反する解約告知（*232*）

目　　次

　　　　　　　（3）　過剰必要性（232）
　　　　4　他の経済的活用 …………………………………………… 233
　　　　　a　個別の要件（233）
　　　　　（1）　経済的活用の意図（233）
　　　　　（2）　適切な活用（234）
　　　　　（3）　賃貸借関係が活用の障害となること（235）
　　　　　（4）　著しい不利益（235）
　　　　　b　許容されない解約告知（236）
　　　　　c　より高額の賃料を獲得することを目的とする解約
　　　　　　告知（237）
　　　　　d　賃貸住居を住居所有権付住居に転換すること（237）
　第3節　解約告知の方式 ……………………………………………… 237
　　1　書　面　方　式 ………………………………………………… 237
　　2　解約告知理由の記載 …………………………………………… 237
　　3　個別の解約告知理由 …………………………………………… 238
　　　　a　賃借人の義務違反を理由とする解約告知（238）
　　　　b　自己使用の必要を理由とする解約告知（238）
　　　　c　経済的活用を理由とする解約告知（239）
　第4節　解約告知の要件が緩和されている場合 …………………… 240
　　1　賃貸人自ら居住する1家族または2家族用家屋内の
　　　住居の1戸を賃貸している場合 ……………………………… 240
　　2　緩和された解約告知の要件 …………………………………… 241
　　　　a　建物の概念（241）
　　　　b　賃貸人自ら居住していること（241）
　　　　c　2戸を越えない住居（242）
　　　　d　賃貸人自身が居住する住居内にある居住空間の
　　　　　場合（242）
　　3　解約告知期間 …………………………………………………… 243
　　4　解約告知の意思表示 …………………………………………… 243
　第5節　一部解約告知 ………………………………………………… 243

　　　　　　　　　　　　　　　　　　　　　　　　　目　　次

　　　1　序 ………………………………………………………… 243
　　　2　要　　件 ……………………………………………… 244
　　　　a　適 用 領 域（244）
　　　　b　解約告知の対象（244）
　　　　c　解約告知の目的（244）
　　　　d　解約告知の形式（245）
　　　　e　解約告知期間（245）
　　　　f　賃料の引き下げ Senkung, Herabsetzung（245）

第3章　特別の即時解約告知 ……………………………………… 247
　第1節　一般的解約告知理由 …………………………………… 247
　　　1　重大な理由 …………………………………………… 247
　　　　a　契約の基礎の破壊（247）
　　　　b　賃料の支払いの遅滞（248）
　　　　c　債務の履行拒絶（249）
　　　　d　侮辱，不快な中傷，誹謗，脅迫，暴力，住居侵入等
　　　　　（249）
　　　　e　住居所有権付住居への変換，現代化，売却等をきっ
　　　　　かけとする賃貸人との意見交換（250）
　　　　f　契約当事者を犯罪者として届け出ること（250）
　　　　g　不愉快な行状（250）
　　　　h　説明義務違反（250）
　　　　i　受忍義務違反（251）
　　　　j　賃貸人の契約違反（251）
　　　2　賃借物件の不引渡しもしくは剝奪（BGB 543条2項1号）… 251
　　　3　賃借物件の危殆化 …………………………………… 251
　　　　a　注意義務の懈怠（252）
　　　　b　賃貸人に無断で第三者に賃借物件の使用を委ねた
　　　　　場合（252）
　　　4　賃借人の賃料支払遅滞（BGB 543条2項3号）………… 253

xxxi

目　次

　　　　　　a　賃料の概念（*253*）
　　　　　　b　遅　　滞（*253*）
　　　　　　c　解約告知権の成立（*254*）
　　　　　　d　解約告知権の排除（*255*）
　　　　　　e　事後支払における解約告知の効力の喪失（*255*）
　　　　　　f　公的機関による賃料債務の引受けによる解約告知の
　　　　　　　効力の喪失（*255*）
　　　　　　g　賃料増額後における賃借人の解約告知保護（*256*）
　　　5　健康の危険 ………………………………………………… *256*
　　　6　家屋内の平穏の妨害 ……………………………………… *257*
　第2節　催　　告 ……………………………………………………… *258*
　第3節　解約告知の意思表示における理由付け ………………… *258*

第4章　法定明渡猶予期間付特別解約告知 ……………………… *260*
　第1節　賃貸人からの解約告知 …………………………………… *260*
　　1　賃借人が死亡した場合におけるその相続人に対する賃
　　　貸人の解約告知権 ………………………………………… *260*
　　2　BGB 563 条による死亡した賃借人の特別承継人に対す
　　　る賃貸人の解約告知権 …………………………………… *261*
　　3　30 年を超える期間を定めた賃貸借関係における賃貸
　　　人の解約告知権 …………………………………………… *261*
　　4　地上権が消滅した後の土地所有者の解約告知権 ……… *261*
　　5　強 制 競 売 ………………………………………………… *262*
　第2節　賃借人からの解約告知 …………………………………… *263*
　　1　賃借人の相続人の解約告知権 ………………………… *263*
　　2　死亡した賃借人の配偶者および家族構成員の解約告
　　　知権 ………………………………………………………… *263*
　第3節　賃貸借当事者が破産した場合における解約告知 ……… *263*
　　1　賃借人の破産 …………………………………………… *263*
　　2　賃貸人の破産 …………………………………………… *263*

目　　次

第5章　賃借人の保護 …………………………………… *264*
第1節　社会的条項による賃借人保護 ………………… *264*
　1　序 ………………………………………………… *264*
　2　要　件 …………………………………………… *264*
　　a　賃貸人の解約告知（*264*）
　　b　賃借人にとっての苛酷（*264*）
　　　(1)　代替住居の欠如（*265*）
　　　(2)　高齢者の場合（*267*）
　　　(3)　病気および障害（*268*）
　　　(4)　妊　娠（*268*）
　　　(5)　職業上の困難もしくは学業上の困難が生じる
　　　　場合（*268*）
　　　(6)　中間的転居（*269*）
　　　(7)　利益衡量（*269*）
　　c　解約告知に対する異議（*270*）
　3　異議の効果 ……………………………………… *271*
　　a　期間の定めのある賃貸借の継続（*271*）
　　b　契約条件（*271*）
第2節　明渡猶予期間 …………………………………… *271*
　1　判決による明渡猶予期間（*271*）
　2　和解による明渡猶予期間（*273*）
第3節　執行からの保護 ………………………………… *273*
　1　賃借人の苛酷事由 ……………………………… *273*
　　a　健康または生命の危険（*273*）
　　b　ホームレス化の急迫（*274*）
　　c　生活の危殆化（*274*）
　　d　中間転居の必要性（*274*）
　　e　救済を受けていない者（*274*）
　　f　妊　娠（*275*）

xxxiii

目　　次

　　　　2　賃貸人の利益 …………………………………………… 275
　　　　3　執行からの保護の申立 ………………………………… 275
第6章　賃貸借の合意解約による賃貸借関係の終了 ………… 277
　第1節　自由な合意による賃貸借解約契約
　　　　　Mietaufhebungsvertrag ……………………………… 277
　　　　1　契約の成立 ……………………………………………… 277
　　　　2　契約の内容 ……………………………………………… 277
　第2節　賃貸借解約契約の締結に対する賃貸人の義務 ………… 278
　　　　1　法律による賃貸借解約 ………………………………… 278
　　　　　a　契約解約に対する賃借人の正当な利益（278）
　　　　　b　後継賃借人 Nachmieter（代替賃借人 Ersatzmieter）（279）
　　　　　c　契約終了の時期（280）
　　　　　d　解約請求（280）
　　　　　e　後継賃借人の受け容れ請求（281）
　　　　　f　効　　果（281）
　　　　2　後継賃借人条項 ………………………………………… 281

第7章　賃借人の返還義務と使用継続による賃貸借関係
　　　　の延長 Verlängerung ………………………………… 282
　第1節　返還の方式 …………………………………………… 282
　　　　1　返還の時期 ……………………………………………… 282
　　　　2　占有の返還義務 ………………………………………… 283
　　　　3　鍵の引渡義務 …………………………………………… 283
　　　　4　住居に備え付けた物の収去義務 ……………………… 284
　　　　5　原状回復義務 …………………………………………… 284
　　　　6　返還義務の不履行および不完全履行 ………………… 285
　　　　　a　一部返還（285）
　　　　　b　一部明渡（285）
　　　　7　賃借人の損害賠償義務 ………………………………… 286
　　　　　a　損傷の原因（286）

xxxiv

　　　　b　損害賠償の額（*286*）
　第2節　返還義務不履行の場合における賃貸人の請求権 ……… *287*
　　1　不返還 Vorenthaltung とは ………………………………… *287*
　　2　使用利益の賠償額 ……………………………………………… *288*
　　　a　合意した賃料の額による利用利益の賠償（*288*）
　　　b　地域において通常の賃料額による使用利益の賠償（*288*）
　　　c　損害賠償義務の存続期間（*289*）
　第3節　使用継続による賃貸借関係の延長（黙示の延長）……… *289*
　　1　賃借人による使用の継続 …………………………………… *289*
　　2　異議の意思表示 ……………………………………………… *289*
　　3　異議の期間 …………………………………………………… *290*
　　4　法律効果 ……………………………………………………… *290*

第5編　住居所有者の交代 ……………………………………… *291*
第1章　総論的考察 ………………………………………………… *291*
第2章　要　　件 …………………………………………………… *292*
　第1節　住　　居 …………………………………………………… *292*
　第2節　賃貸借契約の存続 ………………………………………… *292*
　第3節　賃貸借終了後の所有権移転 ……………………………… *292*
　第4節　所有者と賃貸人が同一人であること …………………… *293*
　第5節　賃借人に住居の占有が委ねられたこと Überlassung … *293*
　第6節　所有権の譲渡 ……………………………………………… *295*
第3章　効　　果 …………………………………………………… *296*
　第1節　賃貸借関係に入り込むこと ……………………………… *296*
　第2節　賃貸借関係以外の法律関係 ……………………………… *296*
　第3節　個別問題 …………………………………………………… *297*
　　1　形成権 ………………………………………………………… *297*
　　　a　取消権（*297*）

目　次

　　　　　　　　b　解約告知権（297）
　　　　　2　賃貸人の請求権 …………………………………………… 299
　　　　　　　a　賃料請求権（299）
　　　　　　　b　賃貸人の損害賠償請求権（299）
　　　　　　　　(1)　賃借人の保護義務 Schutzpflicht 違反の場合（299）
　　　　　　　　(2)　賃借人の給付義務違反の場合（299）
　　　　　　　c　返還請求権（300）
　　　　　3　賃貸人の義務 …………………………………………………… 300
　　　　　4　賃借人の費用償還請求権 ……………………………………… 301
　　　　　5　賃貸人の保証責任 Bürgenhaftung ………………………… 301
　　　　　6　BGB 566 条と異なる特約の効力 …………………………… 302

　第 4 章　敷金 Kaution・賃貸借上の担保 Mietsicherheit の移転
　　　　　　　………………………………………………………………… 304
　　　第 1 節　序　　論 …………………………………………………… 304
　　　第 2 節　敷金に関する賃貸人の権利義務関係への入り込み …… 304
　　　第 3 節　敷金返還請求権 …………………………………………… 306

　第 5 章　所有権移転後における賃料債権の処分 ………………… 308
　　　第 1 節　譲受人に不利となる賃貸人による事前処分 …………… 308
　　　第 2 節　譲受人に不利となる賃貸人＝譲渡人と賃借人の法律行為
　　　　　　　………………………………………………………………… 308

　第 6 章　賃借人による相殺 ………………………………………… 310

第 6 編　賃借人が死亡した場合における権利の承継 ……… 311

　第 1 章　配偶者の承継権 …………………………………………… 312
　　　第 1 節　配　偶　者 ………………………………………………… 312
　　　第 2 節　共同の世帯 ………………………………………………… 312
　　　第 3 節　賃貸借関係 ………………………………………………… 313

　　　　1　賃貸借契約が最初から無効であった場合 ………… 313
　　　　2　賃貸借契約が取消し得るものである場合 ………… 313
　　　　3　賃借人死亡前の解約告知 ……………………………… 313
　　第4節　承継の効果 …………………………………………… 314
　　　　1　法定的特別承継 ……………………………………… 314
　　　　2　配偶者による承継 …………………………………… 314
　　　　3　承継の時点 …………………………………………… 315

第2章　生活パートナー Lebenspartner の承継権 ……………… 316

第3章　その他の者の承継権 ……………………………………… 317
　　第1節　配偶者と子とが同居していた場合 ……………… 317
　　第2節　子とのみ同居していた場合 ……………………… 317
　　第3節　賃借人が子と生活パートナーと共同の世帯を営んで
　　　　　　いた場合 …………………………………………… 317
　　第4節　配偶者も生活パートナーも承継しない場合 …… 317
　　第5節　その他の家族構成員 ……………………………… 318

第4章　承継の拒絶権限 …………………………………………… 319
　　第1節　拒絶の意思表示の方式および内容 ……………… 319
　　第2節　期　　間 …………………………………………… 319
　　第3節　承継拒絶の法律効果 ……………………………… 319

第5章　賃貸人の解約告知権 ……………………………………… 321
　　第1節　法定告知期間付特別解約告知権 ………………… 321
　　第2節　重大な理由 ………………………………………… 321
　　第3節　方式，期間 ………………………………………… 322

第7編　生存賃借人との賃貸借関係の継続 ……………………… 323

　　第1章　賃貸借関係の継続 ………………………………………… 323
　　　　第1節　継　続　権　者 …………………………………… 323

目　次

　　　第 2 節　継続の要件 ……………………………………………… *323*
　　　第 3 節　効　　果 ………………………………………………… *324*
　　　第 4 節　賃借人の特別解約告知権 ……………………………… *324*

第 2 章　賃貸借関係の承継または継続における責任
　　　　　（BGB 563 条 b） ……………………………………………… *325*

　　　第 1 節　承継人の責任 …………………………………………… *325*
　　　第 2 節　賃貸借関係から生じる債務 …………………………… *325*
　　　　1　外　部　関　係 ……………………………………………… *325*
　　　　2　内　部　関　係 ……………………………………………… *325*
　　　第 3 節　その他の債務 …………………………………………… *326*
　　　第 4 節　賃料の前払い …………………………………………… *326*
　　　第 5 節　賃貸人の担保提供請求権 ……………………………… *326*

第 8 編　相続人との賃貸借関係の継続 …………………………… *327*

　　　　1　相続人による賃貸借関係の承継 ………………………… *327*
　　　　2　相　続　放　棄 ……………………………………………… *327*
　　　　3　相続人による解約告知がされた場合 …………………… *328*
　　　　4　解約告知理由 ………………………………………………… *328*
　　　　5　解約告知の期日 ……………………………………………… *329*

　索　　引（*331*）

ドイツ借家法概説

第1編　序

第1章　ドイツ賃貸借法の展開概観

第1節　ドイツ民法典制定まで

　ドイツにおいては，民法典（以下，BGBという）の制定までは，普通法 gemeines Recht は，ローマ法にならって雇用契約と賃貸借を locatio conductio rei という上位概念に包摂していた．そこにおいては，物の賃貸借は純粋に債務法的に構成されていたから，例えば，賃貸物の譲受人は，譲渡人の賃貸借契約に拘束されなかった．すなわち，「売買は賃貸借を破る Kauf bricht Miete」の原則が適用されたのである．これに対して，プロイセン一般ラント法は，「売買は賃貸借を破らず」の原則を定めていた．

　BGBの第1草案は，ローマ法の原則を採用して「売買は賃貸借を破る」の原則であったが，第2草案において賃借人保護のために「売買は賃貸借を破らず」の原則に転換し，これが現行ドイツ民法典の原則となった．

　しかし，この規定は任意規定であったので，賃貸人組合作成の定式契約によって排除されるのが常であった．これが，後の戦時における破局をもたらしたといわれる．

第2節　第1次世界大戦

　第1次世界大戦の勃発当初は，住宅供給は過剰であったが，その後1916年頃より賃貸住宅建設数が著しく減少し，それは賃貸住宅供給の著しい不足と賃料の増額をもたらすこととなった．

　1914年12月15日の告示 Bekanntmachung（RGBl. 511）によって賃貸借合意官署 Mieteinigungsamt が設置されたが，決定権を有していなかったから，賃借人の保護の役割を果たさし得なかった．しかし，1917年7月26日の第1次賃借人保護令 Erste MieterschutzVo（RGBl. 659）によって，ラント中央官庁が，賃貸借和解官署に解約告知を無効と宣言する権限を与えることがで

きるようになり，状況は変化した．1918年9月23日の第2次賃借人保護令（RGBl. 1135）は，賃借人保護をさらに拡張して，この命令は，解約告知と賃料増額から賃借人を包括的に保護し，現存する住居を高権的に把握し，分配する賃貸借緊急法が誕生したとされる．

第3節　第2次世界大戦の終了時まで

1923年から，住宅市場の全国家的統制が1922年3月24日のライヒ賃料法 Reichsmietengesetz（RGBl. 273），1923年7月26日の賃借人保護法 Mieterschutzgesetz（RGBl. I 355）および1923年7月26日の住宅欠乏法 Wohnungsmangelgesetz（RGBl. I 754）に基づいて行われるようになった．しかし，国家的統制経済によって緊急に必要な住宅建設が少なからず促進されないという事実を認識した立法者は，1925年に，住居統制経済を緩和した．しかし，これと同時に意図されたBGBにおける賃貸借法の社会化が達成されていなかったから，1933年4月1日に住宅欠乏法を廃止し，ライヒ賃料法と賃借人保護法が1936年法（RGBl. I 371）によって改正された．

その後，多数の解約告知保護命令が発せられ，最終的には1942年12月15日に新たに賃借人保護法が公布された．1936年の価格ストップ令以来賃料に関する専門家にも理解不能な多数の命令が発せられた．また，住居の管理に関する多様な命令も再度導入されるようになっていった．

第4節　第2次世界大戦後

戦後の初期は住宅困窮状態から，住宅市場を自由の原則に委ねることはできなかった．それ故に，管理員会 Kontrollrat は，1946年3月8日のいわゆる住居法 Wohnungsgesetz を制定し，この法律によって住宅事情を把握して，住宅を分配することが可能となった．包括的な解約告知保護（1942年の賃借人保護法），全面的な価格統制および全住居の統制管理によって，賃貸借緊急法は，その発展において頂点に達したといわれる．しかし，その後は，住居建設の促進策，すなわち第2次住居建設促進法と連関する住居統制経済の解体が語られるようになった．第2次住居建設促進法は，2001年までの社会住宅建設の基礎となったといわれるものである．

第1章　ドイツ賃貸借法の展開概観

　この結果，1960年に新築住宅については広範囲に住居統制経済からの解放がなされることになったが，しかし，なお一部の地域では引き続いて賃料統制がなされていた．これに対して，旧築住宅については，賃借人保護法に基づく存続保護が以前と同様に適用され，また様々な連邦賃料法によって緩和された住居法および1936年の価格ストップに基づく住居統制経済が適用されていた．立法者は，1960年から住宅市場全体を国家的管理から自由競争状態に解き放つという目標を立てた．

　初めから問題のあった統計調査に基づいて，政府は，遅くとも1965年末には住宅市場は均衡を回復するという結論に達した．連邦政府は，この結論に基づいて，1960年から1965年までに社会的賃貸借法の導入と結合した住居統制経済の解体が正当化されると推論していた（いわゆるリュッケプラン Lücke-Plan）．このような考慮に基づいて，1960年6月23日の「住居統制経済の解体および社会的賃借権ならびに居住権に関する法律（BGBl. I 389)」が制定され，賃借人保護法は，1965年12月31日に失効するものとされた．しかし，その後人口の集中した中心都市については，失効時期が延期され，ベルリンについては1975年12月31日までとされた．また，賃料統制についても，ゆっくりと廃止され，ハンブルクとミュンヘンについては1974年末に，またベルリンについては1987年末にようやく廃止された．

　その後，賃料増額の制限は，1974年1月31日の住居拘束法 Wohnungsbindungsgesetz（BGBl. I 2166）に基づいていわゆる社会住宅についてのみ行われていた．

　住居統制経済の解体と平行して，社会的賃貸借法 Soziales Mietrecht が BGB に導入されることとなった．時間不足から，1960年の住居統制経済解体法は，最初は，いわゆる社会的条項 Sozial Klausel（BGB574条以下）のみを導入した．すなわち，賃貸人は，賃貸借期間の定めがないときは，特段の理由がなくとも自由に解約告知をすることができ，また期間の定めがあるときは，期間満了時に期間の延長を拒絶することができたのであるが，これらの解約告知・期間延長の拒絶が賃借人にとって苛酷となる場合には，賃借人は異議を述べて賃貸借の継続を請求することができるとしたのである〔いわゆる，苛酷条項〕．その後，1964年7月14日の第2次賃貸借法改正法（BGBl.

5

Ⅰ 457）によって，賃借人の地位は強化され，いわゆる不適切条項が禁止されるようになってきた．

第 5 節　1971 年以降の賃借人保護の回復

　1969 年の政権交代によって，連邦政府は，建築費の著しい上昇と結びついた住宅不足は，人口集中地域において耐え難い賃料の上昇をもたらしていると認識して，これらの地域において需要と供給の均衡が回復するまでは，賃借人保護を強化すべきであるとの結論に達した．そこで，連邦政府は，人口集中地域についてのみ一時的に解約告知と賃料増額から賃借人を保護する包括的な法案を連邦議会に提出した．しかし，その後，人口集中地域に適用領域を限定するのが極めて困難であることを理由に，この限定は行わないこととして，1971 年 11 月 25 日の「第 1 次住居賃貸借解約告知保護法 Wohnraumkündigungsschutzgesetz（BGBl. Ⅰ 1839）」と「1971 年 11 月 4 日の賃貸借法改正法 Mietrechtverbesserungsgesetz（BGBl. Ⅰ 1745）」が制定された．これらの法律によって，住居 Wohnraum の賃貸人は，住居に対する自己使用の必要性その他の正当な利益が具わらなければ，住居賃貸借契約を解約することができないことになり，また賃料増額を目的とする解約告知が禁止され，さらに比較賃料方式による賃料の増額方法が定められた．しかし，これらの法律は，住居賃貸借関係の法律状態が安定するまでの時限立法として，制定されたものであった．

　その後，賃貸借をめぐる法的紛争が減少したので，1971 年の立法が効を奏したと評価された．そこで，賃借人保護は恒久化されるべきと認識され，1974 年の「第 2 次住居賃貸借解約告知保護法（BGBl. Ⅰ 3603）」は，解約告知保護 Kündigungsschutz 規定を BGB の中に定着させ，恒久規定とした．さらに，1974 年 12 月 18 日の賃料増額規制法 Miethöheregelungsgesetz（BGBl. Ⅰ 3603）が新たに制定された．

　70 年代の末に，賃貸住宅建設が著しく減少するという現象に直面して，社民党 SPD・自民党 FDP 連立政権からキリスト教民主同盟＝キリスト教社会同盟 CDU・CSU・自民党 FDP 政権への政権交代を機に，賃借人保護を一定程度緩和する立法がなされた．すなわち，1982 年 12 月 20 日の賃貸住宅

供給増大に関する法律（BGBl I 1912）が制定されて、5年を超えない期間を定めた場合に期間の満了によって確実に終了する定期賃貸借 Zeitmiete の制度の導入と、傾斜家賃 Staffelmiete の特約を承認した．しかし、同時に、賃料増額についてはいわゆる増額限度 Kappungsgrenze を設けて、賃貸人による増額の可能性に限界を設けた（賃料額規制法2条1項3号）．

第6節　2001年の賃貸借法改正

連邦議会は、既に、1974年に連邦政府に対して細分化されている住居賃貸借法を利害関係者に理解しやすく、分かりやすい単一法に統合することを要請していた．そこで、1992年に専門家委員会が設置され、賃貸借法において改正が必要とされる問題点の精査が行われ、改正の提案がなされることとなった．1994年に専門家委員会は、『試験台上の住宅政策 Wohnungspolitik auf dem Prüfstand』（BT-Drucks. 13 [1994] 159）と題する報告書を公表したが、これに対しては特に賃借人団体からの激しい批判がなされた．そこで、連邦政府は、いわゆる「連邦・州作業グループ」を設けて、さらに改正作業を行い、1996年に『賃貸借法の新構成および簡素化に関する報告書』を公表した．その後、この報告書を基礎にして、新作業グループは、賃貸借改正法案 Entwurf eines Mietrechtsreformgesetzes（BT-Drucks. 14/4553）を作成した．この法案は、2001年夏に連邦議会で可決され、新賃貸借法（BGBl. I 1149）として、2001年9月1日に施行されたのである．この改正によって、存続保護に関する規定がBGBの中に置かれているのに対し、賃料に関して民法外の賃料額規制法によって規制するという2本立ての複雑な法状況が、解消されることになった．

第7節　2013年の改正

周知のように、2011年にわが国の東京電力福島第一原子力発電所で生じた大規模事故に影響されて、ドイツでは2011年夏に連邦政府は、建物のエネルギー節約措置を行うことを決定した．2009年に、既に、キリスト教民主同盟＝キリスト教社会同盟と自民党の連立政権は、連立協定の中で所有者と賃借人の共同の利益のためにエネルギー改善のために賃貸借法を改正する

第 1 編　序

ことを合意していた．

　連邦政府は，2050年までに殆どの住宅が温室効果ガスを発生させない気候中立的 klimaneutral な建物になっているという目標を掲げた．このことは，一次エネルギー消費を2050年までに80％までに減少させ，エネルギー改善措置を1％から2％に増加しなければ達成されないとされた．

　気候中立的な建物に賃貸建物を改造することを促進するために，賃貸借法は改正されて，2013年3月18日に公布され（BGBl. 2013 I, 434），同年5月1日から施行されている．この改正法では，賃借人の建物現代化行為および補修を受忍すべき義務に関する規定（BGB 554条，555条a から 555条 f まで）が改正された．また，エネルギー現代化行為をする刺激を賃貸人に与えるために，賃借人の賃料減額請求権に関する規定を制限した（BGB 536条）．また，第三者が営業的に暖房および温水の供給するシステム，すなわち，コントラクティング Contracting に関する規定（BGB 556条 c）が設けられた．

　その他に，敷金 Kaution（BGB 569条），賃料増額（BGB 558条），解約告知禁止期間（BGB 577条 a）について改正がされている．

　＊第1節から第6節までの記述は，Emmerich, Staudinger, Vorbemerkung zu §535 Rn. 1-16 に依拠し，第7節の記述は，Derleder, Die Duldungspflicht des Mieters nach neuem Recht, insbesondere bei Maßnahmen der Modernisierung mit energetischem Anspruch, PiG 95, S.1f; Börstinghaus/ Eisenschmid, Arbeitskommentar Mietrechtsänderungsgesetz, 2013, S. 1. に依拠している．

第 2 章　ドイツ賃貸借法の構成

　賃貸借法は，BGB 535 条から 580 条 a までにおいて規定されている．そして，住居 Wohnraum の賃貸借とその他の物〔すなわち土地 Grundstück，事業用空間 Geschäftsraum および動産〕の賃貸借は区別される．住居賃貸借については，多数の賃借人保護規定が置かれているが，他方その他の賃貸借関係においては契約を形成するについて当事者の自由が働く余地が広く認められている．BGB では，535 条から 548 条までは全ての賃貸借関係に適用されるものであり，549 条から 577 条 a までが特に住居賃貸借に適用され，578 条から 580 条 a までが住居以外の賃貸借関係に適用される．

第 1 節　住居賃貸借 Wohnraummiete

　住居賃貸借とは，居住の目的で賃貸された空間 Raum に関する賃貸借関係をいう．まず，当事者間でなされた合意が，住居賃貸借であるとする認定の基準となる．空間が，賃借人自身の居住の必要性および（または）賃借人の家族の居住の必要性を満足させるために賃貸される場合には，住居賃貸借であるといえる．すなわち，賃借人が空間を住居として使用する場合である．賃借人が職業的活動を日常的に住居の中で行う場合，例えば，著述家や精神科学者が仕事をしている場合，あるいは教員が授業の準備をする場合も，住居賃貸借である（Blank/ Börstinghaus §535 Rn. 13）．

　賃借人が，自ら空間内に居住する必要はない．別居している配偶者または離婚した配偶者のために賃借する者も，家族の居住の必要性を満足させるために賃借している者として取り扱われる．他所で修学している子のために部屋を賃借する場合も同様である（Blank/ Börstinghaus §535 Rn. 14）．

第 2 節　事業用空間賃貸借 Geschäftsraummiete

　事業用空間とは，居住以外の目的で賃貸された空間全てをいう（例：店舗，倉庫，事務所，病院，工場，ガレージ等）．ここでも基準となるのは，実際の利用状態ではなく，合意された目的である．すなわち，賃借人が事後的に

利用の種類を変更していた場合でも，契約において定められた利用の性質が，基準となるのである．契約の目的は，多くの場合，例えばガレージが賃貸されたような場合には空間の性質によって定まる．空間が，居住用にも事業用にも利用できる場合には，当事者が合意した空間の利用目的が基準となる．

転貸またはその他の方法で第三者に使用を委ねることを契約目的とする場合も，事業用空間賃貸借とされる．この場合には，賃借人が転貸から収益を得るか（営業的中間賃貸借 gewerbliche Zwischenmiete），あるいは利他主義的理由もしくはその他の理由から第三者に低廉な対価もしくは無償で空間を第三者に委ねているかは基準とならない．基準となるのは，賃借人もしくはその家族に代わって第三者がその空間を住居として使用するか否かである（Blank/ Börstinghaus §535 Rn. 19-21）．

第3節　混合空間賃貸借 Mischraummiete

賃借人が契約上の合意によって空間を居住用にも事業用にも使用する目的をもって使用する場合を混合空間賃貸借という．その際，賃借人が空間の特定部分を専ら事業のために使用し，他の部分を居住用に使用しているか，あるいは空間全体を居住用にも事業用にも使用しているかということは，基準とはならない（例：事業者の住居付飲食店）．住居をガレージとともに賃借した場合，または賃借人が空間の一部に自ら居住し，他の部分を転貸する場合も，混合空間賃貸借といえる（Blank/ Börstinghaus §535 Rn. 23）．

混合空間賃貸借の場合には，住居賃貸借に関する規定か，事業用空間賃貸借に関する規定か，いずれか一方が適用される．居住目的に使用されている空間には住居賃貸借法を適用し，他の空間には事業用空間賃貸借法を適用するということ〔混合空間賃貸借の分裂〕は，認められない（BGH WuM 1986, 274）．

賃貸借関係の重点が，居住と事業のいずれに置かれているかが，問題である．ここでは，まず，当事者の意思が基準となる．すなわち，どのように賃借人が目的物を利用するか，およびどのような種類の利用を念頭に置いていたかが基準となるのである（BGH WuM 1986, 274）．居住用の面積と事業用の面積との比率や賃料の比率は，単に間接証拠でしかないとされる．もっとも，

疑わしい場合には，賃借人保護のために住居賃貸借と認められ，また，居住目的と事業目的が同等の価値を有する場合には，住居賃貸借と認められる（Blank/ Börstinghaus §535 Rn. 25; Volker Emmerich, Emmerich/ Sonnenschein §535 Rn. 10, 11）。

第2編　賃貸借契約の形成

第1章　賃貸借契約の成立

第1節　契約の交渉

　通常，賃貸借契約締結の前に，まず賃借空間を見ることから始まる．そして，賃貸借の利害関係人のイメージに物件が合っていた場合に，当事者は契約交渉にはいるのであるが，ドイツ民法では，この時点で既に当事者間に債務関係が生じたことになる（BGB 241条2項，311条2項）．したがって，この時点から各当事者は説明義務と配慮義務を負うことになる．

1　賃借人の情報提供義務

　賃借人は，BGB 241条2項によって，その人的関係および財産状態に関する許された質問に事実通りの回答をする義務がある．しかし，賃貸人は，質問をする際に憲法上の基準を遵守しなければならないことはいうまでもないとされる．すなわち，憲法上，何人も人格の自由な発展に対する権利を有するから（基本法Grundgesetz 2条1項），情報に関する自己決定権もあると解されるのである．つまり，個人情報を開示し，使用することを決定する自由が個人の権利として存在すると解されるのである．この基本権は，官庁に対してのみならず，民法領域でも尊重されるべきだとされる．したがって，賃貸人は，賃借人の回答に対して正当，公平な価値がありかつ保護に値する利益を有する質問のみをすることができる．

　質問が許される場合としては，賃貸人が，賃借人の使用者に質問をする場合があげられる．多くの場合，賃借人の収入の源泉が労働関係にあるからである．賃借人に直接収入状況を質問することもできる．また，賃貸人が，既婚者に賃貸することにのみ利益を有するときは，家族状況についても質問することができる．ドイツでは，教会が，住宅企業を経営して場合があるが，教会構成員に住宅を供給するのが目的であるときは，信教についても質問を

13

することができる．

　許されない質問は，以前の賃貸借関係に関する質問，住居の移転の理由に関する質問，賃借人組合の組合員かどうかについての質問，妊娠に関する質問等である．

　憲法裁判所は，心神耗弱による行為能力の制限については賃借人は開示しなくてもよいと決定している（BVerfG NJW 1991, 2411）．

2　賃貸人の情報提供義務

　賃貸人も賃貸物件に関する賃借人の質問に正確に回答する義務を負っている．特に，運営費用 Betriebskosten の額について問題となる．賃貸人は賃借人の具体的な質問には具体的に答えなければならない．

　契約締結に際して付随費用の前払いを賃貸人と合意した場合に，実際に発生した額が低額であり，しかも前払い額を明らかに下回っていたとしても，賃貸人は，義務違反をしてはいないとされる（BGH NZM 2004, 251）．賃貸人が，賃借人に賃料の負担額について錯誤を生じさせて賃貸借関係の設定を誘引するために，運営費の適切さを明確に保証し，運営費を意識的に少なめに算定したという特別の事情がある場合には，義務違反があると解されている．

　賃貸人が予測されるべき運営費の負担について過失によって誤った情報を提供した場合にも，義務違反があり，この義務違反を理由に賃借人は，BGB 543条1項によって賃貸借契約を解除できる．また，賃貸人は損害賠償義務を負うこととなる．

3　契約交渉の中絶

　各当事者は，最終的な合意するまでは契約締結を断念することができる．しかし，例外的に契約交渉を中絶した場合には，損害賠償義務を発生させる場合がある．すなわち，交渉状態から契約締結が確実であった場合に，一方の当事者が契約の成立を信頼して支出をなし，交渉の相手方が正当な理由なく契約締結を拒絶した場合には，損害賠償義務が発生する（Blank, S. 7-10）．

第1章　賃貸借契約の成立

第2節　契約締結

1　合　意　Einigung

賃貸借契約は，口頭による合意でも契約書面に署名することによっても成立するのが原則である．

2　書面方式による賃貸借契約

ドイツでは，BGB 550条の適用される「法定書面方式」と，適用されない「契約書面方式」がある．

(1)　法定書面方式

BGB 550条は，1年を超える期間を特約する賃貸借の場合には，書面によって契約を締結することを要求している．この書面は，法定書面方式であると解されている．法定書面は，書面作成者の自筆による署名もしくは公証人によって公証された非識字者の署名に代わる記号が存していなければならない．当事者の署名は，契約においては同一書面になされなければならない（BGB 126条）．ただし，書面方式を遵守しなかった場合に，契約が効力を生じなくなるのではなく，最初の1年の期間経過後において賃貸借関係の解約を告知することができるようになるのである．

本規定は，当事者が軽率に契約を締結することを回避することを目的とするのではなく，不動産の取得者の利益の保護を目的としている．すなわち，「売買は賃貸借を破らない」の原則をBGBがとっているから，取得者は，賃貸不動産所有権を取得した時から，賃貸借契約に拘束されることになる．そして，賃貸借期間が長期であれば，取得者はさらに強く拘束されるのであるから，長期の賃貸借の合意内容について信頼性の高い情報が必要とされる（Blank/ Börstinghaus§550 Rn. 2)．

法定書面方式と認められて，550条が適用されるのは，例えば，契約が1年以上の期間を定めて締結され，賃貸人が1年を経過する前には賃貸借関係を解約告知することができない場合や賃貸人の通常の解約告知権を1年を超えて排除する特約がなされる場合等である．

第2編　賃貸借契約の形成

㋐　書面の内容

まず，書面に当事者が明確に記されていなければならない．

書面における契約内容の明確性が要求され，特に少なくとも，負担する給付の目的物，賃料および期間が確定できるものでなければならない（BGH NJW-RR 1990, 270）．また，契約書面には全ての契約条件が記載されていなければならない．当事者が書面によって合意した約定以外に口頭でも特約をしていたことが確認された場合には，1年の期間が経過した後に契約全体を解約できることになる．

ただし，口頭の特約が書面上の合意を説明するものであったり，具体化するものであった場合は，この限りではない．さらに，賃借物件の利用を具体的に説明する入居規則や契約書に添付される運営費の一覧表もこれに含められる．

契約書における個別の合意は，普通取引約款よりも優先する地位を与えられる（BGB 305条b）．

契約条件は，原則として，単一の書面に記載されるべきである．契約書が複数の証書から成る場合には，それら一組に纏めることが必要である．関連する書類が当事者の署名のある書面と一緒に綴られている場合には，署名のある書面と関連文書を分離する必要があるとされる．

㋑　延長契約

書面による賃貸借契約が，期間を定めて延長されるべき場合には，延長契約が賃貸借契約当事者によって署名されており，その書面上に最初の賃貸借契約が引用されているときは，書面方式を遵守したことになる（BGH NJW-RR 1988, 201）．最初の賃貸借契約書と延長契約書を物理的に綴り合わせることまでは要求していない（BGH NJW 1964, 1851; BGHZ 52, 25）．

㋒　署　　名

契約書に当事者が自筆で署名するか，または公証人によって公証された記号で署名されなければならない（BGB 126条）．

(2)　契約書面方式

当事者の合意で書面方式による契約がなされた場合も，BGB 550条による法定書面方式に関する要件と同様の要件が適用される．ただし，手紙や電

報の交換によって合意が成立する場合も，書面方式を選択したものと解される点が（BGB 127条2段），法定書面方式と異なる．ファックスによる場合も，電報による場合と同視される（Blank, S. 12-22）．

第3節　定式賃貸借契約 Formularmietvertrag

　賃貸借契約が契約のひな型を用いて締結されることがある．特に，住居賃貸借において多いといわれる．特に一般的に用いられるひな型は存在せず，連邦司法省が作成した「模範賃貸借契約 Mustermietvertrag」（Beil. BAnz. Nr. 22）は，一般的に用いられているものではない．公益的住宅企業の連合体において編成されている賃貸人は，上位機関が作成した模範契約を用いる．私的な賃貸人は，司法省の「模範賃貸借契約」，またはその地域における家屋・土地所有者団体もしくは営業的に提供する者が編集した契約ひな型を用いている．

　ドイツ借家人組合も賃借人に好意的な賃貸借法を基礎にした模範契約を用意しているが，この模範契約は，実務においてその役割を果たしていないという．その理由は，次の点にある．すなわち，住居賃貸借の場合に，もっぱら賃貸人が模範契約の使用者として現れ，その結果，賃貸人の利益に相応する約款のある契約のひな型が用いられることになるからである．

　模範契約の解釈に関しては，BGB 305条から310条までの消費者保護に関する規定が適用され．これによって，消費者（賃借人）は不利な約款から保護されることになる．また，模範契約における約款は，消費者保護規定に反する場合が少なくないといわれる．

1　模範賃貸借契約

　普通取引約款とは，契約の多数について契約当事者の一方（約款使用者）が当事者の他方に対して契約締結に際して提示する事前に定式化された契約約款の全てをいうと定義される（BGB 305条）．すなわち，著しく多量に作成され，不特定の多数の場合について使用に供されることが想定される印刷された定式契約が，典型的なものである（BGH NJW 1991, 843）．

　これに対して，当事者間で交渉して定めた約定（交渉された約款 Ausgehandelte Klausel）は，普通取引約款ではない（BGB 305 条 3 段）．約款使用者が誠実に準備し，相手方が契約条件に影響を与えることができる約款は，交渉して定めた約款と認められる（BGH NJW 1988, 410）．

個別具体的な場合に合わせて作成された契約条項を「個別的合意 Individualvereinbarung」という．この合意は，常に，普通取引約款よりも優位に取り扱われる（BGB 305 条 b）．書面でなされた合意か，口頭の合意かは問題とならない．書面による合意のほかに口頭による合意があるか否かについて争いが生じたときは，口頭の合意に基づいて権利を有すると主張する者が立証責任を負う．

2　定式契約に関する法原則

a　透明性の原則

定式契約は，明確であってかつ理解しやすいものでなければならない（BGB 307 条 1 項 2 段）．この原則は個別の約款の作成について適用される．各契約当事者の権利義務は，可能な限り明確に，分かりやすく，欠落なく定められていなければならない（BGHZ 112, 115）．また，個別の約定は，可能な限り，法的な教育を受けていない平均的市民が理解できるように書かれていなければならない（BGHZ 112, 115, 119）．例えば，約款が契約書上に印刷されていない法律規定を参照するように指示している場合は，透明性が欠けていることになる（OLG Schleswig NJW 1995, 2858）．不明確もしくは分かり難い約款は，無効である（BGB 307 条 1 項）．

b　不意打ち条項の禁止

諸事情，特に契約の外見に照らして，約款使用者の相手方がその約款をあらかじめ計算に入れておく必要がない程に異常な約款は，契約の構成部分にはならない（305 条 c 第 1 項）．基本的基準は，不公平ではなく，異常さおよびそれによる意想外的要因，すなわち不意打ち的効果である．ここでは，具体的な契約当事者の個別的能力ではなく，平均的賃借人の経験の範囲が基準となる（BGH NJW 1995, 2637）．約款が太字で印刷されもしくは目立つ文字で明確に強調されている場合，または約款使用者が契約締結前にその約款を特に指示していた場合には，意想外的要因は，存しないとされる（BGH

NJW 1996, 191).

 c 不明確性の原則

 普通取引約款の解釈について生じた疑念は，約款使用者の負担に帰するという，不明確性の原則（BGB 305条c第2項）は，約款が多様に解釈することができる場合にも適用される．このような約款の内容は，約款使用者の相手方に有利になる解釈に従って確定される．

 d 顧客に敵対的な解釈

 定式約款の解釈については「顧客に敵対的な解釈」を行うのが原則である．すなわち，顧客に不利になる解釈論によって約款が解釈され，その解釈によれば約款が顧客に妥当ではない不利益をもたらすときは，その約款は無効である（Blank, S. 23-28）．

第2編　賃貸借契約の形成

第2章　賃貸借目的物に関する合意
―目的物の用法―

　賃貸借契約において用法が定められたときは，合意された用法に従って賃借人は賃借物を使用することができることになる．他方において，賃借物もこの使用に適した状態になければならない．そうでなければ，瑕疵があることになる．

　明示的に合意され，または黙示的に前提とされた契約目的を，賃借人は，一方的に変更することができないから，例えば，住居が賃貸された場合には，その空間を営業的に利用することはできない．また反対に，営業目的で賃貸された空間を住居として利用することもできない．

　住居賃貸借関係と認められるべき混合賃貸借関係では，個別的に，①賃借人に営業的利用が単に許され，または賃借人の意思に任されていた否か，または，②最初から混合利用が契約上の合意の中に含まれていたか否かが基準となる．

　①の場合には，賃借人は営業的利用を止めて，空間全体を居住目的に利用することができる．

　②の場合には，最初の利用方法を変更することができない．営業的利用のために居住目的を放棄することは，いずれの場合においても，することができない．

　事業の拡大や転換することは，許されないわけではなく，個別の事情を考慮すると賃貸人にそのような変更を認容することを請求できるか否かが基準となる．請求可能性については，当事者の利益を衡量して決定されるべきであるとされ，賃貸人の利益としては，次のような事由が考慮される．すなわち，空間の損耗がより大きくなること，共同賃借人に対する侵害，他の賃借人からの競業保護請求，不動産の価格に対する影響または新規に賃貸する機会の減少である．賃借人の利益としては，特にその経営の拡大に対する経済的利益があげられる．事業の拡大が生存のために必要とされる場合には，特に重い利益があると認められる（OLG Düsseldorf NJW-RR 1996, 467）．合意さ

れていた契約目的と全く異なる性質の利用については，賃貸人は，認容する必要はない（Blank, S. 48-50）．

第2編　賃貸借契約の形成

第3章　賃貸借期間に関する合意

　賃貸借関係は，期間を定めて契約してもよいし，定めずに契約してもよい．
　原則としては，期間を定めて賃貸借契約を締結した場合には，合意した賃貸借期間が満了すると，賃貸借関係は，終了する．
　事業用空間賃貸借の場合には，期間を定めて賃貸借関係を設定することは簡単に認められる．しかし，住居賃貸借の場合には，後述するように，賃貸人が期間を定めるについて利益を有していなければ，期間を定めて賃貸借関係を設定することができない．すなわち，住居賃貸借については，原則として，期間を定めた賃貸借関係を設定することはできないのである．したがって，単純に期間を定めて賃貸借をすることができるのは，事業用空間賃貸借の場合のみということになる（Blank, S. 51）．

第1節　通常の期間を定めた賃貸借契約

1　延長条項の付されていない期間を定めた賃貸借関係

　a　期間を定めた賃貸借関係を設定することができる場合
　BGB 542条2項は，「期間を定めた賃貸借関係は，(1)法律が特別解約告知außerordentliche Kündigungを認めている場合ではないとき，または(2)延長がなされていないときは，その期間の満了によって終了する．」と民法上の原則を定めている．しかし，住居賃貸借については，2001年8月31日までは期間を定めた賃貸借関係の設定も可能であったが，2001年9月1日以降は，賃貸人に期間を定める理由ないし利益がなければ，期間を定めた賃貸借関係を設定することはできなくなった．
　賃貸借に期間は，○年○月○日から○年○月○日までというように暦に従って定める場合や新築住宅が引渡し可能になった日から10年というように契約の存続する期間を定める方法で定めてもよい．さらに，賃借人の生存期間中について賃貸借関係を設定した場合にも，死亡の時期は確実に到来するのであり，ただそれが何時かが分からないだけであるから，期間の定めのある賃貸借と認められる（BayObLG NJW-RR 1993, 1164）．通説である（Rolfs,

Emmerich/ Sonnenschein §542 Rn. 62).この場合には，賃借人の死亡によって賃貸借関係は終了し，相続人はその清算債務関係を承継することになる．賃借人と住居に同居していた配偶者および生活パートナー Lebenspartner または家族構成員については，後述するように（第6編を見よ），賃貸借関係の承継が認められている（BGB 563条）．

期間を定めずに，解除条件付きで賃貸借契約がなされた場合に，その解除条件が賃借人に不利なものであるときは，賃貸人はその合意を援用することができない（BGB 572条2項）．すなわち，その特約は，無効であって，期間の定めのない賃貸借契約として扱われると解されている．

b　期間の定めのある賃貸借関係の終了

賃貸借期間中であっても，合意解約，特別即時解約告知もしくは特別告知期間付解約告知によって賃貸借関係を終了させることができる．しかし，通常の告知期間付解約告知をすることはできない．これについては，後に詳述する．

c　立証責任 Beweislast

期間の定めのある賃貸借関係か否かが争われる場合には，期間を定めていることから自らのために権利を導き出そうとする者が，立証責任を負う．賃借人が賃貸人の返還請求に対して契約延長の抗弁を出す場合には，賃借人は，その継続して存続している権利を立証しなければならない．

定式契約（普通取引約款）の解釈で問題が生じた場合には，約款使用者が立証責任を負う（BGH NJW 1986, 431）．定式契約において期間を定める条項と期間の定めのない賃貸借関係の条項とが含まれており，当事者がいずれを選択したか不明である場合には，BGB 305条c第2項により約款使用者に不利な解釈がなされる（LG Gießen ZMR 1996, 609）．

2　延長条項付の期間を定めた賃貸借関係

例えば，賃貸借関係を5年の期間で設定され，その賃貸借契約に，期間満了時に解約告知がなされなければ，さらに5年期間が延長される旨の特約が付されている場合が，延長条項付の期間を定めた賃貸借関係である．延長を望まず，解約告知をする場合には，告知期間（BGB 580条a）を遵守して

解約告知しなければならない．期間満了時に適時に解約告知がされなかった場合には，合意された期間分延長されることになる．しかし，2001年9月1日以降に締結された住居賃貸借契約については，期間の定めのない賃貸借関係とみなされる（BGB 575 条）．

第2節　BGB 575 条による定期賃貸借 Zeitmiete

BGB 575 条 1 項 1 段によると，住居賃貸借について，賃貸借関係の終了について賃貸人に一定の利益がある場合に，期間を定めて契約を締結することを認めている．この賃貸借関係においては，期間の満了によって賃貸借は終了する．賃借人は，契約継続に対する請求権を有せず，苛酷条項（社会的条項，BGB 574 条）も適用されない．また，民事訴訟法（ZPO）721 条が認めている明渡猶予期間も，賃借人に適用されない．

1　要　件

BGB 575 条に基づく定期賃貸借契約は，限定された要件が充たされている場合のみ締結することができる．要件としては，期間を定める利益（事由）と契約締結時にそれらの利益（事由）を通知することがあげられる．かつては 5 年が限度であったが（拙著『現代借家法制の新たな展開』（成文堂，1997 年）40 頁，142 頁参照），期間の長さは，現在では問題とならなくなっている．

　a　期間を定める利益（事由）

定期賃貸借契約は，賃貸人が期間を区切ることについて特別の利益を有することを前提としている．BGB 575 条 1 項 1 段では，次の 3 つの利益をあげている．すなわち，①将来における自己使用の意図 Eigennutzungsabsicht（BGB 575 条 1 項 1 段 1 号），②将来における建物の取り壊し，建替えもしくは修繕の意図（BGB 575 条 1 項 1 段 2 号）および③将来における経営上の必要性（BGB 575 条 1 項 1 段 3 号）である．この利益のうちいずれか 1 つが存すれば，十分である．

例えば，建物を現代化した後に賃貸人自身が居住するという意図がある場合のように，2 つの利益が重複している場合も，問題はない．また，使用の意図を選択的にあげること（例えば，自ら使用するか，またはこの使用に供す

る意図がある．あるいは，建物の取壊しまたは現代化を行う意図がある）も可能であるとされている（Rolfs, Staudinger §575 Rn. 38）．

　期間を定めるための利益については，限定的に列挙されているものであるから，類似する事由に拡張適用もしくは類推適用することはできない（Rolfs, Staudinger §575 Rn. 18; Blank/ Börstinghaus §535 Rn. 8; Häublein, Münchener Kommentar §575 Rn. 15）．したがって，賃貸人が賃貸住居を売却する意図を有するということは，期間を定める利益にはならない．

（1）　自己使用 Eigennutzung（BGB 575 条1項1段1号）

　賃貸人が住居としての空間を自己，家族構成員もしくは世帯構成員の使用に供する意思 Wille を有する場合に，自己使用という要件が充たされる．自己使用という要件は，BGB 573 条2項2号の解約告知のための自己必要 Eigenbedarf 要件とは異なると解されている．すなわち，通常 ordentlich の解約告知では，自己使用が必要でなければならないのであるが（BGB 573 条2項2号），定期賃貸借では自己使用の意図があればよいと定められているからである．また，解約告知のための自己使用の必要性は，解約告知の意思表示到達時に存在していなければならいが，これに対して，自己使用の意図は定期賃貸借契約締結時に存在していればよい．家族構成員に住居を利用させようとする場合は，家族構成員の意思ではなく，賃貸人の意図が基準となる．使用目的は特定されていることを要しない．週末用の住居やセカンドハウスにする場合も自己使用という要件は充たされると解されている（Rolfs, Staudinger §575 Rn. 22; Haug, Emmerich/ Sonnenschein §575 Rn. 11; Blank/ Börstinghaus §575 Rn. 11）．

（2）　現代化 Modernisierung（BGB 575 条1項1段2号）

　賃貸人が許された方法で空間を除去する意図，または根本的に変更もしくは修繕する意図を有しており，その措置によって賃貸借関係の継続が著しく困難になるであろう場合には，現代化という要件が充たされる．解約告知をする場合には，賃貸人はその措置の実施に関して特別の利益を有するもしくはその措置が必要であるか，または合目的的であることが要件となる（BGB 573 条2項3号）．これに対して，定期賃貸借契約では，単に変更する意図を有している，もしくは修繕する意図を有していることのみで十分である．

建物の取壊しや建築，変更等について公法上の認可を得ていることが，「許された方法で」ということになる．もっとも，契約締結時に，認可を得ている必要はない．

(3) 経営上の必要

賃貸人が賃貸借期間満了後，労務給付義務者に賃貸する意図を有する場合に，経営上の必要性があるとして期間を定める理由が認められる（BGB 575条1項1段3号）．従来から社宅として利用されていた空間であって期間満了後に他の経営に属する者に賃貸される予定がある住居（真正社宅 echte Werkwohnung）についても，また従来は経営に関連なしに賃貸されていた住居を賃貸借期間満了後は社宅として賃貸する予定の住居（不真正社宅 unechte Werkwohnung）についても，この規定は適用される．

b 期間を定める利益の通知

賃貸人は，賃貸借契約締結時に賃借人に対して書面で期間を定める意図を通知しなければ，期間の定めの効力は生じない（BGB 575条1項1段）．

この規定は，上述の期間を定める意図に対する疑念を排除する目的で置かれている．賃借人は，どのような理由に基づいて賃貸借が合意し来た期間で終了するかを知っているべきであるから，賃貸人はその理由を具体的に全て書面で通知しなければならない．例えば，賃貸人が建物を賃貸借期間満了後に現代化する意図を有すると書面で通知したが，その詳細は口頭でのみ説明した場合は，ここで意味する「通知」には当たらない．すなわち，賃貸人は，他の利益と区別することができ，後日検証可能である具体的事実を通知書に示さなければならないのである（BT-Drucks. 14/4553, S. 70）．

したがって，「自己必要がある故に」とか，単に BGB 575条1項1段の文言を引き写した書面では，原則として通知をしたことにはならない．

ただし，建物の現代化を行う場合に，賃貸人は「空間を除去する意図を有する」と BGB 575条1項1段2号の規定を引き写した場合は，通知の効力はあると解される．すなわち，この文言で意図の内容が明確だからである．空間を除去する正確な期日まで記載することは要求されていない（BGH NJW 2007, 2177）．

しかし，同様に建物の現代化の場合でも，建物の「重大な変更」および

「重大な修繕」という場合には，その行為によって賃貸借関係の継続が著しく困難となるであろうときに，期間を定めることが正当化されるのであるから，この要件が充たされていることを賃借人が検証するには具体的に示される必要がある．したがって，法文を引き写しただけでは不十分である（Blank/ Börstinghaus §575 Rn. 27）．

　この通知は，契約締結時に賃借人に到達してなければ，効力を有しない．したがって，賃借人が期間を定める利益を単に認識していたことは問題とはならない．また，期間を定める利益に関する意思表示は，契約の構成部分である必要はない（Blank, S. 62）．

　賃貸人は，期間を定めてたことから生じる法律効果について説明する必要はない．

　これらの通知をしなかった場合には，期間の定めのない賃貸借となる（BGB 575条1項2段）．

2　賃借人の情報提供請求権および賃貸人の情報提供義務

　賃借人が，契約期間満了の早くとも4ヵ月前に賃貸人に対して，期間を定めた理由がなお存続しているか否かについて，1ヵ月の期間内に情報を提供するように請求することができる（BGB 575条2項1段）．

　a　情報提供請求権

　賃借人は，期間満了の4ヵ月前から情報提供請求権を行使することができる．情報提供請求権が4ヵ月よりも前に行使されたときは，4ヵ月前になった時に，適時に行使されたと解することができる（Haug, Emmerich/ Sonnenschein §575 Rn. 29; Blank/ Börstinghaus §575 Rn. 34）．情報提供請求権の行使について，何らの方式も要しない．賃借人は，情報提供を請求したことと，それが賃貸人に到達していること立証しなければならない．

　b　賃貸人の情報提供義務

　賃貸人は，賃貸借期間満了前に賃借人から情報提供請求があった場合には，なお期間を定める利益が存しているか否かに関する情報を通知しなければならない（BGB 575条2項1段）．この通知には，方式は要求されていない．

　この通知は，1ヵ月以内に賃借人に到達していなければならない．期間は

情報提供請求が賃貸人に到達した時から起算する．この通知の到達が遅延した場合には，賃借人は遅延した期間に相応する期間だけ延長を請求することができ（BGB 575条2項2段），延長された期間が満了した時に，賃貸借関係は終了する．

賃借人が合意した期間満了後も賃借住居の使用を継続し，賃貸人が期間満了後2週間内に期間を定めるについての利益がなお存在する旨の通知（BGB 575条2項1段）をせず，かつ異議（BGB 545条1段）も述べなかった場合には，賃貸借関係は，期間の定めなく延長される（BGB 545条1段, Rolfs, Staudinger §575 Rn. 67; Blank/ Börstinghaus §575 Rn. 36; Häublein, Münchener Kommentar §575 Rn. 38）．

賃貸人が契約締結時に行った意思表示を引用し，かつその書面に記載されている期間を定める利益がなお存続していることを明確に述べた場合には，情報提供義務が履行されたことになる．契約締結時になされた意思表示において期間を定める利益が変更できないものであることおよびこの利益が具体的に記載されていた場合にのみ，この原則が適用される．賃貸人が，賃貸借契約締結時に複数の使用の意図を選択的に記載していた場合には，BGB 575条2項1段に定める通知においては，どの意図を実行する意思を有するかを表示しなければならない．賃貸人が，単に賃貸借関係の延長を拒絶しただけでは，情報提供義務を履行したことにはならない．賃貸人の提供した情報が真実ではなかった場合であって，賃貸人に過失があるときは，賃借人は，賃貸人に対して信頼利益の賠償を請求することができる（Blank/ Börstinghaus §575 Rn. 44）．

期間を定める利益を変更することが許される場合がある．すなわち，契約締結時に通知した期間を定める利益と新たな期間を定める利益とがそれ自体として等価値である場合である．例えば，住居を最初に名前を挙げていた家族構成員と異なる家族構成員に委ねようとする場合や，最初に意図されていた建物の取り壊しに代えて建物の根本的な修繕が意図される場合である（Blank/ Börstinghaus §575 Rn. 45）．

さらに，この通知は，空間がいつ除去され，現代化され，または新たに賃貸されるかを明示しなければならない．この情報が含まれていない場合には，

賃借人は，期間の定めなく賃貸借関係を延長するように請求することができると解されている（BGB 575条3項2段の類推（Blank/ Börstinghaus §575 Rn. 47）．本規定は，期間を定める事由が消滅した場合には，賃借人は，期間の定めなく延長を請求することができる，と定めている）．

賃貸人がこの情報提供義務を履行しない場合には，上と同様に，BGB 575条3項2段が類推されて，賃借人は，期間の定めなく賃貸借関係を延長するように請求することができる（Blank/ Börstinghaus §575 Rn. 49）．

3　賃借人の延長請求権

期間を定める事由の発生が遅延している場合には，賃借人は，賃貸借関係を遅延した期間分について延長するように請求することができる（BGB 575条3項1段）．また，期間を定める事由が消滅した場合には，賃借人は，期間の定めなく延長するように請求することができる（BGB 575条3項2段）．

　a　期間を定める事由の発生の遅延および消滅

期間を定める事由の発生が遅延した場合について，賃貸人側に帰責事由があったかは，問題とならない．期間を定める事由が消滅したことは，BGB 575条2項1段によって定められている情報の中で賃借人に通知しなければならないが，賃貸借期間中の既に期間を定める事由が消滅していた場合には，通知義務は消滅する（Blank/ Börstinghaus §575 Rn. 52）．

　b　賃借人の延長請求権

上に述べたように，期間を定める事由の発生が遅延した場合には，その遅延した期間分だけ，賃借人は，賃貸借関係の延長を請求することができる．また，期間を定める事由が消滅したときは，期間の定めなく延長を請求することができるが，この場合には，期間を定めて延長請求をすることはできない．いずれの場合にも，賃借人に延長に対する理由や特別の利益があることを要しない．すなわち，契約締結後の利益状況の変化が問題となっているわけではないからである．賃借人が，期間を定める事由が消滅して延長請求できるにもかかわらず，住居を返還する意思を有する場合には，その意思を尊重する（Blank/ Börstinghaus §575 Rn. 54）．

延長請求については，特別の理由も方式も要しないが，賃借人は，賃貸借

の条件に対する変更請求権も有しない．延長請求権の行使期間については，明確な規定が存しないが，この請求権行使は BGB 575 条 2 項 1 段による賃貸人の情報提供義務に関する期間と関連させて解釈すべきであるとされ，賃借人は，賃貸人からの情報が到達した後 1 ヵ月内に延長請求をすべきであると解されている（BGB 575 条 2 項 1 段の類推）．

　延長請求権の法的性質は，多数説によると，賃借人からの延長契約締結の申込みとみなされている（Rolfs, Staudinger §575 Rn. 64; Häublein, Münchener Kommentar §575 Rn. 34; Blank/ Börstinghaus §575 Rn. 55）．したがって，賃借人から延長の申込みをしなかった場合には，延長契約は成立しないことになる．

4　定期賃貸借の終了

　賃借人が延長請求権を取得しない場合には，賃貸借関係は，合意された期間の満了時に終了する．賃貸借関係の終了が賃借人にとって苛酷となる場合にも，賃借人に継続請求権を付与する社会的条項（BGB 574 条）は適用されない．また，民事訴訟法（ZPO）721 条 1 項 1 段による明渡猶予期間も付与されない（ZPO 721 条 1 項 1 段は，「住居の明渡しが認められた場合に，裁判所は，申立てによりまたは職権で事情に応じて適切な明渡猶予期間を債務者に認めることができる．」と定めている）．ただし，特に苛酷となる場合には，ZPO 765 条 a による保護が賃借人に認められる（ZPO 765 条 a は，「強制執行が，債権者保護を要請する全ての事情を考慮しても，特別の事情から良俗に反する苛酷となる場合には，執行裁判所は，債務者の申立てによって強制執行の全部または一部を取消し，禁止し，または一時的に中止することができる．」と規定している）．

第 3 節　解約告知権放棄

　2001 年の賃貸借法改正によって，BGB 575 条による定期賃貸借以外には，期間を定めた住居賃貸借関係は認められなくなった．そこで，一定期間，当事者を賃貸借関係に拘束したいと考える者は，一定期間，解約告知権を放棄する合意をすることとなる．

第3章 賃貸借期間に関する合意

1 個別契約による合意

　解約告知権を一定期間放棄して，結果的に一定期間賃貸借関係に拘束する特約は，「〔BGB 575条1項から3項までの規定〕と異なる賃借人に不利な特約は，無効とする」旨の規定（BGB 575条4項）に反する特約であって，無効ではないかという疑問が生じる．これに対して，連邦通常裁判所は，2003年12月22日の判決（NZM 2004, 216）において，個別の契約の中で解約告知権放棄特約をすることは可能であると判示した．

　この判例の事案では，賃借人は60ヵ月間その法定解約告知権を放棄する，と特約したのであった．この特約が，個別に合意されたものであるときは，有効であるとし，さらに，両当事者が一定期間通常の解約告知権（BGB 573条）を放棄する特約も，個別の合意によってなされたときは，有効であるとしている．その理由としては，BGB 575条の定期賃貸借の規定は賃借人が住居を喪失することから保護することを目的としているのであって，解約告知権を放棄することによって賃貸借契約に長期にわたって拘束されることから保護するものではないからであるとされる．

　しかし，定式契約において解約告知権放棄特約がタイプライターでまたは手書きで補充されていた場合でも，個別的合意があるとはいえないとされる．

2 定式契約による合意

　さらに，定式契約によって解約告知権排除特約をすることができるかが問題となった．連邦通常裁判所は，2005年4月6日の判決（BGH NJW 2005, 1574）で，4年を超えない期間内での解約告知権排除特約を有効としている．これは，傾斜家賃に関する規定において4年を超えない解約告知権排除特約を認めていること（BGB 557条a第3項）にならったものである．BGB 557条a第3項の解約告知権放棄特約の期間制限は，契約締結時における住居需要者の切羽詰まった状態からすると解約告知権放棄特約の期間を制限する必要があり，その期間は4年を限度とするのが適切であるという趣旨で設けられたのであった．この期間を超える特約は，賃借人にとって信義則に反する不適切な不利益をもたらす約款として効力を生じないこととなる（BGB 307条1項）．さらに，解約告知権放棄特約は，両当事者について適用されなけ

ればならず，賃借人についてのみ適用される特約も，効力が生じないとされる．

その後，連邦通常裁判所は，2005年11月23日の判決（NJW 2006, 1056）において通常の解約告知権（賃貸人に解約するについて正当な利益がある場合に認められる解約告知権（BGB 573条））についてのみ定式契約で解約告知権放棄特約をすることができることを認めている．賃貸人に契約違反があった場合（BGB 543条1項），賃貸物に瑕疵がある場合（BGB 543条2項1号），賃借人の健康が害される場合（BGB 569条1項）および家屋内の平穏が害された場合（BGB 569条2項）に認められる賃借人の特別解約告知権を排除することはできない．これらの解約告知権を放棄する特約は，BGB 569条5項に反するものであって効力が生じない．

3　解約告知権放棄特約の効果

解約告知権の放棄期間が経過した時から，各当事者は，通常の解約告知をすることができる．しかし，放棄期間中であっても，特別の即時解約告知（BGB 543条，569条）および告知期間付特別解約告知（BGB 540条1項〔無断転貸を理由とする解約告知〕，561条2段〔賃借人が死亡した場合における賃貸人による解約告知および賃借人の相続人による解約告知〕等）は，することができる．また，賃借人が特別な重大な理由（例えば，勤務条件の変更，病気の悪化等）によって転居しなければならなくなった場合には，賃貸人は，賃借人が賃貸借関係から解放されることを認めなければならない．

第4章　賃料に関する合意

第1節　賃料の意義

　賃料 Miete（2001年前は，「Mietzins」と規定されていた）とは，賃借人が賃借物を委ねられたことに対する反対給付として支払わなければならない対価である．対価は，通常一定の額の金銭である．しかし，賃借人が全部または一部を他の方法で給付する場合もある（例えば，家屋管理人として労務給付をする場合である）．

1　賃　　料
　賃料には，「基本賃料 Grundmiete」，「一部一括賃料 Teilpauschalmiete」および「包括賃料 Pauschalmiete」がある．
　基本賃料とは，法律に特に定義は存在しないが，運営費 Betriebskostenおよび一時金を伴わない賃料である．
　一部一括賃料とは，賃料に運営費の一部が含まれている賃料である．
　包括賃料とは，賃貸人の給付全部に対する対価が含まれている賃料である．
　今日の通常の契約では，基本賃料と運営費の分担額に関する約定がなされている．運営費の分担については特約が必要であり，有効な特約がない場合には，その賃料に関する合意は，包括賃料の合意とみなされる．運営費の一部のみを賃借人に分担させた場合には，分担させられていない分は，賃料と一緒に支払われたものとみなされる（一部一括賃料）．事業用空間賃貸借の場合には，売上額に左右される賃料を合意することもできる（売上賃料 Umsatzmiete）．この場合には，賃借人は，賃貸人に対してその売上額を公表しなければならない．賃貸人は，検査について合意をしていた場合または賃借人が公表した売上額の正確さについて疑念が生じた場合には，賃借人の有する帳簿を検査する権利を有する．

2　割増賃料 Zuschlag
　賃貸借における割増賃料は，賃借人が特定の利用もしくは賃貸人による特

別な給付に対して支払われる対価である．

　　a　転貸割増賃料 Untermietzuschlag

賃借人が賃借建物を転貸するについては賃貸人の承諾を要するが（BGB 540 条 1 項），この承諾を割増賃料の給付にかからしめる場合がある．この割増賃料が転貸割増賃料である．この割増賃料は，法的には，基本賃料の一部を形成するものとして取り扱われる．割増賃料の額は当事者の合意によって任意に定められるが，経済刑法 Wirtschaftsstrafgesetz 5 条〔過剰な賃料増額は，秩序違反として 50,000 ユーロまでの過料が科せられる〕の適用においては，増額が適切であるかを認定する場合には，基本賃料の一部を形成するものとして判定される．したがって，賃料と転貸割増賃料を合計して，その地域において通常の賃料の額の 20 ％を超えてはならないことになる（経済刑法 5 条 2 項）．

　　b　営業割増賃料 Gewerbezuschlag

住居の賃借人が，賃借空間の一部を居住以外の目的で利用するために支払う対価が，営業割増賃料である．営業割増賃料は，基本賃料の一部を形成するものではない．したがって，賃料増額を規制する BGB 558 条も適用されない．営業割増賃料の額については法規制が存しないが，営業的に利用されていない空間について認められる賃料額の 20 ％を超える賃料は認められない．賃借人が増額を承諾した場合に，この賃料の増額をすることができ，また増額条項があれば，それにしたがって増額されるが，増額請求に関する BGB 558 条の適用はないから，増額請求をすることはできない．

　　c　家具設置割増賃料 Möblierungszuschlag

家具設置割増賃料は，住居に家具・設備を設置することに対する対価である．この割増賃料は，転貸割増賃料と同様に，居住する権利に対する対価として支払われる基本賃料の一部を構成する．

　　d　外国人割増賃料 Ausländerzuschlag

いわゆる外国人割増賃料は，良俗違反であり，賃借人を差別待遇することになる場合は，効力を生じない．

3 様々な金銭給付

a 契約締結料 Vertragsabschlussgebühr

契約締結料は，賃借人の交代が比較的頻繁に行われる場合，特に学生や外国人労働者との賃貸借関係において請求されるのが典型的な場合である．

この締結料支払合意を，裁判所の多くは，有効と認めているする見解（Eisenschmid, Schmidt-Futterer §535 Rn. 706）と，判決は分かれているとする見解とが対立している（Blank/ Börstinghaus §535 Rn. 524）. 後者の見解によると，有効と認められるのは，適切な額であり，それは費用を補塡する額である．これを超える額の合意は，住居仲介法2条2項2号に反する合意を押しつけるものであって，無効である．

例えば，50ユーロの合意をした場合については，費用補塡であり，新賃貸借契約締結における通常の費用支出であると認められる（LG Hamburg WuM 1990, 62）. これに対して，契約締結時に1ヵ月分の賃料に相当する契約締結料を支払うと合意は，無効とされている（AG Hamburg ZMR 1999, 343）.

b 入居賠償金 Einzugspauschale および退去賠償金 Auszugspauschale

住居への引っ越しの時に家屋の入り口近辺や階段部屋，エレベータにおいて発生した小損害を賠償するために支払われる金銭を入居賠償金という．退去時に払う場合は，退去賠償金という．修繕費用は，BGB 556条に定める運営費ではないから，これを賃借人に転嫁することはできない．したがって，このような賠償金に関する合意は，認められない．

※この節の記述は，Blank, S. 71-74 に依拠している．

第2節 賃料の最高限度額

1 住 居

住居の賃貸借契約締結時における賃料額の合意は，経済刑法5条に定められている限度を遵守してなされなければならない．経済刑法5条によると，住居の賃貸について，賃貸人が，不適切に高額な賃料を請求し，約束させまたは承諾させた場合には，過大に高額な賃料であるとする．合意された賃料額が，住居の供給の減少を利用して，同一市町村における通常の賃料額を

20％以上超える場合に，賃料額は不適切なものとなる（経済刑法5条2項1段）．賃貸人が継続的に支出する必要費を補塡するための対価は，通常の賃料を基礎にし，賃貸人の給付に比して著しい不均衡となっていなければ，不適切に高額とはされない（経済刑法5条2項2段）．費用の補塡を含んだ賃料が合意されたときは，経済刑法5条2項1段が適用される．経済刑法5条2項2段が適用されるのは，賃貸人が費用を補塡する賃料を請求する場合のみである．

　　a　経済刑法5条2項1段によって許容される賃料の最高額
　(1)　地域において通常の賃料

地域において通常の賃料 Ortsübliche Miete は，賃料増額に際して標準となるものである．経済刑法5条に定める「地域において通常の賃料」とBGB 558条2項に定める「地域において通常の賃料」は同一の概念である．市町村において標準賃料表 Mietspiegel が作成されている場合には，地域において通常の賃料は，標準賃料表を用いて算定される．

家具設置割増賃料と営業割増賃料は，基本賃料の一部を形成するから，地域において通常の賃料と比較する場合には，算入される．賃借物の利用とかかわりのない行為について割増賃料を合意することはできない．割増賃料の額については，法律上何らの上限も設けられていない．割増賃料が市場の実情を顧慮すると賃借人の必要とする営業的利用に対する現実的に適正な対価であると認められるかが，基準となる．

賃借人が外国人であることを理由として地域において通常の賃料に付加する割増賃料は，原則として，認められない．ただし，具体的に不利益や危険が認められる場合にのみ，割増賃料は認められる．

　(2)　過大賃料額

地域において通常の賃料を20％超えた場合に，賃料は，経済刑法5条2項1段により過大であると認められる（いわゆる，本質的限界 Wesentlichkeitsgrenze）．ここでは，まず，基本賃料 Grundmiete が基準となる．基本賃料の中に運営費 Betriebskosten が含まれている場合には，運営費を除外して計算を行う．反対に，高額の運営費が合意された場合には，実際の運営費用に充当されない部分は基本賃料に加算される．

2 事業用空間 Geschäftsraum
a 良俗違反の法律行為

　事業用空間賃貸借には，経済刑法5条は適用されない．しかし，賃借目的物の価値と合意した賃料額との間に不均衡が存在する場合には，賃料に関する合意が，良俗に反する場合もある得る（BGB 138条1項）．その判定には契約締結時における通常の市場賃料が基準となり，その後の市場賃料の変動は，考慮に入れないとされる（KG MDR 2001, 863）．さらに，市場価格と合意された賃料額のと間に著しい不均衡が存在するか否かが，算定される．市場賃料を100％上回っていた場合に給付と反対給付の間の不均衡が認められている（BGH MDR 1998, 336; BGH NZM 1999, 664）．

　また，賃料に関する合意に良俗違反的性格を付与する事情として，賃貸人の非難されるべき心情 verwerfliche Gesinnung も考慮に入れられる（BGHZ 141, 257, 263; BGH NZM 2001, 801）．BGB 138条に定める良俗違反の客観的要件が充たされる場合には，賃貸人が，賃借人よりも経済的におよび知識的に優位に立っており，かつこのことを自己の利益のために意識的に利用するときは，非難されるべき心情が認められる．

　賃借人が一般の個人の場合には，賃貸人の非難されるべき心情が，推定される．この場合には，賃貸人が，賃借人はその経済的困窮状態のみを理由に賃貸借契約をするに至ったのではないことを主張，立証しなければならない．

　しかし，取引に通じている賃借人または法律知識を有している賃借人（例えば，弁護士事務所の賃貸借）の場合には，この推定は働かない．この場合には，賃借人が，賃貸人の非難されるべき心情を立証しなければならない．非難されるべき心情は，具体的の事実によって証明されなければならない．賃貸人が経済的，知識的優位さに基づいてのみ過大な賃料を承諾させることができるということを軽率に認識していないことを立証することで足りるとされる．さらに，裁判所は，賃貸人が市場賃料と合意された賃料との不均衡を認識することが可能であったかを確定しなければならない．経験豊富であり，その地域の事情に明るくかつ専門的な賃貸人は，市場に関する知識は有するものと仮定される．

　一般個人が賃貸人の場合には，賃貸人が市場賃料について誤って瑕疵の

ある観念を持っていることを考慮に入れなければならない．特に，市場の通常賃料が著しく変動しているときは，このようなことが想定される（BGH NZM 2001, 810）．

　b　締め付け契約 Knebelungsvertrag

事業の成果が，賃貸人を益するのみであって，賃借人の経済的状況が賃貸条件によって制限される場合も，良俗違反（BGB 138条）の適用が問題となる．すなわち，賃借人が，契約条件によってその独立と経済的活動の自由を失うような場合である（OLG Dresden ZMR 2002, 261）．単に，賃借人が損失を被ったというだけでは足りず，損失と賃貸条件の間に因果関係がなければならない．

　c　暴　　利

他人の窮迫，無経験，判断能力の欠如もしくは著しい心神耗弱に乗じて自己または第三者に給付に比して著しく不均衡な給付に対する財産的利益を約束し，または供与をさせる法律行為は無効である（BGB 138条2項）．

　d　効　　果

住居賃貸借と異なり，事業用空間賃貸借契約は，賃料額に関する合意が良俗違反（BGB 138条）であるときは，契約全体が無効となる．

　※この節は，Blank, S. 85-86; Blank/ Börstinghaus §535 Rn. 583-588 に依る

第3節　賃　料　保　証

ここでいう賃料保証とは，いわゆる連帯保証等の債権総論における担保制度としての保証ではなく，わが国で建物のサブリース契約において賃料保証と称して行われた賃料自動改定特約のことである．ドイツにおいても，このような特約を保証 Sicherung（正確には，価値保証 Wertsicherung）と称している．

1　住居賃貸借

住居賃貸借については，BGB は2つの方法を定めている．その1つは，①傾斜賃料 Staffelmiete（BGB 557条a）であり，もう1つは②指数賃料 Indexmiete（BGB 557条b）である．この2つの方法を，賃貸借の当事者

が選択しなかった場合には，通常の賃料増額手続（BGB 558 条，559 条，560条）に基づいて賃料の増額がなされる．ただし，一時使用目的等の住居賃貸借（BGB 549 条 2 項）については，これ以外の方法による賃料保証特約も可能である．

 a 傾斜賃料 Staffelmiete
 (1) 意 義

傾斜賃料とは，事後の賃料増額について契約締結時において事前に額を確定しておく特約である．通常の賃料増額において適用される比較賃料システム Vergleichsmietesystem（BGB §558 条 2 項）の例外と位置付けられる（BGB 557 条 2 項）．比較賃料システムでは，賃料利回りの幅が不明確であるが，傾斜賃料では，賃貸人はその利回りを確実に計算できる．長期の傾斜賃料の合意をした場合には，将来，賃料水準が上昇して，当初合意した傾斜賃料額がそれに追いつかなかった場合には，その危険は賃貸人が負担する．逆に，傾斜賃料のほうがその地域で通常の継続賃料よりも高額となる場合もある．この危険は，賃借人の負担となるが，傾斜賃料によって賃借人も継続賃料を確実に計算することができ，民法上の制約を遵守して傾斜賃料は合意されるから，詐欺的賃料増額から保護されることとなり，賃借人にとっても利益になるとされる（Blank, S. 88）．

 (2) 契約締結時において注意すべき点
 ア）方 式

傾斜賃料の合意は，書面によってなされなければならない（BGB 557 条 a 第 1 項）．2001 年 8 月 31 日までは，傾斜賃料の合意は最長 10 年までと制限されていたが，2001 年 9 月 1 日施行の新規定ではこの制限がなくなっている．2001 年 9 月 1 日前に締結された賃貸借契約には，従前の法律が適用される．

 イ）増加額の明示

新規賃料または各増額賃料は金額で明示されなければならない（BGB 557 条 a 第 1 項）．すなわち，新規賃料や各増額賃料は，ユーロで表示されなければならず，パーセントで増額率を表示してはならないのである．また，平方メートル当りの賃料単価をユーロで示しても，それは効力を生じない

(Blank/ Börstinghaus, §557a Rn. 8).

　ウ）賃料増額の時間的間隔

　賃料を増額するための時間的間隔は，少なくとも1年でなければならない．これよりも短い時間的間隔で増額する特約は，傾斜賃料の合意全体を無効とする．当事者が傾斜賃料の増額を1年より短い間隔で合意していた場合に，時間的間について一部無効として，法律に定められた間隔に代えることができるとは解されない．なぜならば，一部無効を認めると，当事者が意図していた価値構造全体が変更してしまうからである（Blank, S. 89; Blank/ Börstinghaus §557a Rn. 11; Kossmann/ Meyer-Abich §142 Rn. 13）．

　1年より長い時間的間隔を合意することは可能である．当事者が一様ではない時間的間隔を合意した場合には，その間隔が1年を越えていれば，有効である．

　エ）傾斜賃料の合意と賃貸借期間に関する規定の関係

　賃貸借契約が期間の定めがないと明示されて締結された場合には，賃借人は，傾斜賃料について合意した期間にかかわりなく解約告知をすることができる．この場合には，賃貸人についても解約告知の理由が存するときは，同様に解される（Blank, S. 90）．

　住居賃貸借関係がBGB 575条によって定期賃貸借として設定された場合には，契約の存続期間と傾斜賃料の期間とが一致している必要はない．賃借人の解約告知権を賃貸借関係開始時より4年を超えて排除する特約は効力を生じない（BGB 557条a 第3項）．この規定は，期間を定めずに締結された賃貸借契約にもまた賃貸借の存続期間を定め，解約告知権排除期間も賃貸借期間に連動している場合にも，適用がある．この規定によって，賃借人は，賃貸借関係に長期的に拘束させられることを回避することができる．すなわち，時間が経過する中で予見し得ない事情の変更が生じ，賃借人が予定された通りに増額された賃料を支払うことができなくなることもあるからである．

　4年間賃借人の解約告知権を排除するとする定式契約中の合意は，BGB 305条c 第1項に定める不意打ち条項であって，このような特約は契約の構成部分とはならない（BGH NJW 2006, 2696）．

　賃借人が解約告知をするについて何らの理由も要しない．すなわち，賃借

第4章　賃料に関する合意

人の解約解約告知権は，経済的困窮という場合に限定されておらず，むしろ任意に賃貸借関係を終了させることができる．

解約告知権排除特約の制限は，賃借人の利益のためにのみ定められているものであるから，賃貸人については4年を越える解約告知権排除特約をすることもできる．

賃借人は，賃貸借関係全体を解約告知することができるが，傾斜賃料特約のみを解約する権利は，他の賃貸借関係の維持の観点から認められていない（BGB 557条a第3項，Blank, S. 91）．

オ）傾斜賃料の額

傾斜賃料の額については，BGB 上は特別の制限がなく，賃料増額限度 Kappungsgrenze も適用されない．しかし，経済刑法5条の規定（上述第2節参照）は傾斜賃料特約にも適用される．ある時期の傾斜賃料の額が不適切に高額であることによって傾斜賃料の合意の一部が無効とされる場合にも，このことが，その後の傾斜賃料をすべて無効にしてしまうわけではない（Blank, S. 91）．

カ）傾斜賃料合意の効果

傾斜賃料について有効な合意がなされたときは，合意されている賃料増額期から，従前の賃料に代わって増額賃料が適用されることになる．賃借人に対して増額賃料の支払いを請求することは要しない．もちろん，当事者間で，賃貸人の請求があって初めて期限が到来するとする特約をすることもできる．

増額賃料の不払いを理由に事前の催告（BGB 543条2項3号または573条2項1号）なしに賃貸人が解約告知をする場合には，この解約告知は権利濫用となり得る．特に，賃借人がこの賃料上昇の時期をうっかり忘れており，賃貸人がその事態につけこんだ場合が問題となる．

BGB 557条aと異なる，賃借人に不利な約定は効力を生じない（BGB 557条a第4項）．

　b　指数賃料 Indexmiete
（1）意　　義

住居賃貸借契約においては，賃料を連邦官署によって統計調査されたドイツにおける私的世帯全部の生計に関する価格指数によって定める旨の合意を

することができる（BGB 557条b）．これを指数賃料という．

(2) 方式および内容

指数賃料の合意は，書面によってしなければならない（BGB 557条b第1項）．賃料を指数の変更に合わせる範囲を定めなければならず，指数の変更の割合をもって増額幅の最高限度とする．例えば，価格指数が10ポイント変更した場合には，賃料を10％増額または減額するという合意は，無効であるとされる．なぜならば，価格指数が120ポイントから130ポイントに上昇した場合に，8.33％しか上昇していないのに，賃料は10％増額されることになり，指数の変更と賃料の増額とが比例しないことになるからである（Blank, S. 93）．

(3) 指数約款の作用

指数賃料は，BGB 559条から560条までによる賃料増額の場合を除いて，少なくとも1年間は変更すべきではない（BGB 557条b第2項）．この賃料固定期間は，賃貸借開始時から起算するか，または最後に賃料増額を行った時点から起算する．指数賃料の場合には，賃料増額は自動的にその効力を生じるのではなく，賃貸人が，テキスト方式〔意思表示をする者の名が明示され，署名の模写その他の方法で意思表示の完結を認識することができるようにした証書による方式〕による意思表示をしなければ効力が生じない（BGB 557条b第3項）．したがって，期間の起算時点は，賃借人にこの意思表示が到達した時である．BGB 557条b第3項の規定は，取引経験の少ない住居賃借人を考慮して，自動的に増額される事業用賃貸借で通常なされている特約とは異なる規定を設けたのである．指数賃料方式による賃料増額の意思表示には，合意された指数の変更が示されていなければならない．すなわち，賃貸借開始時の指数または直近の増額に際して用いられた指数のポイントと増額時の指数のポイントのみならず，それに基づいて算定された賃料の額もしくは増額分の額が賃借人に通知されなければならない（Blank/ Börstinghaus §557b Rn. 10）．賃貸人は，指数の掲載されている公刊物を示す義務は負っていない（Blank, S. 94）．

賃借人は，有効な増額意思表示が到達したときは，増額意思表示の到達後における翌々月から増額賃料を支払うべきこととなる（BGB 557条b第3項

第4章　賃料に関する合意

3段）．これより短い期間を合意した場合には，その合意は，賃借人に不利なものであるから，無効である（BGB 557条b第4項）．

2　事業用空間

事業用空間賃貸借の場合には，当事者は，次に述べるように多様な賃料保証特約をすることができる．

　a　指数約款

ここでの指数約款とは，他の価格指数（例えば，生計費や公務員の給与等）の上昇または低下に合わせて増額・減額を行うとする合意をいう．指数の典拠が限定されていない点に，住居賃貸借と異なるところがある．

　b　連結約款 Spannungsklausel

賃料が他の比較可能な物件について支払われている賃料額の上昇・低下に合わせて増額・減額される合意を連結約款という．

　c　スライド条項

スライド条項の場合には，賃貸人の付随的な行為を必要とせず，賃料の額は算定の基礎となる数字の変動に合わせて直接的・必然的に変更されると定める特約である．賃借人は増額の要件が充たされたときは，直ちに増額賃料を支払わなければならない．賃借人が事後的に増額要件の充足を知った場合には，増額賃料を遡及して支払わなければならない．

第2編　賃貸借契約の形成

第5章　運営費の分担額

住居賃貸借の場合には，賃借人が基本賃料以外に運営費を負担させる旨の特約をすることができる（BGB 556条）．これに対して，事業用空間賃貸借では，運営費以外の付随費用（例えば，管理費や修繕費等）も賃借人に負担させることができる．

第1節　運営費 Betriebskosten の概念

1　一般的意義

運営費とは，土地に対する所有権もしくは地上権に基づいて，または土地もしくは建物，付随的建物，施設，設備および敷地に対する所有権もしくは地上権の定められた用法による使用によって所有者もしくは地上権者に対して継続的に発生する費用である．個別的には，運営費令 Betriebskostenverordnung vom 25. November 2003（BGBl. I S. 2346）によって規制される．

管理費 Verwaltungskosten ならびに維持・修繕費 Instandhaltungs- und Instandsetzungskosten は，運営費に含まれない（運営費令1条2項）．したがって，住居賃貸借の場合には，管理費および維持・修繕費を賃借人に分担させることは認められない（通説，BGH NJW 1993, 1061; Blank/ Börstinghaus §556 Rn. 4; Josef Emmerich, Emmerich/ Sonnenschein §566 Rn. 25）．ただし，このような解釈は，管理費や維持・修繕費が発生するごとに賃借人に負担させる旨の特約について主張されるものであって，他方で，賃借人が一定額の管理費，維持・修繕費を負担する旨の特約は，有効であるとされる（LG Siegen WuM 1990, 523; LG Mannheim NZM 2000, 397 等 Blank/ Börstinghaus §556 Rn. 4）．賃貸借当事者間でこのような特約がなされた場合には，管理費や修繕費は，基本賃料の一部を構成する．したがって，その額については，通常の賃料増額手続（BGB 558条以下）および経済刑法5条による最高限度の制限が適用される（Blank, S. 100）．

事業用空間賃貸借の場合には，運営費も管理費や維持・修繕費も賃借人に

44

第5章　運営費の分担額

負担させることができる

運営費は，定められた用法に従った使用から生じる費用であるから，損傷を除去する費用はこれに含まれない（Blank/Börstinghaus §556 Rn. 6）。

2　個別的運営費

運営費令2条では，以下のような費用が運営費として列挙されている。

　a　土地の継続的公的負担

土地の継続的公的負担として，運営費令2条1号は，特に土地税を挙げている。財産税や所得税のように，賃貸人個人に課税される税を賃借人に負担させることはできない。また，土地が営業財産である場合における営業税も賃借人に負担させることができない（Blank, S. 100f.）。

　b　水供給費

水供給費，すなわち基本料金，消費料金，水量計の賃借料金ならびに水量計の使用費ならびに計算および分配の費用を含む測定の費用，水量調節機の保守費，その家屋専用の水供給設備および浄化剤を含む水浄化装置の管理費およびも運営費に含まれる（運営費令2条2号）。

通常の引水は，水消費という概念の下で理解されるべきであるとされる。賃借人の水消費が中間の水量計でも把握される場合には，通常は，主水量計によって測定された消費量のほうが住居内の水量計によって測定された消費量より高い値を示す。この差は，一部は，賃借人の行動とは無関係になされる消費（例えば，庭の散水や共用空間の掃除等）に基づくものであり，また主水量計は水量の通過が多く，住居内水量計は少ないということにもよるのである。許容される誤差は，プラス・マイナス4％とされる。全体では，全水量計と住居内水量計の間の誤差は10％以下にとどまるべきだとされる。この場合に基準となるのは，賃貸人が水供給者（市町村営企業）に支払うべき費用である。したがって，主水量計によって把握された水の消費量が費用分担の基礎となる（Blank, S. 101）。

水道管が破損したことによって生じる増加費用は，賃借人に分担させることができる運営費ではない。なぜならば，この費用は，建物の定められた用法による使用から生じる費用ではないからである（Blank/Börstinghaus §556

Rn. 15).

 c 排 水 費

　排水費は，家屋および土地における排水のための費用あるいは公共的ではない施設における排水の費用および排水ポンプの運転費用である（運営費令2条3号）．

　排水費という概念には，家屋所有者が市町村に支払うべき費用全てが含まれる．排水システムの整備費は，修繕費に含まれるものであって，運営費ではない（Weitemeyer, Stadinger § 556 Rn. 21; Blank/ Börstinghaus § 556 Rn. 20; Langenberg, Schmidt-Futterer § 556 Rn. 129; Jost Emmerich, Emmerich/ Sonnenschein § 556 Rn. 8）．

 d 排ガス装置を含めた集中暖房設備経費

　ドイツの家屋では，集中暖房が多く行われているが，その集中暖房設備の経費には，燃料費およびその供給費，消費電力費，設備の操作費，管理費および専門家による調整を含めた設備の運転準備および保安のための定期検査費，設備および暖房機室の清掃費，連邦インミシォーン保護法による測定費，計算と分配の費用を含めた使用量の測定装置の賃借料である（運営費令2条4号 a ）．

　消費された燃料（石油，ガス，コークス，石炭）費は，供給のために要した費用も含めて賃借人に分担させることができる．例えば，暖房期の当初は，先に安価で購入していた燃料の残余があったが，その後，燃料の値段が高騰し，その値上がりした燃料を購入した場合に，賃貸人は値上がりしたときに購入した燃料代で費用の計算をすべきではなく，この場合は，安値の残余燃料費と高値で購入した燃料費とを合計して費用の計算をすべきであるとされる．

　消費電力費も分担させることができる費用である．集中暖房設備の運転のために必要な電力全てを含む．すなわち，暖房機室の照明，ポンプおよび燃焼機の運転のための費用である．さらに，設備の検査，保守および清掃のために消費した電力費も含まれる．

　設備の操作，検査および保守のための費用には，人件費も物件費が含まれる．

　運転準備および保安のための定期検査費は，専門家による器具の調節

の費用も含めて整備費 Wartungskosten である．この整備費は，維持費 Instandhaltungskosten とは区別される．維持費は，運営費ではなく，したがって賃借人に分担させることができない．整備には，燃焼室の検査，バーナーの分解・清掃，試運転，運転時間プログラムの設定等が含まれる．

これに対して，分担させることのできない維持・修繕費用には，暖房装置の誤った操作による故障の修繕や暖房機のポンプの修繕がある．さらに新しい石油ポンプ，新しいバーナーに取り替える費用等の損傷除去措置に相当するものは，維持・修繕費に当たる．

暖房設備および暖房機室の清掃費には，まず，ボイラーの清掃費が挙げられる．燃料の燃え残りの除去，石灰分の除去，汚れの除去は清掃の概念に含まれる．しかし，タンクの清掃のための費用は分担可能な運営費か，分担不能な維持費かについては争いがある．運営費令2条4号 a の文言からすると，石油料タンクのコーティングを塗り直す費用や新たに塗装をする費用は維持費に含まれるとされるが，清浄費は分担可能な運営費とされる（Jost Emmerich, Emmerich/ Sonnenschein§556 Rn. 10）．

　e　燃料の供給費

燃料の供給費には，消費された燃料費およびその供給費，暖房設備運転用電力費および管理費ならびに暖房設備と暖房機室の清掃費が含まれる（管理費令2条4号 b））．

この費用は，熱の供給が集中暖房ではなく，中央燃料タンクからポンプで燃料が送られてくる個別のストーブによって行われる場合に発生するものである．この場合には，燃料費，ポンプ用電力費，整備費および清掃費が分担可能な費用である．

　f　独立営業体からの暖房供給費

暖房供給に対する対価および暖房設備の運転のための費用が，独立営業体からの熱供給費である（運営費令2条4項 c））．暖房供給体が経営する暖房センターから建物または都市区域に暖房供給網を通じて暖房を供給する場合における遠隔暖房供給の費用が，まず独立営業体からの暖房供給費として挙げられる．単一の経営単位または複数の経営単位が，企業経済的視点から住宅外に存在する第三者の暖房装置から暖房の供給を受ける場合が，まさにこれ

に当たる．また，暖房設備が建物を組成する構成部分をなし，専らこの建物のために暖房を供給するが，この暖房設備は第三者の名と責任において運転されている場合も，独立営業体からの暖房供給があることになる．独立営業体からの暖房供給に対する対価は，投資費ならびに管理費および供給者の企業的利益を含んだ供給企業体によって一括して計算される費用である．

　　g　階層暖房および個別部屋ガス暖炉の清掃および整備費

　階層暖房および個別部屋ガス暖炉の清掃および整備費としては，暖房設備内の水の中の堆積物や燃料の残滓の除去費，運転準備または運転上の保安のための定期検査の費用，これに関連する専門家による調整ならびに連邦インミショーン保護法に基づく測定費用が，挙げられる（運営費令2条4項d））．階層暖房とは，個別の住居に暖房を供給する暖房設備である．立法者は，階層暖房設備の運転は賃貸借上の特約によって賃借人によって行われ，その費用も負担されることを前提としている．したがって，賃借人は，燃料を調達し，自己の費用で設備の運転を行わなければならない．

　このための，電力料，設備の維持，操作および清掃は，賃借人の義務となる．水の中に残存している石灰分および燃料残滓の除去，運転準備および運転保安のための定期点検およびこれに関連する専門家による調整ならびに連邦インミショーン保護法による測定のための費用は，賃貸人が負担する（BGB 535条）．

　　h　集中温水供給設備の運転費

　集中温水供給設備の運転費には，水供給費（上述b）に含まれていない温水供給費および集中暖房費に含まれていない温水の作成費が挙げられる（運営費令2条5号a））．

　まず，真水の費用を手掛かりとして計算される．賃貸人は，運営費令2条2号によって計算される水供給費に基づいて真水費を把握するか，あるいは賃貸借契約上の合意または合理的な分配基準（賃借人の頭数による分配，居住面積に応じた分配等）によって分担額を計算するかを選択することができる．これに対して，温水作成のための生じた真水費が温水計測器によって把握される場合には，暖房費令 Heizkostenverordnung vom 20 Januar 1989（BGBl. I S. 115）8条に基づき消費量に応じて（50％から70％まで）分担させること

第5章　運営費の分担額

ができる．

　i　湯沸かし器の清掃費および調整費

　湯沸かし器の清掃費・調整費には，湯沸かし器内の水中の堆積物および燃焼残滓の除去およびその運転準備と運転の保安のための定期点検費ならびにこれと関連する専門家による調整のための費用が挙げられる（運営費令2条5号c)）．

　温水製造器（ボイラー）によって複数の住居に温水が供給される場合は，管理費令2条5号a)に定める集中温水供給設備に関する費用の問題となる．これに対して，集中していない個別の器具で温水が供給される場合には，真水費は上述した運営費令2条2号（上述b参照）によって把握され，分担させられる．また，器具運転に要する電力およびガスの費用は，賃貸借契約上の特約によって賃借人自らが負担し，器具の外部の調整および清掃費は賃借人が責任を負うべきであるとするのが，管理費令の立法者意思である．これに対して，器具内部に存する水中の堆積物および燃焼残滓の除去およびその運転準備と運転の保安のための定期点検費ならびにこれと関連する専門家による調整のための費用は，第一に，賃貸人の負担とされる．賃貸人はこれらに関連する作業を行わせた場合に，これを賃借人に運営費として分担させることができると構成する．

　j　人用もしくは貨物用エレベーターの運転費用

　人用もしくは貨物用エレベーターの運転費用には，運転用電力費，設備のチェック，操作，検査および調整費，専門家による調整費を含めた運転準備および運転保安のための定期点検ならびに設備の清掃費が挙げられる（管理費令2条7号）．

　運転用電力費には，照明用電力費も含まれる．機械部分に潤滑油を挿すことや機械の連結部分を清掃することは，設備のチェック・調整に該当するが，損傷した部品の取替は，維持・修繕であり，維持・修繕費に該当する費用は分担させることができない．

　賃貸人が専門業者とエレベーターの維持・修繕を含めた保守・管理契約を締結している場合には，その対価の総額から運営費部分と修繕費部分を区別しなければならない．すなわち，運営費に相当するもののみが分担可能性を

有するからである．この区別ができない場合には，管理会社の作業明細書に基づいて推計をしなければならない．賃貸人は，これを賃借人に提示し，説明をしなければならない．実務では，修繕費の割合は 20 ％〜 50 ％の間で認められている（Jost Emmerich, Emmerich/ Sonnenschein§556 Rn. 14）．

k　道路の清掃費とゴミ除去費

道路の清掃費には，公的な道路清掃のために支払われるべき費用と公的ではない道路清掃のために支払われるべき費用が含まれ，さらにゴミ除去費用には，ゴミ収集のために支払われるべき費用，公的ではないゴミ収集のために支払われるべき費用，ゴミコンプレッサー，ダストシュート，掃除機ならびにゴミの量の計測設備の運転費用が含まれる（運営費令2条8号）．

道路清掃の概念には，路面凍結の場合における砂の散布義務や除雪，枯れ葉の除去ならびに敷地と接している公的歩道や街路の清掃も含まれる．この道路清掃義務は，州ごとに道路法によって異なる定めがなされている．公共料金規定によって支払うべき料金は，運営費として賃借人に分担させることができる．道路清掃義務の全部または一部が居住者の負担とされている場合には，この義務の履行は，賃貸人の責任となる．賃貸人は砂の散布義務の一部または全部を賃借人に負わせることができる．賃借人がこの義務を引き受けた場合には，それに対する対価を支払うべきである（賃料の減額でもよい）．また，賃貸人は，砂の散布義務を引き受けなかった他の賃借人に運営費としてこの対価を分担させることができる．全ての賃借人が冬季の道路管理作業義務を輪番で行っている場合には，運営費を賃借人に分担させることができない．道路清掃を第三者に委託している場合に，その費用は，賃借人に分担させることができる．

ゴミ除去費用には，家庭ゴミのみならず，中庭のゴミ，有機ゴミ，コークスを燃料とする集中暖房の燃料残滓および粗大ゴミの除去費用も含まれる．しかし，建築廃棄物や粗大ゴミの廃棄のために特別な作業を必要とする場合には，この費用はここでいう運営費としてのゴミ除去費には含まれない（Blank, S. 112f.）．

l　建物清掃費および害虫駆除費

建物清掃費には，入口，廊下，階段，地下室，屋根裏部屋，洗濯場，エレ

ベーターのかごのように居住者の共同の用に供される建物部分の清掃費である（運営費令2条9号）．

建築行為後の特別な清掃行為や転居に伴う特別の清掃行為のための費用は運営費ではない．土壌中に埋められた液体，落書き，破壊的損傷のような異常な汚損の除去費用も，運営費ではない．

運営費令2条9号の規定が挙げる建物部分は，限定列挙ではないが，賃借人によって共用される部分でなければならない．したがって，建物の正面（ファサード）の清掃費は，分担不能な費用である．

害虫駆除費は，駆除措置が家屋の存する場所故にまたは建物内でなされている営業活動の特性故にあるいはその他の理由から継続的になされる場合に，分担可能となる．官庁が補充的に行った駆除作業のために増加費用が生じた場合には，この費用は分担不能な費用である．

m　庭園手入れの費用

庭園手入れの費用には，草花，樹木の更新を含んだ庭園として設備された土地の手入れの費用，砂の入れ替えや草花の手入れを含んだ遊び場の手入れの費用および公的な通行のために利用されるものではない広場，入口および進入路の手入れの費用が上げられる（運営費令2条10号）．

庭園として設備された土地には，公園，観賞用植物栽培園，前庭，芝生区画，花壇および生け垣も含まれる．賃借人がこの庭園に対する利用権を有していることは必要ではない．すなわち，所有者のみが利用し得る観賞用植物栽培園に関する費用も，この庭園が全体の美化に役立っており，したがって賃借人の利益にもなっているときは，賃借人に分担させることができるとされる．

遊び場の手入れの費用では，慣例に従った時間的間隔を置いた砂の入れ替え費用は，分担可能な運営費であるが，砂場が悪ふざけで汚染された場合や動物によって汚染された場合には，その損害の除去費は，分担可能な運営費ではない．

公的な通行のために利用されるものではない広場，入口および進入路の手入れの費用には，駐車場の手入れの費用も入る．

第2編　賃貸借契約の形成

　n　照明費

照明費としては，屋外照明および居住者が共用する建物部分（入口，廊下，階段室，地下室，屋根裏部屋，洗濯室等）の照明のための電力料が挙げられる（運営費令2条11号）．

基本料金，電力消費料金，および電力料金に課せられる売上税は，照明費である．しかし，切れてしまった電球の取替えは，修繕である．

　o　煙突掃除費

煙突掃除費には，運営費令2条4号a)における集中暖房費には含まれていない掃除費用である（運営費令2条12号）．

州の法規命令が，煙突および暖炉は定期的に掃除され，点検されなければならない旨を定めている．そのために生じた費用を賃貸人は賃借人に分担させることができる．

　p　対物保険 Sachversicherung および責任保険 Haftpflichtversicherung の費用

対物保険および責任保険の費用には，火災，暴風，水害ならびに自然災害に対する保険の費用，ガラス保険，建物，石油タンクおよびエレベーターのための責任保険の費用が挙げられる（運営費令2条13号）．

　q　家屋管理人 Hauswart に関する費用

家屋管理人に関する費用には，所有者または地上権者が家屋管理人にその労働に対して与える報酬，社会保険費および金銭的価値を有する給付が挙げられる（運営費令2条14号）．ただし，その労働が維持・修繕，更新，美観修復または家屋経営管理 Hausverwaltung に該当しない場合に限る．家屋管理人によって行われた労働給付に対する費用は，運営費令2条2号から10号までおよび16号に定める費用からは支払われるものではない．

家屋管理人は，家屋の清掃，階段の清掃および道路の清掃，庭園の手入れ，集中暖房設備，温水供給設備ならびにエレベーターの操作と調整および小規模な損傷を補修のような技術的・実務的により小規模な管理行為を行うことを委託された者である．また，賃借人からの損傷の指摘や修繕に対する要望を，受け取り，賃貸人に伝え，その他の処理を行うことを家屋管理人に委託することができる．

これに対して，家屋経営管理者 Hausverwalter は，契約上の義務に基づいて，家屋財産の経営管理にのために必要な管理行為の全てもしくは主要部分を執行する者である．

家屋管理人の費用のみが分担可能なものである．家屋管理人の活動に関連して発生する費用（家屋管理人室の費用や電話代等）も分担可能な費用である．家屋管理人に修繕や家屋経営管理行為まで委託している場合には，賃貸人は，家屋管理行為のうちどの部分が分担可能な費用を生じさせる行為かを確認しなければならない．

　r　共同アンテナの使用費用

共同アンテナ使用費用には，使用電力費，専門家による調整を含むアンテナの使用準備のための定期点検または建物に付属してはいないアンテナ設備使用の対価および著作権法によってケーブル広域放送について発生する費用が挙げられる（運営費令2条15号a））．

ラジオ放送受信とテレビ放送受信のためのアンテナが問題となる．2人以上の契約者にアンテナ設備から放送が受信されなければならない．

運営費令2条15号a）によると賃貸人が所有するアンテナ設備と建物に属していないアンテナ設備とが区別されている．賃貸人が所有するアンテナの場合には，使用電力費および定期点検の費用は，賃借人に分担させることができる．しかし，修繕費は，分担させることができない．賃貸人が第三者からアンテナ設備を賃借しているときは，アンテナ設備が建物に付属していない場合に該当するが，その場合には賃料を賃借人に分担させることができる．賃料以外の使用電力費や定期点検費も運営費であるから，分担させることができる．

　s　広帯域ケーブル網に接続した配分設備の運転費用

広帯域ケーブル網に接続した配分設備の運転費用とは，広帯域ケーブルへの接続よって発生する運営費令2条15号a）に定める費用に相応する費用，さらに毎月の基本料金である（運営費令2条15号b））．

個別の住居がドイツ連邦郵便の広帯域ネットに接続している場合が，本規定の適用される場合であり，それによって発生した一定の運転費用が賃借人に分担させられることになる．

第 2 編　賃貸借契約の形成

t　洗濯設備運転費

洗濯設備運転費は，使用電力費，設備の管理，手入れおよび清掃費，運転準備のための定期点検費ならびに運営費令 2 条 2 号に定める水供給費に相応する費用——ただし，運営費令 2 条 2 号に定める水供給費において洗濯設備の水に関する費用が考慮されていない場合——である（運営費令 2 条 16 号）．

賃借人全員によって使用される洗濯設備（洗濯機，乾燥機，脱水機，アイロン等）の運転費用を賃借人に分担させることになる．

第 2 節　運営費分担の合意

1　内容の明確性

運営費の分担には常に契約上の合意が必要とされる．その際に，原則として，運営費の分担に関する合意は，厳格に解釈されなければならない．例えば，賃借人は「付随費用 Nebenkosten」を負担しなければならないとする合意は，内容が不明確であるから分担について有効な合意が成立したとはいわれない．この原則は，事業用空間賃貸借にも適用される．不明確性の不利益は賃貸人の負担となり，賃借人に分担させられるべき額が十分に明確ではない場合には，分担特約全体が無効となる．

内容が不明確な分担特約がなされ，分担費の前払い特約もなされていたために，賃借人が前払いをした場合については，返還請求を認めるべきかについては争いがある．ドレスデン上級地方裁判所は，前払いの法的根拠が失われていることを理由に，不当利得として前払い金全額の返還請求をすることができるとする（OLG Dresden NZM 2000, 827. これに賛成する学説は，Weitemeiyer, Emmerich/ Sonnenschein, 2003, §556 Rn. 31）．これに対して，他の学説では，一定額についての分担特約がなされた場合には，BGB 558 条によって増額される可能性のある基本賃料の一部の前払いとして，あるいは付随賃料を含んだ包括賃料の前払いとして，賃貸人は，前払い金を保持し続けることができる，と解されている（Langenberg, Schmidt-Futterer §556 Rn. 64）．

定式契約によって分担特約をする場合には，運営費令 2 条 1 号から 16 号までに列挙されている運営費が個別に示されているときは，有効な合意とな

り得る（BGH NZM 2004, 417）．その他の運営費は，あらかじめ個別的に合意されている場合にのみ，有効に分担させることができることになるが，賃貸借契約書に具体的に詳細に記載されなければならない（Blank, S. 124）．

2 包括運営費および運営費の前払い

a 包括運営費

BGB 556条2項1段によると，契約当事者は，包括経費を合意するか，もしくは運営費の前払いを合意するかを，選択することができる．

包括運営費とは，実際に消費した量や実際に生じた費用にかかわらず，賃借人が支払うべき義務を負い，事後の清算が行われない運営費に関する特約である．すなわち，包括運営費を特約した場合には，約定した運営費を支払えば，それで運営費の弁済は行われたことになる．包括運営費の増額は，賃貸借契約において増額に関する合意がなされている場合に限り，増額分を分担させることができる（BGB 560条1項）．運営費が低下した場合には，賃貸人は，包括運営費を減額しなければならない（BGB 560条3項）．

包括運営費の合意は，他に特別規定がない場合にすることができるものである（BGB 556条2項）．例えば，BGB 556条a第1項2段によれば，給排水について全ての住居に給排水の測定器が備えられて賃借人による消費を把握できる場合には，その消費量に応じて給排水に関する運営費を清算しなければならないとされている．したがって，この場合には給排水に関する包括運営費の特約はすることができない．

包括運営費の上限は，法律上定められていない（Blank/ Börstinghaus §556 Rn. 94）．

包括運営費の合意をするのは，実務上稀であり，多くの場合は，次に述べる運営費の前払いの合意がなされているといわれる（Blank, S. 126）．

b 運営費の前払い

運営費の前払いの合意がなされた場合には，賃貸人は，1年ごとに清算をしなければならない（BGB 556条3項1段前文）．この清算期間は暦年と一致させて，1月1日に始まって終期を12月末日とすることもできるが，個別の運営費ごとにそれに適する始期を定めてもよい（例えば，暖房費については

7月1日を始期とし，6月30日を終期とするが，他の運営費の清算期間は暦年通りとする）．

運営費の前払いが合意された場合には，賃借人は，清算期間中に，通常各月ごとに運営費を分割払いする．そして，清算期間経過後に，賃貸人は，実際に発生した運営費との清算を行わなければならない（BGB 556条3項1段）．

前払いすべき額は，適切でなければならない（BGB556条2項2段）．すなわち，前払い額は予測され得る運営費を基準とすべきであり，前払い額が実際に発生した運営費よりも少なかった場合には，賃借人は，原則として，不足額を支払わなければならない（BGH NZM 2004, 251; Blank/ Börstinghaus §556 Rn. 97）．

賃貸人は，運営費の前払い額について瑕疵ある計算になされていた場合に，どのような場合に，責任を負うべきかは議論があった．一部の下級審判決は，賃借人が前払い金で運営費を本質的に弁済できると信頼することができた場合には，賃貸人に責任があるとしていた（OLG Düsseldorf NZM 1998, 916）．連邦通常裁判所 BGH の判例によると，賃貸人と賃借人が運営費の前払いを合意し，事後に実際に発生した運営費額が些少というのではなく，明確に少額であった場合にも，賃貸人は，契約締結時に義務違反をしたとする特段の事情はない，と判示する（BGH NJW 2004, 1102）．賃貸人が，実際の賃料負担の範囲について賃借人を欺き，賃貸借関係の設定の誘引を行うために，運営費額の適切性を保証した場合または運営費額を故意に少額に計算した場合というような特段の事情があるときは，契約交渉中における故意・過失の原則から義務違反があるとされる（Blank/ Börstinghaus §556 Rn. 98）．

運営費の前払い額を少額に計算したことについて賃貸人に過失がある場合には，賃借人は，事情によっては損害賠償請求をすることができる．賃借人が，前払い金によって運営費を弁済できるものと信頼し，追加払いの用意していなかった場合には，賃貸人に支払いの猶予または分割払いに承諾すべき義務を負わせることができるとされる．また，賃借人が，現実の運営費の負担を知っていたならばその部屋を賃借しなかったであろう場合には，賃貸人にこの契約から賃借人を解放させるべき義務を負わせることができる．この場合には，さらに，賃借人の追加払い義務の免除，転居費用および新た

な住居を探すために支出した費用の賠償を請求することができる。賃借人が，他所で同等の住居を有利な契約条件で賃借できたであろうことを立証することができる場合にのみ，損害賠償請求権は，成立するとされる（OLG Dresden NZM 2004, 68）。これに対して，賃料および運営費の額が，賃貸人の給付と等価関係にある場合には，損害賠償請求は認められない（Blank/ Börstinghaus §556 Rn. 99）。

前払い額が予測されるべき額を僅かばかり上回っている場合には，損害賠償請求をすることができない。なぜならば，賃貸人は将来における費用の上昇の可能性を考慮してもよいからである（Blank/ Börstinghaus §556 Rn. 100）。

不適切に高額な前払い額を合意した場合には，前払いの額は，適切でなければならないとする BGB 556 条 2 項 2 段の規定に違反することになる。契約締結時に既に前払い額が不適切に高額であった場合には，賃借人は，運営費の前払い額を適切な額まで減額することができる。これに対して，賃貸借関係が経過するうちに運営費が事情の変更によって低下してきた場合には，賃借人は前払い額を一方的に減額することはできない。賃借人は単に減額を請求することができるのみである。賃借人は，テキスト方式で減額請求の意思表示をしなければならない（BGB 560 条 4 項）。賃借人がこの法律状態を認識しながら前払い額の一部のみを支払ってきた場合には，賃借人は，履行遅滞に陥り，BGB 543 条 2 項 3 号に定める「賃料の少なからざる部分の支払いの遅滞」に当たると認められる場合には，重要な理由 ein wichtiger Grund が存在するものとして，賃貸人は，解約告知をすることができる（Blank/ Börstinghaus §556 Rn. 101）。

賃貸人が前払い額を低額過ぎる計算をしてしまった場合には，賃貸人は，テキスト方式の意思表示で適切な額に増額することができる（BGB 560 条 4 項）。

賃貸借契約の中において，前払い金を個別の運営費にどのように配分するかを示しておく必要はない（Blank/ Börstinghaus §556 Rn. 103）。

3 運営費分担の基準

契約自由の原則から，当事者は，原則として運営費の分担に関する基準を任意に選択し，かつ合意することができる．分担の基準について合意がない場合には，法律上の基準（BGB 556条 a）が適用される．

 a 法律上の基準
(1) 居住面積による分担

当事者が分担の基準について何らの合意もしていない場合には，別段の規定がない限り，居住面積の割合に応じて運営費を分担させることができる（BGB 556条 a 第1項1段）．賃貸人が一方的に分担基準を定める権限はなく，また，賃貸借契約において，賃貸人に分担基準を定める権限がある旨を合意することもできない．

「居住面積 Wohnfläche」という概念から，空き家状態の住居も清算において算入されるという結論になる．すなわち，空き家において発生した費用は，賃貸人の負担となる．

(2) 消費にしたがった分担

計測された賃借人による消費量に基づく運営費または賃借人を原因とする運営費は，その消費量等に応じて分担させられる．この規定には，2つの目的があって，1つは消費量に基づいて分担することによって分担の計算の正当性を担保することと，もう1つは水消費の節約およびゴミの少量化を賃借人に奨励することである．例えば，住居全体の水の消費量が中間水量測定器（個別の住居に備えられている測定器）によって計測される場合における給排水に関する費用に適用される．中間水量測定器の設置義務はなく，これが存しない場合には，給排水費用は居住面積に応じて配分される．

ゴミ処理の費用は，各居住単位から発生する実際のゴミの量が計測されうる場合には，その量によって分担される．ただし，賃貸人が実際に発生したゴミの量を重量や体積で測定するシステムを用意するという義務はないとされる（Blank, S. 129f.）．

 b 合意による分担基準
(1) 合　　意

当事者が明示的または黙示的に一定の分担基準に基づくことについて合意

があることが必要である．この合意は，定式契約によってもなし得るが，具体的な基準について合意しなければならない．

(2) 契約形成の自由に対する限界

まず，契約形成の自由に対する限界は，暖房費用令 Heizkostenverordnung（BGBl. I S.115）における規定のような強行規定によって画される．

また，分担基準の合意は，信義則に従った公平なものでなければならない（BGB 242 条）．しかし，当事者は可能な限り正当な分担基準を選択すべきであるということは要求されていない．むしろ分担実務に適しているか否かの観点から選択すべきであるとされる．有用であり，かつ妥当である場合に公平であるとされる．この範囲内において，当事者に契約形成の余地が認められる（Blank/ Börstinghaus §556a Rn. 7）．基準は，居住面積であったり，または住居所有権付住宅の賃貸の場合には，共有持分の割合とされる場合もある．水やゴミについては，消費量の基準によって計算されなければならない（BGB 556 条 a 第 1 項 2 段．この規定は片面的強行規定である（同条 3 項））．

(3) 公平の原則

居住面積の割合を基準とし，空き家の危険は，賃貸人の負担とすることは公平に適する（BGH NJW 2006, 2771; Weitemeyer, Staudinger §556a Rn. 24）．しかし，単に賃貸面積を運営費分担の基準とする合意は，無効とされる（OLG Hamburg WuM 2001, 343）．また，消費量によって定まる費用（給排水費やゴミ処理費等）を，居住面積が多様に異なっているにもかかわらず，居住面積に応じて分担するとする合意は，公平原則に反するとされる．もっとも，居住面積という基準が極端な不公平な結果を導く場合でなければならない（LG Düsseldorf WnM 1994, 31：この事件では，1 棟の住宅に 25 〜 40 ㎡の住居が 20 戸存し，また 100 ㎡の住居が 2 戸存しており，全ての住居に 2 人が居住していた．）．このような場合には，より厳格な基準が設けられなければならない．なぜならば，分担基準は適切なものでありかつ実用的でなければならないからである．したがって，通常は，給排水費のような消費量に基づく費用を居住面積に応じて分配するとする合意は，実用性という理由から許容される（Blank/ Börstinghaus §556a Rn. 9）．

消費量を基準として運営費を定めるとした場合に，1 階に居住する賃借人

にエレベーターの費用を分担をさせることができるかは，議論がある．下級審においては，一方では，①賃料拘束のある住宅に適用される「賃料拘束住宅の優遇賃料の算定に関する命令（BGBl. I S. 2203）」4条2項2段の「1階部分に存する住居はエレベーター費用分担から除外することができる」旨の規定が適用されないとするものがあった．すなわち，共同の設備 Gemeinschaftseinrichtung に関する費用は賃借人全員で負担すべきであるとする見解である（AG Köln WuM 1998, 233）．他方では，②1階の賃借人が地下室までも賃借していないためにエレベーターを有効に利用できない場合，分担から除外されるべきとするもの（AG Hamburg WuM 1988, 170）とが対立していた．

連邦通常裁判所は，第1の見解が BGB 556条 a 第1項1段の基本思想に合うものだとして，1階の賃借人に賃借面積に応じてエレベーター費用を分担させる定式契約を有効としている（BGH NZM 2006, 895; Jost Emmerich, Emmerich/ Sonnenschein §556a Rn. 22）．

学説は，第2説を支持し，BGB 315条の公平の原則に反するとするものがある（Weitemeyer, Emmerich/ Sonnenschein Miete, 2003, §556a Rn. 17; Langenberg, Schmidt-Futterer §556a Rn. 101）．

庭園の手入れの費用は，それが共同の施設であって，その庭園内に立ち入ることができない場合でも，賃借人は割合的に分担しなければならない（BGH NZM 2004, 545）．

(4) 経済単位 Wirtschaftseinheit（企業，団体等）による分担

複数の建物の運営費をまとめて共同の清算を行う場合に，経済単位という語が用いられる．賃料拘束のない住居の賃貸人は，賃貸借契約において合意している限りは，運営費を経済単位で集計し，算定することができる（OLG Koblenz NJW-RR 1990, 1038）．これに対して，個別の建物ごとに分担を定めるとする合意がなされたときは，経済単位での分担をすることはできない．

経済単位で運営費を集計し，分担する場合には，①複数の建物が統一的に管理されていること，②建物間に直接的，場所的結合（統一的住居区域に存していること，もっとも建物が直接的に隣接していることは要しない）があること，③居住価値が本質的に相違していないこと（建築技術レベルが同一である

こと，建築方法が同一であること，設備が同一であること，同種の利用がなされていること，建物の形状が比較できるものであること）が前提とされる（Blank/Börstinghaus §556a Rn. 10）．

(5) 居住用と事業用とが混合した利用がされている建物における費用分担

公的資金の助成を受けた住居（社会住宅）については，「賃料拘束住宅の優遇賃料の算定に関する命令」（「NMV」と略す）20条2項2段は，次のように定める．すなわち，混合利用建物において，住居ではない空間について発生した運営費はあらかじめ区別されるべきである，とされる．

自己資本で建築された住居については，このような規定は存在しない．連邦通常裁判所は，NMV 20条2項2段をこの住居に類推すべき前提が存しないとする（NZM 2006, 340）．すなわち，NMV 20条2項2段は社会住宅に適用されるべきものだからである．連邦通常裁判所の見解によると，BGB 556条a第1項によれば，住居部分の運営費は床面積にしたがって算定されるべきだが，営業の用に供されている家屋部分の運営費はあらかじめ算定していなければならないという結論は導かれない．ただし，営業用家屋部分の運営費が，賃借人の過剰な負担となるときは，居住部分と分離して算定されるべきだとされる．

(6) 分担基準変更に関する賃貸人の権利

原則として当事者は，契約上合意した分担基準に拘束されるが，定式契約において変更権を留保する特約は，変更の前提が公平に適する場合にのみ，有効とされる（BGH WuM 1993, 109）．すなわち，実際の事情が変更してそれまでの基準が著しく公平に反するようになった場合である．例えば，約80〜90㎡の面積の住居があり，1戸には単身者が居住しているが，他の1戸には5人家族が居住するようになった場合に，給排水費を居住面積に応じて負担するとする基準を定め，単身者と5人家族がほぼ同一の給排水費を分担するときは，公平ではないとされる．つまり，最初の分担基準を定める合意時に存した客観的行為基礎がもはや存在しなくなり，したがって賃貸人は信義則（BGB 242条）に基づいて全ての賃借人に対して分担基準を変更した事情に適合させるように請求することができることになるのである（Blank, S. 134f.）．

(7) 賃借人の分担基準変更請求権

賃借人は，合意で定めた分担基準または法定の分担基準（BGB 315 条，316 条）を変更するよう請求することができる．その要件は，次の3つである．

① 定められた費用状態が，使用者によって異なる分担額になっていることが賃貸人にとっても明白であることである．
② その相違額が著しいことである．
③ 分担基準の変更が可能であり，かつ賃貸人にそれを要求できるかを考慮すべき場合である（Blank, S. 135）．

第6章　敷　金 Mietkaution

第1節　総　説

　賃貸借では，賃借人の賃貸借契約上の債務の履行のために賃借人が担保 Sicherheit（敷金 Mietkaution）を給付する合意がなされる．この合意は，定式契約によってなされてもよい．

　住居賃貸借については，BGB 551 条において敷金の規制がなされている．すなわち，BGB 551 条によると，敷金額は，原則として，包括運営費もしくは前払い運営費を除いた賃料の3ヵ月分を最高限度とされている．また，賃借人は3ヵ月に分割して賃料と同額の敷金を賦払いをする権利を有する（BGB 551 条2項）．第1回目の支払いは，賃貸借の開始時が履行期となる（同条2項2段）．賃貸人が現金による敷金を信用機関（銀行，貯蓄銀行等）に預金をする場合には，通常の利率で3ヵ月の解約告知期間付貯蓄預金でしなければならない．もっとも，当事者は，現金以外のもの（例えば，有価証券）をもって預託することを合意することもできる．いずれの場合にも，賃貸人の財産と分離して預金・預託されなければならず，その収益は賃借人に帰属する．そして，結果的に，この収益は敷金を増加させることになる．

　BGB 551 条は片面的強行規定であり，賃借人に不利な特約は無効となる（同条4項）．

　これに対して，事業用空間賃貸借の場合には，法律上の規制は存しない．敷金の額の上限も設けられていない．賦払いについても規定は存在しない．

第2節　敷金の種類

1　現金による敷金 Barkaution

　賃借人が現金で敷金を支払うべき旨の契約上の合意がある場合には，賃貸人に一定額を交付し，または賃貸人によって定められた口座に振り込まなければならない（Blank/ Börstinghaus §551 Rn. 3）．

2 債権譲渡または債権質設定

賃貸借保証 Mietsicherheit を債権譲渡もしくは債権の質入れの方法で貯蓄預金通帳から給付すべき旨の特約でもすることができる．質権設定の場合には，一定額を賃借人名義の貯蓄預金口座に払い込み，それから賃貸人は貯蓄預金債権に対して質権の設定を受けることになる．さらに，賃借人が銀行に質権設定と質権債権者の名を通知したときに，効力が発生する．

銀行は，通常，預金通帳に賃貸人のために譲渡禁止特約を付ける．ただし，他方の当事者の同意があれば，預金債権を処分することができる．この質権の効力は，利息にも及ぶ（BGB 1289 条）．賃借人が破産した場合には，賃貸人は，別除権を有する．貯蓄預金通帳を誰が保有しているかは，質権設定の効力に関しては問題とならないが，実務では通常，賃貸人に通帳が交付されている．賃借人は，仮処分をすることによって，賃貸人が貯蓄預金口座を差し押さえることを妨げることができる（Blank/ Börstinghaus §551 Rn. 4）．

担保のためにする貯蓄預金債権の譲渡は，銀行に通知がなされなくても，有効である（BGB 398 条以下）．担保のための債権譲渡は，当事者が貯蓄預金債権を賃貸借契約に基づく債務の担保のために賃貸人に帰属させる旨の合意があれば，成立する．通常は，賃借人が賃貸人に賃貸人の名義で作成された貯蓄預金通帳を交付する旨が合意される．したがって，通常，担保のためにする債権譲渡の方式によるときは，貯蓄預金口座は，賃貸人の口座として作成されるのである．賃貸人にとってのメリットは，貯蓄預金通帳を占有している場合には，賃借人の同意を得ることなく貯蓄預金債権を処分することができることである（BGB 808 条）．ただし，銀行が譲渡禁止特約を付けている場合には，処分することができない．賃借人が破産したときは，質設定の場合と同様に，賃貸人は別除権を有する（BGH NJW 1984, 1749, 1750; Blank/ Börstinghaus §551 Rn. 5）．

3 保　証

賃借人は，現金による敷金に代えて保証人を立てることを合意することができる．現金による敷金が合意されている場合には，賃借人は保証人を立てる権利を有しない．

第 6 章　敷金 Mietkaution

賃借人は，通常，銀行に保証をしてもらう．法人との賃貸借契約においては，会社の債務について出資者が個人的に責任を負うべき場合には，私人を保証人にするときもある．住居賃貸借においても，学生と契約を締結するときは，しばしば両親が賃貸借契約上の責任に対する保証人を引き受けている（Blank, S. 140f.）．

4　有価証券の質入れ

無記名証券（例えば，株券）の場合には，質権成立のために証券の引渡しと質権設定の合意を要する（BGB 1205 条）．賃貸人は，反対の合意がない限り，証券を保管する義務を負う．相場の変動による損失の危険がある場合には，賃貸人は，賃借人の交換指示に従わなければならない．配当は，担保を増加させる（BGB 1213 条 2 項，1214 条）．現金化は，公の競売によらない売却の方法（BGB 1221 条）ですることもできる（Blank, S. 141）．

第 3 節　住居賃貸借における敷金

1　敷金の最高限度額

敷金の最高限度額は，賃料の 3 ヵ月分である（BGB 551 条 1 項）．3 ヵ月分の賃料の基準となるのは，基本賃料 Grundmiete であり，前払い運営費や包括運営費は除外される．もっとも，包括運営費の合意をしている場合には，敷金の額を包括運営費の 3 ヵ月分とすることも可能である．

敷金最高額の制限は，現金による敷金のみならず他の方式の敷金（第 7 章第 2 節 2, 3, 4 に列挙した方式の敷金）にも適用される．許容される限度を超えた敷金が合意された場合には，その合意全部が無効になるのではなく，許容された限度において敷金の合意は有効とされる．すなわち，一部無効とされるのである．上限を超えた分に関しては，賃借人は返還を請求することができる．賃借人が現金による敷金のほかに保証人を立てる義務を負った場合に，現金による敷金を算入すると最高限度額を超えるときは，保証契約は無効である（Emmerich, Staudinger § 551 Rn. 8; Blank/ Börstinghaus § 551 Rn. 32）．賃借人は，保証人が賃料の 3 ヵ月分を超える額の請求を受けない旨を主張することができ，保証人は，この権利を抗弁として主張することができ

る（BGHZ 107, 210）．保証人が負担する債務額を定める基準は，保証を引き受けた当時における賃料額である．

2　履　行　期

　賃借人は，現金による敷金を3ヵ月に分割して賦払いすることができる（BGB 556条2項1段）．この規定は，賃借人が賃貸借関係開始時には引っ越し費用，家具購入費などの他の費用の支払い請求を受けることを考慮したものである．他方，賃貸人にとっては，賃貸借が開始したばかりであるから，賃料の滞納額や損害賠償額も少額であることも考慮したものである．賦払いに関するこの規定は，賃借人が，敷金を貯蓄預金通帳に振り込む旨の合意をしている場合も適用される．

　敷金の賦払い額は，各月の賃料額に応じて分割される．敷金額が，賃料額より低額である場合も同様とされる．最初の賦払いの履行期は，賃貸借関係開始時である．賃貸借関係開始時とは，賃貸借契約締結時ではなく，賃貸借契約に則した賃貸借関係の開始した時である（Emmerich, Staudinger §551 Rn. 12; Blank/ Börstinghaus §551 Rn. 38）．賃料が前払いか，月末に支払われるかは，問題とならず，第1回目の賦払い敷金は，賃貸借関係開始時に支払われなければならない（BGB 551条2項2段）．したがって，賃借住居が契約に則して賃借人に引き渡されない限りは，賃借人は，敷金に対する留置権を有することになる．

　第2回目，3回目の賦払い敷金交付の履行期は，賃料の履行期と同日である（BGB 551条2項3段）．

　第1回目の敷金の支払いが3ヵ月を越えて遅滞する場合には，賃貸人は敷金全額の支払いを請求することができる（Emmerich, Staudinger §551 Rn. 12; Blank/ Börstinghaus §551 Rn. 38）．この場合には，もはや賦払いをする権利は存在しなくなっている（LG Berlin WuM 1988, 266）．敷金の支払いが遅滞した場合には，履行期に支払われたならば特別口座において発生したであろう利息を賃貸人は請求することができる．この利息は，敷金を増加させることになる．しかし，これ以上に遅延損害金を請求することはできない．なぜならば，敷金は，賃借人の財産だからである（Blank, Schmidt-Futterer §551

Rn. 61).

　BGB 551条2項に反する賃借人に不利な特約は無効である（BGB 551条4項）．すなわち，賃借人から敷金を賦払いする権利を奪うことはできないのである．したがって，賦払いをすることについて，合意をすることを要しない（LG Gießen ZMR 1995, 594）．賦払いをする権利を明示的もしくは黙示的に排除する特約をすることはできないから，敷金全額の支払いの履行期が賃貸借開始時であるとする旨の合意も効力を生じない（BGH WuM 2004, 269）．敷金の支払いを賃貸借関係成立の停止条件とする合意も効力を生じない．また，敷金全額の支払いと引き換えに鍵を引き渡す旨の合意も効力を生じないが，賃貸借契約自体の効力は，これらの合意の効力の影響を受けない（Blank, Schmidt-Futterer §551 Rn. 62）．

　賃貸人は，賃貸借関係が開始してから長期間が経過しても敷金の支払いを請求することができる．賃貸借契約が終了しても，この請求権は消滅せず，むしろ，終了した契約に基づく債権が賃貸人に帰属する限り，賃貸人は敷金支払請求権を有し続けることになる（BGH NJW 1981, 976）．賃貸借関係が終了しても，既に発生し，履行期の到来している債権は消滅しないからである（Sternel aktuell, Rn. Ⅲ 163; Blank, Schmidt-Futterer §551 Rn. 63）．

　賃借人は，合意した敷金支払いの履行時に賃借住居が契約に則した状態になく，そのことを理由に賃借人が賃借住居への入居を拒絶することができる場合にも，賦払い敷金の支払いはしなければならない（OLG Celle NZM 2003, 64）．瑕疵除去請求権や損害賠償請求権に関する留置権は成立せず（BGH NZM 2007, 401），賃貸人の敷金支払請求に対して相殺の主張をすることもできない．ただし，賃貸人の敷金債権は，通常の3年の消滅時効にかかる（Blank/ Börstinghaus §551 Rn. 42）．

3　投資および利息

a　投　　資

　BGB 551条3項によると，賃貸人は，敷金を自己の財産から分離して信用機関に投資しなければならない．その趣旨は，敷金を信託財産もしくは被後見人の金銭と同様に取り扱われるべきであるということにある．すなわち，

賃貸人が破産した場合に敷金は保護されるべきであり，また敷金口座に対する銀行の担保権を排除するためである（BT-Drucks, 9/ 2079 S. 10）．

信託口座を開設してそこに敷金を投資する場合には，「賃料口座」という名称では不十分であって，「敷金口座」という名称でなければならない．口座が信託的性格を有するものであることが事後的に公表される場合には，銀行と口座保有者との間で担保権を排除する旨の特約がなされる必要がある．銀行が，賃貸人個人に対する債権に基づいて敷金について担保権を行使した場合には，この公表後は，良俗違反（BGB 826条）であるから，銀行は損害賠償義務を負うとされる．個別の敷金ごとに特別口座が開設される必要はなく，全ての敷金について集約した口座があればよいのである．信用機関の選択は，賃貸人に委ねられる．BGB 551条3項1段は，賃貸人は，3ヵ月の告知期間を付した貯蓄預金に通常の賃料で投資すべきであると規定するが，最も高い利息を付ける信用機関を選択しなければならないという義務は負わない．

また，BGB 551条3項2段は，同1段で規定する以外の投資方式も当事者の合意によって選択できるとしている（Blank/ Börstinghaus §551 Rn. 43-47）．

　b　法 的 効 果

BGB551条3項1段に規定する方式による投資がなされた場合には，以下のような法的効果が発生する．

① 利息は賃借人に帰属するものとされ，その分敷金の額が増加することになる（BGB 551条3項3段および4段）．

② 賃貸人の債権者は，敷金の貯蓄預金口座を差し押さえることができない．それにもかかわらず，その差押えが命じられた場合には，賃借人は，訴訟参加権を取得し（ZPO 771条），訴訟参加をして，敷金は，賃貸人の財産に属すものではないことを主張することができる．執行裁判所は，敷金口座に対する差押えは許されない旨を宣告しなければならない．

③ 信用機関は，賃貸人が信用機関に対する他の債務を履行しない場合に，敷金口座を引き当てにすることはできない．

④ 賃貸人の財産について破産手続が開始された場合に，賃借人は取戻権

第6章　敷金 Mietkaution

を有する（破産令 InsO 47 条）．すなわち，敷金預金口座は，破産財団に属しないのである（OLG Frankfurt NJW-RR 1987, 786）．賃貸借関係が継続されない場合には，破産管財人は，敷金を清算し，残額を賃借人に返還しなければならない（Blank/ Börstinghaus §551 Rn. 51-53）．

　c　投資義務の不遵守

　敷金の投資が法定の方式に則ってなされていない場合には，契約違反と認められ，賃貸人は損害賠償義務を負う．損害は，通常，投資の不作為から生じた利息に関する損失である（Blank/ Börstinghaus §551 Rn. 56）．

4　契約終了時における敷金

　a　賃借人の返還請求権

　賃借人の敷金返還請求権は，契約の終了ならびに賃貸人に通常認められる清算期間の経過を停止条件とするが，契約締結時にすでに成立している（BGHZ 84, 345）．したがって，賃借人の返還請求権の弁済期は，清算期間の経過時に到来する（BGHZ 101, 244, 250f.）．賃貸人は契約終了後遅滞なく敷金に関する清算をしなければならない．清算期間は，事情によるが，通常，2ヵ月から3ヵ月で十分であるとみなされている（OLG Köln WuM 1998, 154）．また，多くの場合に最長6ヵ月を超えてはならないとされる．ただし，特別に複雑な事情がある場合にのみ，6ヵ月を越えることも認められる（BGHZ 101, 244, 250f.; Volker Emmerich, Emmerich/ Sonnenschein §551 Rn. 22）．

　清算期間の経過によって，賃借人は，無条件に満期となった返還請求権を取得する．したがって，以後，賃借人は，賃貸人の有する債権を受働債権として相殺をすることができることになる（BGH NJW 1972, 721）．また，保証人を立てている場合には，賃借人は，保証書を保証人に返還するように請求することができる（Volker Emmerich, Emmerich/ Sonnenschein §551 Rn. 23）．

　ここで問題となるのは，清算期間が経過した後も，賃貸人がなお直ちには清算することのできない付随費用に対する請求権を有する場合に，それを請求することができるかということである．通説によると，このような場合には，賃貸人は，清算期間が経過しているにもかかわらず，賃借人が給付した敷金の一部を付随費用に関する迅速な決算まで留置することができる（BGB

69

273条）と解されている（Volker Emmerich, Emmerich/ Sonnenschein §551 Rn. 24）．

　b　時　効

　賃借人の敷金返還請求権は，3年の消滅時効にかかる（BGB 195条）．敷金に関して生じる利息についても同様である．時効期間の起算点は，賃貸借関係の終了時ではなく，賃借人の返還請求権の満期時である．

第4節　事業用空間賃貸借における敷金

　BGB 551条は住居賃貸借にのみ適用されるから，事業用空間賃貸借の場合には，当事者は，良俗違反と認められない限り，自由に敷金の額を定めることができる．もっとも，賃貸人の保護利益を超える敷金は，賃借人による隠れ信用ではないかとみなされる場合があるから，消費者信用法を遵守しなければならないとされる．例えば，敷金の追加払いの合意は，賃料増額の可能性があると認められ得る．敷金から生じる利息の問題についても，当事者間で任意に定めることができる．明確な合意がない場合には，補充的契約解釈として，賃貸人の財産から分離して3ヵ月間の解約告知期間付貯蓄預金に通常の利息付で投資する義務が賃貸人に生じると解されている（BGH NJW 1994, 3287）．すなわち，賃借人の保護のためにBGB 551条を類推適用すべきだと解されるようになっているのである（Volker Emmerich, Emmerich/ Sonnenschein §551 Rn. 26）．

第7章　美観修復 Schönheitsreparaturen および小修繕

第1節　美　観　修　復

1　美　観　修　復

　美観修復とは，賃借人が契約に則した使用をしたことによって不可避的に発生する空間 Raum の外見的な損耗を修復する作業である．運営費令28条4項4段が次のようにより詳細に規定している．すなわち，壁ならびに天井の壁紙，塗装ならびに漆喰塗りおよび床，加熱管を含む暖房機，室内扉，窓ならびに屋外に通じる扉の塗装が美観修復に含まれると規定しているのである．瑕疵の除去は，例えば，絨毯を敷き詰め，化粧タイルを貼り付けもしくは衛生設備および電気器具の設置によって賃貸空間の設備を充実させることと同様であって，美観修復とは認められない．賃借人に排他的な使用が委ねられた空間の損傷は美観修復の範囲に含まれるが，地下室やボイラー室のような営繕関係設備室もしくは共同賃貸されている通路や出入り口の損傷の修復は，美観修復の範囲には含まれない．

　美観修復とその他の修繕との区別の基準は，賃借人による契約に則した賃借空間の使用から通常生じる塗装の損耗を塗装によって除去することにかかわっているか否かであるとされる（Volker Emmerich, Emmerich/ Sonnenschein §535 Rn. 58）．すなわち，釘穴の修復のような小修繕は美観修復であるが，化粧塗り，壁，扉及び同種の物の損傷の除去は，美観修復に属さない（BGHZ 105, 71, 87）．

2　賃貸人の義務

　民法の規定では，賃貸人は，賃貸借期間中契約に則した使用に適した状態を維持すべき義務を負っている（BGB 535条1項）．したがって，別段の特約がない限り，賃貸人が美観修復義務を負うことになる．しかし，535条1項は強行規定ではないために，実務では，通常は賃借人にこの義務は転嫁されているが，賃借人にこの義務を課す合意は明示的でなければならず，黙示の合意は認められない（Volker Emmerich, Emmerich/ Sonnenschein §535 Rn.

60).

3 修繕義務の転嫁条項

定式契約によって契約開始時に住居の修繕を賃借人に義務付ける合意は，信義則に反する不適切な不利益を与える定式契約であって，効力を生じない (Langenberg, Schmidt-Futterer §538 Rn. 152).

4 賃借期間中に賃借人に美観修復実施義務を課す条項

a 有効な条項と無効な条項

判例は，定式契約によって美観修復義務を賃借人に課す条項（以下，「美観修復条項」という）を有効に定めることができるとする (BGH NJW 1985, 480; BGH NJW 1987, 2575; BGH NJW 2003, 3192). 賃貸借開始時には修復されていない状態で住居が引き渡されたが，契約書の文言では，賃借人が通常の修繕期間（1976年に連邦司法省が作成した模範賃貸借契約書7条の注1によると，台所，風呂，シャワーについては3年，居間ならびに寝室，廊下，玄関の間及びトイレについては5年，その他の付属室については7年とされる）の経過後に初めて最初の美観修復を行う義務をあると定めている場合も，有効であるとされる (BGH NJW 1987, 2575).

これに対して，賃借人に修復されていない住居が引き渡された場合に，定式契約において，賃借人は「必要に応じて」もしくは「必要な場合に」修復しなければならない，と定められていたときは，信義則に反する不適切な不利益を与える普通取引約款として無効とされる (BGB 307条).

b 修復条項 Renovierungsklausel（賃借人に美観修復義務を負わせる条項）の制限

連邦通常裁判所は，修復条項を，賃借物を賃貸借契約に則した使用による損耗を賃借人が修復すべき場合のみに限定している (BGH NJW-RR 1987, 906; NJW-RR 1995, 123). 賃借人に帰責事由がない，例えば，水害や火災の影響による賃借物の損傷，賃貸人による建替え，現代化もしくは修繕によって美観修復が必要となった場合は，修復条項とは別の問題だとされる.

損傷発生時にすでに美観修復の履行期が到来している場合には，賃借人は賃貸人に対して修復措置を講じる義務を負う. 賃貸人は，美観修復の範囲を

第7章　美観修復 Schönheitsreparaturen および小修繕

越える修繕は行わなければならない．この場合にも，賃貸人の責に帰すべき事由があるかにかかわらず，美観修復については賃借人の義務とされる．第三者の帰責事由による損害が生じた場合には，この第三者は，賃貸人に損害を賠償しなければならない．

　通常の修繕期間が経過する前に損傷が発生した場合には，美観修復の履行期は到来していないから，全ての修繕は，賃貸人の義務となる（BGB 535条1項2段）．賃貸人は，この場合に前賃借人によってなされた修復の状態にまで修繕する責任はなく，平均的な修復を行えばよいとされる．通常，賃借人は，損耗した住居に代えて修復された住居を獲得できるのであるから，これによって利益を取得することになる（Blank, S. 167-168）．

　c　美観修復の範囲の制限と拡張

　美観修復の範囲は，契約によって拡張することも制限することもできる．しかし，BGB 535条1項2段によって賃貸人が負担すべきものであるとされているものよりも過大な給付を賃借人に負わせる定式契約中の条項は，効力を生じない（BGB 307条，OLG Düsseldoef WuM 2003, 621, 623 では，寄せ木張りの床の研磨と塗装を賃借人の義務を負わせる条項．LG Köln WuM 1989, 70 では，寄せ木張りの床の鉋がけと壁ならびに天井の漆喰の損傷および床張りの修繕を賃借人の義務とする条項）．絨毯を敷き詰めた床の洗浄を賃借人の美観修復義務とするのは，有効である（OLG Celle ZMR 2001, 612）．なぜならば，この作業は，賃借物を視覚的に感じの良い状態を保つためには必要であり，これによって賃借人は費用以上の負担を負うわけではないからである．

　しかし，信義則に反しない限り（BGB 242条），個別の合意でより広い範囲の義務を賃借人に負わせることができる．この場合に，両当事者の利益が公平に考量されなければならず，例えば，修繕が必要なものではなく，単に賃貸人の追加的収入源を作り出すだけの場合には無効である（Blank/Börstinghaus §535 Rn. 357）．

　d　修 復 期 間

　(1)　通常の期間

　賃貸借期間中に，壁，天井，床，暖房機，室内扉，窓の外観が通常の住居使用によって著しく損傷を受けた場合に，賃借人は美観修復をしなければな

らない．客観的に見て修復の必要性が存するかが基準となるのであって，建物本体が危険な状態にあることは要しない（BGH GE 2005, 662）．美観修復は，台所，風呂，シャワーについては3年毎に，居間ならびに寝室，廊下，玄関の間およびトイレについては5年毎に，その他の付属室については7年毎になされるべきであるとされる（BGHZ 92, 363）．この期間の経過前は，原則として賃借人は修復義務を負わない．契約開始時に美観修復の必要な住居が賃借人に引き渡された場合も同様である（Blank/ Börstinghaus §535 Rn. 359）．

(2) 修復期間の合意

修復期間について，当事者は合意することができるが，美観修復条項において期間まで定めておかなければならないという趣旨ではないとされる．ただし，修復期間の合意がない場合には，賃借人は，通常の修復期間経過後に修復を行えばよい．通常の修復期間よりも長い期間を合意することも可能である．しかし，通常の修復期間よりも短い期間を合意した場合には，その合意は，賃借人に修復義務を転嫁することによって不適切な不利益を被らせる結果を導く条項としてBGB 307条に違反し効力は生じない（BGH WuM 1990, 494）．BGB 307条違反の効果は，期間に関する約定ではなく，修復義務転嫁条項の効力を生じないものとするのであり，この場合には，美観修復は賃貸人が行わなければならない（BGH NZM 2004, 653）．

 e　賃貸借期間中における賃貸人の請求権

(1) 履行請求権および損害賠償請求権

賃貸借関係は継続しているが，美観修復義務が履行されない場合には，賃貸人は履行請求の訴訟を提起することができる．また，これに代えて賃貸人は賃借人を遅滞に陥れて，その後支払い請求訴訟の方法で美観修復実施に必要な費用の前払いを請求することができる（BGH WuM 1990, 494）．この前払い金を用いて美観修復がされた後に，残余金が生じたときは，賃借人に返還されなければならない．すなわち，賃貸人は給付に代わる損害賠償を請求することができるわけではない（Blank/ Börstinghaus §535 Rn. 368）．

賃借人が美観修復を実施したが，それが不適切であった場合，賃貸人は，賃貸借関係が継続している限り，原則として損害賠償請求権を有しない．建物が美観修復義務の不完全履行によって危険な状態になっていない限り，賃

貸人は通常の美観修復を行うように請求することはできない．なぜならば，美観修復は，賃借人の Obliegenheit（不履行によって損害賠償義務を生じない義務）だからである．賃貸人は修復すべき損傷の除去に要すると予測される額の前払いを請求することができる（Blank/ Börstinghaus §535 Rn. 369）．

(2) 解約告知権限

賃借人が契約上の特約によって引き受けた美観修復義務を履行しないときは，義務違反であるが，賃貸人は，BGB 573条2項1号〔この規定によると，賃借人が責に帰すべき事由によって義務に些少ではない程度に違反したときは，賃貸人は賃貸借関係を終了させることのできる正当な利益を取得する，とされる〕によっては解約告知をすることができない．すなわち，賃貸借関係継続中は，美観修復の実施は賃貸人ではなく，賃借物使用権者としての賃借人の利益に資することになるからである．

　f　契約終了時における賃借人の義務

(1) 修復義務の履行期が到来している場合

賃貸借終了時に，修復義務の履行期が到来しているときは，賃借人は修復を行わなければならないが，履行期は，賃貸人が表明しなければならない．この履行期の表明という負担については，賃貸人に高い要求をしておらず，空間を賃借人が長期にわたり修復しなかったという結論を導くような状態にあれば十分である．また，修復期間が経過したときは，修復の必要性が推定される．この期間経過前に修復を実施したことを賃借人が立証したときは，賃借人は免責される．

履行期の到来していない美観修復に関しては，修復条項とともに修復費分担条項も定められている場合にのみ，賃貸人は，請求することができる．修復費分担条項がない場合には，賃貸人は，現状で空間の返還を受けなければならない．

通常の修復期間経過前に壁紙が剥がれたというような損傷が生じた場合には，修復義務が発生する（Blank/ Börstinghaus §535 Rn. 373）．

(2) 義務違反に対する責任

賃借人の責任は，契約違反の視点からは問われない（BGH ZMR 1995, 577, 578）．むしろ，修復義務がないのに，賃借人が素人作業を行って（例えば，

不適切な，通常ではないものに張り替え，その作業が全く素人のものであった場合である），賃貸人に余計な費用を負担させる場合に，契約違反の責任が発生する。損害賠償請求をするには，賃借人の作業によって従前の状態よりも悪化したことが要件である。この場合には，不適切な作業の結果を除去するために要する費用を賃借人は支払わなければならないのであって，賃借人が，美観修復義務を負うわけではない（Blank/ Börstinghaus §535 Rn. 376）。

(3) 適切な美観修復のための給付

美観修復の履行期が賃貸借関係の終了時に到来する場合には，賃借人は，平均的な趣向水準を顧慮しなければならない。例えば，著しくケバケバしい色や著しく暗い色を用いることは避けられるべきである。住居の壁紙を貼り替える場合には，賃借人は，中等の種類・品質を有する壁紙を選択すればよいのである。美観修復作業を賃借人自らが行うこともできる（Blank/ Börstinghaus §535 Rn. 377）。

 g 給付に代わる損害の賠償請求

(1) 期間設定

美観修復義務が賃貸借期間終了時に履行期となり，賃借人がそれにもかかわらず美観修復を行わないか，または行ったがそれは不適切であった場合には，賃貸人は損害賠償を請求することができる（BGB 280条，281条）。賃貸人の損害賠償請求は，美観修復の実施のため賃貸人にとって無益な期間が設定されたことが前提とされる（BGB 281条）。期間設定には何らの方式も要しない。

この期間は，その期間が賃貸借契約終了時に履行期が到来するように設定され，賃借人が履行期に美観修復をすることができる適切なものでなければならない。賃借人が美観修復を賃貸借終了までに実施しなければならないとされている場合には，美観修復義務は，契約終了時に履行期が到来するから，期間設定は契約終了後にようやくすることができることになる。期間は，賃借人が美観修復を実施することができるように定めなければならず，短すぎる場合には，修復に必要な期間または通常の期間に修正される（OLG Hamburg WuM 1998, 17）。期間設定の要件を定式賃貸借契約における特約によって排除することはできない（BGB 309条4号）（Blank, S. 177）。

第 7 章　美観修復 Schönheitsreparaturen および小修繕

(2)　美観修復給付に対する請求

　BGB 281 条の規定は，賃借人が美観修復実施について請求を受けることを前提としている．この請求は，内容が特定しており，一義的なものであって，給付義務の遅滞の効果であることを賃借人に明確に認識させなければならない．すなわち，確定性の原則 Bestimmtheitsgrundsatz から，個別的にどのような修復が実施されるべきかを賃借人に正確に通知されなければならない．賃貸人が賃借人の義務となっている範囲を超える修復を請求した場合には，期間設定は，原則として効力を生じないである．ただし，賃借人が義務の範囲内で修復を実施することによって賃貸人が満足することを，賃借人が知っている場合には，その請求は有効とされる（Blank/ Börstinghaus §535 Rn. 381）．

(3)　最終的な履行拒絶

　賃借人の行為から賃借人がその義務の履行を最終的に拒絶するという結論が得られる場合（例えば，口頭による意思表示または書面による意思表示によって履行を明確に拒絶している場合）には，期間設定は，不要である．最終的拒絶を認定するについては，厳格さが要求され，賃借人がその契約上の義務を履行しないであろうことを明確に表示している場合にのみ，認められる（BGH WuM 1982, 296）．賃借人が美観修復の必要性を指示されていたにもかかわらず，修復を行わずに返還した場合には，最終的履行拒絶が認められている（BGH NJW 1991, 2416（Blank/ Börstinghaus §535 Rn. 383））．

(4)　給付に代わる損害賠償

　賃貸人は，美観修復期間設定後も，さらに履行請求権を行使するか，損害賠償を請求するかを選択することができる．これに対して，賃借人は，美観修復期間経過後も美観修復を実施することができる．賃貸人が給付に代わる損害賠償を請求したときは，履行請求権は排除される（BGB 281 条 4 項）．また，賃貸人は，事前に賃借人に対する意思表示によって履行請求権を排除することもできる（Blank/ Börstinghaus §535 Rn. 384）．

(5)　損害賠償の範囲

　損害の範囲は，修復費用のみならず，専門家に対して支払った費用にも及ぶ．一部の裁判所は，賃貸人が，例えば，立会人や写真家といったより費用

のかからない証明手段があるにもかかわらず，住居の状態を証明するために専門家を用いた場合には，損害減少義務違反であるとする（OLG Hamburg WuM 1990, 75）．しかし，連邦通常裁判所は，このような損害賠償の範囲の制限は，いずれにせよ通常は正当化されないとして，この見解を支持してはいない．すなわち，専門家による鑑定は，客観的であり，かつ特に適切な証明手段であるからである（BGH WuM 2004, 466）．さらに，賃貸人は，修復を法定期間経過後になって初めてできるようになったために生じた賃料の欠損の補塡を請求することができる（Blank/ Börstinghaus §535 Rn. 386）．

(6)　給付障害 Leistungshindernisse

賃貸人が協力義務を履行しない場合や建物が損傷したことによって，賃貸人も新規（後継）賃借人も建物に立ち入ることができず，期間経過前の美観修復が実行できないために，美観修復が無意味になるときは，給付障害が生じており，賃借人は免責される（Blank/ Börstinghaus §535 Rn. 387）．

(7)　後継賃借人による美観修復の実施

賃貸人の損害賠償請求権は，後継賃借人〔賃借権の譲受人〕が自己の費用で美観修復を実施した場合には，消滅しない（BGH ZMR 1968, 40）．この場合は，後継賃借人が前賃借人との契約に基づいて前賃借人のために修復を実施した場合とは，区別される．後者の場合は，第三者による給付に関する規定（BGB 267条）が適用され，給付の効力は発生するから，賃貸人の損害賠償請求権は消滅する．これに対して，賃貸人との合意に基づいて後継賃借人が初期修復の義務を負う場合には，BGB 267条 の適用はない（Blank/ Börstinghaus §535 Rn. 388）．

(8)　改　　築

賃貸人が賃貸空間の返還を受けた後に改築する意図を有する場合には，賃借人がその前に実施した修復は，賃貸人がそれによって何らの利益を得ないのであるから，無意味なものとなる．連邦通常裁判所の判決によると，賃貸人が履行期の到来した修復義務の履行請求に代えて金銭の支払い請求をすべきであるという補充的な解釈がなされている（BGHZ 92, 363; BGH NJW 1980, 2397）．この支払請求権は，賃借人が賃貸人の改築意思を認識したときに発生し，しかも賃借人は，返還前に修復を行ったり，改築後の修復に同意する

第 7 章　美観修復 Schönheitsreparaturen および小修繕

旨の意思表示を行うことによって支払い請求を免れることはできないとしている．支払い請求の額は，改築がなされなかったときに契約上の義務に従って賃借人が支出しなければならない費用の額を超えてはならない．実務では，支払請求の額は，賃借人が賃貸借契約による固有の仕事として美観修復をする権限を与えられていたか否かによって決定している．すなわち，職人に仕事を委託することによって発生した費用ではなく，材料費に賃借人の自己給付に相当する額を加算した費用を超えない額である（Blank/ Börstinghaus §535 Rn. 389）．

(9)　損害賠償請求権の時効

美観修復の不作為による損害賠償請求権は，6ヵ月の消滅時効にかかり，原則として，返還時から起算する（BGB 548条1項）．

(10)　瑕疵のある美観修復

賃借人が賃貸人の請求に応じて美観修復を行ったが，それには瑕疵があった場合には，その瑕疵修補のために新たに期間を設定する必要はない．むしろ，賃貸人は，義務違反という視点からすると，補修費用を損害賠償として請求することができる．全く不適切な修復がなされた場合には，賃借人は，完全な新規修復を行うために要する費用を負担することになる．小規模な修補である場合には，賃貸人は，例外的に再度 BGB 254条2項による期間設定をすべき義務がある．作業の瑕疵は，賃貸人が，主張・立証しなければならず，しかもその瑕疵を正確に列挙しなければならない（Blank/ Börstinghaus §535 Rn. 394）．

5　返還条項 Rückgabeklausel（賃借人に修復された住居の返還を義務付ける条項）

a　修復された住居を返還する義務

修復条項 Renovierungsklausel と異なり，賃借人に賃借住居を賃貸借終了時に修復された状態で返還すべき義務 Verpflichtung des Mieters zur Rückgabe einer renovierten Wohnung を課す条項は，信義則上不適切な不利益を賃借人にもたらす条項として効力を生じない（BGB 307条）．定式契約の中に定められているこのような条項も効力を生じない（BGH NZM 1998,

710; BGH NJW 2003, 3192). ただし, 賃借人が履行期の到来した美観修復義務を遅滞している場合は, 別問題であるとされる. 後者の場合についてのみ修復された住居を返還する義務がある旨の限定は, 定式契約の条項において明示的に定められていなければならない. 修復して返還すべき旨を包括的に定めた条項を縮小解釈によって許容するべき内容に限定することはできないとされ, 個別の契約における特約として定めるべきであるとされる (Blank/ Börstinghaus §535 Rn. 396).

　b　入居可能な状態で住居を返還する義務

　賃借人が空間を入居可能な状態で返還すべき旨の合意は, 絶対的な修復義務を設定するものではないとされる. すなわち, このような合意の目的は, 賃貸人が新規の賃借人に空間を入居に適した状態で引き渡すことができることによって達せられるからである (BGH NJW 1991, 2416). 賃借人が過剰に太柄を打ち込んだ場合には, 賃借人は, 太柄を打ち込んだ平面の修復をしなければならないという条項が問題となっている (OLG Düsseldorf ZMR 1994, 259). 返還条項に基づく義務は, 賃貸借終了時に履行期が到来し, したがって賃貸借関係の終了時から遅滞に陥ることになる (Blank/ Börstinghaus §535 Rn. 397).

　6　弁済条項（修復費用分担金支払いに関する賃借人の義務）

　a　効　力　要　件

　美観修復が契約終了時になお期限が到来していない場合には, 賃借人は, 修復費用を分担する義務を負う. 支払われた分担金の目的についての拘束はないから, 賃貸人は, 将来の修復措置のためにこの金銭を用いることを確認しなくてもよい. このように定めた条項は, 連邦通常裁判所の判決 (BGHZ 105, 71) により, 以下の基準を遵守する限り, 定式契約によって定めても有効であるとされる.

(1) 費用分担の計算に関する基準価格 Ausgangswert が公正な手続で評価されていることが証明されなければならない. これについては, 塗装工マイスターの費用見積もりが基準となるべき場合には, 賃借人は自ずからこの費用見積もりをもらう権利を有する. この権利について契約条

項で触れる必要はない．また，この権利を排除することはできない．
 (2) 弁済の期間は，通常の修復期間と相応するものでなければならない．これと異なる内容の弁済条項は，すべて無効である．
 (3) この期間は，引渡し前に起算されてはならない．
 (4) 賃借人が費用を節約するために賃貸借の終了前に自己労働によって修復を行うことによって分担義務のある費用の支払いをせずに済まそうとすることを禁止してはならない．

(1)において論じられるメルクマールについては，賃貸人が，同種の住居に関する費用見積もりを提出することで十分であるという観点に立っている．分担金の額は，具体的な住居の状態ではなく，仮定的な修復費用を基準とするのである．

(4)に述べられたメルクマールは，約款の中に賃借人が自己労働によって美観修復を実行することができる旨を明示すべきか（AG Lörrach WuM 1998, 216），もしくは自己労働の可能性を排除しないことで十分であるかが争われている（BGHZ 105, 71; Blank/ Börstinghaus § 535 Rn. 404）．

 b 分担の割合
 次の割合で賃借人は，修復費用を分担するのが適切であるといわれている（Blank, S. 186）．

> 湿った部屋（Nassraum），最後の修復の1年後に返還 ……… 33 %
> 湿った部屋（Nassraum），最後の修復の2年後に返還 ……… 66 %
> 居住用部屋，最後の修復の1年後に返還………………………… 20 %
> 居住用部屋，最後の修復の2年後に返還………………………… 40 %
> 居住用部屋，最後の修復の3年後に返還………………………… 60 %
> 居住用部屋，最後の修復の4年後に返還………………………… 80 %
> 非居住用部屋，最後の修復の1年後に返還……………………… 14 %
> 非居住用部屋，最後の修復の2年後に返還……………………… 28 %
> 非居住用部屋，最後の修復の3年後に返還……………………… 42 %
> 非居住用部屋，最後の修復の4年後に返還……………………… 56 %
> 非居住用部屋，最後の修復の5年後に返還……………………… 72 %

第2編　賃貸借契約の形成

　　　非居住用部屋，最後の修復の6年後に返還……………………86％

「湿った部屋 Nassraum」とは，台所，浴室およびシャワー室をいう．「居住用部屋 Wohnraum」とは，居間，寝室，子ども部屋，廊下，玄関の間および便所である．「非居住用部屋 Nebenraum」には，物置や客間のように稀にしか使用されない部屋が挙げられる．

　この分担割合を賃借人に不利に変更した場合には，信義則に反する不適切な不利益を与える条項として BGB 307 条に違反し，無効である（Blank, S. 186f.）．

7　賃借人が義務を負っていない美観修復を実施した場合

　a　瑕疵除去による費用請求権

　美観修復が賃借建築物の本体の維持のために必要であった場合には，BGB 536 条 a 第2項2号によって賃借人はそれに要した費用を賃貸人に請求することができる．一種の担保責任の追及であるが，これは殆ど稀であるとされる（Blank, S. 188）．

　b　事務管理の規定による償還請求

　賃借人が賃貸人のためにする意思を有していた場合には，BGB 539 条によって準用される事務管理（BGB 683 条以下）に基づく請求権が賃借人について発生する．

　c　不当利得返還請求

　賃借人は賃貸人に対して不当利得返還請求（BGB 812 条）をすることもできる．利得の計算は，賃借人が支出した費用の額ではなく，修復の前後における空間の賃貸価格の差額によってなされる（Blank, S. 189）．

　d　債務関係に基づく義務

　BGB 241 条2項は，契約当事者一般に相手方の権利，法益および利益に配慮すべき義務を定めている．したがって，賃貸人は，賃借人の利益に配慮すべき義務を負っているのである．例えば，賃貸人が用いた定式契約書における美観修復に関する条項が効力を生じないものであり，賃借人が誤ってその条項は有効であると信じていることを認識している場合には，賃貸人は，その法的状態を賃借人に説明しなければならない．説明をせず，そのために

第7章　美観修復Schönheitsreparaturenおよび小修繕

賃借人に損害が生じた場合には，賃貸人は，損害賠償義務を負う（Blank, S. 189）。

第2節　小　修　繕

小修繕は，以下に述べる制限を遵守したうえで，定式契約によって賃借人に転嫁することができる。

1　対象物の限定

賃借人が，頻繁に使用する賃借部分に限定しなければならない。具体的には，第2次計算令（Zweite Berechnungsverordnung, BGBl I S. 2178）28条3項2段によると，電気，ガス，および水に関する設備，暖房および調理設備，窓および扉の閉鎖器ならびに鎧戸の閉鎖器具等の修繕が小修繕として列挙されている。さらに，シャッター，日よけ，ベネチアンブラインドや空間とともに賃貸された冷蔵庫，洗濯機の修繕も小修繕にはいる。賃借人が十分に手入れをすることのできない水道管，ガス管や電気供給設備の修繕は小修繕には含まれない。

2　個別の修繕費用の最高限度額

実務的には，どの額までを小修繕とするかを約款で定めておくべきだとされる。また，修繕費用は，信義則に従った適切な額でなければならないとされる（BGB 307条）。一般に60ユーロから75ユーロまでは問題がないとされる（BGH NJW 1992, 1759）。最高限度額は，物価の上昇から100ユーロももはや不適切ではないとされる（AG Braunschweig, ZMR 2005, 717; Blank/Börstinghaus §535 Rn. 346; Langenberg, Schmidt-Futterer §538 Rn. 58）。

1年間にどの程度の額の小修繕費を負担すべきかも問題とされ，実際的な事情から，年間の純賃料の8％を超えないことが基準であるとされる（AG Braunschweig ZMR 2005, 717; Blank/ Börstinghaus §535 Rn. 346）。

3　小修繕費用分担条項

小修繕費用を分担すべき義務を賃借人が負う場合には，大修繕の費用を分担することはない。分担すべき額は，Xユーロという方式において数額で約

款上に表されていなければならない．パーセント等で表示した場合は，信義則に反し無効である（BGB 307 条，Blank, S. 190f.）．

4　損害除去義務条項

賃借人が小修繕を自ら実施する，または自己の名において職人に委託する義務を負う旨の条項は，信義則に反し無効である（BGB307 条，BGH NJW 1992, 1759）．賃借人は，修繕が行われた結果発生した小修繕費用を負担するだけである．欠陥のある修繕が行われたことによって生じる危険は，賃貸人が負担する（AG Konstanz WuM 1998, 214; Blank, S. 191）．

第 8 章　入居規則 Hausordnung

　大規模な賃貸家屋では，賃貸人が，賃借人の共同生活を規制するためにいわゆる入居規則を作成している場合が多い．入居規則は，賃貸人が一方的に作成する場合と，賃貸人と賃借人とが契約上合意して作成する場合がある．

第 1 節　一方的に作成された入居規則

　賃貸人によって一方的に作成された入居規則は，賃借人の契約上の権利・義務を制限してはならない．すなわち，入居規則は，BGB 305 条以下に定める普通取引約款にほかならないのであり（BGHZ 157, 188, 194），したがって，賃貸借契約に入居規則が引用されている場合には，入居規則は賃借人に対して拘束力を有することになる（BGB 305 条 2 項）．賃貸借契約において入居規則が引用されていないにもかかわらず，賃貸人が，一方的に入居規則を作成し，もしくは一方的に変更する権限を有するものではない．ただし，契約上の利用について，入居規則によってその限界を定め，または具体化することはすることができる．これによって，賃借人に新たな義務を負わせることは許されない（Volker Emmerich, Emmerich/ Sonnenschein Vor §535 Rn. 52）．

1　中庭の使用

　入居規則では，賃借人が中庭を使用することができる範囲を明確に定めることができる．その限りにおいて，賃借人は，一般に共同使用権を有しない．したがって，中庭に自動車を駐車したり，洗車することはできない．賃借人の子どもが中庭で遊ぶことができるか否かは，それぞれの中庭の特性によって異なるものであって，例えば，遊具が設置されていれば，遊ばせることができる．しかし，子どもが遊ぶのに適した状態ではない場合には，遊ばせることができない．かつてとは異なり，今日の慣習は変化しているから，中庭に洗濯物を干すことも許されないとされる（Blank, S. 192f.）．

第2編　賃貸借契約の形成

2　扉閉鎖時間

表玄関扉の閉鎖時間は，それがその地域の通常の慣習に相応している場合または特別の事情から閉鎖時間を定めることが必要である場合には，法的に問題は生じない．賃借人は，家屋と共同居住者を危険から守るため，信義則上，必要なことをしなければならない．したがって，表玄関扉閉鎖規則は，法律に基づく法律状態に何らの追加をするものではない（Blank, S. 193）．

3　家屋の共用部分の清掃および冬季作業

多くの判例では，入居規則によって家屋の共用部分の清掃義務を賃借人に課すことができるとしている．また，階段の清掃義務や，雪および氷の除去義務，すなわち融雪剤の散布義務またはいわゆる冬季作業義務を賃借人に課すこともできるとされる（OLG Frankfrut WuM 1988, 399; LG Düsseldorf WuM 1988, 400）．入居規則では，全賃借人が平等にこの義務を分担することが定められていなければならない．ただし，年齢，病気および障害等の特別な理由によってこの義務を引き受けることができない賃借人を免除することができる．1階の賃借人のみが歩道の清掃および雪や氷の除去義務を負うべきであるとする入居規則における合意は，不意打ち条項であって，契約の構成部分とはならない（BGB 305条c, Blank, S. 193f.）．

4　家畜の飼育

小鳥，金魚，ハムスターのような小動物を飼育するのは契約に則した賃借物の使用であるから，賃貸人の承諾を得ることなく飼育できる（BGH NJW 2008, 218）．これに対して，犬や猫のような大型動物の飼育については，見解が分かれる．

すなわち，①犬や猫の飼育も契約に則した利用であり，賃貸人の承諾を要しないとする見解（Sternel, Rn. II 144 und 163ff.; Eisenschmid, Schmidt-Futterer §535 Rn. 503; Häublein, Münchener Kommentar §535 Rn. 93）と，②大型動物の飼育については，賃貸人の承諾を必要とし，この承諾に対する請求権はないとする見解（Emmerich, Saudinger §535 Rn. 54）が対立しているのである．

連邦通常裁判所は折衷的な見解をとって，犬や猫の飼育は，利益状況が多様であって異なるから，直ちに契約に則した利用とは認めることができない

が，個別の事件について総合的な利益衡量を行った問題の解決を行うべきとしている（BGH NJW 2008, 218; Blank/ Börstinghaus §535 Rn. 460）．利益衡量に際しては，「動物の種類，行動および数，住居の種類，面積，状態および立地，さらに人的諸関係，特に年齢および同居人並びに隣人の特別な利益を考慮しなければならない」とされている．

家畜の飼育を禁止する条項は，不意打ち条項であって，無効である（BGB 305 条 c）．例外は，禁止条項が明確にはっきりと印刷され，小動物はこの禁止の例外とされる旨が明確に定められている場合であり，これに対して，例外なく家畜の飼育を禁止する条項は無効である（BGH WuM 1993, 109）．

小動物の飼育を除いて，動物の飼育には賃貸人の同意を要する旨の定式化された条項は有効である（Blank/ Börstinghaus §535 Rn. 466）．

5　騒音の禁止・静穏時間

騒音の原因となる個別の行動，例えば，音楽の練習を一方的に入居規則で禁止することができない．賃借人の住居内部において賃借人が演奏を行うことは，一般的には契約に則した使用に属するもの認められる．ただし，通常の静穏時間中は，演奏を行ってはならない．一般に昼間 13 時から 15 時までと夜間 22 時から 7 時までとされている（Eisenschmid, Schmidt-Futterer §535 Rn. 366）．もっとも，連邦通常裁判所は，居住者の状況（老人が居住しているか，若年層が居住しているか），建物の構造（防音性が高いか否か）および周囲の雑音等を考慮して，静穏時間を定めるべきであるとしている（BGH NJW 1998, 3713）．下級審判決では，週末は特別な静穏期間が存在するとする（OLG Braunschweig WuM 1986, 353）．すなわち，土曜日の朝 8 時まで，かつ夜 19 時から静穏時間となり，日曜日は終日静穏時間とするものもある．

賃貸人が一方的に定める入居規則においては，賃貸人は静穏時間を詳細に定めることはできると解されている．各賃借人は他の賃借人に対して静穏時間を遵守するように請求するときに，この入居規則を援用することができる（OLG München ZMR 1992, 246）．

第 2 編　賃貸借契約の形成

第 2 節　合意によって成立した入居規則

1　概　　説

多くの場合に，賃貸借契約締結時にあらかじめ印刷されたものを用いて契約による合意によって入居規則を作成するが，これには BGB 305 条から 310 条までの適用がある．入居規則は全ての賃借人に等しい内容で定めなければならないから，個別の契約で定めることは殆ど考えられないのである．

BGB 305 条 2 項によると定式入居規則は，賃借人がその入居規則について認識をしている場合にのみ，契約の構成部分となる．入居規則が定式賃貸借契約書に印刷されており，賃借人が定式賃貸借契約書における入居規則の下部に署名をした場合は，問題はないとされる．

入居規則が別の用紙に印刷されていた場合には，賃借人が契約締結前にその認識をすることができたかが問題となる．別紙の入居規則が契約締結前に賃借人に交付されている場合に，賃貸人は，賃借人が認識していることを証明しなければならない．定式賃貸借契約書中に同封されている入居規則が契約の構成部分となる旨の約款が含まれている場合には，この約款は，無効である（BGH NJW 1991, 1750）．掲示板に掲示されている入居規則は，賃借人に入居規則を認識するように賃貸人が指示し，契約当事者間において入居規則を賃貸借契約の内容に含めることについて合意が成立した場合にのみ，契約の構成部分となる（Blank, S. 195）．

2　不意打ち条項の禁止

不意打ち条項は，契約の構成部分とはならない（BGB 305 条 c 第 1 項）．賃借人は入居規則には一般的行為に関する規則を定めていると期待しているのであるから，法律上の権利に影響する命令もしくは禁止（例えば，住居内に洗濯機を設置することを禁止する条項，1 階の賃借人に冬季に融雪剤を散布する義務を課す条項，演奏練習を完全に禁止する条項）は，不意打ち条項と認められる（Blank, S. 196）．

3　個別的合意の優先

個別的契約における合意は，定式契約に優先する．例えば，個別の契約に

おいて，賃借人が中庭に自動車を駐車する権限もしくは家畜を飼育する権限が認められた場合には，入居規則において定められている禁止事項は，この賃借人に対しては効力を有しないことになる（Blank, S. 196）．

第3編　賃貸人および賃借人の権利・義務

第1章　賃貸人の義務

第1節　賃貸借の目的物の委譲 Überlassung

1　鍵の委譲

賃貸人は，賃借人に対して賃貸借の目的物を契約に則した使用に適した状態で委譲すべき義務を負っている（BGB 535条1項）．BGB 535条1項に定める「委譲Überlassung」とは，直接占有を賃貸人から賃借人に移転することである．占有移転が外部的にも明確になされるのは，全ての鍵の委譲である．賃借人が鍵がなくても賃借住居に立ち入ることができる状態にしただけでは，賃貸人は，義務を履行したことにはならない．賃貸人は，賃借人の同意を得ずに，住居閉鎖扉の鍵を留保することはできない（通説）．留保を認めた場合には，賃借人は，権限を有しない第三者が立ち入ることを十分に防止することができないからである（Blank, S. 197）．

2　引渡しの時期

引渡しは，合意されている契約開始時に行われなければならない．期日が定められていない場合には，賃貸人は，直ちに引き渡すべき義務を負う．適時に引き渡されなかった場合には，通常は，不能であると認められる．すなわち，経過してしまった賃貸借期間を取り戻すことはできないからである（BGH NJW-RR 1991, 267）．ただし，賃貸借契約は，有効である（BGB 311条a第1項）．

賃借人は，直ちに委譲することが可能である場合には，賃貸人に対して引渡しを請求することができる．住居を賃借人に引き渡していない間は，賃貸人は，賃料を請求する権利を有しない（BGB 326条1項1段）．他方，賃借人は，引渡しがなされるまでの間に契約を解除することができる（BGB 326条5項及び323条）．また，賃借人は，給付に代わる損害賠償（BGB 281条）ま

たは喪失した信頼利益（BGB 284 条）を 311 条 a 第 2 項に基づいて請求することができる（Blank, S. 197-198）。

賃貸人が、他の賃借人に賃貸目的物を委譲していることにより、目的物の引渡しができない場合には（二重賃貸借），権利の瑕疵が存することになり、賃貸借における担保責任の規定（BGB 536 条以下）が適用されることになる（本編第 4 章）。

3 契約に則した状態 vertragsgemäßer Zustand

賃貸人は契約に定められた使用に適した状態（契約に則した状態）で賃貸目的物を委譲する義務を負うが（BGB 535 条），この契約に則した状態は，①客観的基準によって定まるものではなく，契約当事者の合意における意思よって定まるものである。②合意の内容が不明確である場合には，信義誠実の原則および取引慣行を考慮して（BGB 137 条，157 条），当事者の真意を確認すべきであるとされる。③当事者は，最低水準よりも低い基準を合意することができるが，しかしその合意は明示的に明確でなければならない（Blank/Börstinghaus §535 Rn. 267）。

a 住居賃貸借 Wohnraummiete の場合

住居として賃貸された場合には，空間は居住に適してなければならない。そのほかの点については，当事者間の特約で好みの状態を定めることができる。もっとも，合意された内容が可能なものでなければならないことは当然である。空間を修復が必要な状態で引き渡すことができる旨の合意がなされたときは，その状態が契約に則した状態と解される。すなわち，賃借人は，賃貸人に修復を請求することもできず，担保責任も追及することができない。現在ある状態で空間を引き渡すことができる旨の合意がなされている場合も，同様に解されている。賃借人が事前に賃借物を検分することなく契約を締結したという事情は，ここでは，問題とならない。家屋が，特定の事情から居住に適さなくなっている場合には，現在の状態は契約に則したものとしては合意したものと解されない。そのような合意は，契約目的と一致しないからである（Blank, S. 199）。

第 1 章　賃貸人の義務

　b　事業用空間賃貸借

　住居賃貸借について述べた原則は，事業用空間賃貸借にも妥当する．事業用空間賃貸借契約において一定の契約目的（たとえば，医療事業，飲食業等）が定められた場合には，その空間はその事業を行うことを可能にする状態になければならない．契約において複数の異なる目的が定められている場合には，空間は，その全ての目的に適するものでなければならない．そうでない場合には，賃貸借契約に則したものではないとされる．

　その事業のために必要な官庁の認可が，その建物立地条件や建物の状態を理由に与えられなかったために，契約に定められた事業を営むことができないときも，契約に則したものではないとされる（Blank, S. 199f.）．

　c　公法上の規制に従った状態

　建物が，実体的建築公法の規定およびその他の安全基準に関する規定が定める建物の構造，建築方法および技術的設備に関する一定の安全基準（たとえば，建物の高さ制限，労働空間において許容される最高室内気温，消防規定およびイミシオーン Immission 保護法等）に適合するものでなければならない．当事者が，賃貸借契約においてこれらの規定に反する合意をすることはできない．

　暖房費令（Heizkostenverordnung vom 1989, BGBl. I S. 115）の規定は，法律行為による合意よりも優先する（暖房費令 2 条）から，賃借人は，別段の合意がなされている場合でも，暖房費用の算定のための装置を設置するように請求することができる（暖房費令 4 条 2 項，4 項）．この装置が設置されていない場合には，契約に則した状態にはないものとされる（Blank, S. 200）．

　d　技術的規範に従った状態

　例えば，建物の防音や断熱について適用されるドイツ工業規格（DIN）の規定のような技術的規範は，法規範ではない．ドイツ工業規格の規範は，法律によって適用されるのではなく，建物や空間の状態もしくはその中における設備その他関連するものが一定のドイツ工業規格に合致しているべきことを合意している場合にのみ適用されるのである（BGH WuM 2004, 527）．この合意は，推定されるものであってもよいとされる．例えば，旧築 Altbau 建物を現代化・改良した旧築建物として賃貸する場合には，賃貸人は現代的な

電気設備を設置する義務を負うと推定される（BGH, a. a. O.）.

　賃借人が契約に則して賃借目的物を利用することができる限り，断熱および防音について建物の状態がドイツ工業規格に合致しているか否かは問題とならない．湿気または黴による損害が発生した場合には，このような瑕疵発生の原因は建物の不十分な断熱にあるか否かが問題となる．建物建築時に基準となっていた技術的規範を遵守して空間が作成されたか否かは，重要ではない．建物がドイツ工業規格に合致しているということから，賃貸借の目的物の状態が契約に則しているという結論を導くものではない．例えば，隣接する住居から通常の音量による会話や足音のような雑音が漏れ聞こえてくるほどに防音がされていない住居の場合には，その空間は居住に適していないことになる（Blank, S. 201）.

　建物がドイツ工業規格に合致しており，賃借人もこの規格通りの暖房および換気を行ったにもかかわらず湿気による損害が発生した場合には，同様に，居住に適していないことになる．住居が建物建設当時に適用されていたドイツ工業規格に合致しており，かつその建築は建築工法規制を遵守したものであったという事情があったとしても，居住に適してはいないという結論を左右するものではない．すなわち，技術的規範は，賃貸借の目的物の状態が契約に則しているか否かの判断において最終的，確定的な基準となるものではないからである（Blank, S. 201）.

　　e　状態に関する黙示の合意

　事前に目的物を検分した後に賃貸借契約が締結された場合には，通常，契約締結時における状態が契約に則したものとする内容で住居の状態について黙示的な合意がなされたものと認められる．住居が修復を必要とするものであっても，それは問題とはならない．

　事前に検分した状態を改善して住居を引き渡すと当事者が合意したが，検分したときのまま状態の住居を，賃借人が，何らの留保も付けずに受領したときは，賃借人は担保責任を追及することはできなくなる（BGB 536条b第3段）．賃借人は瑕疵のあることを知って，受け取っているからである．しかし，これによって履行請求権まで排除されるわけではない．状態に関する責任は，法定的なものではなく，契約における合意から生じる責任であるか

ら，賃借人は，状態に関する合意が成立していたことを証明しなければならない（Blank, S. 202）．

　f　状態に関する合意がない場合

　住居もしくは事業用空間を事前に検分することなく賃借した場合には，賃貸人が責任を負うべき状態は，取引慣行に従って確定されることになる（BGB 157条）．計画段階で空間が賃借された場合には，空間は，計画に則しており，かつ通常の技術的規範に合致していなければならない．旧築建物の場合には，賃借人は，一般的な取引観念に従って住居が比較の対象となり得る住居に共通する通常の状態にあることを期待することができる（BGH WuM 2004, 527）．このような場合にも，旧築建物の賃借人は，現代的な居住を可能にし，家事を営むのに通常必要とされる技術的器具の設置を可能とする電気の供給をするように請求することができる．例として次のようなものが列挙される．

① 現代的な大型家庭電化製品（洗濯機，乾燥機）および電気掃除機のような通常の家庭電化製品の運転を可能にさせる電気供給．
② 照明だけではなく，小型電気器具の運転を可能にするだけ用意されたコンセントのある電気供給．

　もっとも，空間を新規に修復して引き渡すことまでは要求されないが，他方で，直ちに修復が必要になる程の状態で引き渡してはならない．

　住居は居住可能なものでなければならない．すなわち，住居に飲用可能な，健康・衛生法規に違反しない飲用水を供給する水道管が接続され，家事をするのに要する電気が供給され，かつ水洗便所が設置されていなければならない．さらに，壁紙は損傷を受けていず，窓および扉は閉じることができるものであることが要求される．さらに，住居は塵，汚物および害虫のない状態でなければならない．

　旧築建物の場合には，賃借人が自らストーブを設置することがなお通常であるから，暖房を直ちに期待することはできない．住居に集中暖房装置が設置されている場合には，賃借人は暖房器機が通常の暖気（約23℃）を供給することを期待することができる．この場合には，放熱器に消費量を計測する装置が設置すること要求することができる．

集中暖房住居の賃借人は，サーモスタット弁付き暖房器機を設置するように請求することができる．住居の設備が取引観念上通常の水準以下である場合には，賃貸人は，そのことを指摘しなければならない．特に，住居の外部に便所が設置されている場合が問題である．また，浴室がない場合も可能な限り指摘すべきである (Blank, S. 202f.).

　住居にテラスやバルコニーが存する場合には，これらの空間部分は賃借人が共同で賃借したものとみなされる．したがって，賃借人が排他的に使用したい場合には，そのことが明示的に合意されていなければならない．庭も，排他的使用に関する合意がない場合には，取引慣行によって共同で賃借したものとみなされる．

　賃借人が期待できる目的物の状態は，その物の具体的な状態によって定まる．旧築建物を賃借した者は，衛生設備や電気設備もしくは防音，断熱について新築の水準にあることを期待することはできない．目的物の状態を賃料の具体的額と関連づけることは合理的であるとされる．すなわち，賃料の高い良好な場所に存する住居を賃借した者は，住居に相応した快適さを期待することができるのである．逆に，賃料が低廉であり，状態の不良な住居を賃借した者は，快適さ，設備および状態について高い要求をすることができない (Blank, S. 204).

　　g　法律による競業禁止

　事業用空間賃貸借については，法律上一定の競業禁止措置が存在する (Blank/ Börstinghaus §535 Rn. 278).

　原則として，賃貸人は，賃借人と競合する事業を行ってはならず，また競業企業を他の空間に入居させてもならない．さらに場合によっては許容されていない競業者に対して断固たる態度をとらなければならない (BGHZ 70, 79).

　ここでは，個別の事情が基準となる．いわゆる「契約に内在する競業禁止 der vertragsimmanente Konkurrenzschutz」の原則には，次の2つの要件がある．

　第一に，賃借人の事業活動が賃貸借契約に基づくものであり，賃貸人は，その契約によって認識していることである．

第1章　賃貸人の義務

　第二に，利益衡量を行った場合に，賃借人の競業禁止に対する要求が，賃貸人による所有権の任意処分可能性に対する利益よりも重いことである．
　競業禁止請求権は，まず第一に，事業の収益が近接する空間における同種もしくは類似の事業に左右される事業を行う賃借人に帰属する．ただし，空間的に近接する場所における競業が賃借人の事業活動に影響を及ぼさない場合には，競業禁止は必要ではない．さらに，競業禁止請求権を有する賃借人は，不愉快な競業者を遠ざけるように請求する請求権を有しない．むしろ，許容されない競業は，競業事業者が主要商品として賃借人と同様の商品を販売する場合に存在するのであり，これに対して，事業に副次的な商品が競合する場合には，存在しない．後者の場合に，事業の様式を決定し，事業に本来の特徴を付ける商品が，主要商品とみなされ，さらに具体的な事業が取引外観上同種のものとみられなければならない．例えば，賃貸人が店舗空間を製パン業者に賃貸した場合に，別の食料品店経営者と賃貸借関係を設定することを競業禁止を理由として阻止することはできない．たとえ，その食料品店がパンを販売している場合でも，同様であるとされる．
　同様に，牛乳販売店経営者は，ソーセージ，チーズ等の調製食料品販売店に対しては，たとえいずれの店でもワインやスピリッツ類が販売されているとしても，競業禁止を請求することができない．また，昼間および夜間において食事および飲み物を提供するレストランと喫茶店（カフェ）は，取引観念上同種の事業ではないから，双方の店舗においてアルコール飲料を販売している場合も，競業しているとはみなされない（Blank/ Börstinghaus §535 Rn. 278)．
　空間的には，同一建物の中に賃貸目的物が存在している場合に，競業禁止が問題となる．同一賃貸人に属する近隣の建物については，賃借人が個別の特別な事情から競業禁止を期待することができる場合にのみ，賃借人は競業禁止請求をすることができる（Blank/ Börstinghaus §535 Rn. 279)．
　ショッピングセンター内の店舗の賃貸借においては，一般的には，競業禁止は問題とならない（BGH NJW 1979, 1404; Blank/ Börstinghaus §535 Rn. 280)．
　医者，弁護士，税理士のような自由業者も，浮動的顧客を当てにし，それ

故に商店主等と同様の状況にある場合には，原則として，競業禁止請求権を有する（BGHZ 70, 79）．自由業者の活動範囲が広がれば広がるほど競業状態は重大な意味を有することが推定される．例えば，開業内科医は，賃貸人が同一建物内の他の空間を別の開業内科医に賃貸しないように請求することができる．ほとんど専ら移送されてきた患者を治療する高度な専門家的医師にとっては，場所的な関係における競業は，副次的意味しか有しない．したがって，専門家的医師は，競業禁止請求権を有さないとされる（Blank/ Börstinghaus §535 Rn. 281）．

　h　契約による競業禁止

　一般に，賃貸人が，事業を営む賃借人に競業禁止という保護を与えるか否かは，自由に委ねられる．例外は，賃貸人が不動産市場の重要な部分を支配している場合である．この場合には，賃貸人は，他の事業者にも賃貸借契約を締結する機会を与えるように契約を形成しなければならない．この義務に反する競業禁止約款は，競争制限禁止法（Gesetz gegen Wettbewerbsbeschränkungen vom 1980, BGBl. I 1761）26条2項に反する．競争制限禁止法26条の保護目的は，中小の企業のために競争の自由を保護することにあるから，この約款を賃貸人が自ら提案または選択した場合にも，同法26条2項は適用される（Blank/ Börstinghaus §535 Rn. 282）．

　競業禁止約款の解釈においては，場所的な，物的 sachlich な（主要商品についてのみか，第2次的商品についてもか）および時間的な（全賃貸借期間中か，または賃貸借期間中の一時期についてか）構成要素に注意を払うべきである．賃貸人は，賃貸借期間中，商品販売を目的とする賃借人によって運営される企業に店舗床を賃貸しない義務を負うとする約款は，包括的競業禁止を含んでいると認められている（BGH NJW-RR 1986, 9; Blank/ Börstinghaus §535 Rn. 283）．

　賃貸借関係の終了後における競業の禁止または制限を契約によって定めることは，原則として認められる．ただし，賃貸人の保護法益を考慮して場所的，時間的および物的に，過度なものであってはならない（BGH NJW 1997, 3089）．

　賃貸人が，競業禁止約款に違反した場合には，賃借人は差止請求権を有す

る．この約款によって保護される賃借人は，仮処分の方法で賃貸人が空間を競業者に賃貸することを防止することができる．競業者は，損害賠償を請求することができるのみで，賃貸借契約の履行を請求することはできない（KG NZM 2003, 439）．また，賃貸人は，競業禁止約款によって保護される賃借人に対して損害賠償義務を負う．

通常の営業時間中は，空間は顧客との取引のために開放されていなければならない旨の合意（経営義務）は，定式契約によって合意することができる（BGH NJW-RR 1992, 1032）．賃借人が空間を契約で定めた目的以外の目的で使用することを禁止する約款も有効である．しかし，この両方の約款を結合した場合には，賃借人の使用の自由を広範に奪うことになるから，契約内容のコントロール条項（BGB 307 条）に違反するものとして効力が生じない（Blank/ Börstinghaus§535 Rn. 287）．

  i 契約に反する状態で引き渡された場合

賃貸借の目的物が契約に反する状態で提供された場合には，賃借人は，その受領を拒絶して，賃貸人に契約に則した状態に修補したうえで履行するように請求することができる．受領を拒絶した場合には，その間に経過した期間を回復することはできないから，履行不能となっていたことになる．賃貸目的物を契約に則した状態で提供したことについては，賃貸人に立証責任がある．

賃借人が契約に反する状態の住居を受領した場合には，賃貸借法上の履行に関する規定および担保責任に関する規定（BGB 536 条以下）が適用される．瑕疵除去請求権は，住居所有権付住居が賃貸され，瑕疵が共同所有部分に存する場合にも，成立する．瑕疵除去は，外観を損傷しないように実施しなければならない（Blank, S. 208f.）．

  j 不 履 行

賃貸人は，目的物の委譲前に賃料を請求することができない．特約がない限り，賃貸人が，先履行義務を負うからである．賃貸人が委譲を拒絶した場合には，賃借人は，履行請求権を，さらには損害賠償請求権を取得する．賃借人は，契約を解除することもできる．これらの権利を行使するには，賃貸人に対し目的物引渡期限を定めることが必要である．賃貸人が確定的に履行

を拒絶している場合には，履行期限を定める必要はないとされる（Blank, S. 209）．

第2節　使用維持義務 Gebrauchserhaltungspflicht

　使用維持義務には，使用させる義務（使用供与義務）および保守義務ならびに修繕義務を含まれる．使用供与義務には，住居および事業用空間に水およびエネルギーを供給する義務も含まれている．賃貸人は，賃借人が賃料の支払いを遅滞している場合にも，暖房および水の供給を停止してはならない．すなわち，供給を停止する行為は，自力救済であって，禁止されるべきものであるからである．

　保守義務とは，契約に反する状態を排除するあらゆる行為をいう．修繕義務とは，瑕疵を除去する義務である．使用維持義務は，賃貸目的物を賃借人に委譲した時から発生する．賃貸借期間が満了した後は，賃借人は，この義務の履行を請求することができない．したがって，長期の明渡猶予期間が認められている場合であっても，この猶予期間においては履行請求をすることができないことになる．

　もっとも，住居使用者の生命・身体に対する危険を回避するために必要である行為（交通担保義務 Verkehrssicherungspflicht）および一般的・通常の水準に従った利用を可能とする行為を，賃貸人は，実施しなければならない（Blank, S. 210）．

1　賃貸人の保守義務

a　通　路

　保守義務に含まれるものには，特に交通担保義務 Verkehrssicherungspflicht がある．賃貸人は，危険原因がある土地を検査し，あらゆる事情を考慮すると客観的に必要であり，期待され行為であって，かつ他者を危険から保護するために，理性的な限界の範囲内で注意深い人が必要でありかつ十分であるとみなす思慮分別のあって用意周到な危険防御行為をとらなければならない（BGH WuM 1990, 120）．公法上の担保義務または行為義務は，交通担保義務を法律上具体化したのもであるとされる．しかし，公法上の規定が存

しない場合に，交通担保義務が消滅するわけではない（Blank/ Börstinghaus, §535 Rn. 306）．

　建物の入り口および建物と接している公的歩道ならびに建物内の通路，とりわけ階段室は常に危険のない通行可能な状態でなければならない．階段および地下室への通路は，照明設備が設置され，つまずくものがあってはならない．タイムスイッチを設置する場合には，照明時間は，利用者が住居から建物の入り口の扉までへの通路を平均的に通行する時間とすべきである（Blank/ Börstinghaus §535 Rn. 306）．

　交通担保義務の程度は，個別の事情によって，特に危険の認識ならびに通路の種類および重要性に応じて定まる．交通担保責任は，危険責任でもなく無過失責任に至るものではない．それ故，賃貸人は，個別の賃借人の保護義務違反によって第三者もしくは他の建物居住者が被った損害について原則として責任を負わない（Blank/ Börstinghaus §535 Rn. 307）．

　賃貸人の交通担保義務は，賃借空間内に存する設備にまでは及ばない（Blank/ Börstinghaus §535 Rn. 308）．

　通路は十分に安全でなければならない．交通担保義務は，所有者の意思によっては公共的通行が予定されている通路について適用される．さらに，所有者は，抜け道や踏み分けて自然にできた通路の安全についても，その通路における公共的な通行を承認しまたは認容している場合には，一定の範囲で責任を負わなければならない．当該通路が所有者によって作られたのではなく，絶え間のない通行によって生じたものである場合にも，同様である．公共的通行が通路の利用が所有者に意思に反しないことを前提としているときは，上に述べた「承認」または「認容」がなされていることが認められる．所有者が，通路に関する責任を排除しようとする場合には，通路の通行を禁止しなければならない（Blank/ Börstinghaus §535 Rn. 309）．

　使用者が，舗装されていない，応急の道路であると認識できる場合には，交通担保義務について高い要求をすべきではない．すなわち，通路は全く危険がなく，瑕疵も存しないという状態でなくてもよい．使用者は典型的な危険原因に適応しなければならない．したがって，使用者が認識できた危険が現実化した場合に，所有者は，責任を負わなくてもよい．純粋に住居敷地内

の小道の場合には，交通担保義務者は，歩行者が通路に注意を向けることを計算に入れることができる（Blank/ Börstinghaus §535 Rn. 310）．

ガラス製の建物の入り口の扉は，適切ではない開け方をした場合にも破損の危険がないように取り付けなければならない．

階段は，破損した絨毯を敷いていてはならず，安全な歩行ができる絨毯を敷いておくべきである．床は，居住者および訪問者が通常の正常な行動を安全に行うことができるように，滑らない状態にしておかなければならない．住宅および事務所用建物において，賃貸人は，常に，可能な限り最も滑らない素材の敷物を選択しなければならないわけではない（Blank/ Börstinghaus §535 Rn. 311）．

　b　機械および設備

損傷する恐れのある機械および設備を，賃貸人は，十分に管理しなければならない．この管理義務に対する要求は，第三者に対して計算不能な不意に発生する危険が大きければ大きい程，高くなる．一般的には，賃貸人は，賃貸目的物およびそれを取り囲む空間を見回って損傷および危険の原因を調査しなければならない．暖房用石油タンクは，約5年から7年毎に規則に従って洗浄され，油漏れを調査しなければならない（OLG Celle NJW 1995, 3197）．エレベーターの場合には，ドアの開閉装置は特に念入りに検査されるべきである．敷地に生育する樹木については，その固着度および大枝の折れる危険性を検査しなければならない．倒れる恐れのある樹木を，賃貸人は伐採しなければならない（BGH ZMR 2004, 18）．建物の敷地内にある子どもの遊び場についても，遊具における危険の原因について特に入念に検査されなければならない．また，遊び場の周囲の芝は短く刈り込まれているべきである（Blank/ Börstinghaus §535 Rn. 312）．

　c　冬季における保護行為

冬季に屋根からの落雪から賃貸建物の前の道路を保護するためにどのような防護行為をとるべきかは，大いに議論されている問題である．

第1の見解は，賃貸人は，経済的に期待できる範囲で第三者を保護するに適した防止行為を行う義務を負うのみである．したがって，降雪が少ないためにその地域では，通常，防護行為（落雪留め格子）を施さない場合には，

第1章　賃貸人の義務

防護行為は，特別な事情がある場合にのみ，賃貸人に要求される．一般的には，降雪の少ない地方では，防護行為は必要ないとされる．ただし，公法的建築規制によって雪留め格子の設置義務が定められている場合は，別である．一般的に直ちには認識できない特別に危険な状態にあるときは，交通担保義務者は，警告板を設置し，もしくは通行止めにする義務を負う．一般的に認識できる危険状態（大雪後の屋根からの落雪）については，注意書きをする必要はない（OLG Karlsruhe NJW 1983, 2946; Blank/ Börstinghaus, §535 Rn. 313）．

第2の見解は，公法上の規定が存しない場合でも，落雪留め格子は取り付けなければならない，または少なくとも警告板を建てるべきだとする（LG Karlsruhe Justiz 1977, 59）．

落雪留め格子の設置がその地域においては通常の行為であり，屋根の傾斜がきつく，地域的な気候状況から再々落雪がある場合には，交通担保義務者は落雪留め格子を設置しなければならない（OLG Dresden WuM 1997, 377）．また，屋根の状態も適切に定期的に検査されるべきである（Blank, S. 215）．

賃貸人は，降雪および凍結の場合には，建物の入り口を危険なく通行できるように配慮しなければならない．歩道は歩行者にとって十分な広さ（通常約1.2 m）で標を付け，入口には滑り止め材を散布し，除雪しなければならない（OLG Köln JR 1954, 420）．

原則として，被害者は，凍結しているにもかかわらず，外出をしたことまたは除雪していない道路を利用したことを責められることはない．歩行者に他の道路を歩行するように指示することもできない．なぜならば，他の道路にも別の危険が存する可能性があるからである（BGH MDR 1997, 738）．しかし，除雪された道路または危険の少ない道路を利用できたにもかかわらず，被害者が必要性もないのに除雪されていない道路を利用した場合は，事情が異なるとされる．すなわち，事情によっては，双方の過失となり，交通担保義務者の責任が消滅するというように，結果が大きく異なってくる（Blank/ Börstinghaus §535 Rn. 314）．

d　主張および立証責任

被害者は，一般原則によれば，義務違反を加害者の負担とすることのみを立証すればよいわけではない．被害者は，義務違反が損害発生の原因であっ

たことも立証する義務がある．交通担保義務違反の場合には，被害者に有利に大きく立証責任を軽減している．損害の結果が一般的な経験則により義務違反の典型的な結果であるということが確認された場合には，一応の証明の原則から義務違反の原因が推定される．交通担保義務が適用される空間領域（住居等）に瑕疵があり，被害者がこの瑕疵のある領域で損害を被った場合には，このような推定が働く．このような証明がなされた場合には，損害は交通担保義務違反によるものと推定される．賃貸人は，損害発生について他の可能性があることを主張し，その可能性が損害の原因であったことを立証することによって，この推定を覆すことができる（Blank/ Börstinghaus §535 Rn. 320）．

2 修繕義務

a 損傷除去義務

賃貸人は，損耗および損傷を除去する義務を負う．賃貸目的物の状態が，契約上合意した状態と否定的方向で異なっている場合，すなわち賃貸目的物に瑕疵がある場合には，賃貸人は，常に除去行為をしなければならない．修繕義務は，賃借人が付加して，賃貸人の所有に帰した物についても生じる．賃貸人は，偶然の事故による損傷，賃借人の契約に則した使用による損耗，老朽化，天候の影響による損傷および第三者による損傷についても責任を負わなければならない（Blank/ Börstinghaus §535 Rn. 323）．

賃借人は，契約に則した状態に修復するように請求することができる．修繕が必要である場合には，賃借人は，雑なやっつけ仕事に満足してはならない．むしろ，賃借人は，賃借目的物を職人組合の規則および技術に関する規則通りに修繕するように請求することができる．修繕では契約に則した状態を回復することができない場合には，賃借人は旧くなった物を新しい物に取り替えるように請求することができる．費用負担のような経済的問題は，ここでは考慮されない（Blank/ Börstinghaus §535 Rn. 324）．

b 健康に危険な状態

賃貸人は，常に，健康に危険な状態を除去しなければならない．賃貸物の状態が賃貸借開始時にどのようなものであったは，問題とならない（Blank/

Börstinghaus, §535 Rn. 325).

　c　住居所有権付住居における住居所有権者共同体所有部分の瑕疵

　住居所有権付住居の賃借人は，瑕疵除去のために住居所有権者共同体の所有に属する部分に干渉する必要がありそのために必要な住居所有権者共同体の決議がなおされていない場合には，賃貸人に対して契約に則した状態の回復を請求することができる（BGH NZM 2005, 820）．

　d　修繕請求権の喪失

　賃借人が長期にわたり瑕疵のある状態を除去請求することもなく耐えていたという事情は，修繕請求権の障害となるものではない．賃貸人は，賃借人が賃貸借の全期間について修繕請求権を放棄していると信頼してはならないという原則よって，通常は，修繕請求権の喪失は生じない（Blank, S. 219）．

　e　修繕義務と犠牲限度 Opfergrenze

　修繕義務は，経済的な考慮をすると，賃貸人に瑕疵除去を要求することができない場合には，消滅する．瑕疵除去が契約の目的および信義則に照らして賃借人の履行利益に比して著しく不均衡となる費用を要する場合には，犠牲限度を超えている．利益衡量をする際には，賃料の額，瑕疵除去の費用，瑕疵除去の賃借人にとっての利益および瑕疵の原因が考慮されるべきである．賃貸人に瑕疵の発生の帰責事由があるか否かも，同様に考慮に入れられるべきである．どの時点で修復のために費用を経済的理由から要求することができなくなるかという問題の判断については，上限は確定されていない．瑕疵除去に必要な費用を賃貸目的物から取得可能な収益によって10年以内に填補することができない場合には，賃貸人は，瑕疵除去義務を負担しないという標準が上級地方裁判所の判決では立てられている（OLG Hamburg NZM 2002, 343; Blank/ Börstinghaus §535 Rn. 328）．

　犠牲限度に達した場合には，賃貸人は瑕疵除去義務を負わなくなる．賃貸目的物に瑕疵が存するために使用不能となったときは，BGB 326条により，賃借人は賃料支払い義務を免れる（BGH WuM 1990, 546）．また，賃借人は，BGB 323条1項および326条5項によって契約を解除でき，さらに賃借人は，解除ではなく，重大な事由を理由とする解約告知をすることができる．

　使用の可能性が継続して制限される場合には，賃借人は，単に賃料の減額

をすることができるだけである (BGB 326 条 1 項, 441 条 3 項). 賃貸人に対して賃貸借関係の継続を期待することができない場合にのみ, 賃貸人は重大な事由を理由とする解約告知をすることができる (Blank/ Börstinghaus §535 Rn. 329 u. 330).

f 費　　用

修復義務および修繕義務の履行のために発生した費用は, 例外なく賃貸人の負担となる. ただし, 瑕疵が, 賃借人またはその履行補助者の責に帰すべき事由によって生じた場合は, 例外である. この場合には, 賃貸人は, 賃借人に対して損害賠償を請求することができるが, 賃借人に瑕疵除去を請求することも選択することができる. 賃貸人が金銭による賠償請求をした場合には, 賃貸人が, 契約に則した状態への修復をしなければならない. 瑕疵発生について, 賃貸人・賃借人のいずれに帰責事由があるか明確でない場合には, 賃貸人が立証責任を負担する (Blank/ Börstinghaus §535 Rn. 331).

2　修復義務および修繕義務を賃借人に転嫁する特約

a　交通担保義務全体を転嫁する特約

住居の賃貸借の場合には, 交通担保義務をすべて賃借人に転嫁する特約をしても, そのような特約はないものとされる (BGH NJW 1985, 1076). ただし, 賃借人が独占的に使用している屋内については, 例外である. この場合には, 賃借人のみが, 顧客, 協力者および納入業者に対して交通担保義務を負うのである. その他の場合には, 賃貸人が全ての交通担保義務を負わなければならない (Blank/ Börstinghaus §535 Rn. 339).

事業用空間の賃貸の場合には, 賃借人が建物全体を独占的に使用しているときは, 交通担保義務全てを賃借人に転嫁する特約も有効である. ただし, この特約は明示的で, 明確なものでなければならない (BGH NJW-RR 1988, 471). このような場合に, 賃貸人の交通担保義務は, 事情によってその範囲は異なるが, コントロール義務および監督義務まで縮小される (BGH ZMR 1996, 477).

b　冬季における作業

賃貸人は, 除雪義務および滑り止め材散布義務を賃借人に転嫁すること

ができる．この特約も，明示的でありかつ明確でなければならない（LG Stuttgart WuM 1988, 399）．ただし，1階に存する住居の賃借人のみが除雪および除氷の義務を負うとする定式契約は，BGB 305条c第1項に反する不意打ち条項であって無効である（OLG Frankfurt NJW-RR 1989, 41）．

賃借人が病気または老齢のために契約によって引き受けた除雪の義務を継続的には履行することができないときは，賃借人は，この事情を賃貸人に告げなければならない．賃貸借契約における滑り止め材散布に関する特約は，契約の補充的解釈の原則によって，賃借人が継続して不能に陥っている場合には，賃借人は給付義務を免れる旨の解釈がなされる．このような場合には賃料が賃借人の除雪義務を理由に低額に抑えられているときにのみ，賃料の増額が認められる．病気または場所の移動のために一時的に履行障害が発生した場合には，賃借人は，代行者を立てなければならない（Blank/Börstinghaus §535 Rn. 341 u. 342）．

　c　清掃義務

家屋の共用部分の清掃は，賃貸人の義務であるが（Emmerich, Staudinger §535 Rn. 33; Eisenschmid, Schmidt-Futterer §535 Rn. 521），賃貸人と賃借人の個別の合意によってこの義務を賃借人に転嫁することができる．しかし，定式契約における転嫁条項は，BGB 305条c第1項に違反するものであって，契約の構成部分とはならない（LG Frankfurt NJW-RR 1988, 782）．

　d　保守義務 Instandhaltungspflicht

住居賃貸借の場合には，保守義務の全てを定式契約によって賃借人に転嫁することはできない．なぜならば，このような定式契約は，賃借人に計算することのできない危険を負担させることになるからである．賃借人が保守義務全てを負担する旨の特約は，BGB 307条に違反するものとして効力を生じない（BGH NZM 2005, 863; Eisenschmid, Schmidt-Futterer §535 Rn. 77）．

事業用空間賃貸借の場合には，住居賃貸借に比して広範に保守・修繕義務を賃借人に転嫁することができる．しかし，このような定式契約上の条項は狭く解釈されるべきであり，全ての保守・修繕義務を定式契約によって賃借人に転嫁することはできない．すなわち，保守義務は，賃貸人の主たる義務だからである．賃貸人の主たる義務の制限は，賃借人が損傷の危険を支配し，

賃借人が危険保険にはいることができる場合に，行うことができる（BGH NZM 2002, 116, 117; Blank S. 222f.）．

　この原則を適用する場合には，次のことが区別されるべきであるとされる．すなわち，損傷・損耗が賃借人の使用によって生じたものか，他の第三者の行為または事故を原因として生じたものかを区別すべきである．賃借人の使用から生じた損耗の除去を，賃借人に転嫁することはできるが，その他の保守・修繕義務は依然として賃貸人が負担しなければならない（OLG Köln ZMR 1994, 158）．さらに，保守・修繕が予見し得ない費用負担をもたらす場合には，これらの義務を賃借人に転嫁することができない．賃借人に帰責事由のない場合でも，良俗に違反しない限りは，個別の合意によって広範な修繕義務を賃借人に課すことができる（BGH NZM 2002, 655）．

第2章　賃借人の賃料支払義務

第1節　賃料債務の履行期

1　賃料の支払期限
a　民法上の規定

賃料の支払期限については，全額一括払いの場合と月または年毎に回帰的に支払う場合を区別して，規定されている．

(1)　賃料の一括払い

賃料の全額一括払い（Einmalmiete）を約定した場合には，賃貸借期間の開始時に，全額について期限が到来する（BGB 556条b第1項）．このような全額一括払賃料は，賃貸用の別荘や賃貸ホテルのような短期間の賃貸借について約定される．しかし，多くの場合は賃借人が退去時に支払うとする約定がなされているといわれている（Weitemeyer, Staudinger §556b Rn. 11）．

(2)　賃料の回帰的支払い

賃料額が一定の期間（一般的には，月極である）に応じて定められ，それが回帰的に支払われる場合には，個別期間の最初の第3仕事日に弁済期が到来する（BGB 556条b第1項）．この賃料 Miete という概念の中には，賃借人が賃借物の委譲に対して負担する対価，すなわち基本的賃料 Grundmiete と運営費の先払金 Betriebskostenvorauszahlung を含んでいる（Blank, Mietrecht von A-Z S. 612）．

(3)　仕事日

仕事日とは，日曜日と祝祭日を除く日であるが，土曜日も日曜日や祝祭日と同視できるかは，問題とされる．取引慣行からすると，土曜日も日曜日・祝祭日と同視されるべきだとされる．賃借人は3仕事日内に賃料債務を履行するべきであると定められているが，金曜日が第1仕事日である場合には，翌週の火曜日までに支払えばよいことになる（Blank, S. 225）．

給付の適時性 Rechtzeitigkeit に関しては，給付行為 Leistungshandlung の実行と給付の効果 Leistungserfolg（履行）の発生時とは区別されなければ

ならないとされる．契約当事者が同一の場所に居住し，賃借人が現金を交付し，または賃貸人の銀行口座に振り込むことによって賃料を支払う場合には，この二つの時点は，同時に到来することになる．その他の場合には，すべて，給付行為が履行に先だって行われる．給付が適時に行われたかは，給付の結果が生じた時ではなく，給付行為が行われた時が重要である．現金で支払う場合には，賃借人は，現金を郵便局で払い込んだ時に給付行為がなされたことになり，現金の払い込みと同時に履行 Erfüllung がなされたことになる．現金によらない取引の場合には，銀行または郵便局において振り替え指示の申入れをした時に履行行為が開始され，賃貸人の口座に金額が記入された時に履行の効果が発生する（Blank, S. 225f.）．小切手で支払う場合には，履行のための給付がなされたと見ることができるかは疑問があり，したがって小切手を発送した時に給付行為が開始される．金銭が支払われまたは留保のない貸し方に記入された時に履行がなされたことになる（BGH NJW 1976, 1843）．

2 約　　款

a 適時性条項 Rechtzeitigkeitsklausel

支払いの適時性について，法律の規定が送金時を基準としているのに対し，約款では，むしろ入金時を基準とする場合があるとされる．このような合意については，通常の手続において期限通りに賃貸人の口座の貸し方に記入されるように，賃借人は，時機を失せないように給付行為を開始しなければならないと解釈される．この約款は，継続的な賃料の支払いに関するものであり，かつ当事者が商人である場合には，有効であるとする見解には異論がない（BGH ZMR 1998, 612, 613）．このような事情の下では，現代的な取引慣行からの要請を鑑みても適切であり，不意打ち的条項（BGB 305条 c 第1項）とも賃借人に不利な条項（BGB 307条）とも認められない（Blank/ Börstinghaus §556b Rn. 37）．

住居賃貸借については，このような約款の有効性について，議論がある（有効とするもの：LG Kleve WuM 1988, 261; Langenbeng, Schmidt-Futterer §556b Rn. 7. 無効とするもの：AG Köln WuM 1991, 41, 42; Sternel Rn. IV 404）．

第2章　賃借人の賃料支払義務

b　取立権限方式

　取立権限方式では，賃借人が賃貸人に取立権限を付与する．銀行に対して，賃借人は何らの指図も行わない．口座への借方記入は，口座名義者の承諾なしに行われるから，したがって口座名義人は記入に対して異議を述べることができる．異議を述べるについては期間の制限はなく，賃借人が借方記入を追認 Genehmigung するまで異議を述べることができるとされる（BGH WuM 2000, 549）．この追認は，口座名義人が彼に届いた口座残高通知書に異議を述べない場合，さらには決算書を黙認している場合にも，認められる．この連邦通常裁判所の判決後，支払い義務者は決算書の到達後6週間内に借方記入に対して異議を述べなければならず，この期間内に異議を述べなかったときは，借方記入に同意したものとする新たな普通取引約款を，銀行は，作成している．

　この原則は，賃借人が取立権限を撤回することなく付与した場合にも，適用される．取立権限の付与が定式契約によってなされる場合も同様である（BGH ZMR 1996, 248）．また，回帰的支払義務を負わせる場合には，通常，取立権限付与がなされているから，この条項は不意打ち条項にはならない．もっとも，賃借人の処分権の自由は，受忍できない程の影響受けないように保障されなければならない．借方記入の額が少額である場合，または高額でも定期的にあらかじめ定められた一定の額が取り立てられる場合には，この原則を前提とすることができる．しかし，高額であって不定期に，もしくは口座名義人が直ちには認識できない時期に取り立てられ，かつ取り立てられる額が予め定められていない場合には，取立権限付与付与方式約款は，有効ではない（BGH ZMR 1996, 248）．したがって，基本賃料 Grundmiete と運営費の前払金の取立権限に限って付与するとする定式契約における取立権限条項は，有効であるという結論が導かれる．すなわち，この場合には，規則的に支払期間の間隔が置かれ，予め定められた一定額の支払いが問題となるからである．しかし，運営費の後払金は，不定期に発生し，その額があらかじめ定まっていず，かつ何時弁済期が到来するかも賃借人にとって直ちに認識できるものではないから，取立権限の付与をすることはできない．

　賃貸人は，各期の賃料額について取立権限を行使することができる．賃料

の額について争いがある場合には，賃借人の意思が問題となり，賃借人が賃貸人に対して賃料の減額をしたい旨通知している場合には，賃貸人は減額された賃料分についてのみ取り立てることができることになる．また，賃借人は，銀行に対して異議を述べることによって，減額の主張を効果あらしめることができる．さらに，賃借人が，減額請求権を有する場合には，賃借人は賃貸人に対し減額された賃料額を超える額の取立を差し止める不作為の訴えを提起することもできる（Blank, S. 227f.）．

　c　借方記入権限

　借方記入手続においては，賃借人によって銀行に対して借方記入の指図が行われる．すなわち，口座の借方に記入するには口座名義人の同意を要するのであり，それ故に，名義人は借方記入後にその記入を抹消することはできない．借方記入後は，債務者も異議を述べることができなくなるのである．銀行には，訂正をする権限も義務もないとされている（Blank, S. 229）．

第2節　賃借人に個人的障害がある場合の賃料の支払い

　賃料は，使用の供与 Gebrauchsgewährung に対して負担されるものであって，使用 Gebrauch に対するものではない．したがって，BGB 537条1項1段は，賃借人がその個人領域に存する理由によって彼の有する使用権の行使が妨害された場合には，賃借人は賃料の支払いを免除されないと規定する．

1　使用障害

　BGB537条1項1段の規定は，賃借人の人的領域から生じた使用障害にのみ適用される．賃貸人の人的領域に存在する理由および客観的使用障害は，賃借人の人的領域に存する使用障害とは対照的なものである．使用障害について誰に帰責事由があるかが問題となるのではなく，誰の危険領域にあるのかが問題となる（BGHZ 38, 295）．賃貸物の使用適格性 Gebrauchtaulichkeit に対する危険は，賃貸人が負担し，これに対して，賃借人は有益費 nutzbringende Verwendung を負担するのである．したがって，病気（OLG Düsseldorf ZMR 2001, 106）や転職，兵役の召集，逮捕・拘留，官庁による使用禁止命令等によって賃借人に賃借物の使用に対する障害が発生した場合に

も，BGB537条1項1段は適用される（Blank/ Börstinghaus §537 Rn. 5）．

2 費用の節約

賃借人が賃貸物の不使用の結果，利益を得たり，費用を節約できた場合には，賃貸人はこの利益を計算しなければならない（BGB 537条1項2段）．住居賃貸借や事業用空間賃貸借において空室が生じた場合に，消費量に応じて発生する運営費（水道料や温水供給料）がこの費用に属する．包括賃料 Pauschalmiete の場合には，このような費用分だけ賃料が減額されることになる．特約によって，賃料とは別個に運営費が徴収されている場合には，節約分は運営費を前払いしたものとみなされる．

賃貸人は，使用を他の方法で活用することによって事実上取得した利益を計算しなければならない（BGB 537条1項2段）．この規定は，賃貸人が賃借人の使用障害によって契約を履行するよりも利益を得るという結果が生じるのを回避しようとするものである．この規定は，特に，賃借人が賃貸借関係の終了前に使用を放棄する場合，すなわち退去してしまった場合に意味があるという．

3 代替賃貸（再賃貸 Weitervermietung）

賃貸借契約において合意された承継賃借人・代替賃借人条項 Nachfolge- und Ersatzmieterklausel に基づいて，賃借人が，自己に代わって賃貸借契約を引き受ける意思を留保なく有している承継賃借人を紹介したときは，賃貸人は，賃借人が賃貸借関係の終了前に賃貸借契約から離脱することを認める義務がある．さらに，このような約款が存しない場合でも，賃借人の賃貸借契約からの離脱に対する正当な利益が，賃貸人の契約継続に対する利益よりも明らかに優越しており，賃借人が紹介する承継賃借人が継続している賃貸借契約を留保なく引き受ける用意があり，それが賃貸人に要求し得るものである場合には，賃借人の賃貸借契約からの離脱請求は，信義則（BGB 242条）に基づいて正当化される（BGH NJW 2003, 1246）．正当な利益は，老齢の賃借人が重病のために直ちに老人ホームに入居しなければならない場合（LG Duisburg WuM 1999, 691），予期し得なかった小家族化や大家族化が進んだ場合に（OLG Kahrsruhe NJW 1981, 1741; BayObLG WuM 1985, 140）存する．

113

第3編　賃貸人および賃借人の権利・義務

　BGB は，このようにして第三者（承継賃借人）への使用の委譲がなされて，賃貸人が賃借人に使用を提供することができない場合には，賃借人は，賃料の支払いをすべき義務を免れると規定する（BGB 537 条 2 項）．

　賃借人が賃貸借終了前に自由な意思によって賃借家屋から転居し，賃貸人が，損失を最小限に留めるために間を置かずに従前より低額の賃料で第三者に賃貸した場合に，その差額を賃借人に請求することができるかという問題が生じた．BGB 537 条 1 項によれば，賃貸人は差額を請求することができるが，同条 2 項を適用すれば請求できないことになる．この問題について，連邦通常裁判所は，賃貸人は賃借人に対して差額を請求することができ，BGB 537 条 2 項に基づいてこの請求を拒絶することは権利濫用になると判断している（BGHZ 122, 163; BGH NJW 2000, 1105）．すなわち，契約違反行為によって賃貸人にその損失を可能な限り少額に抑えるために他に賃貸する気を起こさせたのは，賃借人自身だからである．

　もちろん，賃借人が拒絶することが，常に権利濫用になるわけではない．次の場合には，権利濫用には当たらないとされる．①賃貸人が不明確な事情および法的状況から賃貸借契約の継続に対して疑念を抱いた場合．②賃貸人が，賃借人は差額を支払わなければならないと信じて，賃貸物を市場賃料で十分な根拠なく賃貸した場合．③賃貸人から見て，賃借人が最終的に退去したか否か，または賃借人が賃貸借関係の終了を納得して承諾したか否か，について疑念があり，賃貸人は直ちには再賃貸すべきではない場合である．

　この場合には，賃貸人に双方の利益のために賃貸物を再賃貸する意思がある旨の賃借人に対する賃貸人からの通知は，さらには，事情によっては生じ得る差額を請求するためにも，決定的に重要である．賃借人がこの意思表示に対して回答をしない場合には，その後において，賃借人は賃借目的物を一時的に利用することができなかっただけだと主張することはできない．このような制限があるために，従前の賃貸借関係を維持したまま再賃貸することは，賃貸人に大きな危険をもたらす（Blank/ Börstinghaus §537 Rn. 14）．

第3章　賃借人の使用権 Gebrauchsrecht

賃借人の使用権の範囲は，まず第一に賃貸借契約における合意が基準となるのであるから，明示的に合意された契約目的または黙示的に基礎とされた契約目的を一方的に変更することはできない．例えば，住居が賃貸された場合に，それを営業用に使用してはならず，また営業目的で賃貸された空間を住居として使用することはできない．使用目的を変更しようとする場合には，賃借人は契約の変更を求めなければならない．変更ができなかったときは，賃貸人に担保責任（BGB 536 条以下）を追及することができる場合がある．

第1節　賃借空間の形状

1　修　復 Renovierung

修復されていない住居が賃貸されたときは，賃借人は別段の合意がない限り任意に住居の中を形成することができる．賃借人が壁にラッカーを塗った場合に，契約終了した後に壁紙を貼ることができる状態に戻しておく義務はないとされる（LG Mannheim NZM 2003, 511）．しかし，壁を板張りにしてしまった場合には，板張りは，BGB 539 条 2 項に定める設備品 Einrichtung とみなされるから，賃借人は収去しなければならない．

2　設　備　品

BGB 539 条 2 項に定める設備品 Einrichtung とは，賃借人が賃貸借の目的物に物理的に結合させ，主物たる賃借目的物の経済的目的に奉仕するように定められた動産である．一般には，家具や家庭電化品類で住居に賃借人が容易に付加することができ，賃貸借終了時には再度分離することができるように結合されているものと解されている（BGHZ 101, 37, 41）．例えば，暖房器機，台所設備，洗面台，浴槽，便器，シャワー室，循環式湯沸かし器，作りつけの戸棚，システムキッチンなどが挙げられる．これらは，いずれも建物の本質的構成部分とはみなされない．

これに対して，独立して存在する動産および契約に則した使用に適した状

態にするために賃貸借の目的物にはめ込まれた物や賃借目的物を変更する物は，設備品ではない．例えば，床や壁を改築するする場合は，設備品の持込ではなく，建築的変更になる．

設備品の付加は，通常，契約に則していると認められ，原則として賃貸人の承諾を必要とはしない．設備品が専門的に見て妥当に付加されていることおよび付加されたことによって賃貸目的物に危険が生じることはないことが当然前提となる．賃借人は，可能な限り慎重に設備品を設置しなければならない．建物に不利益な結果の生じる恐れがある場合，設備品から賃貸人に障害が生じる恐れがある場合には，賃貸人は，あらかじめ使用の差し止めを請求することができる．

賃借人は，賃貸人所有の設備品を自己の設備品と交換することができる．この場合には，賃貸人の設備品を賃借人は直ちに保管し，賃貸借終了後に再度設置しなければならない．賃貸借終了時には，原状回復をしなければならないからである．

設備品が外部に見える状態にあり，その設置が賃貸人の利害に関係する場合には，設備品の設置にも承諾が必要である．例えば，バルコニーを覆う張り出し屋根を取り付ける場合，浴室を取り付ける場合等である．このような場合に，承諾を与えるか，拒絶するかの決定は，利益衡量によって行われる．賃貸人は，契約終了時における原状回復のために著しく費用がかかる場合には，担保金給付を条件として承諾を与えることもできる．この担保金については，敷金額を賃料の3ヵ月分を超えないように制限するBGB 551条の適用はない．特別の危険を担保するための追加的担保金だからである（Blank, S. 236ff.; Blank/ Börstinghaus §539 Rn. 15）．

3 絨毯の敷かれている床

住居の床に絨毯が敷き詰められていない場合には，賃貸人は，賃借人は賃貸人の承諾を得ることなく床に絨毯を敷き詰めることができる．その際に，賃借人は当然のことながら賃貸借終了時に下張り床を損傷することなく絨毯を除去できるように，配慮しなければならない．絨毯を下張り床に接着させるについては，賃貸人の承諾が必要である（Blank, S. 239）．

第3章　賃借人の使用権 Gebrauchsrecht

4　建築的変更　Bauliche Änderungen

賃借人は，賃貸借終了時に直ちに原状に復することができる程度の僅かな建築的変更の行う場合には，建物本体に影響を及ぼす場合でも，賃貸人の承諾を必要としない．例えば，内部の扉にポスターを貼ることおよび戸や窓の枠をはずすことは，賃貸人の承諾を要しないが，追加的に水道管を敷設するには承諾を要する．住居とともに賃借した庭に小さな池を作るような変更は，通常，原状回復が容易であるから，賃借人はこのような変更を行う権限があるとされる．現代化を行うための建築的変更には，賃貸人の承諾が必要である（Blank, S. 239）．

第2節　アンテナ

ドイツの賃貸借に関する書物では，アンテナに関する記述が詳細である．

1　ラジオ用およびテレビ用アンテナ

a　共同アンテナが設置されていない建物

住居の賃貸借では，通常のラジオ放送およびテレビ放送を受信できる可能性が賃借人に与えられていなければならない．したがって，賃借人は共同アンテナが存しない場合には，自己の費用で建物の屋根にアンテナを取り付ける権限を有する（Bay-ObLG NJW 1981, 1275）．ただし，アンテナを取り付ける旨の意図は，賃貸人に通知されていなければならならず，賃貸人は専門家によってアンテナが取り付けられるべきことを請求することができる．さらに，賃貸人はアンテナを適切な場所に設置すべき旨を定めることができる．設置の費用，整備費およびすべての修繕費は，賃借人が負担しなければならない．賃貸借の終了時には，賃借人は自己の費用でアンテナを除去しなければならない（Blank/ Börstinghaus §535 Rn. 429）．

b　共同アンテナが設置されている建物（賃借人のパラボラアンテナを設置する権利）

共同アンテナが既に設置されている場合には，個人用のアンテナを設置するについては賃貸人の承諾が必要であり，このことはパラボラアンテナの設置についても同様である．賃貸人は利益衡量に基づいて承諾するか否かの決定すべきであり，拒絶するときは，拒絶に十分な根拠があり，事物に即

117

した理由が主張できなければならない（BVerfG WuM 1991, 573）．また，利益衡量に際しては，基本法に定める二つの基本権を尊重しなければならない（BVerfG NJW 1994, 1147）．すなわち，まず第一に基本法5条1項に定められる情報の自由 Informationsfreihet が挙げられる．賃借人は一般に接近することのできる情報源から情報を得ることができなければならない．

基本権の保障は，パラボラアンテナの調達および利用にまで及ぶものである．基本法14条1項に基づく賃貸人の所有基本権も考慮されなければならない．この権利によって，住宅の外見的侵害を阻止することに対する賃貸人の利益が保護される．この二つの基本権は，一般的にはいずれかが優先するという関係にはない．しかし，個別的な争いにおいては，裁判所がその優先関係を定めなければならない場合もある．

フランクフルト上級地方裁判所においては，次のような前提条件が備わっている場合には，パラボラアンテナの設置に対して承諾を拒絶する事物に即した理由が存しないと判断されている（OLG Frankfurt NJW 1992, 2490）．

すなわち，①建物に共同アンテナも広帯域ケーブルネットとの接続もなく，広帯域ケーブルネットの敷設も確定していないこと．②賃借人はアンテナの設置に関連する全ての費用および使用料を賃貸人に負担させず，事後負担についても賃貸人は免除請求をすることができなければならない．賃借人は，賃貸借終了時に事後的に共同パラボラアンテナが設置されたときもしくは広帯域ケーブルネットに接続したときにアンテナを除去する義務を負う．さらに，賃借人はアンテナから生じる損害すべてについて責任を負う．③アンテナは専門家によって設置されなければならない．④賃借人はアンテナ設置時に施行されている建築法を遵守していなければならない．⑤賃貸人は，アンテナを設置するについて最も損害の少ない場所を指定する権限を有しなければならない．⑥住居所有権付住居 Eigentumswohnung が賃貸された場合には，賃貸人が，他の住居所有権者に対してパラボラアンテナ設置に対する承諾請求権を有していること，である．

 c 広帯域ケーブルネットと接続している建物（外国人賃借人に関する特殊性）

ドイツ連邦郵便の広帯域ケーブルネットと接続している場合には，賃借

第3章　賃借人の使用権 Gebrauchsrecht

人はパラボラアンテナの設置を一般的には請求することができない（BGH NZM 2006, 98）．ただし，賃借人が，パラボラアンテナ設置について重大な利益を有する場合には，設置請求権が考慮されることになる（BVerfG WuM 1993, 229）．賃借人が，職業上の理由から外国放送の受信を必要としている場合には，重大な利益があるとされる．また，カールスルーエ上級地方裁判所は，次の前提条件が備えられた場合には，外国人賃借人はパラボラアンテナ認容請求権を有するとした（OLG Karlsruhe WuM 1993, 525）．すなわち，①広域帯ケーブルネットでは，母国からのテレビ放送を現時においても将来においても受信できないという瑕疵を，パラボラアンテナが，除去することができること．②パラボラアンテナの設置が，建築法上の規定や文化財保護法上の規定にも，賃貸人が配慮すべき第三者の権利にもほとんど抵触しないこと．③賃借人は設置場所の選択に際して，賃貸人が受信技術上の適性を顧慮してアンテナの設置をしても最も損害の少ないと思われる場所を指定したときは，その指定に従うこと．一般の取引観念からすると著しく外観を損ねるようなアンテナの設置をすることはできない．④アンテナは，生じ得べき損害を広範に回避するために専門家によって設置されること．⑤建物本体に著しい損失を及ぼすことがないようにしなければならない．⑥賃借人はアンテナの設置に関連するすべての費用および使用料を賃貸人に負担させない．アンテナから生じた損害および賃貸借終了後アンテナを除去するために生じた費用に関する責任についても，同様に，賃貸人は，責任を負わないこと．⑦賃借人は，除去費用のための担保金を賃貸人の請求に応じて提供しなければならないこと．⑧複数の賃借人から賃貸人に対してアンテナ設置認容請求があった場合には，技術的に可能な限り共同でアンテナを設置し，共同で融資を受けるべきことを指示する賃貸人の決定に従うことである．

　ドイツに継続して居住する外国人については，母国の放送を受信し，情報を得る利益が重要となってきている（BGH NZM 2005, 355）．このような情報に対する特別の利益に基づいて，一方では，外国人がパラボラアンテナを設置することを認容しなければならないのに，他方では，ドイツ人居住者に対しては設置を禁止することができるという事態が生じる．この取り扱いは，一般的には，不平等な取り扱いとはされない（BVerfG NJW 1994, 1147）．外

第3編　賃貸人および賃借人の権利・義務

国人賃借人が広域帯ケーブルネットを通じて母国語による放送を受信できるという事情は，利益衡量においては一般的に重要な役割を果たさないとされる．なぜならば，情報の自由に関する基本権は，権利者が一般的に接近できる全ての情報源にアクセスできる場合のみを考慮しているからである（BVerfG WuM 1994, 365）．

　d　賃貸人の指定権

賃借人がアンテナを賃貸人の承諾なしに設置した場合には，契約違反となる．除去請求の形式でなされる不作為請求権は，賃貸人がアンテナの設置に対して承諾をしなければならないか，否かによって左右される．賃貸人に承諾義務がない場合には，賃借人はアンテナを除去しなければならない．賃借人が契約を遵守する行為をしているときは，賃貸人が上述したフランクフルト上級地方裁判所の判決（上述 b 参照）およびカールスルーエ上級地方裁判所の判決（上述 c 参照）において示された前提条件を充たすように請求することができる．しかし，賃貸人はこれらの前提条件の充足を強制する請求権を有しているわけではない．賃借人がこの前提条件を充足しない場合には，アンテナの除去を請求することができるだけである．

当事者間に賃借人がアンテナを設置することができる旨の合意が成立しているが，その設置場所について争いがあるときは，賃貸人が，設置場所の指定権を有する（OLG Karlsruhe WuM 1993, 525）．賃貸人が事物に即した理由もないのに著しく費用のかかる場所を指定し，賃借人が高額の費用のためにアンテナの設置をすることができなかった場合は，この限りではないとされる．賃借人が賃貸人の承諾なしにアンテナを設置した場合には，賃貸人は，直ちにそのアンテナを除去して，賃貸人が選択し，指示した設置場所に設置するように請求することができる．賃借人のパラボラアンテナ設置に対する権利が一般的かつ不当に否認された場合には，賃借人は，アンテナを元の場所に設置したままにしておくことができる．専門家ではない者が設置したアンテナは，常に，除去しなければならない（LG Bremen WuM 1995, Blank, S. 245f.）．

第 3 章　賃借人の使用権 Gebrauchsrecht

2　無線電信アンテナ

パラボラアンテナの設置に対する承諾に関する原則が，無線電信アンテナにも適用される（BayObLG NJW 1981, 1275）．

第 3 節　家具および家庭電化品

　家事のために使用する機器（洗濯機，乾燥機，食器洗浄機，冷蔵庫，レンジ等）については，賃借人は，賃貸人の承諾を得ることなく住居に設置することができる（AG Bochum WuM 1980, 136）等多数の区裁判所 Amtsgericht 判決がある．これらの機器を住居内に持ち込むことを禁ずる合意は，原則として，無効である（AG Hameln WuM 1994, 426; AG Hameln Wum 1981, 12）．ただし，賃貸人が賃借人のために洗濯機を設置できる共用のスペースを提供している場合には，上記の合意は有効になる．

　新築または新たに改築された空間には，レンジや冷蔵庫，洗濯機等が使用できるように，十分な電気配線および衛生配管が用意されていなければならない．電気配線や衛生配管が十分に備わっていない場合には，賃借人は追完をするように請求することができる．旧築建物の場合には，現代的な需要に応じる状態にある電気配線や衛生配管が存在することを，賃借人は，期待することをできない．しかし，第 3 編第 1 章第 1 節 3 d 以下で述べたように，賃借人は最低水準の配線・配管をするように請求する権利を有する．

　賃借人は，機器を専門的にみて妥当な仕方で設置すべきであり，機器の選択に際してはその運転の適格性を考慮しなければならない．

　賃借人は，機器を規則に従って管理しなければならない．特に，自動食器洗浄機と洗濯機については排水による損害の危険があるために，この管理責任が要求される．そして，その限りにおいて，賃貸人は，賃借人に責任保険に加入するように請求することができる．

　深夜電力利用の蓄熱機器については，その内部温度は 600℃ までの制限される．それ故，製造業者は，可燃物（例えば，布張りの家具，カーテン）から 50 cm 以上離して機器を設置し，可燃物（例えば，衣類）を機器の上に置いてはならないと取扱説明書には書いている．住居の所有者は，これらの機器の危険を認識していなかったことによって免責されない（Blank, S. 248f.）．

121

第3編　賃貸人および賃借人の権利・義務

第4節　利用者の行動

1　清掃および冬季奉仕

a　賃借空間

賃借空間の清掃は，賃貸人の使用供与義務 Gebrauchsgewährungspflicht には属さない．それ故に，賃貸人は清掃に配慮する義務はない．しかし，これに対して，賃借人も賃貸借期間中賃借目的物を継続的に，十分に注意をして清潔に保つ法律上の義務を負担していない．したがって，床，衛生器具もしくはその他の賃借目的物内の設備を粗略な保存によって著しく損耗させた場合に，賃貸人は BGB541 条に基づく契約違反を理由とする不作為請求権を行使することはできない．賃借人の多様な生活習慣によって生じる保存の仕方の相違を，賃貸人は，甘受しなければならない．賃借人は，配慮義務 Obhuspflicht の範囲内で，賃借空間に損失を被らせないように，また危険を発生させないように配慮しなければならない（Blank, S. 250）．

b　共用空間

特段の定めがない限り，賃借人は，家屋内の共用空間の清掃の義務を負わない（Emmerich, Standinger § 535 Rn. 35; Eisenschmid, Schmidt-Futterer § 535 Rn. 521）．賃借人に清掃義務を負わせる特約は，定式契約ではなく，個別の契約でしなければならない．この原則は，階段の清掃義務にも雪および路面の氷を除去する義務にも適用される（OLG Frankfurt WuM 1988, 399）．

合意によって賃借人が冬季奉仕を負担する場合には，賃借人は，歩行者のために歩道に十分な幅でかつ敷地の入口まで滑り止めの砂を撒き，雪を取り除くように配慮しなければならない（OLG Köln JR 1954, 420）．通常は，約1.2 m の幅があれば十分であるとされる（Blank, S. 250）．この原則は，地方条例が包括的な除雪義務を定めている場合にも適用される．すなわち，この条例は，期待可能性と衡平の観点から解釈されるべきだからである．除雪後直ちに滑り止めを散布しなければならない．降雪が継続している場合には，滑り止めの事後散布は適切な時間経過後に行われるべきである（OLG Bamberg NJW 1975, 1787）．これに対し，路面が氷結した場合には，直ちに，滑り止めを散布しなければならない．散布義務者は，その地方の状況による

第3章　賃借人の使用権 Gebrauchsrecht

が，通常，日常の交通の開始時に散布をしなければならない．夕方に散布がなされた場合には，散布義務者は夜中に路面が氷結したか否かを翌朝慣例となっている時間に検査しなければならない．異常に氷結する場合には，賃借人は必要であるならば複数回散布し，日常の交通が開始する前の早朝にも散布しなければならない（BGH NJW 1985, 484）．

賃借家屋に居住する賃借人の一人が交通担保義務の不完全履行によって損害を被った場合において，この義務を賃貸人が履行すべきであったときは，被害者は，賃貸人に対して契約違反に基づく損害賠償を請求することができる．賠償の範囲は，物的損害のみならず慰謝料も含まれうる．賃貸人が交通担保義務の履行を第三者（例えば，家屋管理人 Hauswart もしくは賃借人の一人）に委ねていた場合には，賃貸人は履行補助者に関する債務者の責任を定める BGB 278 条により責任を負う．賃借人全員にこの義務負担させられている場合には，賃貸人は，賃借人との内部関係においては損害賠償義務を免除される（Blank, S. 251）．

第三者が損害を被った場合には，賃貸人および交通担保義務の履行を委ねられた者が不法行為に基づいて責任を負う．賃貸人の責任は，選任，指図および監督義務違反から生じる．交通担保義務の履行を委ねられた者は，BGB 823 条による不法行為責任を負う．賃貸人は，交通担保義務の履行受託者を誠実に選任し，必要な指図をし，かつ継続的に監督してきたことを被害者に対して証明することによって責任を免れることができる（BGB 831 条）．交通担保義務の履行引受者は信頼に足る者であり，交通担保義務を引き受けるについて適任である場合には，選任に関する責任は問題とされなくなる．冬季奉仕を賃借人全員が負担している場合には，全ての者が冬季奉仕に適任であるか否かは問題ではない．損害が発生した日に交通担保義務の履行を引き受けていた賃借人がそれを履行していたか否かが問題となるのである（OLG Dresden WuM 1996, 553）．賃貸人の監督責任については厳しい要求がなされ（BGH NJW 1952, 61），賃貸人が信頼の置ける第三者に滑り止め散布義務を負担させ，かつ監督義務を履行していたことを事実をもって主張し，立証しなければならない（OLG Köln WuM 1996, 226）．

上記の原則は，交通担保義務を負わせる特約が無効であって，第三者が交

通担保義務の履行義務を負わない場合にも，適用される．交通担保義務が第三者によって事実上履行されている場合には，責任は生じない．すなわち，このような場合に，賃貸人は，第三者が除雪および滑り止め散布を自己に代わって引き受けたこと前提にしてもよいからである（OLG Dresden WuM 1996, 226）．除雪および滑り止め散布義務を賃借人等の第三者が負担すべき場合には，賃貸人は受託した第三者に償還請求をすることができる（Blank, S. 252）．

賃借人が病気もしくは高齢によって契約上継続的に引き受けた除雪義務を履行することができない場合には，賃借人は，その旨を賃貸人に通知しなければならない．滑り止め散布義務に関する賃貸借契約上の特約は，その義務の履行が継続的に不能となった場合には，契約の補充的解釈の原則によって，賃借人は免除されると解釈されるべきである．除雪義務を負担していることによって賃料が軽減されている場合にのみ，賃料の増額をすることができる（AG Hamburg WuM 1986, 84）．病気もしくは不在によって一時的に義務履行ができない場合には，賃借人は，代行者を立てなければならない（AG Frankfurt WuM 1985, 19）．除雪および滑り止め散布義務は代替可能な行為であって，賃借人は，長期の病気および高齢の場合，に代行者を立てなければならないという結論になる見解が主張されている（LG Düsseldorf WuM 1988, 400; LG Flensburg ZMR 1988, 140）．折衷的見解は，賃借人が健康上の理由によって冬季奉仕の履行が不能であり，冬季奉仕の履行義務を引き受ける私人も業者も用意することができない場合には，賃借人にとって冬季奉仕の履行は，客観的に不能であるとしてその履行を免除する（LG Münster WuM 2004, 193）．

2　一般的配慮義務　Obhutspflicht

賃借人は，賃借目的物を損害から遠ざけるべき一般的配慮義務を負っている．契約に則した利用する権限と配慮義務は並列して存続し，権利と義務の限界を形成するとされる．住居内における喫煙は，特段の合意がなければ，契約に則した使用である．したがって，それによって壁紙が通常よりも著しく損耗した場合でも，賃借目的物の契約に反する使用ではない（AG

第3章　賃借人の使用権 Gebrauchsrecht

Frankenberg ZMR 2003, 848)．賃借人が住居内に重い家具を持ち込み，そのためにフローリングに圧迫した痕跡が残る場合でも，任意にそのことをすることができる（Blank/ Börstinghaus §535 Rn. 448)．下着や靴下等のいわゆる小物洗濯物を，湿度が高まるとしても，賃借人は，一定の範囲内で住居内で洗濯し，乾燥させることができる（AG Naumburg WuM 1992, 680)．調理の際に不可避的に発生する臭いは，それが階段室で感じられる場合でも，受忍されるべきである（AG Hamburg-Harburg WuM 1993, 39)．複数の者が居住する住居におけるバルコニーで木炭レンジを使用することはできない（AG Berlin-Wedding MM 1990, 317)．

　賃借人は，家屋の安全を顧慮して所有者および他の共同所有者の利益を保持するように配慮しなければならない．したがって，賃借人は，窃盗および無法な暴力からの保護の必要がある場合には，家屋の入り口の扉に施錠する義務を負う．このことは，知人や友人に家屋もしくは住居の鍵を委ねることを排除するものではない（AG Münster WuM 1991, 96)．賃借人は，一定の衛生学上の最低基準を遵守するために賃借空間の清掃および換気を行わなければならない．その結果として，住居内には有害小動物が生育し得ず，したがって有害小動物による利用障害も発生しなくなる．賃借人は，建造物に損傷が生じる恐れがあるほどの注意の懈怠をしてはならない（AG Rheine WuM 1987, 153)．バルコニーまたは屋上庭園におけるプランターは，落ち葉が排水を塞ぐことのないように，かつ歩行者もしくは同一建物に居住する者に危険が及ばないように設置されなければならない（LG Berlin MDR 1981, 584)．その他の点では，バルコニーをどのように構成するかは，賃借人に任せられる．賃借人は，窓の膳板の上に鉢植えの草花を置くことによって水の害が発生する恐れがある場合でも，そのようなことをすることができる（OLG Köln WuM 1995, 682)．賃借人は，悪天候または厳寒時には扉および窓を閉じ，電気およびガスを大事に扱わなければならない．また衛生器機は損傷しないように大切に使用し，長期の不在の場合には住居の管理について配慮しなければならない．水道管の凍結に対する技術的予防行為を行うことは，原則として，賃貸人の義務である．したがって，賃借人は，暖房されていない空間において厳寒のために水道管に損傷が発生しても，責任を負わ

125

ない（OLG Frankfurt NJW-RR 1991, 974）．しかし，予防行為（例えば，凍結予防素材を水道管に巻き付ける）をとることによって水道管の損傷を回避ないし軽減することができる場合には，賃借人に過大ではない予防行為をとる義務が課せられる．暖房設備のある空間については，賃借人は，凍結による損害が発生しないように，十分に暖房をしなければならない．冬季に一時的に不在となる場合には，賃借人は，寒波が襲来したときに第三者が適切に住居の温度調整をしてくれるように配慮しなければならない（LG München VersR 1966, 1064）．賃借人が，賃借目的物を空き家の状態にしている場合には，原則として，給水設備を遮断し，水道管を空にして，その状態を保つべき義務がある．賃借人が，賃貸人に対し危険回避のために必要な行為を，賃借人自身がとることができる旨の通知をするだけでは配慮義務を履行したことにはならない．なぜならば，配慮義務は，賃借人に課せられた契約上の義務だからである（BGH NJW 1983, 1049）．

3 家屋内の平和 Hausfriede の維持

賃借人は，賃借空間を使用するときに，避けることのできる事情がない限り，隣人に妨害または迷惑をかけてはならない．

電気掃除機や絨毯たたき棒を用いた騒音を伴う賃借目的物の清掃は，仕事日の日中に行われる（6時～17時程度とされる）場合には，受忍されなければならない．必要な修繕または改築から発生する建築上の騒音も同様である．年少の子どもの泣き声および叫び声を，他の共同で居住している者は受忍すべきである（LG Lübeck WuM 1989, 627）．ただし，両親の無分別なしつけ等から生じる騒音は，受忍しなくてもよい．年長の子どもが住居，階段室もしくは中庭でときとして発する騒音は不可避的なものであり，賃貸人も他の賃借人も受忍すべきである（OLG Düsseldorf ZMR 1997, 181）．時折発せられる犬の鳴き声についても同様である．ただし，犬が継続してほえることによって，他の居住者に迷惑がかかる場合は，受忍しなくてもよい．外出用の靴を履いて住居内を歩行することによって生じる音や物を住居内で落として生じる音は許容されるべき音である（OLG Düsseldorf ZMR 1997, 181）．家屋内の平和は，すべての生活表現の抑制によってではなく，相互の寛容，理解およ

第 3 章　賃借人の使用権 Gebrauchsrecht

び配慮によって作り出されていくものであると解されている．

　紛争中の夫婦やパートナーから生じる妨害を，賃貸人は，受忍すべきではない（AG Helmstedt WuM 1987, 63）．ラジオおよびテレビは適度な室内音量に調整されていなければならない．適度な室内音量とは，他の住居においてはその音が聞こえないか，ほとんど聞こえない程度の音量である（LG Berlin DWW 1988, 83）．賃借人は住居内において通常演奏される楽器を用いた演奏を住居内で行ってもよい（ピアノ，フルート，ギター，ヴァイオリン等は認められるが，トランペットや打楽器は許されない）．しかし，一般的静穏時間 Ruhezeit においてはすべての演奏が停止されなければならない（OLG Oldenburg WuM 1977, 172; LG Köln ZMR 1967, 273）．静穏時間は，一般的に，13 時〜 15 時の間と 22 時〜 7 時までの間であるとされるが（Eisenschmid, Schmidt-Futterer §353 Rn. 366; Kossmann/ Meyer-Abich §53 Rn. 3），地方の慣習によってはより長い時間をとっている場合もある．契約上の特約によって楽器の演奏を制限したり，禁止することは認められる（OLG München DWW 1986, 118）．

　家族や友人が時折集まり，団らんをすることは許容されるべきことである（LG Frankfrut WuM 1989, 575）．賃借人は，訪問客が可能な限り静穏に行動し，22 時以降は行動しないように配慮しなければならない．訪問客が騒音を発する場合には，賃借人は責任を負わなければならない．すなわち，訪問客は賃借人の履行補助者だからである（AG Köln WuM 1987, 21）．また，家屋内の平和を乱すことを知りながら妨害行為を行う訪問客に対して賃借人が何らの手段もとらなかった場合，またはこのような訪問客を住居内に留めた賃借人は，自己の過失として責任を負うことになる．「騒音を発する権利」は存在しない（Blank, S. 256）．

　夜間に騒音を出すことは，各州のイミシオーン保護法によって秩序違反として罰せられ得る（例えば，ノルトライン＝ヴェストファーレン州の州イミシオーン保護法 9 条によれば，22 時〜 6 時までの間における夜間の静穏を妨害する行為は禁止される）．このような妨害行為は，同時に，契約違反である．屋外でバーベキューを行い食料品を焼くことについても同様の扱いがなされる．例えば，ノルトライン＝ヴェストファーレン州の州イミシオーン保護法 7 条

127

1項によると，屋外で食料品を焼くことが近隣もしくは一般に迷惑行為となる場合には，禁止される．バルコニーや庭でグリルを使うことによって近隣の者の住居や寝室に臭いによる生活イミシオーン Geruchsimmision が侵入する場合には，迷惑行為があることになる（Blank, S. 256f.）.

風呂およびシャワーは，原則として，22時まで使用することが認められる．他の共同居住者にとって過度な迷惑とならない場合にのみ，22時以降の使用も許容される（Blank, S. 257）.

4　動物の飼育

a　法律上の規制

(1)　小　動　物

小動物（小鳥，水槽の中にいる魚，ハムスター，モルモット，小型家兎等）の飼育は契約に則した使用であるという点では，判例・学説ともに一致している．このような動物を賃借空間内において飼育するについて賃貸人の承諾を要しない．小動物の飼育が一般的・通常であるか否かが基準となるのではなく，飼育が，賃貸人および他の同一建物に居住する賃借人に影響を及ぼすか否かが基準となる．ヨークシャーテリアのような小さな犬や猫は小動物ではない（Blank, S. 258）.

(2)　犬および猫

犬および猫については判例は分かれる．一方では，犬・猫の飼育も契約に則した使用に属するとするものがある（LG Hildesheim WuM 1989, 9; Emmerich, Staudinger §535 Rn. 54 は，大型動物飼育についてのみ，賃貸人の承諾を要するとする）.

しかし，犬の場合には危険を全く排除することができないから，少なくとも都市における住居において犬を保有することは，賃借家屋の居住者もしくは近隣の居住者を危険にさらしまたは迷惑になるのであるから，契約に則した使用とはいえず，したがって賃貸人の承諾がある場合にのみ動物の保有が許される，とする判決が多い（OLG Hamm OLGZ 1981, 74; LG Bonn ZMR 1989, 179; LG Berlin WuM 1984; LG Karlsruhe NZM 2002, 246; Eisenschmid, Schumidt-Futterer, §535 Rn. 556 は，これらの判例が判断の指針となるとしてい

る．同旨，Häublein, Münchener Kommentar §535 Rn. 93）．

　もっとも，盲導犬については，例外的に，賃貸人の承諾を要しない（LG Lüneburg WuM 1995, 704）．

　賃借人が賃貸人の承諾を得ずに住居内で犬を飼育する場合には，犬によって生じた障害について具体的に立証することを要せず，賃貸人は，BGB 541条〔賃借人が賃貸人の催告にもかかわらず契約に反する使用を継続する場合には，賃貸人は，その使用を差し止めることができる〕に基づいて飼育の差し止めを請求することができる（OLG Hamm OLGZ 1981, 74）．

(3)　危険な動物

　危険な動物の飼育は，契約違反である．危険な動物であることが実証されている家畜の飼養がこれに該当する．

　2001年4月21日に施行された「危険な犬の撲滅に関する法律 Gesetz zur Bekämpfung gefärlicher Hunde」（BGBl. I S. 530）1条によると，危険な犬とは，ピットブルテリア，アメリカンスタフォードテリア，ブルテリアの純粋種，この種の犬と交配した犬，および州法によって危険な犬と指定された犬である．この法律は，危険な犬の輸入，繁殖および取引を禁止しているが，危険な犬を保有することまでは禁止していない．しかし，賃貸人は，危険な犬を賃借人が飼育することについて差し止めをすることができる（BGB 541条）．

(4)　野生動物の飼育

　野生動物に餌を与えることは，動物の飼育ではない．賃借人が野生動物に餌を与えることによって他の居住者に迷惑をかけまた建物を危険にさらす場合には，その行為は禁止される（Blank, S. 260）．

　b　契約上の特約

(1)　動物飼育禁止条項

　賃貸住居の中で家畜の飼育を許さない旨の条項は，動物の飼育に対する権利を排除するものであるが，有効なものとして認められている（BVerfG WuM 1981, 77）．定式契約によって動物の飼育を禁止する条項も，禁止が明示的であり，小動物の飼育に禁止条項を適用しない場合には，有効である．ただし，無制限に動物飼育を禁止する定式契約上の条項は，効力が生じない

(BGH WuM 1993, 109).

(2) 承諾留保付動物飼育禁止条項

動物の飼育に関する権利を賃貸人の書面による承諾に依存させる旨の定式契約上の条項は，賃借人は口頭で与えられた承諾を援用することができないという法的に許容されない約款と認められるから，効力を生じない（Mannheim ZMR 1992, 545; LG Düsseldorf WuM 1993, 604）.

小動物の飼育を除いて，動物の飼育について賃貸人の承諾を必要とする旨の定式契約上の条項は有効である．賃貸人は，権利濫用にならず，信義則にも反しない限り，自由な裁量で承諾を拒絶することができる．例えば，盲人が盲導犬を必要としている場合または小動物が賃借人の精神的もしくは肉体的健康のために重大な意味がある場合には，承諾の拒絶は，権利濫用・信義則に反する行為になる（Blank, S. 261）.

c 動物飼育の承諾

賃貸借契約において，賃借人は動物飼育の権利を有する旨の約定がある場合には，賃借人は，住居内において通常の家畜を通常の数だけ飼育することができる．賃借人が動物をブリーダーとして繁殖させるために飼育する場合には，そのことについて明示的な合意がなされていることが必要である（Blank, S. 261）.

(1) 承諾の付与

賃貸人が承諾を付与した場合には，動物の飼育は契約に則した使用になる．承諾は，口頭によるか書面によるかを問わないが，承諾があったことは賃借人が立証しなければならない（Blank, S. 261）.

承諾は書面によらなければならないとする定式契約上の特約は，効力を生じない（OLG Frankfurt WuM 1992, 56）．したがって，このような特約がある場合でも，賃借人は口頭の承諾があったことを援用することができる．ただし，賃借人は，ただ一般的に承諾を得たことを主張するだけでは十分ではない．訴訟においては，誰が，何時，どこで承諾を与え，どのような内容の意思表示であったかを主張しなければならない．黙示の承諾も可能であるが，その認定は慎重になされなければならないとされる．すなわち，契約違反行為に異議を述べることなく甘受していることが飼育を承認していること

第 3 章　賃借人の使用権 Gebrauchsrecht

意味するわけではないから，賃貸人は，動物が存在することを知っているという事情は，黙示の承諾を認めるについての十分な事情ではない（LG Berlin WuM 1984, 130）．

賃貸人が与える承諾が，明確ではない場合には，特定の動物についてなされたものとする．賃貸人が動物を交換しようとする場合，もしくは動物が死亡したので新たな動物を飼育しようとする場合には，賃借人は新しい動物について改めて承諾を得なければならない（AG Kassel WuM 1987, 144）．

(2)　承諾の撤回

賃貸人は，契約上の特約によって撤回権を留保していなくても，重大な理由がある場合には，承諾の撤回をすることができる．例えば，賃借人が危険なものとみなされる犬を飼育しており，承諾を与えたときには，このことを，賃貸人は，知らなかった場合には，承諾の撤回をすることができる（LG München WuM 1993, 669）．また，動物が既に具体的に妨害行為をしている場合（例えば，犬が他の居住者に咬みついた場合）（LG Berlin GE 1993, 97），動物飼育者が，過去において無経験・無責任と認定されていた場合や空間が狭小であるために動物の飼育が不可能である場合には（AG Kassel WuM 1987, 144），重大な理由があると認められる．

(3)　契約に反する動物の飼育

小動物の飼育を除くと，賃貸人の承諾を得ずに，動物を飼育することは契約違反である．もっとも，賃貸人が長期にわたる動物飼育を異議を述べずに黙認しており，そのために賃借人は将来においても動物を飼育続けてもよいと信頼したことを主張する場合には，賃貸人が差し止め請求権を行使するのは権利濫用である（LG Essen WuM 1986, 232）．

5　職業的併用使用 berufliche Mitbenutzung と営業的併用使用 gewerbliche Mitbenutzung

住居の中を仕事部屋として賃借人が使用するいわゆる併用使用 Mitbenutzung 場合に，それを職業的併用使用 berufliche Mitbenutzung と営業的併用使用 gewerbliche Mitbenutzung に分類し，前者を契約に則した使用とみて，後者を契約に違反する使用であるとする場合がある．

住居の中で全ての仕事する場合（例えば，文筆業者）または仕事の一部をする場合（例えば，ジャーナリスト，教員，裁判官等）を問わず，外部的に影響を及ぼさず，住居の著しい損耗ももたらさない場合には，職業的併用使用であって，仕事場として使用することについて賃貸人の承諾を要せず，また賃料を増額請求する権利も発生しない．すなわち，この種の使用は，住居使用の中に包摂されると解されるからである（Blank/ Börstinghaus §535 Rn. 478）．

これに対して，賃借人が賃借空間全部を居住と事業の双方に目的で使用し，営業的使用によって少なからず外部に影響を及ぼす営業的併用使用の場合，特に，事業活動と結びついた騒音イミシオーンおよび臭いのイミシオーンをもたらす賃借人の顧客，依頼者および患者の訪問または商品の生産に関連する運送上の利用も営業的併用使用に含まれるのであるが，この場合には，居住の使用が優越している限りは，営業的併用使用があっても賃借目的物を法的に住居と分類するのであるが，賃借人は，契約上の特約がある場合もしくは賃貸人が個別に承諾をしている場合にのみ営業的併用使用をなす権利を有する．契約上の合意がある場合にのみ，賃借人は，賃貸人に対して営業的併用使用に対する承諾を請求することができる（Blank/ Börstinghaus §535 Rn. 479）．

承諾を要しない職業的併用使用と承諾を要する営業的併用使用との限界は流動的である．弁護士の活動は，弁護士が自己の住居において重要な法律書類を作成し，しかし住居では依頼者とは面接しないか，ほとんど面接しない場合には，職業的併用使用とみなされる．しかし，その後，依頼人が増加し，次第に事業の範囲が拡大する場合には，一定の時点から営業的併用使用とみなされなければならなくなる（Blank/ Börstinghaus §535 Rn. 480）．

6　賃貸されていない家屋部分の使用

賃借人は，賃貸されていない家屋部分を自己の利益のために使用する権限を有しないのが原則である（Blank/ Börstinghaus §535 Rn. 482）．例えば，賃借人が賃借している住居の前の廊下にロッカーを据え付けた場合には，除去請求をすることは，賃貸人が13年にわたってそれを黙認してきたとしても，

第 3 章　賃借人の使用権 Gebrauchsrecht

除去請求するについて私的な利益があると認められない場合であっても，シカーネ的なものとはみなされない（AG Bergisch Gladbach WuM 1994, 197）.

　自動車は，契約に定められている中庭の駐車部分に駐車しなければならない（LG Görliz WuM 1995, 388）.

　承諾 Gestattung と特約は，区別されなければならない．すなわち，特約がある場合には，賃借人は駐車をする権利を取得するが，承諾があっただけの場合には，賃貸人は駐車することを単に認容しているだけであって，何時でも承諾の撤回をすることができる（LG Wuppertal WuM 1996, 267）.

　賃借人は，住居の使用に必要な範囲内で家屋内の共用部分に立ち入る権利を有している．道路が適切であり，他の賃借人や近隣の居住者に著しい迷惑をかける恐れがない場合には，賃借人が自動車で賃貸家屋に乗り付けることを，賃貸人は，拒絶することはできない（LG Lübeck WuM 1990, 336）．乳母車を玄関ホールに置くことは，玄関ホールがそのことに適している場合には，住居使用の範囲内である（LG Hamburg WuM 1992, 188）．車椅子についても，同様に解されている．定式契約において，乳母車や車椅子を置くことを禁止する条項と定めたときは，その条項は，効力を生じない（LG Hamburg WuM 1992, 188）．賃借人が，廊下または地下室に自転車を駐輪することは，原則として，できない（AG Wedding GE 1986, 509）.

　賃借人は，賃借住居の窓やバルコニーにポスターやスローガンを書いた横断幕を取り付けることができるであろうか．連邦憲法裁判所（1958 年 1 月 15 日判決）は，所有者が基本法 14 条に基づく所有権の保障に対する権利を主張する場合には，賃借人の表現の自由（基本法 5 条），特に政治的意見や信条を発表する自由の重大な侵害にはならない，と判示している（BVerfGE 7, 230）.

　事業用空間の賃借人は案内表示板や宣伝用設備を設置することができるか，またどの範囲で設置できるかについて契約に特約がない場合には，その地方の慣習によることになる．今日の取引観念からすると，一般的には，外壁を使用する場合には，賃貸人の承諾を得る必要があり，その承諾に対する請求権は認められない（OLG Düsseldorf NJW 1958, 1094; Sternel, Rn. II, 176）．自動販売機についても，同様の原則が適用される（OLG Hamm NJW

1958, 1239). 通常の大きさの案内板の設置は，賃貸人は認容しなければならない．賃借人は，転居に際してこの案内板を直ちに撤去するとともに，転居先の住所を指示する板をそこに設置することができる．転居先を指示する板は，約6ヵ月間そこに設置しておくことができるとされている（Blank/Börstinghaus §535 Rn. 485）．

第4章　瑕疵担保責任と賃貸人の検査権 Besichtigungsrecht

第1節　物的瑕疵の概念

1　瑕疵の概念

BGB 536条1項は，「賃貸目的物が賃借人に委ねられた時に，契約に則した使用のための適格性を失わせる瑕疵が賃貸目的物に存する場合，または賃貸借期間中にこのような瑕疵が発生した場合には，賃借人は，この適格性が欠如している期間について賃料の支払いを免除される．適格性が減少している場合には，賃借人は，適切に減額した賃料を支払うものとする．ただし，適格性の軽微な減少は，この限りではない．」と定め，賃貸目的物の瑕疵がある場合について，それが原始的に存在していたものか，後発的に生じたものかを問わず，賃料の全額免除または減額を規定している．この規定は，BGBの立法者が賃借人保護の思想に基づいて制定したものであり，賃貸人の担保責任の規定の解釈においては立法者の意思を尊重しなければならないとされる（Volker Emmerich, Emmerich/ Sonnenschein §536 Rn. 1）．

瑕疵は，現実の性状 Ist-Beschaffenheit があるべき性状 Soll-Beschaffenheit とが否定的に異なっていることであり，そのことによって契約で予定されていた賃借物の適格性が消失もしくは著しく減少することである（主観的瑕疵概念）．あるべき性状の基準は，客観的に定まるものではなく，契約で合意されたものである（BGH NJW 2004, 3174; BGH NZM 2005, 60; BGH NZM 2006, 582, 583）．したがって，修繕を要する物件であっても瑕疵がないとされる場合もあり得る（LG Mannheim ZMR 1990, 220）．

瑕疵には，次に掲げるようなものがある（Blank/ Börstinghaus §536 Rn. 5）．
（1）　賃借住宅の性状に瑕疵があること（例えば，窓や扉に隙間があった）から惹起された利用上の障害．
（2）　隣接する部屋や建物の一部の性状から生じる侵害（OLG Celle ZMR 1996, 197）．賃借人が損害の発生を予見しなければならない場合で，十分である（屋根に隙間があった場合について，KG ZMR 1999, 395）．

(3) 使用上の適格性 Gebrauchstauglichkeit に対して否定的影響を与える環境の及ぼす影響（例えば，近隣から侵入してくる建築騒音，道路建設工事）．

ここでは，直接的侵害と間接的侵害の区別がなされる．例えば，近隣における建築工事のために賃借している店舗の入り口に障害が生じた場合は，直接侵害に当たる．このような侵害は瑕疵と評価される．景観等の周辺地域の魅力にとって重要な事情は間接的侵害ではあるが，賃借物件の使用上の適格性には直接的に影響を与えない（BGH NJW 1981, 2405; BGH NJW 2000, 1714, 1715）．ショッピングセンターにおいて店舗の全ては賃貸されてはいないという事情は，間接的侵害と見なされる（OLG Rostock NZM 2003, 282）．賃貸されている店舗の周辺に駐車場がないことを瑕疵とみることは稀である（OLG Dresden ZMR 2002, 261）．

(4) 第三者の行為による妨害（近隣からの騒音）

賃借人に対する主観的な侵害は要件ではないから，賃借人が個人的な理由（例えば，病気，休暇による不在，営業許可の欠如）から賃借物件を使用することができない場合にも，賃料減額が問題となり得る（BGH NJW 1987, 432; OLG Düsseldorf NZM 2003, 556）．

瑕疵に対する賃貸人の過失は問題とならない．また，賃貸人が瑕疵の発生を防ぐことができたか否かも大きな問題ではない．したがって，自然災害（例えば，水害）が原因で生じた瑕疵が生じた場合にも，賃借人は賃料の減額を請求することができる（Blank/ Börstinghaus, §536 Rn. 7）．しかし，判例は，賃貸人が支配できない事情による場合には担保責任を制限する傾向がある（LG Frankfurt/ OLG Frankfurt WuM 1991, 88 は，排水管が詰まったことによって，他の賃借人の賃借空間から不適切な物質が流入した場合について）．

2 建物の性状の瑕疵

a 上に述べたように，賃貸住居は契約に則した利用に適した状態でなければならず，そうでなければ，瑕疵があることになる．その場合における基準は，先に述べたように，賃貸住居がどのような要求を満足させるかという問題に関する契約締結時における当事者の意図である（いわゆる，個別具体的基準．BGB311条1項〔法律行為による債務関係の設定のためおよびその変更の

第 4 章　瑕疵担保責任と賃貸人の検査権 Besichtigungsrecht

ためには，当事者間の契約が必要である。〕が引用される）．

　住居の場合には，契約締結時における比較可能な住居の通常の調度・設備に相応していることが住居水準の基準とみなされる．したがって，修繕を加えられていない旧築住居が新築住居と同様の調度・設備を備えていることは期待されていない（BGH NZM 2004, 736）．建物の基準は，その建物が築造されたときに適用された基準を前提とすべきである（BGH NZM 2005, 60）．もっとも，賃借人は，その時代に即した居住を可能とすることを最低基準に置いている（BGH NZM 2004 736）．

　健康に対する危険については，通常の場合，原則として，賃借人は賃借住居を最新の水準に相応する状態にするように請求することができる．なぜならば，当事者は，通常，賃借住居は現在も将来も具体的に賃借人の健康に危険な状態にあってはならないということを認識しているからである．健康に関する基準が契約締結後に厳しくなった場合には，賃貸人が，新基準に遵わないときは，基準が厳格化された時から住居には瑕疵があるということになる（BVerfG NJW 1999, 519）．

　b　環境悪化によって賃借人の健康に具体的に危険が生じた場合に，瑕疵があることになるが，他方，何らかの基準値や標準によって測定された絶対的ないし理論上の危険は，賃借人の健康に具体的な危険が発生しない限りは，瑕疵とは認められていない（BGH WuM 2006, 304, 307）．

　例えば，鉛もしくは硝酸鉛を含んだ水によって水質が過度に悪化した場合には，事情によっては瑕疵があるものとみなされる（水質悪化による瑕疵担保責任については，藤井俊二「ドイツの借家における水をめぐる法的諸問題」板橋郁夫先生傘寿記念『水資源・環境研究の現在』（成文堂，2006 年）476 頁以下参照）．さらに，アスベストによる大気汚染（OLG Hamm NZM 2003, 395），およびホルムアルデヒドによる大気汚染も事情によっては瑕疵とされる（OLG Nürnberg NJW-RR 1993, 1300; LG Kiel WuM 1997, 674）．害虫が部屋の中に侵入して，賃借人の健康に危険を及ぼす場合には，瑕疵が認めれらる（AG Bremen NJW 1998, 3282; AG Bremen WuM 2002, 215）．

　c　暖房付の住居が賃貸された場合には，賃貸した部屋に契約に定められた通りの暖房を供給することが賃貸人が賃借人に義務を負っている契約に則

した利用の一つであるから，暖房に関する瑕疵も賃貸した部屋の瑕疵になる．しかし，暖房が，最新の水準に達していなくても瑕疵とはいえない．賃貸人が，部屋の中を心地のよい温度に保つことが十分だからである．

　もっとも，暖房機が大きすぎて著しく不経済である場合，または，例えば，部屋の断熱の瑕疵や換気の瑕疵によって賃借人が受忍することのできない暖房の損失が発生する場合は，瑕疵がある（OLG Düsseldorf WuM 1984, 54; OLG Düsseldorf WuM 1986, 16）．ストーブが利用不能な状態にある場合，過度な騒音を出す暖房機である場合にも，瑕疵がある（OLG Dresden NZM 2002, 662; KG NZM 2002, 917）．瑕疵の存否は，比較可能な暖房機の瑕疵と比較して判定される．

　d　水害危険地域においては，賃貸人は，洪水の危険に対する予防行為を講じなければならないから，予防行為の講じなかったことは賃借住居の瑕疵になる（BGH NJW 1971, 424）．予防行為を講じない場合には，賃借人が予防行為をとる時機を失しないように，洪水の恐れが生じたときは，賃貸人は，少なくとも賃借人に警報を発する義務がある（OLG Koblenz NJW-RR 1997, 331）．さらに，賃貸人は，逆流を防止するための装置を水路に設けなければならない．逆流防止装置が存しない場合または機能しない場合には瑕疵があるとされる（BGH ZMR 1962, 82）．これに対して，賃貸人は，極めて稀な異常な自然災害，例えば，吸水管に木の根が入り込んできたような場合には，予防行為を講じる必要はない（BGH NJW 1971, 424）．

　e　事業用に使用される空間の賃貸借の場合には，約定された使用に影響を与え，最終的には官庁によって営業の停止を命じられるような状態になる場合には，瑕疵があるとされる（BGH WuM 1983, 660）．賃借人が必要とする器具を収納するための必要な負荷能力を賃借空間の土台および天井が有しない場合には，瑕疵があるとみなされる（BGH MDR 1964, 229）．次に列挙する場合は，建物構造上の瑕疵があるとされている．すなわち，屋根および煙突に隙間がある場合（KG GE 1999, 569），窓や扉に隙間がある場合（BGH ZMR 1962, 82, 83）もしくは階段が建築法の規定に違反する状態にある場合や防火装置が欠けている場合（OLG Dresden NZM 2006, 865），賃貸人の指図による建築工事が火事の原因となった場合（OLG Düsseldorf NZM 2002, 21），排水ポ

ンプの機能が十分ではなかった場合（BGH ZMR 1962, 82, 83），賃借家屋の壁の漆喰の塗り方や塗装の仕方に瑕疵があった場合（LG Hamburg WuM 1983, 290），水道管の防寒材に瑕疵があり，冬季には水道の水を落とさなければならない場合（KG GE 2002, 131）並びに賃借空間の契約書に記されている面積と実際の面積が著しく相違している場合である．足音に対する瑕疵ある遮音行為は，それが騒音防止基準に適応していない場合には，BGB536条に定める瑕疵である．したがって，修繕されていない旧築建物の場合，新築建物と同等の遮音効果までは要求されない（BGH NZM 2005, 60）．しかし，旧築建物を修繕する場合には，修繕当時における平均的基準に従った遮音工事を講じなければならない（BGH NZM 2005, 60）．

3　公法による制限

a　公法上の利用制限は，それが賃借物件の性状または立地条件に基づき，単なる賃借人の個人的事情に基づくものではない場合に，瑕疵となる（BGHZ 68, 294, 296）．したがって，事業に使用される空間は，公法上の規制が契約で定められた事業の執行の障害とはならない場合のみ，賃借人の契約に則した利用に適した状態にあることになる．例えば，飲食店業を営むと定められた空間が飲食店の換気もしくは遮音に関する規定に違反している場合には，契約に則した利用に適した状態ではないことになる（BGH NJW-RR 1987, 906）．

賃貸人は，賃借人に対して契約に則した利用を可能とする官庁の許可を得る義務を原則として負う（BGB 535条1項2段〔賃貸人は，契約に則した使用に適した状態で賃貸物件を賃借人に委ね，かつ賃貸借期間中この状態を維持しなければならない．〕）．したがって，賃貸人は，必要な場合には，官庁に指図された建築的変更を実施しなければならない（RGZ 94, 138）．さらに，賃貸人は必要な認可を得るように努力しなければならない（OLG Hamm ZMR 1982, 206, 207; OLG Köln WuM 1998, 152）．

定式契約によってこれと異なる定めをすることはできない（BGH NJW 1988, 2664）．しかし，個別の契約で上に述べたものと異なる約定をすることは可能であるが，厳格に解釈される（BGH ZMR 1994, 253）．

b　建築許可を得ずに築造され，したがって取り壊し命令を受ける危険のある場合（LG Hannover ZMR 1971, 135），もしくは重大な賦課事項によって賃借人のための契約上の目的を達するに賃貸空間が適さないときは（BGH BB 1973, 1236），賃貸住居に瑕疵があることとなる．拘束力のない行政行為に基づく利用禁止命令という重大な危険が存するだけでも，瑕疵は認められる（BGH WuM 1971, 531）．

4　環境瑕疵 Unweltfehler

賃借人が契約に則した利用をすることを第三者に妨害される場合，例えば，騒音の侵入 Lärmimmsion には環境的瑕疵が存することになる．困難な問題は，BGB 536 条による担保責任を賃貸人に課すことのできない一般的な生活上の危険とどこで区別する線を引くかであるといわれる．連邦通常裁判所は，契約に則した使用のための賃借物件の適格性に直接影響を与えるような環境的瑕疵がある場合に，BGB 536 条を適用するとしている（BGH NZM 2000, 492）．賃貸物件の適格性に直接影響与えるか否かによって瑕疵の存否を判断するという基準は，明確性に欠けが，エマーリッヒ Emmerich は，賃貸人が当事者の合意によって賃借人に対してどの水準まで義務を負っているかによって決すべきだとする（Emmerich, Miete und Umwelt, PiG Bd 31（1989）43ff.）．当事者の個別の合意を解釈する場合には，契約締結に至る背景事情を考慮すべきであり，特に，賃貸物件の立地条件および状態が重要である（BGH NZM 2005, 60）．例えば，騒音の激しい道路のそばの住居を賃借した者は，当事者間において反対の意思を明示的に合意していない限りは，その種の住居に通常の騒音防止水準を主張することはできない（LG Berlin GE 2003, 392）．

通常，賃貸人が責任を負うべき水準は，原則として，通常の遮音行為である．賃借人が契約に基づいて請求しうる水準を下回る遮音性能である場合には，賃貸住宅には瑕疵があることになる．絶対的な最低水準は，その時代に即した居住を可能にすることである（BGH NZM 2004, 736）．また，第三者が発する騒音も瑕疵となり得る．例えば，同一家屋内に存する飲食店の騒音（LG Berlin GE 2005, 869）もしくは隣室からの騒音（AG Braunschweig WuM

1990, 147), 並びに近隣の営業所からの騒音 (OLG Hamm NJW-RR 1990, 335) は, 瑕疵となり得る. ただし, 近隣の児童公園からの騒音は, 場合によっては, 瑕疵とはならない (LG Berlin ZMR 1999, 763; LG Hamburg WuM 1998, 19).

近隣の建設工事現場からも, 賃借人に深刻な障害をもたらす場合がある. しかし, 契約締結時に既に建設工事現場が存在し, または直接的に予見できた場合には, 瑕疵は認められない (AG Hamburg NZM 2005, 222). 契約締結後に, 交通の流れが変わって交通から発生される騒音が増大した場合について, 争いがあるといわれる. ここでも賃借人が契約に基づいて請求しうるか否かによって決せられるとされる. 将来, 交通量の増加から発生するすべての障害を各賃借人には甘受する用意があるということは, 決して想定されうるものではなく, むしろ逆の場合があるとされる (Volker Emmerich, Emmerich/ Sonnenschein §536 Rn 16). 道路建設工事によって, 店舗への出入りに障害生じる場合には, 瑕疵は認められない (OLG Düsseldorf NZM 1998, 481).

5 重大な瑕疵

BGB 536条1項3段は, 「適格性の軽微な減少はこの限りではない.」と定める. 減少が客観的に観察した場合に重要性がない場合, もしくは瑕疵が容易に認識でき, 並びに迅速かつわずかな費用で除去できる場合には, 賃貸物件の使用適格性の減少は軽微であるとされる (BGH NZM 2004, 767). 例えば, 暖房が極めて短期間切れたり, 必要な熱エネルギーが一時的にわずかに低下した場合である (BGH NZM 2004, 767).

第2節 保証された性状

1 性状保証

BGB 536条2項は, 「保証された性状が欠如している場合または後発的に欠落した場合に, 第1項1段および2段は適用する.」と定めている. したがって, 賃貸人は, 契約で保証した性状についてはその範囲で契約に則した使用適格性を維持するように責任を負う. また, 賃借人は, BGB 535条1項2段に基づいて履行請求もすることができる (Volker Emmerich,

Emmerich/ Sonnenschein §536 Rn. 19）．

　BGB 536条2項でいう「保証」とは，賃貸物件の一般的宣伝文句ではなく，それが契約の内容となっているものである．すなわち，保証が，BGB 536条の法律効果〔賃料減額〕または536条aの法律効果〔損害賠償〕を発生させるために，賃借人が契約に則するものとして請求し，賃貸人が契約上拘束力のある仕方で，特に必要な方式を遵守して〔1年を超える賃貸借契約は，書面で締結されないと，期間の定めのないものとみなされる（BGB 550条）〕，表示されなければならない（BGH NJW 1980, 777, 778）．さらに，保証の内容および範囲を個別に確認できるように基準となる性状を正確に記載しなければならない．保証は，通常，明示的にされるが，しかし，それは必要的なものではない．保証は，賃貸人が責任を負う物の性状の単なる確認とは区別されなければならず，保証の中核は，賃貸人が保証を通じて特定の性状の存在または不存在について無条件に責任を負う意思があると約束することにある（BGH NZM 2005, 500）．それゆえ，賃借人の特別な必要性からのみ説明がつく賃借物件の品質に対する要求を契約上確認することが問題となる場合は，保証の引き受けが，特に考慮されることになる（Volker Emmerich, Emmerich/ Sonnenschein §536 Rn. 20）．

2　保証の対象

　賃貸物件の性状は，すべて保証の対象となりうる．性状の概念は，原則として，ここでは広く解釈される．すなわち，賃貸物件の物的性状に限らず，物件の価値評価および有用性に関して種類および期間に影響を与え得る，過去においても現在でも存在し続けている賃貸物件の法的状況および事実的状況も含んだ概念である．しかし，保証した性状の瑕疵に対する賃貸人の責任を過度に拡張しないために，問題となっている状況の原因が前提とされ，一定期間備わっており，賃貸物件外に存する諸事情を引き合いに出しただけでは明らかにならない，まさに賃貸物件の性状にあるということが付言されている（BGH NJW 1990, 1659; BGH NJW 2000, 1714）．したがって，連邦通常裁判所の見解では，ショッピングセンターに存する店舗空間の賃貸をする場合に，ショッピングセンターまでの屋根で覆われた通路，十分な数の駐車場

および一定数の店舗が賃借されていること（全て賃借されていること）などは，保証の対象とはならない．このような事情は，賃貸物件に継続して備わっているものではなく，性状に必要的に関連しているものでもないからである（BGH NJW 2000, 1715）．これに対して，建物の改築後，飲食店営業の許可を得ることは，保証の対象となり得る（KG NZM 2000, 461, 462）．

第3節　権利の瑕疵

賃借人が，第三者の権利によって賃借物件の契約に則した使用の全部また一部を侵害された場合には，担保責任を賃貸人に責任を追及することができる（BGB 536条3項）．物的瑕疵と同様の法律効果が生じるから，賃借人は，賃貸人に履行請求権を有する（BGB 535条）．

1　権利の瑕疵の概念

賃借人が第三者の権利によって賃借物件の契約に則した使用の全部また一部を侵害された場合に，権利の瑕疵が存在する．第三者とは，賃貸物件に債権的権利または物権的権利を有する者であって，その権利を行使することよって賃借人の使用を妨害する者である．単に第三者が存在することや権利が存在することは，瑕疵にはならない．第三者がその権利を実際に行使し，使用を侵害するような状況を導いたことが必要である（BGHZ 63, 138）．

2　使用の侵害の個別的事例

　a　二重賃貸借　Doppelvermietung

二重賃貸借とは，1戸の住居を複数の賃借人に賃貸することである．

(1)　賃借人のうちの1人に住居を引き渡す前の法的状況

二重賃貸借の場合に，いずれの賃貸借契約も有効である（BGB 311条a）．各賃借人の債務法上の請求権は同一順位にあるから，いずれも，賃貸人に対して賃借物件を引き渡すように請求することができる（BGB 535条1項）．どちらの契約を履行するかは，賃貸人の自由に委ねられ，いずれが先に締結されたかは問題とならない．

いずれの賃借人も履行請求の訴えを提起できる．引渡請求権を仮処分によって保全できるか，例えば，賃貸人に対して別の契約締結の差止請求す

るという方法で保全できるとする判決と（OLG Düsseldorf NJW-RR 1991, 137），または賃貸人に対して他者への占有移転することについて差止請求をすることができるか，または裁判所は賃貸人の決定に介入できないから，仮処分命令は排除されるとする判決がある（OLG Frankfurt ZMR 1997, 22; KG MDR 1999, 927; OLG Schleswig MDR 2000, 1428; OLG Hamm NZM 2004, 192）．しかし，これらの判決に対して，裁判所においてその行使を認める履行請求権を賃借人が有しているかについて予断をもってはならないのであるから，上記の裁判所の判断は説得力はないと批判する見解もある（Volker Emmerich, Emmerich/ Sonnenschein §536 Rn. 27）．

(2) 一方の賃借人に引き渡された後の法的状況

先に適法に賃借物の占有を得た者は，賃貸人が自由意思で引き渡した場合も，強制執行で引き渡された場合でも，賃借物の使用を妨げられない．賃貸人は，他の賃借人から履行請求を受けたことを理由に適法に占有する賃借人に対して解約を告知することがでず，他方の賃借人は占有者に賃借物件の引渡しを請求することもできない．したがって，占有者に対する関係では瑕疵は存在しないことになる．

他方，占有を取得できなかった賃借人は，履行請求権を失い（BGB 275 条 1 項），BGB 536 条 a によって損害賠償を請求することができる．原始的に権利の瑕疵が存在するから，賃貸人は，二重賃貸借について帰責事由がない場合でも，損害賠償責任を負わなければならない．

b 転　　貸

原賃貸借関係が終了した場合には，原賃貸人は賃借物の返還を転借人に対しても請求することができるが（BGB 546 条 2 項），この請求権が行使されたときは，権利の瑕疵が存在することになる．これによって，転貸借関係は存続できなくなるが，転貸人には正当な利益がないから，転貸借関係を解約告知することができない（BGB 573 条 1 項）．

ハム Hamm 上級地方裁判所の判決は，原賃貸人が転借人に対して自己に賃料を支払うように請求し，さもなければ，住居の明渡しまたは返還を請求するであろうと警告することで十分であるとする（OLG Hamm NJW-RR 1987, 1304）．

第 4 章　瑕疵担保責任と賃貸人の検査権 Besichtigungsrecht

原賃貸借関係が終了する前は，原賃貸人は転借人に対して何の権利主張もすることができないから，その時点で明渡請求がなされても権利の瑕疵とはならない（OLG Hamburg WuM 1990, 340）．原賃貸人の明渡請求が認められる場合には，転借人は転貸人に対する賃料支払い義務を免れる（BGB 536 条 1 項）．原賃貸借の終了について，転貸人に帰責事由が認められる場合には，転貸人は損害賠償責任を負うことになる．

　c　無権限者からの賃借

無権限者から賃借した場合には，賃貸人が賃貸物件について所有者との関係では何らの権限も有していないことは，賃貸借契約の有効性には影響を与えない．しかし，所有者は賃借人に対して返還請求をすることができるから（BGB 985 条），賃借人は，賃貸人に対して BGB 536 条 3 項による担保責任を追及することになる．この場合には，賃借人は，通常，BGB 536 条 a による損害賠償を賃貸人に請求することができる．なぜならば，無権限者は，処分権限を有していないことを一般的に知っているかまたは知っているべきであるからである．したがって，この場合には，賃貸人に帰責事由があるといえる．しかし，賃借人が処分権限の不存在を知っていた場合には，担保責任を追及することはできない（BGB 536 条 b 第 1 段）．

第 4 節　賃借人の瑕疵通知義務

BGB 536 条 c 第 1 項は，「賃貸借期間の経過中に，瑕疵が現れ，もしくは予見し得ない危険から賃借物件を保護するための行為が必要となったときは，賃借人は，このことを賃貸人に遅滞なく通知しなければならない．第三者が賃借物件に権利を不当に行使する場合も，同様とする．」と定める．

1　瑕疵の通知義務

賃借人は，賃貸借期間経過中に賃借物件に瑕疵が生じたときに，賃貸人にそれを通知しなければならない．通知義務は，賃借している空間および階段や入り口のような共用している家屋部分に現れた瑕疵についても生じる．瑕疵の発生原因は問題とならない．

通知すべき瑕疵は，賃貸借関係の存続中に現れたものであるから，した

がって，引渡時に既に存在し，認識できた瑕疵については通知義務は存在しない（BGB 536条b第1項1段は，「賃借人が契約締結時に賃借物件の瑕疵を知っていた場合には，536条および536条aによる権利を有しない」と定める）．賃貸借期間は，賃借物件が事実上引き渡された時から起算する．その時点で賃貸借契約がなお成立していない場合でも，同様である．したがって，通知義務が消滅するのも，賃借物件が賃貸人に事実上返還された時であるから，契約が終了しても，まだ明け渡していない場合には，賃借人は通知義務を負うことになる（BGH NJW 1967, 1803）．

瑕疵は，可視的に現れているか，もしくは平均的な賃借人であれば直ちに認識できる場合に，通知されなければならないが，しかし，賃借人は，検査義務を負うわけではない（BGHZ 68, 281）．もっとも，実際に認識している場合のみならず，重過失によって認識していなかった場合にも，通知義務があるとされる（BGHZ 68, 281）．例えば，賃貸人による修繕が原因で生じた瑕疵についても，それが明白に現れている場合（OLG Düsseldorf ZMR 1987, 376），または第三者が鍵を取り替えてしまった場合には（BGH NZM 2002, 217），通知義務があるとされる．賃借人に検査義務はないから，賃借人は瑕疵があるのではないかという疑念が生じたときに，遅滞なく賃貸人に通知をしておけば，通知義務を果たしたことになる（Volker Emmerich, Emmerich/Sonnenschein §536c Rn. 3）．

2　賃借物件の危険に関する通知義務

賃借人は，予見し得ない危険（例えば，暴風，水害，寒気，雨，第三者からの違法な侵害，建物の老朽化等）が生じ，その危険のために賃借物件の使用が妨害されるであろう場合には，賃借物件を保護するための行為を必要とする場合にも，通知義務を負う（BGB 536条c第1項1段）．

賃貸人が抽象的危険（例えば，暴風）を認識していても，具体的危険（例えば，屋根瓦がはがれている）を認識していない場合に，通知義務が発生する．しかし，賃貸人が賃借人と同様に具体的危険をよく認識している場合，もしくは危険回避のための行為が可能ではない場合には，通知義務は，発生しない．この場合にも，通知義務は，賃借物件を賃借人に引き渡した時に発生し，

第4章　瑕疵担保責任と賃貸人の検査権 Besichtigungsrecht

賃借物件が返還された時に消滅する（BGH NJW 1967, 1803）．

3　第三者の権利侵害に関する通知義務

第三者が賃借物件に対して権利（物権，債権を問わない）主張をする場合にも（BGB　536条3項），通知義務が発生する（BGB 536条c 第1項2段）．賃借人は，この権利主張が正当か，否かを検査する必要はない（Volker Emmerich, Emmerich/ Sonnenschein §536c Rn. 5）．

4　瑕疵通知の方式と期間

賃借人は通知しなければならない事情の発生を知ったときは，遅滞なく，通知しなければならない．迅速さが要求されるのは，瑕疵除去の緊急性にある．単なる快適性の欠如であるならば，賃借人は数日の猶予をすることができるであろう．しかし，建物，居住者または第三者の安全性を危険に陥らせる瑕疵の場合には，賃借人は，直ちに賃貸人または通知受領権限を与えられている代理人に通知しなければならない（AG Köln MDR 1974, 47）．賃貸人がたびたび修繕を委託している業者に通知するのでは，通知をしたことにはならない．また，放火をする旨の脅迫状が見知らぬ第三者から送られてきた場合に，警察に届け出ただけでは，通知をしたことにはならない（LG Berlin GE 1991, 521）．通知には何らの方式も要求されていない．通知によって賃貸人が瑕疵の種類と瑕疵の範囲を知ることができれば十分であり，瑕疵の原因を解明するのは賃貸人の役目である．ただし，通知の内容は賃貸人が直ちに除去のために必要な判断が下せるように正確でなければならない（Blank/ Börstinghaus §536c Rn. 11-13）．

もっとも，賃貸人がいずれにせよ何らかの理由で瑕疵の存在を知っている場合には，通知義務は無駄なものとして発生しない（Volker Emmerich, Emmerich/ Sonnenschein §536c Rn. 7）．

5　通知義務違反の効果

BGB 536条c は，通知義務に違反した場合について2つの効果を定めている．1つは，通知の懈怠によって賃貸人に生じた損害の賠償である（BGB 536条c 第2項1段）．もう1つは，通知の懈怠によって，賃貸人が瑕疵を除

147

去できなかった場合に，賃借人に生ずるはずであった権利を喪失させることである（BGB 536 条 c 第 2 項 2 段）．

　a　損害賠償

　賃借人の過失ある通知の懈怠または通知の遅滞によって発生した損害を，賃借人は，賃貸人に賠償しなければならない（BGH NJW 1993, 1061）．また，通知義務の不履行と損害の間には因果関係が存していなければならない．賃借人は，通常，瑕疵除去費用の全てを賠償するのではなく，瑕疵通知の懈怠もしくは遅滞によって生じた増加費用のみに責任を負うのである．直ちに通知されていれば賃貸人は回避することができたであろうときは，賃借人は，瑕疵除去の遅滞によって生じた拡大損害を賠償しなければならない．賃借人は，原状回復 Naturalherstellung または金銭賠償をしなければならない（BGB 249 条）．通知義務違反しために，瑕疵が発生したにもかかわらず，賃借人が瑕疵除去請求権を行使した場合には，賃貸人は免責請求をすることができる（Blank/ Börstinghaus §536c Rn. 6）．

　b　諸権利の喪失

(1)　賃料減額権限の喪失

　通知の懈怠によって賃貸人が瑕疵除去をすることができないときは，賃借人は，賃料減額を請求する権限（BGB 536 条）を失う（BGB 536 条 c 第 2 項 2 段 1 号）．この法律効果は，間接義務 Obliegenheit 違反の効果として，通知義務の不履行に帰責事由がなくても発生する（Blank/ Börstinghaus, §536c Rn. 7, 反対，Volker Emmerich, Emmerich/ Sonnenschein §536c Rn. 9）．賃貸人が瑕疵を知りもしくは知るべきであったときは，減額請求権限は喪失しない．もっとも，瑕疵の通知があっても，瑕疵を除去することができなかった場合には，減額請求権限の喪失は生じない．賃借人は，BGB 535 条 1 項による履行請求権を有したままである．

(2)　BGB 536 条 a 第 1 項による損害賠償請求権の喪失

　賃借人は，BGB 536 条 a 第 1 項により，瑕疵が原始的に存在していた場合もしくは瑕疵が賃貸人の責めに帰すべき事由によって後発的に生じた場合に，賃料減額と同時に損害賠償請求をすることができるのであるが，賃料減額請求権限を喪失するときは，この損害賠償請求権も喪失する（BGB 536 条

第4章　瑕疵担保責任と賃貸人の検査権 Besichtigungsrecht

c第2項2段2号）．ただし，契約の不履行や不法行為に基づく賃借人の損害賠償請求権が成立していた場合に，これらの権利は影響を受けない（Blank, S. 311f.）．

(3) BGB 543条3項1号による解約告知権の喪失

BGB 543条3項1号によれば，賃貸人が，賃借人に賃借物件の契約に則した使用の全部または一部が適時に提供せず，もしくは再び剥奪した場合には，重大な理由に基づいて即時に解約告知をすることができる．しかし，賃借人は，瑕疵を通知し，かつその除去のために期間を定めたときにのみ解約告知をすることができる．解約告知権は，その期間が経過した時に成立することとなる（Blank, S. 312）．

第5節　賃借人の賃料減額権

1　賃料減額権の成立と消滅

瑕疵が発生した時に減額権が法定的に発生する（BGH NJW 1987, 364）．したがって，例えば，賃借人が賃貸借期間満了前に住居を返還をしていたために，住居を使用することができなかったときも，賃借人は減額することができる（BGH WuM 1987, 53; OLG Düsseldorf MDR 1989, 640）．賃借人は，瑕疵の存在を通知しなければならないが，減額する意思があることまでは通知しなくてもよい．住居賃貸借関係では，これと異なる賃借人に不利な合意は，効力を生じない（BGB 536条4項）．多くの定式賃貸借契約では，賃借人が賃料の弁済期の1ヵ月前に瑕疵の存在を通知した場合にのみ減額することができる旨の約定が置かれたいるが，これも効力は生じないことになる（Blank, S. 312.）．賃借人は，賃貸人に対して瑕疵除去を猶予する期間を付与すべき義務はない（AG Köln WuM 1978, 126）．

賃借人が瑕疵があるにもかかわらず賃料を全額支払ってしまった場合には，賃貸人は不当利得返還をしなければならない（BGB 812条）．この規定は，賃借人が月の初めに前払いをしており，支払後に賃借物に瑕疵が発生した場合にも，適用される．過払い分を賃借人は翌月の賃料と相殺することができる．住居賃貸借関係では，相殺の可能性を定式契約条項によって排除することができない．これに対して，事業用賃貸借関係では，賃料の過払い分を相

149

殺する権限を定式契約条項によって排除することができる (Blank, S. 313).

2 減額の額

使用適格性が喪失した場合には，賃借人は賃料支払い義務を免責される (BGB 536条1項1段)．使用適格性が減少した場合には，賃借人は，適切に減額された賃料のみを支払えばよい (BGB 536条1項2段)．いずれの場合にも，減額するについて賃貸人の帰責は要件となっていない．したがって，賃貸人が全く瑕疵除去をすることができない場合でも，賃借人は減額することができる．賃貸物件に瑕疵があったにもかかわらずなお価値を維持し，または賃借人が瑕疵が問題となっていた期間はいずれにせよ賃借物件を使用しなかった，もしくは一部しか使用しなかったであろうという賃貸人の反論はほとんど認められない (BGH NJW 1987, 432)．

減額は，債務法を支配する等価原理を現したものであるから，双方の給付の等価性を確保することが任務である．したがって，賃貸物件の使用適格性が減少または喪失した場合には，BGB 536条1項から3項までに規定されている要件が充たされたときは，直ちに法定的に減額の効力が生じる．したがって，賃借人は，訴訟において自ら減額すべき額を述べる必要はなく，その額は裁判所が定めるべきものである (BGH ZMR 1985, 403, 民事訴訟法 ZPO 287条)．減額は，消滅時効にかからない (BGH NJW 1961, 916)．減額の算定に際しては，純賃料 Nettomiete ではなく，総賃料 Bruttomiete (すべての付随費用を含む) を基礎に計算をしている．なぜならば，賃借人が負担する反対給付は，常に，契約に則した使用の提供に対して支払われるすべてのものから構成され，同様に，当事者は賃貸人の個別の各給付について分割して計算しているからである (BGH NZM 2005, 699)．

減額の割合は，同一の瑕疵が存続し続ける場合でも，賃借物件の使用適格性の瑕疵が契約に則した使用に対する影響の仕方に応じて，高低が生じる．例えば，暖房装置に瑕疵がある場合には，賃借人は，夏季よりも冬季に強い影響を受けるのであるから，その季節に応じて異なる額で精算されることになる．

第4章　瑕疵担保責任と賃貸人の検査権 Besichtigungsrecht

3　減額の排除

減額権は，以下に掲げる場合には，排除される（Blank/ Börstinghaus §536 Rn. 95）．

(1)　瑕疵があることにより生じる賃借物件の契約に則した使用に対する適格性がわずかに低下する場合（BGB 536条1項3段）．瑕疵がわずかな費用で賃借人によって除去できる場合，もしくは瑕疵が軽微な影響しか及ぼさない場合，例えば，新築の浴室に取り付けられたバスタブが小さかった場合（AG Dortmund WuM 1989, 172），旧築建物の窓がわずかに風を通す場合（AG Steinfurt WuM 1996, 268）がそれである．さらに，冬季間中バルコニーの使用ができない場合や夏季中の暖房の停止，ドアの敷居がすり減っていること，コンセントの故障，隣室からの一時的な騒音被害などもそれである．

(2)　賃借人が賃貸借契約の締結時に瑕疵の存在を知っていた場合（BGB 536条b）．

(3)　賃貸借期間中に瑕疵が発生した場合に，賃借人が留保なく賃料を支払い続け，賃貸人に，賃借人は減額権限を行使する意思がないであろうという認識を生じさせる新たな事情が発生した場合．

ただし，(2)および(3)の場合には，賃料が増額されたときに，再度，減額権限が復活する．

(4)　賃借人が瑕疵の存在を通知しなかったために，賃貸人が瑕疵除去をすることができなかった場合．

(5)　瑕疵の発生について賃借人に帰責事由がある場合．

(6)　賃借人が指示した行為，もしくは賃貸人が賃借人の指示によって行った行為から瑕疵が発生した場合

(7)　瑕疵除去が賃貸借契約における特約で賃借人が行うとされていた場合．住居賃貸借の場合には，この特約は個別に合意されなければならず，定式契約条項で合意された場合には，効力を生じない．

(8)　賃借人が，瑕疵の除去を拒絶した場合

(9)　賃借人が，瑕疵除去を瑕疵除去請求権を有しないとする条件にかからしめた場合．賃貸人は，固有の仕事 Eigenarbeit として瑕疵除去を実行する意思を有しているのであるから，賃借人はその瑕疵除去を拒むことはできな

い．賃借人は，契約に則した状態に回復することを請求することができるだけであるから，原則として，専門の職人を使用するように請求することができない．しかし，電気工事のように専門知識を要する場合には，事情が異なることになる．

⑽　賃貸人が，使用適格性の欠如している期間中同等の代替住居を賃借人に提供することを申し出，賃借人がこれを承諾した場合．この場合には，賃借人が賃貸人に対してその債務上の給付とは異なる給付を履行する権利を認めていることが前提となる．

4　賃借人の賃料支払留保権

BGB 536 条には，賃借人の履行請求権については，触れるところはない．したがって，賃借人は同時履行の抗弁権（BGB 320 条）によって，賃貸人の BGB 535 条による義務，すなわち賃貸物件を契約に則した使用に適した状態で引き渡し，賃貸借期間中その状態を維持する義務の履行を，賃料の支払いを留保することによって，賃借人は，強制するのである．この留保権 Zurückbehaltungsrecht を，減額をするとともに主張することも，減額に代えて主張することもできる（BGHZ 84, 42）．

この留保権は強行的ではないから，個別の合意で排除することができるが，住居賃貸借関係では，定式契約条項によって排除することができない（BGB 309 条 2 号 a）．

留保権に基づいて，賃借人は，瑕疵が除去されるまで賃料の全額もしくは一部の支払を留保することができる．瑕疵が除去されたときは，賃借人は，留保した額を後払いしなければならない．この点が，留保権と減額との異なる点である．

留保権を他方当事者に対して明示的に主張しなくても，瑕疵に基づく留保権が存在すれば，履行遅滞とはならない．賃借人は，裁判手続きにおいて留保権の存在を援用し，かつ同時履行の抗弁権を主張すればよいのである（BGH ZMR 1993, 320）．賃借人が瑕疵除去まで賃料支払いを留保する旨を賃貸人に通知した場合には，賃借人は，これに拘束され，遡及して減額すると変更することはできない．もっとも，将来の賃料については，減額に変更す

ることが可能である.

　留保権が存在する限り，賃借人は賃料支払について履行遅滞に陥らないから，賃貸人は，重要な理由に基づく特別即時解約告知権（BGB 543条2項1号〔賃借人が2期連続して賃料の支払を遅滞した場合，もしくは賃料の些細ではない部分の支払いを遅滞した場合に，重大な理由が備わる.〕）を行使することができない．しかし，留保権存否の危険は賃借人が負担するから，賃貸人が，賃料の支払いの遅滞を理由に解約告知をし，訴訟で，留保権が存在しないと主張した場合には，留保権の成立についての錯誤が賃借人の責めに帰すべき事由によらない場合にのみ，遅滞の責任を免除される（Blank/ Börstinghaus §536 Rn. 96）.

　賃料の減額権が成立しない場合にも，原則として，留保権を主張することができる．すなわち，留保権は，BGB 535条から生じる履行請求権に実効性を与えるために，発生するからであり，通常，履行請求権は，担保とは無関係に成立する．したがって，減額権の喪失は，原則として，瑕疵除去請求権の喪失を導くものではない（BGH NJW 1980, 777, 779）. しかし，瑕疵が既に長い間存在していたのにもかかわらず，賃借人は，それを通知せず，担保責任を追及せずに，留保権を主張することは，信義則 Treu und Glauben（BGB 242条）に反するとされる（OLG Hamm ZMR 2000, 93）.

　留保権は，瑕疵の発生とともに成立し，瑕疵除去もしくは賃貸借関係の終了とともに消滅する（Blank/ Börstinghaus §536 Rn. 97）.

第6節　賃借人自ら瑕疵を除去する権利

1　賃貸人が瑕疵除去を遅滞している場合（BGB 536条a第2項1号）

　賃貸人が瑕疵除去を遅滞している場合を要件として，賃借人自身に瑕疵除去をする権限が発生する．賃貸人が単に瑕疵の存在を通知しただけでは遅滞に陥らず，賃借人が賃貸人に対して瑕疵除去を催告することが必要である．この場合に，期間を設定することは必要ではなく，賃借人は，賃貸人に瑕疵除去の機会を与えるために，催告を発した後，相当な期間待たなければならない（KG MDR 2000, 1240）. しかし，賃貸人が瑕疵除去を確定的に拒絶した場合，または瑕疵除去の約束はしたが，実行しない場合には，催告を要せず

に，賃借人は瑕疵を除去することができる（OLG Düsseldorf WuM 2003, 386）．この例外となる事情は，賃借人が立証しなければならない．

賃貸人が遅滞していないのに，賃借人自ら瑕疵除去をした場合には，費用償還請求権を喪失することになる（KG MDR 2000, 1240）．

賃貸人が，瑕疵除去を行ったときは，遅滞の状態は消滅する．もっとも，一部の瑕疵しか除去されていなかったときもしくは瑕疵の除去が不十分であったときは，賃借人は，契約の則した状態の回復をする権利を有する．賃貸人が遅滞に陥っている間に，瑕疵除去行為を賃借人が行った場合には，賃貸人は，瑕疵除去によって発生した費用を賃借人に償還しなければならない（BGB 536条a第2項1号）．

2　緊急行為 Notmaßnahmen（BGB 536条a第2項2号）

賃借物件の現状の維持もしくは原状回復のために即座に瑕疵除去をしなければならない場合には，賃借人は，自ら瑕疵除去をすることができる．賃借物件の滅失，沈下，毀損もしくは欠損から守るために必要とされる費用または一部滅失した建物の再築のために必要な費用がこのために支払われる（BGH NJW 1974, 743）．毀損からの防護ために必要であった費用は，賃貸人は常に償還しなければならない．賃借物件が瑕疵除去行為によって根本的に変更してしまう場合には，支出された費用は，必要ではなくなる（BGHZ 10, 171; BGHZ 41, 157）．

3　迅速行為 Eilmaßnahmen

迅速行為は，緊急行為とは区別されなければならない．緊急行為は，賃借物の保護のために行われるものであるが，迅速行為は，賃借人にとって迅速な瑕疵除去が特に重要な客観的利益のあるものである場合に，賃借人が行うものである．なぜならば，瑕疵を迅速に除去することによってのみ賃借人の著しい損害を回避することができるからである．迅速行為を行うときは，瑕疵除去について賃貸人にあらかじめ催告する必要はない（BGH NZM 2008, 279; LG Hagen WuM 1984, 215：店舗の湿気による損害の除去；AG Frankfurt WuM 1988, 157：住宅の入り口の扉が開かなくなった場合；AG Hamburg WuM 1994, 609：暖房機からの漏水によって著しい損害が発生する恐れがある場合）．賃

貸人が到達する前に瑕疵が発生し，賃借人が賃貸人の到達を待つことができない場合も，同様である（Blank/ Börstinghaus §536a Rn. 44）．

4　瑕疵自主除去権と費用償還

賃借人の瑕疵自主除去権は，賃借物件本体のみならず，賃借人が共同利用権を有する洗濯場，エレベータ，階段室，集中暖房機の瑕疵の除去にも及ぶ．賃借人は自主除去権の行使を決定したときは，専門家的な仕事をする義務を負う．瑕疵除去に適した手段が複数ある場合（例えば，修繕をするか，部品を取り替えるか），賃借人は，賃貸人に瑕疵除去手段を決定する機会を与えなければならない．賃貸人が決定をしないときは，この決定権は，賃借人に移転する（BGB 536条a第2項の類推）．そして，この決定は，経済性原理に注意を払い，かつ賃貸人の利益を顧慮してされなければならない．賃借人は，自己の名においてのみ業者に瑕疵除去を依頼することができる．ただし，賃借人は，賃貸人に対して修繕費用を引き受けてくれるようには請求することができる．通常，賃貸人は，賃借人が依頼した業者が無条件に必要な修繕以外のことも行ったという異議を述べることはできない．すなわち，賃借人は，業者が損害除去のための行為を行うと信頼してよいからである（AG Hamburg WuM 1994, 609）．業者が不必要な修繕行為をした場合でも，これについて賃借人に帰責事由がないときは，賃貸人に費用償還を請求することができる．修繕が奏功しないことが最初から予見できていた場合，もしくはこの不奏功が賃借人もしくは賃借人が依頼した業者の責めに帰すべきものであった場合は，費用償還請求をすることができない．瑕疵が修繕後もなお残存する場合には，賃借人が，担保責任追及権を有する限り，改めて瑕疵の残存を通知しなければならない（OLG Düsseldorf NJW-RR 1987, 1232）．賃借人が自主除去権を行使した場合には，上に述べたのと同様に，費用償還請求をすることができる（Blank, S. 319f.）．

5　前払請求権

賃借人は，予測されうる額の瑕疵除去費用の前払いを賃貸人に対して請求することができる（BGH NJW 1971, 1450）．賃借人は，賃料債務の弁済期が到来するごとに賃貸人の賃料債権とこの前払債権とを相殺することができる．

住居賃貸借の場合には，この相殺可能性を定式契約によって排除することは，BGB 307 条〔約款の内容コントロールに関する規定〕に反するから，することができない．なぜならば，このような相殺排除特約を認めると，契約に則した状態の迅速な回復が妨げられる恐れがあるからである．他方，事業用空間賃貸借では，定式契約によって相殺排除特約をすることが認められる．瑕疵除去後は，前払金について清算がなされなければならない．賃貸人に前払金の支払いを命じる判決があった場合には，賃貸人は自ら瑕疵除去をすることによって強制執行を免れることができる（LG Berlin GE 1989, 151）．しかし，賃貸人がこの前払債務を反対債権と相殺することは，前払請求権を認めた趣旨に反するから，できない（LG Kleve WuM 1989, 14）．瑕疵が現れた後に家屋が譲渡された場合には，家屋の譲受人が瑕疵除去を遅滞しているときは，譲受人に対して前払いを請求することができる（BGB 566 条〔売買は賃貸借を破らず〕，LG Berlin ZMR 1987, 19）．

6 住居所有権付住居賃貸借の場合の特則

住居所有権付住居に瑕疵があり，瑕疵除去のためには共同体所有権に影響を与える場合には，賃借人は，住居所有権者共同体の同意がある場合に限って，BGB 536 条 a 第 2 項による自主除去権を行使することができる．

この場合には，賃借人は，賃貸人に対して瑕疵除去請求権を主張しなければならない（Blank, S. 321）．

第 7 節　賃借人の損害賠償請求権

瑕疵によって賃借人が損害を被った場合には，損害賠償請求権が発生する．損害賠償請求権は，原始的瑕疵の場合，賃貸人の過失による瑕疵の場合および賃貸人が瑕疵除去を遅滞したために生じた損害の場合，この 3 つの場合に発生する．

1 原始的瑕疵（担保責任）

瑕疵が契約締結時に既に存在していた場合に，賃借人は損害賠償を請求することができる．この場合には，賃貸人は過失があるか否かを問うことなく責任を負わなければならない（いわゆる，担保責任 Garantiehaftung）．

第4章　瑕疵担保責任と賃貸人の検査権 Besichtigungsrecht

　瑕疵が契約締結時に既に存在していたか否かが，担保責任を問う基準となる．賃貸人は，契約締結時には賃貸目的物に瑕疵がなかったことを立証する義務を負う．未完成の住居が賃貸される場合には，住居の完成時または引渡時が基準となる（BGHZ 9, 320）．瑕疵が契約締結時にもしくは完成時に現れていることは必要なく，むしろ，瑕疵の原因が存在することで十分であるとされる（OLG München ZMR 1996, 322）．例えば，建築工事に瑕疵があって壁から水漏れするために湿気によって賃貸借期間中に損害を被った場合において，契約締結時に既に湿気の原因となる建築上の瑕疵が存在していたときは，原始的瑕疵があることになる（BGHZ 49, 350）．

　空間が飲食店営業のために賃貸されたが，その賃貸目的物の性質によって定まる用法を理由に営業開始のために必要な免許が与えられなかった場合にも，原始的瑕疵が，存在することになる（OLG München ZMR 1995, 401）．賃貸借契約において，賃借人が自己の費用で自分でその営業に必要な認可を取得すると合意していた場合でも，同様である．この合意は，賃借人が認可を受けられるか否かについてその責任領域に属する危険を負担する趣旨に解されるべきであり，したがって，賃貸目的物の性質や立地と連関する危険は，賃貸人が，負担すべきものである（OLG München ZMR 1996, 322）．

　建物が水害地域に存するために，水害による損害を被った場合には，原始的瑕疵が存することになる．これに対して，目的物の立地からは予測できなかった自然的大災害による水害の場合には，賃貸人に過失がある場合にのみ，賃貸人が，責任を負う後発的瑕疵と解される．

　損害の発生に対する賃借人の帰責事由は（BGB 254条），担保責任が発生する場合にも考慮されるべきである（BGHZ 68, 281）．被害者が，通常の思慮分別のある者が自己の損害を回避するために尽くすべき注意義務を尽くしていなかった場合に，BGB 254条1項に定める帰責事由があることになる．

2　瑕疵発生に帰責事由がある場合

　賃貸人の責めに帰すべき事由によって瑕疵が発生した場合に，損害賠償の問題が生じる．賃貸人は，その法定代理人および履行補助者の過失についても責任を負う（BGB 278条）．家屋経営管理者 Hausverwalter（賃貸人によっ

て選任された者であって，賃貸人に対して拘束力を有する全ての法律行為をする権限を有する者）および家屋管理人 Hauswart（Hausverwalter と異なり賃貸人に雇用されて住居や事業所において一般的に行われる肉体労働を行う者）並びに修繕業者や改築工事従事者—技術者も職人も含む—は，履行補助者である．作業計画が不適切であったためもしくはその施工方法が不適切であったために賃借物件の利用が影響を受け，そのために賃借人が損害を被ったときは，瑕疵があることとなる（OLG Hamm ZMR 1966, 199）．作業が賃借空間の外部で行われた場合も，同様であるとされる．

3 賃貸人の瑕疵除去の遅滞

賃貸人が瑕疵の除去請求をされたにもかかわらず，それを遅滞している場合にも，損害賠償請求権が発生する（BGB 286 条）．除去について期間を設ける必要はないが，賃貸人が相当な期間内に除去をしない場合には，遅滞となる．賃借人が引き続き除去を待っていることが期待できないほどに著しい瑕疵の場合には，賃貸人は，請求を受けたら直ちに除去作業をしなければならない（BGB 286 条 2 項 4 号，AG Hamburg WuM 1994, 609）．

4 損害賠償請求の範囲

賃借人は，損害賠償を請求するか（BGB 536 条 a 第 1 項），もしくは費用償還請求をするか（BGB 284 条）を選択することができる（Blank/ Börstinghaus, §536a Rn. 27）．

a 損害賠償

賃借人が損害賠償請求を選択した場合には，賃貸借契約全体の履行に対する利益の賠償を請求することができる．すなわち，賃借人は，瑕疵の原因および瑕疵の結果の除去を請求できるとともに，その健康損害および物的損害並びに賃借人の財産に生じた損害の賠償を請求することができる．損害発生について賃貸人に帰責事由があるときは，賃借人は，慰謝料も請求することができる．事業用空間の賃貸借の場合には，収益上の損失の賠償も受けることができる（BGH NZM 1998, 666）．収益の減少額の算定は，損害が発生しなかったならば，どの程度の売り上げが上げられたかを被害者が立証しなければならないから，経験的に著しく困難な事柄であった．損害の立証に遺

漏がある場合には，裁判所が，損害の最少額を算定しなければならなかった（BGH NZM 1998, 666）．最少額からそれに課せられる租税分が賠償されることになる．他に宿泊せざるを得なかった場合の宿泊費用も賠償の対象となる．

賃貸人は，賃貸借契約の保護領域にいる者の法益にも責任を負う．住居の賃貸借の場合には，その住居で生計を営んでいる賃借人の身内の者全てが保護領域にいる者である．空間が店舗事業の経営のために賃貸されている場合には，賃借人が雇用している者も賃貸借契約の保護領域にいることになる（BGH NJW 1973, 20, 59）．瑕疵によって賃借人の在庫商品や設備にも損害が及んだ場合には，保護領域は，事業用設備および商品に対する保全所有権者および所有権留保権者にも及ぶことになる．ただし，これらの物が，賃貸人に対する正当な権限なく持ち込まれていた場合には，保護領域内にあるものではない（BGHZ 49, 350）．転借人は，事業用であろうと居住用であろうと，賃貸借契約の保護領域には属していない（BGHZ 70, 327）．

　b　費用の償還

費用償還請求は，損害賠償請求に代えて主張することができる．損害賠償請求とともにすることはできない．無駄な出費，例えば，仲介業者に支払った費用や賃借物件を修繕するために支出した費用などは，償還を受けることができる．自ら労務を給付した場合に，それが被害者の業務に属さない行為であっても，その分の費用を償還請求することができる．その費用の支出の目的が，瑕疵が存しない場合でも，達せられない場合には，償還請求をすることができない．賃借人の過失は，費用償還についても考慮される（Blank/Börstinghaus §536a Rn. 30）．

5　特　　約

原始的不能に関する無過失責任としての担保責任は，定式契約によって排除することができる（BGH ZMR 2002, 899）．これには，身体的損害も含まれる．もっとも，担保責任の排除できる範囲については明確に定められている必要がある．上記連邦通常裁判所判決は，特約条項の明文からだけではなく，他の契約条項との関係から読み取られ得る特約の意味を考慮するとしている（Blank/ Börstinghaus §536a Rn. 36）．

連邦通常裁判所は，賃借物件の瑕疵に関する賃貸人の過失責任は，原則として定式契約によっては制限できないとしている（BGH NZM 2002, 116）．事業用空間賃貸借の場合も同様と解されている．

慰謝料請求権については，制限特約を置くことはできない（BGB 309 条 7 号 a ）．

第 8 節　賃借人の解約告知権

賃貸人が，瑕疵除去のための期限が設定されているにもかかわらず，瑕疵を除去しないときは，賃借人は，即時に賃貸借契約を解約告知することができる（Blank, S. 326）．

第 9 節　賃貸人の検査権

賃借人は，特約がない限り，賃貸人が賃借空間を検査することを受忍しなければならないわけではない．検査に関する特約がないときは，賃貸人の検査権の有無は，信義則に従って（BGB 242 条）個別的に判断される．「住居は不可侵である」と定める連邦基本法 13 条 1 項と「所有権および相続権は保障される．内容と限界は，法律でこれを定める」と定める連邦基本法 14 条 1 項に基づく当事者の相対立する基本法上の人格的利益を衡量して，個別事情について判断をしなければならない（BVerfG NJW 1993, 2035）．多数説は，賃貸物件の状態を調べて確認する可能性を賃貸人に与えるために検査権を認める場合には，少なくとも，長い間隔を開けて認めるべきだとされる（BVerfG NZM 2004, 186）．賃借物件に重大な危険が迫っている場合，空間を契約に反する使用の仕方をしているのではないかという疑念が生じる場合，例えば，契約で禁止されている大型犬を飼っている場合（AG Rheine WuM 2003, 315），賃貸人が検査することができなければならない瑕疵を賃借人が指摘した場合（AG Saarbrücken ZMR 2005, 372），並びに賃貸人が修繕行為あるいは現代化行為を実施する意図を有する場合（BGB 554 条）に，賃貸人の検査を受忍すべき賃借人の義務が問題とされている．賃貸期間の満了の直前には，賃貸人は美観修復請求権を行使する準備をするために賃貸空間の状態を確認する利益があるから，検査権が与えられ得るとされている．

第4章　瑕疵担保責任と賃貸人の検査権 Besichtigungsrecht

　賃貸物件を新規に賃貸する予定である場合には，賃貸人は新規賃借希望者に物件を検分させることができる（LG Hamburg WuM 1994, 425）．賃貸人が賃貸物件を売却する意図を有している場合も，同様であり，買い受け希望者は検分することができる（LG Frankfurt NZM 2002, 696）．賃貸人は賃借希望者もしくは買い受け希望者に同行しなければならない．賃貸人が同行していなければ，これらの者には検査権は認められない（Blank, S. 326ff.）．

第3編　賃貸人および賃借人の権利・義務

第5章　第三者への使用の委譲

第1節　配偶者またはその他の家族構成員の同居

　賃借人は，その配偶者，子および継子を賃貸人の承諾がないときであってもその住居に同居させることができる（OLG Hamm WuM 1997, 364）．家事使用人や介護人を同居させるのも同様である（BayObLG GE 1997, 1463）．賃借人の親については個別の事情に応じて決せられる．この場合には，住居の種類，面積並びに人数の適正さが判断の基準となる．通常は，親を同居させるについて承諾を要しない．なぜならば，親を同居させることは，その必要性があり，かつ，そのための場所が存在する場合には，適切であり，当然のこととみなされるからである．その他の親族を受け容れるについては，賃貸人の承諾が必要である（BayObLG WuM 1984, 13）．

　配偶者および近親者を同居させる権利は，賃借人が自ら賃貸住居を使用している限りにおいて，認められる．賃借人は，その住居を配偶者にも近親者にも独立した使用のために委ねることができる．住居を共同して賃借していない夫婦が別居して生活しようとする場合には，賃貸人は，賃借人の地位にない者による単独の利用に同意を与えなければならない．

　配偶者および近親者と同居する権利は，契約によって排除することができない（BayObLG WuM 1983, 309）．この同居する権利は，「婚姻および家族は，国家秩序の特別の保護を受ける」（基本法6条）とする規定に基づく連邦基本法上の保護を受けるものであるからである．

　しかし，配偶者や近親者を過剰に受け入れてはならない．この場合には，当初は契約に則した状態で生活していた賃借人の家族が，その後，子供がたくさん生まれて過剰になった場合でも，契約に違反するとされる（BGH WuM 1993, 529）．賃借人に過失があったか否かは問題とならない．

第2節　共同生活者 Lebensgefährte との同居

　共同生活者を住居に受け入れることは，賃借物件の契約に則した利用には

ならないとするのが判例である（BGH NJW 1985, 130）．すなわち，賃借人に共同生活者を同居させることについて正当な利益がある場合にのみ，賃借人は共同生活者を住居内に受け容れることができるのである（BGB 553条）．婚姻に類似する共同体 Gemeinschaft もしくはパートナーシップ関係を形成しているときは，正当な利益があるとされる（BGH ZMR 2004, 100）．正当な利益は，契約締結後に生じたものであってもよく，その場合には，賃貸人は承諾を与えなければならない（Blank, S. 330f.）．

第3節　転貸借 Untermiete

1　転貸借の概念

　転貸借は，賃借人が賃借物件をさらに他者に賃貸することである．転借人の使用権限の範囲は転貸借契約における合意によって決まるが，原賃借人＝転貸人は自己に帰属している以上の権限を転借人に委ねることはできない．しかし，それ以上の権限が転借人に委譲された場合にも，転貸借契約の効力は影響を受けず，原賃借人＝転貸人は，転借人に転貸借契約から生じる権限を放棄するようには請求することができない．賃貸人が，所有者であるときは，転借人に対して不作為請求をすることができる（BGB 1004条）．この請求を受けた転借人は，原賃借人＝転貸人に対して担保責任を追及できることになる（BGB 536条以下，BGB 543条2項1号）．

　住居賃貸借としての転貸借については，住居賃借人を保護する規定が置かれている．すなわち，住居賃貸借の場合には，転貸借契約の存続期間は，原賃貸借関係の存続期間と連結していない．したがって，転貸借関係は原賃貸借関係の終了と同時に終了する旨の合意は，有効ではあるが，しかしBGB 572条2項の「賃貸人は，賃借人の不利益になるときは，賃貸借関係が消滅する旨の合意を援用することができない」という文言から賃貸借関係を終了させていない，と解されている（LG Osnabrück WuM 1994, 24）．

　事業用賃貸借については，BGB 572条2項は適用されないから，転貸借関係は原賃貸借関係と同時に終了するという合意をすることができる．

　賃貸人と転借人の間には何らの契約関係も存在しないから，転借人は，原賃貸借関係の保護領域には存しないものとされる（BGH NJW 1978, 883）．

もっとも，賃貸人の責めに帰すべき事由によって転借人が損害を被ったときは，この限りではない（OLG Saarbrücken NJW 1993, 3077）．

2 転貸借の承諾

転貸借をするについては，賃貸人の承諾を要する（BGB 540 条 1 項）．承諾なしに転貸借契約を締結した場合には，それは契約に違反する行為ではあるが，有効である．賃貸人が転借人の空間使用に対して何らの行為もとらない限り，転借人は，原賃借人＝転貸人に賃料を支払うべきことになる．賃貸人は，原賃借人＝転貸人に対して転貸賃料の返還請求権を有しない（BGH NJW 1964, 1853, NJW 1996, 838; Blank, Schmidt-Futterer §540 Rn. 14; Sternel, Rn. Ⅱ 1225ff. もっとも，Emmerich, Staudinger §540 Rn. 31 は，返還請求を認める）．賃貸人は，原賃借人＝転貸人に対して賃貸借関係を解約告知し，転借人に対して明渡請求と返還請求をすることができると警告したうえで，賃料を自らに支払うよう請求したときは，転借人は転借賃料を賃貸人に支払うことができる（OLG Hamm NJW-RR 1987, 1304）．

a 承諾の付与

承諾は，原賃借人＝転貸人にしてもよいし，転借人にしてもよい．しかし，賃借人＝転貸人は承諾を付与するように請求する権利は有しない．ただし，住居賃貸借については，賃借人が住居の一部を第三者に委ねる場合について，特別規定がある（bにおいて述べる）．もっとも，賃借住居全部の利用を第三者に委ねる場合には，承諾請求権はない．

転借人が原賃借人＝転貸人に代わって賃借物件を使用することを拒絶する権限を，賃貸人は，有する．

賃借人が承諾を請求するときは，その個人的事情をによって承諾すべきか判断できるように転借人の名を示さなければならない．さらに，賃借人には転借人となるべき者の職業その他の活動について情報を提供すべき義務がある（BGHZ 92, 213）．したがって，個別の転貸借ごとに承諾をすることとなる．すなわち，転借人が交替する場合には，新たに承諾を得なければならないのである．

承諾において転貸借期間を設けることができる．この場合には，賃借人は，

第5章　第三者への使用の委譲

その期間経過時に終了するように転貸借契約書を作成しなければならず，期間が経過しても転借人になお使用を委ねているときは，契約違反であるから，賃貸人は催告をしたうえでその利用の継続の不作為を請求することができる（BGB 541 条）．さらには，解約告知をすることもできる（BGB 543 条2項2号）．

　b　承諾の撤回

判例によると，転貸借に対する承諾は，重大な理由がある場合には，撤回することができる（BGH NJW 1984, 1031）．すなわち，契約締結後に，原賃貸借関係を解約告知する権限が賃貸人に発生した場合に，重大な理由があることになる（BGH a.a.O.）．転貸借関係の継続を賃貸人に要求することができないと認められる転借人の背信的行為，その他の事情があった場合である（上述 BGH の判例の事例は，婦人モードブティックの経営を目的として賃貸された店舗で，転借人がセックスショップを開業した事例である）．このような場合には，賃貸人は重大な理由に基づいて解約告知をすることができる（BGB 543 条）．

いつでも承諾を撤回することができる旨の普通取引約款（無制限撤回権留保約款）は，「(1) 普通取引約款が使用者である契約当事者に信義誠実の原則に反して不適切な不利益を与えるときは，その約款の効力は生じない．……(2) 1. 約款が，法律の規定の本質的趣旨に反する，もしくは一致しない場合には，不適切な不利益が認められるものとする」と定める BGB 307 条1項，2項2号に反する，無効な約款である（BGH NJW 1987, 1692）．個別的契約で撤回権を留保することは可能である．

　c　住居賃貸借の特則
(1)　賃借人の承諾付与請求権

住居賃貸借の場合には，賃借人が住居の一部（例えば，個別の部屋）を第三者に転貸するときは，転貸に対する承諾の付与請求権を，賃借人は，民法の規定によって取得する（BGB 553 条）．

BGB 553 条が定める要件は，①賃借人が第三者を賃借住居に受け入れることについて正当な利益を有すること，②この利益が賃貸借契約締結後に発生したこと，および③賃借人の利益に優越する転貸借に反対すべき利益が賃貸人にないことである．

連邦通常裁判所は，正当な利益を次のように具体化している（BGHZ 92, 213）．すなわち，賃借人が自分のために第三者を受け入れたいと単に望んでいるだけでは十分ではない．転貸をすることによって収入を獲得しようという意図も十分ではない．賃借人側に賃借住居の一部を第三者に委ねることに対する希望が実感させられるような合理的理由があれば，十分である．その場合には，現行の法秩序および社会秩序と一致する全く些細ではない重要性のある賃借人の利益が正当なものとみなされる．しかし，経済的利益も，賃借人自身の利益を含む人的利益も同様に問題となる．したがって，賃借人が転貸することによって住居費を節約しようとする場合には，正当な利益が，認められる（BGH NZM 2006, 220）．賃借人が長期間の居住共同体を形成するために他人を自己の下に受け入れることによって，自分の部屋の中で自己の意思によって私生活を形作ることも正当な利益とされる（BGH a.a.O.）．ここでは，個人の性別は問題とならず，また１組の夫婦が第三者と住居共同体を形成しようとしているかも問題とはならない（OLG Hamm NJW 1982, 2876）．また，人道的な利益，例えば，戦争地域から避難してきた者を受け入れることは，正当な利益となるというのが通説である（Volker Emmerich, Staudinger §553 Rn. 5; Blank, Schmidt-Futterer §553 Rn. 4）．

賃借人は，第三者を住居の中に受け入れることに関する利益を基礎づける事実的関係を明らかにしなければならない．

第三者の個人的事情が承諾の付与の障害にならないか否かを賃貸人が判断できるようにするために，賃借人は，第三者の名前を示さなければならない．さらに，賃借人は第三者の職業その他の活動に関する情報を提供する義務を負う（BGHZ 92, 213）．

(2) 賃貸人の利益

賃貸人は，賃借人側に正当な利益が存していても，住居の収容能力を超える人数である場合，その他第三者に住居を委ねることを賃貸人に要求することのできない第三者個人に重大な事由が存するときは，承諾を拒むことができる（BGB 553条1項2段）．

第三者が家屋内の平穏を害するもしくは賃借住居に損傷を与えるであろう具体的な根拠が存在する場合には，転貸に対する承諾を付与しない個人に関

連する事情として考慮される．第三者の賃料支払能力は，その第三者が賃貸借関係から生じる債務についての責任を賃貸人に対して負っていないのであるから，問題とならない（LG Berlin WuM 1993, 344）．第三者が外国人であることは，承諾を拒絶することを正当化する事情ではない（LG Köln WuM 1978, 50）．

(3) 賃料の増額

適切な賃料増額がなされたときにのみ，賃貸人に転貸借の承諾を要求することができる場合には，賃貸人は，賃料の増額を条件に承諾をすることができる（BGB 553 条 2 項）．賃貸人は，賃料増額に対する同意を請求することができるわけではない．賃借人が賃料増額を拒絶する場合には，承諾を拒絶することができるだけである．

ただし，通説によると，第三者に使用を委ねることによって負担が増える，例えば，住居が著しく損耗する，もしくは運営費を含む負担が増加する場合には，賃貸人に賃料増額請求を認めるとされている（Sternel, Rn. II 257; Blank, Schmidt-Futterer §553 Rn. 19）．

賃借人が賃貸借契約において既に転貸借をする権限を認められていた場合には，賃料増額は問題とならない．この場合には，使用が拡張しているわけではないから，賃料を後発的に適合させる必要はないのである．

d 転貸借に対する承諾が拒絶された場合における賃借人の解約告知権

(1) 解約告知権の要件

賃貸人が承諾を拒絶した場合に，第三者個人の事情に重大な事由が存しないときは，賃借人は，賃貸借関係を解約告知することができる（BGB 540 条 1 項 2 段）．この解約告知権は，住居賃貸借にも事業用空間賃貸借にも適用される．

この解約告知権は，個別の契約において排除特約を置くことができる．しかし，定式契約においては排除特約をすることはできない（BGB 307 条, Blank/ Börstinghaus §540 Rn. 59）．

解約告知権は，賃借人が承諾の付与を申し出たことを前提とする．その際に，転借人の名を示さなければならない（OLG Koblenz WuM 2001, 272）．賃借人は，賃貸人の請求に応じて，賃貸人が転借人個人の事情において重大な

事由が存するか否かを判定するために必要とするデータを伝達しなければならない．賃貸人が一般的に転貸を拒絶している場合は，転借人の個人情報を提供する必要はない（KG WuM 1996, 696）．

さらに，賃貸人が承諾を拒絶していることが必要である．

解約告知権の行使期間については規定が置かれていない．しかし，適切な期間内に解約告知件を行使しないと，BGB 314 条 3 項〔解約告知権者は，解約告知事由を知った後，適切な期間内において解約告知をすることができる．〕の類推によって解約告知権は喪失すると解される（Blank/ Börstinghaus §540 Rn. 65）．解約告知は書面でしなければならない（BGB 568 条）．

(2) 解約告知権の排除

第三者に重大な事由がある場合には，解約告知権は排除される．重大な事由という概念は広範なものであって，第三者が建物内の平穏を乱す，もしくは賃借物に損傷を加えるという具体的な事情だけではなく，第三者が賃借建物内で他の賃借人の営業と競合する営業を行う意図を有している場合，もしくは多数の者を賃借建物の内に居住させようとしている場合もそれに含まれる．また，賃借人の人柄については文句のつけようがない場合でも，合意した賃借物の用法の変更を導くような転貸借契約の場合もしくは転借人が原賃借人には許容されていない用法で賃借物を使用しようとする意図を有している場合も，重大な事由がある．原賃借人が支払う賃料を超える収入を転貸から原賃借人が得ている場合には重大な事由は存在しない（Blank/ Börstinghaus §540 Rn. 66）．

第6章　賃料増額

第1節　賃料増減額の合意

　賃料の増減額の合意は，住居賃貸借の場合も事業用賃貸借の場合も，いつでも当事者間の合意によってすることができる．この合意は，原則として，不要式であるから，口頭による合意でも成立するとされる．また，賃貸人が賃料の増額を請求し，賃借人が異議なく増額賃料を支払った場合には，黙示の合意が成立したものとされる．

　基本的に，賃料増額請求は，一方的意思表示によって法的形成力のある意思表示としての効力は認められていない（Sternel aktuell, S. 349.）．

　存続期間の定めのある住居賃貸借および事業用空間賃貸借あるいは通常の解約告知排除特約のある賃貸借については，別である．これらの賃貸借契約では，賃料改定の合意は書面でされなければならない（BGB 550 条）．ただし，書面方式を遵守しなかったときも，効力が生じないわけではない．当事者双方とも，賃貸借期間満了前でも告知期間を遵守して解約告知をすることができるのである．

　賃貸借関係について，賃貸人側もしくは賃借人側に複数の当事者がいる場合には，その当事者全てが賃料改訂に合意していなければならない．複数の当事者中の1人を代理人として賃料改定の合意をすることは認められる（Blank, S. 345f.）．

第2節　事業用空間の賃貸借における賃料の一方的増額

　事業用空間賃貸借の場合には，賃貸人からの一方的な賃料増額請求権も，賃借人からの一方的な賃料減額請求権も存在しない．ただし，事業用空間賃貸借の場合には，契約上の合意によってのみ増額をすることができる．このような合意がない場合には，当事者は，いわゆる変更解約告知 Änderungskündigung をするほかはない．すなわち，賃貸借関係の継続は賃料の改定に応じることを条件として，当事者が賃貸借関係の解約告知を行うことであ

る．例えば，事務所の賃貸人が，賃借人に賃料の増額に応じなければ，賃貸借契約の更新に応じないと意思表示した場合には，賃借人がその増額を承諾する旨の意思を表示したときに，賃料増額の合意が成立したことになる．したがって，解約告知によって賃料増額の効力は生じるが，その他の点は変更がなく，継続することとなる．賃借人が賃料増額を承諾しない場合には，解約告知の効力が生じることになり，告知期間の経過によって賃貸借関係は消滅する．

賃借人が賃料の減額請求をする場合も，同様の原則が適用される．

賃貸借関係の存続期間が定められていない場合もしくは解約告知権排除特約がなされていた場合には，このような解約告知をすることができない (Blank, S. 346f.)．

第3節　住居賃貸借における比較賃料 Vergleichsmiete システムによる賃料増額（BGB 558条）

住居賃貸借においては，賃料の増額を目的とする賃貸借関係の解約告知，いわゆる変更解約告知は明確に排除されている（BGB 573条1項）．賃貸人は賃借人と合意することによって基本賃料 Grundmiete を増額することができる（上述，第1節参照）．傾斜家賃 Staffelmiete または指数賃料 Indexmiete の合意をしている場合には，これらの合意に基づいて賃料は増額される．このような合意がない場合には，賃貸人は，その地域において通常の ortsüblich 比較賃料額まで賃料を増額するように同意を民法上請求することができる．

1　増額の要件

a　賃料改定の時間的間隔

賃料が，15ヵ月間（賃料増額待機期間 Wartefrist）改定されずにいることが，第1の要件である（558条1項1段）．これより短い期間で賃料を増額することはできない．著しく頻繁に賃料増額がなされないように，賃借人を保護するのがこの規定の目的である．したがって，賃料の減額については時間的間隔を置くことは要求されていない．この賃料増額待機期間中に，当事者の自

由な意思によって増額の合意をすることは，ほとんど妨げられない．

　待機期間とBGB 558条1項2段の賃料増額停止期間 Sperrfrist は区別されなければならない．すなわち，BGB 558条1項2段は，賃料増額請求は直近の賃料増額後1年が経過したときにすることができると定めており，1年経過するまでは増額請求をすることができないとするのである．これが，増額停止期間である．

　賃料増額待機期間は，直近の賃料増額の効力発生時から起算する．

　契約締結後最初の賃料増額の場合には，契約開始から賃料増額の意思表示まで1年間経過しなければならない（増額停止期間）．しかも，賃借人が増額請求を承諾した場合に，賃借人が増額された賃料債務を負担するのは，賃料増額請求が到達した時から3暦月後である（BGB 558条b第1項）．増額停止期間の計算には，契約締結時が問題になるのではなく，賃借人が最初に賃料を支払った時が基準とされる．賃借人が交替した場合には，賃貸人と新賃借人との間で新たな賃貸借関係が生じたと解されるから，この期間は新賃借人が賃貸借に関係を有することになった時から起算される．

　この1年の期間は，賃料増額請求の意思表示が到達した時点には既に経過していなければならないから，その期間の経過前にされた増額の意思表示は効力を生じない．

　賃借人が増額の一部についてのみ承諾をした場合には，そこから増額停止期間の起算が開始されるわけではない．したがって，賃貸人は，なお増額の承諾請求権を有することになる．

　しかし，賃料増額請求の到達後，第2暦月（熟慮期間）が経過するまでに賃借人が承諾をしなかった場合には，賃貸人は承諾を請求する訴えを提起することができる（BGB 558条b第2項1段）．この訴えは，第3暦月内に提起しなければならない（同条同項2段）．この期間内に訴えを提起しなかったときは，第3暦月経過の時から再度賃料増額停止期間が起算され，1年が経過しないと増額請求をすることはできなくなる（Blank, S. 347f.）．

　b　地域における通常の賃料　Ortsübliche Miete

　賃貸人は，その賃貸住居の存する市町村またはそれと比較可能な市町村において比較可能な種類，面積，設備，性状を有し並びに比較可能な立地にあ

る住居について直近4年間に合意され，または改定された通常の対価の額までの増額を請求することができる（BGB 558条2項）．この賃料を「その地域において通常の賃料」と呼ばれたり，「比較賃料 Vergleichsmiete」と呼ばれたりする．

(1) 地域において通常の賃料という概念

地域における通常の賃料という概念は，全賃料の中間値（平均賃料）でもなく，新規賃貸において合意された賃料（市場賃料）とも一致しない．地域において通常の賃料は，上に述べたように直近4年間において改定された賃料額から算定されるものである．この概念は，平均賃料と市場賃料の中間に位置するものである．地域において通常の賃料の水準は，標準賃料表 Mietspiegel に基づいてもしくは鑑定人によって算定される．

(2) 標準賃料表による算定

標準賃料表には，一般標準賃料表（BGB 558条c）と特別標準賃料表（BGB 558条d）がある．特別標準賃料表は，質の高いものとして特別の証拠力が認められているものである．

㋐ 一般標準賃料表

(i) 作成者

一般標準賃料表は，市町村が作成もしくは承認した，または賃貸人及び賃借人の利益代表者が共同して作成もしくは承認したBGB 588条2項に定める地域において通常の賃料に関する一覧表である（BGB 558条c第1項）．

標準賃料表には2つの役割があるとされる．すなわち，1つは，賃貸人が賃料増額請求をする際における理由付けの手段であり，もう1つは，賃料増額訴訟手続きにおいて地域において通常の賃料を確認する手段である．

標準賃料表の作成者としての市町村は，自ら作成しないで，その作成を研究機関に委託することもでき，その作成に賃貸借の利益代表者も共同することができる（Blank/ Börstinghaus §558c Rn. 9）．

利益代表者が標準賃料表を作成する場合には，次のような2つの選択肢をBGBは用意している．1つは，賃貸人と賃借人の利益代表者が共同して作成する場合であり，もう1つは，どちらか一方の利益代表者が単独で作成し，他方の利益代表者または市町村が承認する場合である．

第6章　賃料増額

　第三者機関が標準賃料表を作成することもできるが，この場合には，賃貸人および賃借人の利益代表者または市町村が承認をしなければ，増額の理由付けの手段とはならない（Blank/ Börstinghaus §558c Rn. 13）．
　標準賃料表の公表は，その効力要件ではない．公表は，作成でも承認でもないからである．ただし，賃貸人が賃料増額請求をする場合に，標準賃料表が購入できるのであれば〔筆者注：ドイツへ滞在していたときの経験からすると，標準賃料表は市中の一般書店で購入できる．〕，賃貸人は，その請求に標準賃料表を算定例として添付すべきだとされる（LG Wiesbaden WuM 2007, 246）．BGB 558条c第4項は，標準賃料表およびその改訂は公表されるべき旨を規定するが，これは公表を効力要件とすることを定めたものではない（Blank/ Börstinghaus §558c Rn. 14）．
　(ii)　一般標準賃料表の要件
　一般標準賃料表には，市町村における地域において通常の比較賃料に関する一覧表が載っていればよい．特別標準賃料表とは異なり，データの質については特別な要求はされていない．したがって，1次的データでも2次的データでもよい．そのために，現存するデータが用いられる場合もあるが，経験的データ集計が行われたり，データの学術的な分析を用いたり，たとえ，データはなく利益代表団体の代表者の知識に基づく場合もあるというように，標準賃料表のデータの基礎は極めて多様であるといわれる（Blank/ Börstinghaus §558c Rn. 15）．
　(iii)　一般標準賃料表の効力発生および終了時期
　標準賃料表は，一定の期日における地域において通常の比較賃料を示すものである．この期日前においては，賃料増額請求を理由づけるために標準賃料表を援用することができない．標準賃料表の効力が発生するために，印刷されていたり，公表されていることは，必要ではなく，単に作成されていればよい．
　標準賃料表の有効性が，失われる時機についての明確な規定は存在しない．ただし，2年間隔で市場の変化に標準賃料表を適合させるべき旨が定められている（BGB 558条c第3項）．しかし，この規定から，2年経過すると自動的に標準賃料表の効力が失われると解されるわけではない．むしろ，BGB

173

558条a第4項は，2年経過後ごとに更新された標準賃料表が存しない場合には，更新されていない標準賃料表を理由付けの手段として用いることを認めている．したがって，BGB 558条c第3項の規定を遵守して改定された標準賃料表が作成されるまで，効力を失わないことになる．

(iv) 標準賃料表の改定

BGB 558条c第3項は，一般標準賃料表は2年間隔で市場の変化に適合させるべきであると定める．これによって，標準賃料表Mietspiegelは，実状を映し出す鏡Spiegelとなるといわれる（Blank/ Börstinghaus §558c Rn. 18）．

(ｲ) 特別標準賃料表 Qualifizierter Mietspiegel

(i) 序

BGB 558条dはBGB 588条cを補充するものであるから，特別標準賃料表も一般標準賃料表の要件を充たしていなければならない．特別標準賃料表については，さらに，BGB 558条dに追加的要件が定められている．その要件を満たした特別標準賃料表に記載されている対価の額が「地域において通常の比較賃料」を表示しているものと推定される（BGB 558条d第3項）点で，一般標準賃料表よりも効力が強くなっている．

(ii) 要　件

㋐ 一般に承認されている学術的諸原則に基づいて作成されたこと

BGB 558条d第1項は，「一般に承認されている学術的諸原則に基づいて作成され」，市町村または賃貸人および賃借人の利益代表者によって承認された標準賃料表を特別標準賃料表とする旨を定めている．しかし，「一般に承認されている学術的諸原則」については，定義規定が存在しない．学術的知見による原則が正当であり，異論のないものであって，標準賃料表の利用者の圧倒的多数が正当なものと承認していることが，決定的なものとされる．さて，そこで何が，正当な学術的知見かということが問題となる．まずは，統計があげられるが，それだけではなく，法律学上承認されている諸原則も考慮されるべきだといわれる．特別標準賃料表であるための最低標準は，①標準賃料表が地域において通常の比較賃料の正しい概念を出発点としていること，②データは代表的なデータ調査に依拠していること，③一般に承認

されている学術的評価方法が選択されていること，④以上の３つの要件を充たした一覧表が一般に入手可能な資料に記録されていることである（Blank/ Börstinghaus §558d Rn. 4-5）．

⑦ 特別標準賃料表の承認

BGBは，特別標準賃料表とするには，承認が必要であるとする．この承認は，市町村また賃貸人および賃借人の利益代表者（団体）のいずれかが承認するを要件としている．もっとも，市町村と賃貸人および賃借人の利益代表者が共同して承認することは妨げないところである．承認は，承認者が当該市町村について民法による法律効果を生じさせる特別の標準賃料表と認めることである．

(iii) 特別標準賃料表の更新

一般標準賃料表とは異なり，特別標準賃料表は２年間隔で改定されなければならない．改定の際には，学術上の諸原則基づいて無作為抽出された代表的データもしくはドイツ連邦統計庁によって集計された私的全世帯の生計指数の変動を基礎としなければならない．さらに，４年経過後には，新規に作り直されなければならない（特別標準賃料表の更新，BGB 558条d第２項）．

(iv) 推 定 力

BGB 558条d第２項を遵守して，改定され，さらには更新された特別標準賃料表は，そこに載せられている賃料額が地域において通常の比較賃料を示すものと推定される（BGB 558条d第３項）．したがって，特別標準賃料表は訴訟手続きにおける証明手段ではないから，一見すると実用的にみえるが，詳細に検討すると争いのもとになり，助けにはならないものであるといわれる（Blank/ Börstinghaus §558d Rn. 18）．

(3) 鑑定人による算定

賃料増額請求の理由付けとして，公的に任命され，かつ宣誓をした鑑定人による鑑定を用いることもできる（BGB 558条a第２項３号）．

裁判所が任命する鑑定人と，賃貸人が鑑定委託契約を締結している鑑定人とでは，置かれる基準が全く異なる．訴訟前の鑑定は，一般標準賃料表や比較可能な住居の３戸の賃料（BGB 558条a第２項４号）の援用と同様に賃貸人の請求の正当性を審理するための単なる情報を賃借人に提供したに過ぎな

いことになる.
　(ア)　鑑定人の要件

　鑑定人は，公的に任命され，かつ宣誓していなければならない．その他の専門家が作成した鑑定は，不適切なものである．鑑定書作成の時には，任命および宣誓がなされていなければならない（Blank/ Börstinghaus §558a Rn. 30）．

　(イ)　鑑定の要件

　鑑定は，理由を具備したものでなければならない．すなわち，増額の理由付けは，規定の文言およびその目的からすると，鑑定人がどのようにしてその価格確認に至ったかを追体験できるように賃借人に伝えることである．個別に確認した価格全てを記載しなければならないというのではない．鑑定人の記述によって，比較賃料に関する鑑定人の推論が納得でき，分かりやすいという印象が賃借人に伝えられた場合に，その鑑定は，賃借人にとって追体験可能なものといえる（OLG Frankfurt NJW 1981, 2820）．

　鑑定人は，新規賃貸借における直近の月の賃料を比較賃料として上げるだけではなく，過去4年間における賃料の変動も調査すべきである．

　鑑定人は，原則として，委託された個別の住居を検分しなければならない．しかし，その住居群の中に同等の種類，面積，設備，性状の住居が存在する場合は，検分せずに，鑑定することができる．賃貸人は，鑑定人による住居の検分を受忍するように賃借人に請求することができる．検分は日時を定めてしなければならず，その日時は賃貸人が一方的に指定できるものではなく，賃借人の同意を要する．

　賃貸人は，賃料増額請求書に原則として完全な文章による鑑定書を添付しなければならない．閲覧させるだけでは，不十分であるとされる．コピーの添付でもよい（Blank/ Börstinghaus §558a Rn. 32）．

　(4)　賃料データバンク

　2001年の賃貸借法の改正によって，新たに賃料増額を理由付ける手段として，BGBに賃料データバンクに関する規定が置かれた（BGB 558条e）．賃料データバンクは，賃料に関するデータを継続的に収集して，地域において通常の比較賃料を調査し，かつ個別の住居について地域において通常

の比較賃料に関する結論となる情報を与えることを目的とする．賃料データバンクは，市町村または賃借人と賃貸人の利益代表者が共同して運営し，または承認したものでなければならない．この規定は，実験的条項だとされ（Börstinghaus, Schumidt-Futterer §558e Rn. 4），いまなお実務上，意味のあるものとはなっていないと評価されているものである（Sternel aktuell, S. 439）．

(5) 賃料評価に関する個別問題

(ア) 住居の建築年

標準賃料表において住居が建築年ごとに区分されている場合には，原則として，入居可能時を基準として分類されるべきである．すなわち，建物が取り壊された場合には，住居が再築され，入居可能となった時点を基準とすべきである．建物の一部を取り壊して，改築をした場合には，建物の基本を決定するものを建築年決定基準とすべきである．例えば，旧築のファサードを残して新たな住居を建築した場合にはその住居は新築とみなされる．この，建築年による区分が，賃料額の決定基準となる．

(イ) 住居の面積

実際の面積が基準となるが，当事者間で賃料増額手続きについては異なる面積の定めをしていた場合には，合意した面積が実際の面積よりも狭いときは，その合意に従うことになる．しかし，実際の面積よりも広い面積を合意していた場合には，賃借人にとって不利な特約であり，効力を生じない（BGB 558 条 6 項）．バルコニー，ロッジア，屋上テラスなどは，床面積の 1/4 が計算に入れられる．

(ウ) 賃借人の建物改良行為

賃借人が，賃貸人の承諾を得て，もしくは得ないで，住居の改良行為を行ったときは，このような事由は賃料増額手続において考慮されない．住居は，改良行為を施されなかったものとして取り扱われる．

(エ) 瑕　　疵

瑕疵は，賃借人が瑕疵担保責任を賃貸人に対して追及することができるので，賃料増額手続の中では原則として考慮されない．また，賃料増額手続においては，単に賃料に関する合意を変更するのみであって，この合意に瑕疵

は影響を及ぼさないからである.

(オ) 家具付きの住居等

家具付住居の賃貸または住居とともに家具調度品も賃借人に委譲された場合には，賃料にその分を上乗せして計算される．この割増金の額は，家具調度品の価格とその耐用年数，資本市場における慣習に則った利回りを考慮して算定される．

(カ) 一部事業用に使用している場合

住居の一部を事業用に使用している場合には，その地域では割増金を合意する慣行があるときは，割増金を請求することも可能であり，割増金の合意も可能である（BayOLG WuM 1986, 205）．ある種の職種—例えば，自由業者，自営販売者，教師等が書斎で仕事をする場合—については，社会通念からして住居内で事業行為を行うことも通常の住居の使用となる場合もある．このような使用について，割増金を請求することはできない．しかし，弁護士や税理士が住居の1室を事務所として利用し，そこに依頼者が訪ねてくるという場合は，事情が異なってくる．その具体的な使用が通常の住居の使用を越えているかが，基準となる．通常の使用の程度を越えているか否かは，従業員が雇用されていること，顧客の訪問の頻度，騒音やゴミ増加の原因となっていること，住居もしくは建物の共用部分の損耗率が上昇していること，住居内において事業に供されている部屋と居住に供されている部屋の比率，および売上額が考慮される．事業用の使用率が高いほど，割増金も高額になるが，最高限度は1970年の新築賃料令 Neubaumietenverordnung 1970（BGBl. I S. 2203）26条2項を類推して50％と解されている（AG Wiesbaden WuM 1991, 593）．

(キ) 包括賃料 Pauschalmiete

包括賃料も BGB 558 条によって増額され得る．包括賃料とは，賃貸人による給付全てに対する一括して支払う合意をされている対価である．賃貸人は，賃料増額手続において，包括賃料に包含されている運営費だけを除いて，増額されないままでいた分を地域で通常の基本賃料にまで増額し，運営費を加算することができる．これに対して，賃貸人は，基本賃料以外に運営費も前払いするようにというような，賃料の構成を変更する申込みに承諾するよ

第6章　賃料増額

うに賃借人に請求することはできない．

　c　増額限度　Kappungsgrenze

BGB 558条3項は，従前支払われていた賃料額の一定のパーセントを超えて賃料増額を請求することができない旨を定めている．これを，増額限度Kappungsgrenzeという．BGB 558条3項によると「第1項による賃料増額〔著者注：地域において通常の賃料額までの増額〕は，第559条から560条による場合を除いて，3年以内における賃料の20％を超えることはできない．」と定める．この規定は，一般的に3年以内の賃料の20％を超える賃料増額を認めないという意味ではなく，BGB 558条に定められている増額の要件と並んで増額の制限をする別の規定として現れてきているのである．したがって，いずれの場合でも，賃料額は地域において通常の賃料額までしか増額できず，しかし，これによって算定された賃料額が3年前に支払われていた賃料額の20％を超える場合には，その20％までの増額が認められるのである．賃料が3年を越えて変更されていなかった場合にも，当然，増額限度の規制は適用される（AG Münster WuM 1983, 233）．この規定の趣旨は，賃料増額の個別の事例において過度な増額を防止しようとするものであるから，公益に基づく制限ではなく，専ら民事的な賃借人保護の性格を有するものであり，したがって，自由な意思に基づく賃料増額の合意，傾斜家賃の特約および新規賃料の合意については，増額限度の規制の適用はないのである．

　賃料が長期にわたり改定されず，低額のままであった場合にも，増額限度の規制は適用される．賃料増額請求が，3年を経過する前に賃借人に到達したときは，その請求は無効ではなく，3年を経過した後に効力を生じることとなる．

　さらに，2013年の改正によって，賃貸住居が適切な条件で十分に供給されていない地域と州政府によって指定された地域においては増額限度を15％に下げることができることとなった（BGB 558条3項2段，3段）．

（1）3年の期間の計算

　3年の期間を計算する場合には，増額の効果が発生する日，すなわち増額請求が到達した時に続く第3暦月の最初の日が起算点である．その日から起算して3年前に支払われていた賃料が，基準賃料となる．ただし，賃貸借関

179

係がまだ3年間継続していなかった場合には，最初の賃料額を基準とする．
　(2)　増額の計算

　増額の計算においては，運営費および運営費の増額は考慮されない．また，BGB 559 条による建物の現代化による賃料増額は，同様にここでは考慮されない．

　　d　公的助成金

　賃貸人が賃貸建物の現代化のために公的財政より助成金を受領している場合には，賃料の年額から削減することができた額分は差し引かなければならない（BGB 559 条 a）．この規定は，助成金が結果的には優遇賃料のかたちで賃借人にも利益になるべきだという考慮によるものである．建物の現代化による賃料増額（BGB 559 条）の場合も，現代化がなされた後に BGB 558 条によって賃料の増額がなされる場合も，同様である．削減額の差し引きは，賃料増額請求の意思表示に基づく種類および額から算出されなければならない．その他の場合には，賃料増額の効力は生じない．連邦通常裁判所の見解では，賃貸人が単に削減額を示すだけでは足りず，何時どの助成金を，何の目的で――現代化か，修繕か――どの程度の利率で受領したかを示さなければならない．さらに，賃貸人は算定式も呈示して，賃借人が検算できるようにしなければならない（BGH NZM 2004, 380）．

第 4 節　訴訟前における賃料増額の意思表示

1　方　　式

　賃貸人は，増額請求の意思表示を賃借人に対して書面方式でしなければならない（BGB 558 条 a）．この意思表示は，賃借人が，賃料の増額に対する同意を求められていることを認識できるように書かれていなければならない．したがって，賃料を一定の期日から〇〇ユーロに値上げするというような意思表示では，効力を生じない．なぜならば，賃貸人は，同意を必要とする改定の請求事項を示さなければならないからである（LG Karlsruhe WuM 1991, 48）．

　賃借人が複数いる場合には，その全員に賃料増額請求の意思表示をしなければならない．そのうちの 1 人だけに増額請求をしても効力を生じない

第6章　賃料増額

(OLG Koblenz WuM 1984, 18).

2　理由付け

賃料増額請求は理由付けがされていなければならないが，それには地域において通常の賃料の具体的額が，示されていなければならない．その際，賃貸人は，標準賃料表もしくは賃料データバンク（BGB 558条e）からの情報を援用し，地域において通常の賃料の額に関する鑑定書を添付し，または具体的に比較可能な住居を示すことができる．これに対して，増額されるべき期日を記載する必要はない．

(1)　標準賃料表による理由付け

標準賃料表が当該市町村で作成されている場合には，標準賃料表を援用することによって増額請求をすることもできるが，鑑定書を援用しても，もしくは具体的に比較可能な住居を示して増額請求することもできる．しかし，特別標準賃料表がある場合は，事情が異なってくる．すなわち，特別標準賃料表以外の手段で賃料増額請求を理由づけるときでも，特別標準賃料表が存在することを賃借人に対して告げなければならない（BGB 558条a第3項）．

(2)　鑑定による理由付け

鑑定書は，増額請求書に全文を添付していなければならない．増額請求書の中で鑑定の見解について言及しているとか，賃借人に鑑定書を閲覧させる旨を書いているだけでは，理由付けとして十分ではない．また，賃貸人が鑑定を依頼した場合に，賃借人が賃料増額請求書を受領後に鑑定の内容を知ったときは，鑑定書が添付されていなければ，理由付けとしては不十分である．鑑定の内容は，鑑定人がどのような確認を行い，どのような考慮をすることによってその結論を得るに至ったかを分かりやすいものでなければならない．

(3)　比較可能な住居の賃料による理由付け

賃貸人が，賃料増額請求書に比較可能な住居の賃料額によって理由付けをする場合には，比較可能な3戸の住居をあげればよい（BGB 558条a第2項4号）．比較可能な住居は，原則として，同一市町村に存在していなければならない．比較可能な住居がない場合には，他の比較可能な市町村における住居を，賃貸人は，あげることができる（LG Stuttgart NJW 1974, 1252）．比較可能な住居の賃貸人が，3人の別々な賃貸人に属していること，および3

181

戸の住居が3戸の別々の建物の中に存することは要件ではない．比較可能性については，それほど厳格に解されておらず，おおよそ比較可能であれば十分である．

比較可能な住居は，賃借人がその記載に従いその住居を訪問して，玄関のベルを押すことができるように書かれていなければならない．すなわち，住所と住居の使用者を記載していなければならない．使用者が分からないときは，その代わりに，建物内の住居の正確な位置（例えば，3階の左側）を書かなければならない（BGH WuM 1982, 324）．賃借人が，比較可能性を検証できるようにするためである．ただし，賃借人が，訪問しなかったとしても，賃料増額請求は有効である．

賃料増額請求は，最も低額である個別の住居の賃料額までの効力を生じる．比較可能な3戸の住居の賃料の平均ではない．請求されている賃料額よりも比較賃料が低額であるときは，賃料請求が，全部効力を生じなくなるわけではなく，最も低額の比較賃料を超える部分の増額請求の効力が生じなくなるのである（Blank, S. 364f.）．

3　所有者が交替した場合の賃料増額

賃貸住居が譲渡された場合には，賃貸人たる地位も譲受人に移転する（BGB 566条）．賃貸人たる地位の移転は，所有権移転が完結することによって，すなわち土地登記簿 Grundbuch に譲受人が新所有者として登記された時に効力を生じる．この時より前の時点では，譲受人は，有効な賃料増額請求をすることはできない．

不動産の売買契約においてしばしば，所有権移転登記の前に既に不動産の利用と負担が譲受人に移転する旨の合意がなされる．この合意は，賃借人に対しては効力を有せず，売買契約の当事者間においてのみ効力を有するものである．すなわち，賃料増額請求は，譲渡人がすべきであり，増額された賃料を賃借人は譲渡人に支払うべきこととなり，譲渡人は受領した賃料を譲受人に引き渡さなければならない（Blank, S. 367）．

4　賃借人の同意

1および2において述べた要件を充たした場合に，賃貸人は，賃借人に賃

料増額に対する同意を請求することができる．賃借人が自由な意思で増額請求に同意した場合には，これによって賃料改定に関する契約が成立したことになる．この契約は，上に説明したBGB 558条の要件を充たしている必要はない（BGB 557条1項）．賃借人があらかじめ賃料増額に対する同意を請求されていた場合には，賃借人が増額賃料を支払うことによって同意したとされる．しかし，賃借人が単に賃貸人の賃料徴収を受忍して増額賃料を支払っただけでは，その支払いを同意と評価することはできない（LG München WuM 1996, 44）．賃借人が沈黙している場合も，同意したとはいえない（Blank/ Börstinghaus §557 Rn. 5）．

　賃借人が増額請求の到達した暦月に続く第2暦月が経過するまでに増額請求に同意しない場合には，賃貸人は，さらに3ヵ月が経過するまでに同意付与の訴えを提起することができる（BGB 558条b第2項）．賃借人が増額請求の一部に同意した場合には，その部分については増額契約が成立するが，同意しなかった部分については，賃貸人は，訴えを提起しなければならない．

　賃借人の側の当事者が複数いる場合には，全ての賃借人に対して訴えを提起しなければならない．一部の者だけを相手方として，賃貸人が訴えを提起することは認められない．賃料増額を一部の賃借人が受けいれても，賃料増額請求に対する合意が成立したとはいえないからである（AG Wiesbaden WuM 1992, 135）．

　同意期間の経過前に訴えが提起された場合には，その期間が口頭弁論の期日までに経過してならば，適法となる．これに対して，最終口頭弁論期日前に期間が経過するときは，訴えの提起は，不適法となる．

　賃料増額の効果は，賃料増額請求の到達した暦月に続く第3暦月の初日に発生し（BGB 558条b第1項），訴えを提起した期日は問題とならない．

　裁判前に有効な賃料増額請求の意思表示がなされていなければ，賃料増額請求訴訟は，適法とはならない（Blank, S. 368ff.）．

5　賃借人の解約告知権

　賃借人は，BGB 558条もしくは559条による賃料増額を回避するために，賃料増額請求の意思表示到達後2ヵ月内に特別解約告知をすることができる．

賃貸借関係は，解約告知の意思表示が賃貸人に到達した後の翌々月の経過時に終了する（BGB 561条1項）．すなわち，賃借人は，最短で2ヵ月，最長で3ヵ月の熟慮期間を有することになる（Blank, S. 371）．

6 賃貸人の解約告知権

賃借人は請求された賃料増額の全部または一部に同意すべき旨の判決があった場合には，賃貸人は，増額分の賃料について遅滞があるとしても，判決の既判力が生じた後2ヵ月が経過するまでは，賃借人の賃料支払遅滞を理由にBGB 543条に基づいて賃貸借関係を解約告知することができない（BGB 569条3項3号）．この規定は，賃借人が裁判上の和解によって増額賃料支払義務を負うことになった場合には，適用されない（OLG Hamm WuM 1992, 54）．

7 賃貸人の増額請求権排除特約

当事者間の合意で増額請求権を排除する特約をした場合には，賃貸人は，増額請求権を有しないことになる（BGB 557条3項）．このような合意は，定期賃貸借 Zeitmiete においてなされる．

第5節 現代化 Modernisierung による賃料増額

1 賃料増額の要件

賃貸人がBGB555条bに1号，3号，4号，5号もしくは6号に列挙されている現代化行為 Modernisierungsmaßnahme をした場合には，住居のために支出された費用の11％分だけ年額賃料を増額することができる（BGB 559条1項）．

現代化行為は，以下に掲げる建築的変更をいう（BGB 555条b，2013年の改正によって，この規定が新設された）．

① 賃借物件における最終エネルギー消費を持続的に節約する建築的変更（エネルギー現代化）．
② エネルギー現代化がなされていない場合には，再生可能ではない第一次エネルギーの持続的節約もしくは気候を持続的に保全する建築的変更．

第6章 賃料増額

③ 水の消費量を持続的に低下させる建築的変更.
④ 賃借物件の使用価値を持続的に上昇させる建築的変更.
⑤ 一般的居住状況を持続的に改善する建築的変更.
⑥ 賃貸人の責めに帰すことのできない事情による,かつ賃貸物件の保存行為ではない建築的変更.
⑦ 新しい住居 Wohnraum を新築する建築的変更.

賃貸人は,①,③,④,⑤または⑥の現代化行為が行われたときは,賃借人が増額に同意するか否かにかかわらず,増額をする権利を有する.

2 分担可能な費用

建物の修繕・保守のために支出された費用は,賃借人に分担させることはできない (BGB 559条2項). エネルギーの節約が計量できるものであり,継続するものである場合には,エネルギー節約行為と認められる. この場合には,増額限度は存しない (BGH WuM 2004, 285).

複数の住居のために現代化行為を行った場合には,賃貸人は支出した費用をそれぞれの住居に適切に分割しなければならない (BGB 559条3項). 例えば,木の枠の窓を断熱ガラスの入ったプラスチック製の窓に取り替えた場合には,窓の数によって分割する.

改築の費用が公的な財政からの低利または無利子の貸付金で補塡されている場合には,増額も利子を節約できた分だけ下げなければならない (BGB 559条a第2項).

3 増額の意思表示

賃貸人は,書面方式で賃借人に対して増額の意思表示をしなければならない (BGB 559条b). この意思表示は,①どのような現代化行為がなされたか,②現代化行為によってどのような費用が発生したか,③どのような分担の基準を用いるかを認識させるものでなければならない.

この意思表示が到達した後の3ヵ月目の初日に増額の効力が生じる (BGB 559条b第2項). 賃貸人は,現代化行為の実施の3ヵ月前までにその行為の種類,範囲および開始日,予定期間および賃料増額の予定額並びに予測され

る将来の運営費を書面方式で賃借人に通知しなければならないが（BGB 555条 c 第 1 項），①賃貸人がこの通知をしなかった場合，または②実際の賃料増加額が通知した額より 10％以上高額になる場合には，増額の効力発生期日を 6 ヵ月遅らせる（BGB 559 条 b 第 2 項）。

第 6 節　運営費の改定

1　運営費包含賃料 Betriebskostenpauschale

a　運営費の上昇

運営費包含賃料が合意された場合で，かつ運営費が上昇した場合には，賃貸人は上昇した運営費を分担割合に応じて賃借人に負担させることができる。このことについては規定がないから，賃貸借契約に増額権限に関する特約がなければならない。運営費包含賃料の増額権については定式契約でも定めることができる。

この場合に，運営費全体が上昇したことが必要である。ある個別の運営費は上昇したが，他の運営費は下降しているときは，分担額の増加は，できない（Blank, S. 375）。

b　増額の意思表示

増額の意思表示は，書面方式でされ，賃借人に到達しなければならない。賃借人の同意は，必要ではない。賃借人に負担させる理由が増額通知書の中に記されていないと，増額の意思表示の効力は，生じない（BGB 560 条 1 項）。この意思表示は，思考的にも，計算上も追体験できるものでなければならない。すなわち，一括して計算されている運営費の全てについて表にまとめるべきである。単に，運営費の上昇額だけ通知したのでは，内容が不明確であるから，増額の意思表示としては効力がない。

c　増額の効力発生時期

運営費包含賃料の増額の効力は，増額の意思表示が到達した期日後の翌々月の初日から生じる（BGB 560 条 2 項）。

d　運営費の減額

賃貸人は，運営費が下落した場合には，運営費包含賃料を減額しなければならない（BGB 560 条 3 項 1 段）。減額請求権は，特約がなくても，法定的に

発生する.運営費全体が下落したことが必要である.運営費の下落は,遅滞なく賃借人に通知されなければならない（BGB 560 条 3 項 2 段）.

2 運営費の前払い

運営費の前払いが約定されていた場合には,各契約当事者は,決算後に書面方式の意思表示によって適切な額に調整することができる（BGB 560 条 4 項）.この調整権は,両当事者に帰属するが,その行使は義務ではない.

調整権は,決算後に行使することができる.この意思表示は,書面方式でなければならないが,理由付けは必要ない.

適切さは,前年度の決算の結果が基準となる.すなわち,前年度の決算を基準として,運営費の前払いをしなければならないのである.将来の運営費の変動を予想して前払額を決することはできない（Blank, S. 378）.

第3編　賃貸人および賃借人の権利・義務

第7章　運営費の決算

第1節　決算の内容

1　決算の時期

　決算は，1年毎に行わなければならない．決算の間隔は暦年と同じでもよいが，同じである必要はない．また，例えば，暖房費は7月1日から6月30日までの期間で決算し，その他の運営費は暦年通りで決算するというように，費用によって決算時期を異なるものにすることもできる．この決算の期間は，1年より長くすることも，短くすることもできない．ただし，賃借人の居住期間が1年より短い場合は，例外的に短くすることができる．

　決算期間中に発生した費用の全てが決算に含められる．その決算において見落とされた費用は，次年度の計算において算入されることはない（Blank, S. 380）．

2　費用の種類の記載

　a　内訳の分類

　決算は，決算費目において合目的的で，明確な分類をして出費の関係を整序していなければならない（BGH NJW 1982, 573）．賃貸人は，通常，費用を運営費令2条による項目（すなわち，不動産に対する継続的な公的負担，給水費用，排水費用，暖房費用，集中温水供給装置運転・清掃費用，暖房および温水供給設備に関連する費用，エレベーター運転費用，道路清掃およびゴミ除去費用，建物清掃および害虫駆除費用，庭手入れ費用，照明費用，煙突掃除費用，対物保険および責任保険費，家屋管理人に関する費用，共同アンテナ・ケーブル管理費用，洗濯設備管理費用およびその他の費用）に分類することで十分である．

　賃借人は，賃貸人の請求額を再計算できる状態におかれていなければならない．すなわち，賃借人は平均的な理解力を有する者でなければならず，賃借人はその負担する費用について明確に認識し，計算できることが保証されているべきである．もっとも，賃貸人は，個別の項目の負担額まで説明する必要はない．

b　経済性の原則

BGB 556条3項1段では，運営費が前払いされているときは，経済性の原則を遵守して，年毎に精算されなければならないと定められている．すなわち，全ての事情を適切に考慮して，通常の管理行為をした場合には，正当と認められる費用のみが精算されるべきである．この規定は，賃貸人に経済的な管理行為を義務づけている．経済性の原則とは，賃貸人は，賃借人に費用を転嫁するという可能性がない場合に，経済的に考える所有者が行うであろうようにその建物の管理行為を行わなければならないということである．

経済性の原則に反した管理行為の効果は，不経済な管理行為によって発生した増加費用を賃借人に転嫁できないということである．不経済な管理行為について賃貸人に帰責事由があるかは，問わない．その地域において通常の管理費用を著しく（約20％以上）超える場合には，それは経済性の原則違反に関する重大な間接事実となる（Blank, S. 382f.）．

3　転嫁の基準

賃借人への転嫁の基準は，まずは賃貸借契約における合意であるが，合意がないときは，居住面積に比例して転嫁されるべきである．賃借人の頭数で精算される場合には，精算すべき者の総頭数を記載しなければならない．

居住用と事業用が併用されている建物の賃貸借の場合には，事業用部分については別に精算されなければならない（Blank, S. 383）．

4　前　払　い

精算からは，賃借人の負担額がどのようにして計算され，どの前払分が考慮されたのかが，明確にならなければならない．しかし，個別の前払分が，どの個別の運営費に充当されるかまでは明確にする必要はない（Blank, S. 385）．

5　精算の説明

精算通知書の作成と精算の説明は，区別されるべきである．この説明は，支払うべき価格を他のデータとの関連で再計算する場合，もしくは支払内容を理解するために別の情報を与えられるべき場合に，必要とされるものであ

る．精算通知書は，精算の結果を認識できるように，全ての賃借人に対して同等に作成されなければならない．精算の説明は，賃借人に精算が内容的に正しいものであると承認させるものでなければならない．この説明は，賃借人が付加的な情報を必要する，と適法に主張する場合に，必要となる．説明は，賃借人の求めに応じてなされる．例えば，費用が前年に比して著しく上昇しているような場合に，賃借人が説明を求めたときである．

第2節　精算の時期

1　精算期限 Abrechnungsfrist

精算は，精算期間 Abrechnungszeitraum の終了後12ヵ月が経過するまでに賃借人に通知されなければならない（BGB 556条3項2段）．賃借人が複数いる場合には，全ての賃借人に精算の通知はなされなければならず，全賃借人に通知をしなかった場合には，精算は，通知を受領した者にのみ効力を生じる．精算期限の起算点は精算期間の終了時を起算点とし，12ヵ月目の末日をもって12ヵ月の経過とする．例えば，精算期間を7月15日から翌年の7月14日までとした場合には，それに続く12ヵ月を経過したときの月の末日，すなわち7月31日に精算期限が到来することになる．

賃貸人は，賃借人に精算を通知しなければならないが，通知の方式については特に定めはない．しかし，精算通知の目的からすると，口頭による説明では不十分である．賃借人が再計算できるように精算の結果を通知しなければならないとされている（Blank, S. 389f.）．

2　精算期限を経過した後の精算の効果

精算の通知が賃借人に精算期限経過後に到達した場合には，通知の延着について賃貸人に帰責事由がないとき以外は，賃貸人は，支払いを請求することができない（BGB 556条3項3段）．住居所有権付住居が賃貸されている場合には，経営管理者が精算期限を徒過したときは，所有者は，原則として責任を負わない．賃貸借契約上の義務について，経営管理者は，個別の所有者の履行補助者とはみなされないからである．

賃貸人は，一部精算の義務を負わない（BGB 556条3項4段）．したがって，

第7章　運営費の決算

賃貸人は，全ての費用の証拠が現れるまで全ての計算をせずいるときは，事後の請求権を失わない（Blank, S. 390）．

第3節　賃借人の監督権（監視権）Kontrollrecht

1　資料閲覧

資料（請求書，料金通知書，納品書等）は，精算書の構成部分ではないが，賃借人は，このような資料の閲覧を請求することができる．賃借人は資料のオリジナルを閲覧することができるが，コピーの送付を請求することはできない．賃貸人が自らスキャンした資料を用意したときは，スキャンされた資料を閲覧するのでも十分である．賃貸人は，自ら資料の閲覧を申し出る必要はなく，賃借人から請求があったときは，通常の勤務時間の中で閲覧する日時を提案しなければならない．賃借人は，第三者に資料閲覧を委託することができる．賃借人は，資料についてノートをとることも，コピーをとることもできる（Blank, S. 391f.）．

2　賃借人の異議主張期間

賃借人は，精算通知書の到達後12ヵ月が経過するまでに賃貸人の精算に対して異議を述べなければならない（BGB 556条3項5段）．異議主張期間は，判例の原則に則った精算が到達した時から起算し，到達に続く12ヵ月が経過すると終了する．この規定の趣旨は，可能な限り速やかに運営費の精算が適法か，否かを明確にすることにある（BT-Drucks. 14/5663 S. 170）．この法律の趣旨からすると，賃借人は，原則として，単に異議を述べるに留まらず，賃貸人が精算を修正できるような実体的内容を有する異議を述べなければならない．

賃貸人が適時に精算をしなかった場合には，事後の運営費請求権を失い，同様に，賃借人が適時に異議を述べなかった場合には，異議の効力は生じない．ただし，異議の遅延について賃借人の責めに帰すべき事由がないときは，この限りではない（BGB 556条3項6段）．12ヵ月内に資料を閲覧できなかった場合には，賃借人に帰責事由がないことになる．資料の閲覧ができた時期が遅かった場合も同様である（Blank, S. 392）．

191

第 8 章　保存行為および現代化行為

賃借人は，保存行為を常に受忍しなければならない（BGB 555 条 a 第 1 項）．現代化行為については，それが賃借人，その家族および構成員にとって苛酷とならない限り，賃借人は，受忍しなければならない（BGB 555 条 d 第 1 項，2 項）．

第 1 節　保存行為（BGB 555 条 a 第 1 項）

保存行為は，保守作業と修繕作業である（BGB 555 条 a 第 1 項）．これは，使用による損耗，老朽化，天候による影響，第三者からの影響によって生じ得るまたは生じた建物の瑕疵を防止もしくは除去する行為である．契約に則した使用（BGB 535 条 1 項）をできる状態を維持し，もしくはこの状態に回復することに役立つものでなければならない．予防的保守行為も保存行為であり，同時に改良行為（現代化修繕）も保存行為に入る．これに対して，改築もしくは取壊しは，保存行為ではない．

欠陥のある設備を同種の欠陥のない設備に取り替えるのは，保存行為である．例えば，住居と共に賃貸しているガスレンジを電気調理器に取り替えるのは，元の器具と予定されている器具が取引通念から見て等価であるか否かによって，保存行為かどうかが決まる．等価である場合には，保存行為であるから，BGB 555 条 a 第 1 項により賃借人は常に受忍しなければならない．予定されている器具が高価である場合には，現代化行為となる．

賃借人は，賃貸人による賃借物件の保存に必要な行為を受忍しなければならない（BGB 555 条 a 第 1 項）．すなわち，工事業者や賃貸人が部屋に立ち入ることおよび工事による騒音や埃，電気や水道の遮断等の利用上の障害を賃借人は受け容れなければならない．

BGB 555 条 a 第 1 項は，賃借物件の保存に必要な行為と規定しているが，「必要な」とは保守，修繕のみならず，予防的行為（検分）と鍵をかけることも含まれる．賃貸人は，これらの行為と賃借人の正当な経済的利益とが調和するように，賃借人の利害に配慮しなければならないという原則（BGB

241条2項，保護義務）が，この場合には適用される．

賃借人は，計画されている行為に協力する義務を負わず，ただ単に受忍すればよいのである．

第2節　現代化行為とは

現代化行為とは，先にも述べたように，2013年の改正によって全く新しい定義がなされ，次の行為が列挙されることとなった（BGB 555条b）．
① 賃借物件における最終エネルギー消費を持続的に節約する建築的変更（エネルギー現代化）（同条第1号）．
② エネルギー現代化がなされていない場合には，再生可能ではない第一次エネルギーの持続的節約もしくは気候を持続的に保全する建築的変更（同条第2号）．
③ 水の消費量を持続的に低下させる建築的変更（同条第3号）．
④ 賃借物件の使用価値を持続的に上昇させる建築的変更（同条第4号）．
⑤ 一般的居住状況を持続的に改善する建築的変更（同条第5号）．
⑥ 賃貸人の責めに帰すことのできない事情による，かつ賃貸物件の保守行為ではない建築的変更（同条第6号）．
⑦ 新しい住居 Wohnraum を新築する建築的変更（同条第7号）．

現代化行為は，保守・修繕行為ではなく，賃借物件の使用価値 Gebrauchswert を増価させる行為である．経費削減のための賃貸人の管理行為も現代化行為ではない（Eisenschmid, Schmidt-Futterer §556条b Rn. 4）．

ここでいう現代化行為は，上に列挙されているように建築的変更のみである．この建築的変更は，賃貸建物本体の改造だけではなく，建物の設備の変更も含まれる（BT Drucks. 17/ 19480, S. 18）．例えば，バルコニーの増築，電動自動ドアの設置，エレベーターの設置，エネルギー節約型の暖房用循環型ポンプの設置，外断熱工事，効率の良い暖房設備の導入，断熱ガラス窓の設置，暖房用ボイラーの更新等の例が挙げられる（Sterns/ Sterns-Kolbeck, Mietrechtsänderungsgesetz, 2013, S. 22）．

本規定は，賃借人の受忍義務を強化することによって，賃貸人が，エネルギー節約と地球温暖化防止のための気候保全 Klimaschutz のための現代化

行為を容易にすることを目的としている（BT Drucks. 17/19480, S. 14）．

1　エネルギー現代化

エネルギー現代化は，賃貸物件に関する最終エネルギー消費を持続的に節約する賃貸物件の建築的変更であることを要件とする．最終エネルギーは，建物内における温水，光およびエレベーターのために消費される通常キロワット時で測定されるエンドユーザーのための利用エネルギー Nutzenenergie 並びに建物内における供給，分配，貯蔵および製造に際して設備の技術上生じる喪失エネルギーである（BT Drucks. 17/19480, S. 19）．

ここでいう現代化行為は，外壁断熱，効率的な暖房設備の設置もしくは断熱ガラス窓の設置，暖房用ボイラーの更新等があげられている（Sterns/Sterns-Kolbeck, a.a.O. S. 23）．

この場合における現代化は，賃借物件に関して最終エネルギーを節約するものでなければならない．すなわち，最終エネルギーを節約する行為が賃貸物件内において行われ，賃借人にとって直接の利益になるものでなければならない（Volker Emmerich, Emmerich/ Sonnenschein §555b Rn. 8）．

2　再生不可能第一次エネルギーの節約並びに気候保全

　　（BGB 555 条 b 第 2 号）

第一次エネルギーとは原油，石炭，天然ガス，原子力，水力，風力，地熱など自然から直接得られるエネルギーをいう．

再生可能第一次エネルギーは，日光，風力，バイオマスおよび木材である．これに対して，石炭，石油および天然ガスは再生不可能第一次エネルギーである（Volker Emmerich, Emmerich/ Sonnenschein §555b Rn. 7）．

第一次エネルギーについては，建物内のみならず，建物外における生産，変換または分配というプロセスにおいて必要となるエネルギー総体をいう．

ここでは，再生不可能第一次エネルギーの節約はされるが，最終エネルギーの節約はされない場合における選択肢を設けたものである．したがって，賃貸人が，技術的に最新式の天然ガスの暖房機を木材ペレット暖房機に取り替えようとする場合には，賃借人はこれを許容しなければならない．すなわち，暖房機の取り替えは，建築的変更であり，また再生不可能第一次エネル

第8章　保存行為および現代化行為

ギーの節約になるからである（Sterns/ Sterns-Kolbeck, a.a.O. S. 25）．しかし，BGB 559条1項によれば，ここにおける現代化行為を理由に賃料の増額を請求することはできない．そのほか，賃貸建物の屋根にソーラー発電装置を設置する場合も，建築的変更であり，二酸化炭素排出を削減する気候保全行為であるから，ここの現代化行為に当たる．この設置費用も，賃借人に転嫁することはできない．

3　節　水

賃貸物件内における水消費を持続的に節約する建築的変更も現代化行為である（BGB 555条b第3号）賃借人はこの行為を受忍しなければならない．量水器の取り替えを，判例は，現代化と認めている（BGH NJW 2009, 839）．ドイツでは，個別の賃借住居内に水量計がつけられていない場合があるが，賃借人は水量計を設置することによって節水するようになることが，経験的に知られているからである．ただし，学説には節水につながるものではないとして，賃借人が受忍すべき現代化行為ではない，とするものもある（Eisenschmid, Schmidt-Futterer §556b Rn. 69）．また，トイレを節水型に取り替えること，雨水を集める装置を設置するのもこれに当たる．

4　使用価値の上昇

賃貸物の使用価値の持続上昇は，賃貸人による建築的変更によって空間もしくは建物部分の使用価値もしくは実体的価値をその目的の範囲内で客観的に上昇させることである（BGH NJW 2008, 1218; Volker Emmerich, Emmerich/ Sonnenschein §555b Rn. 12）．

この規定の趣旨は，賃貸人が賃貸家屋の改築および現代化をやりやすくすると共に，過剰な現代化から賃借人を保護することにある．原則として，居住目的にとって意義を有する建物の性状を改善する行為であって，賃貸借関係に関わるものがこれに該当する（Eisenschmid, Schmidt-Futterer §555b Rn. 72）．

住居の区画，日照および換気，防音，エネルギー供給，水の供給および排水，衛生設備，暖房および台所並びに防犯設備の改善行為がこれに当たる．必要とされるエレベーターの設置は使用価値を上昇させる行為であり，障害

第3編　賃貸人および賃借人の権利・義務

者や老齢者のための特別な行為も使用価値を上昇させる（Volker Emmerich, Emmerich/ Sonnenschein §555b Rn. 17）．

5　一般的居住状況の持続的改善

一般的居住状況の改善とは，個別の賃借人の利益ではなく，賃借人全体の利益になる建築的変更である．ここでは，賃貸建物に関する建築的変更のみならず，住居の周辺の改善行為も含まれる．例えば，子どもの遊び場，緑地，駐車場もしくはその他の交通設備を設置したり，拡充したりすることである（Eisenschmid, Schmidt-Futterer §555b Rn. 76）．

いわゆる贅沢現代化 Luxusmodernisierung を賃借人は受忍する必要はない（Eisenschmid, Schmidt-Futterer §555b Rn. 79）．

6　賃貸人の責めに帰すことができない事由

技術的な変更によってまたは法律もしくは命令によって賃貸人に課せられた建築的変更が賃貸人の責めに帰すことのできない事由による現代化行為になる（BGB 555条b第6号）．

7　新たな住居の増築

新たな住居（居住空間 Wohnraum）の作出も，現代化行為である（BGB 555条b第7号）．この規定は，居住価値の上昇，すなわち賃借人の利益になるように作用する行為のみならず家屋・敷地の経済的価値を発揮させることも目的としている（BT-Drucks. 12/3254, S. 17.）．

新しい居住空間を作り出す場合とは，屋根裏部屋や付属室を住居に改築する場合や建物に居住空間を増築する場合が新たな居住空間を作り出す行為に当たる（Eisenschmid, Schmidt-Futterer §555b Rn. 153）．

賃貸建物全体を改造する場合はこれには含まれない（Eisenschmid, Schmidt-Futterer §555b Rn. 154）．賃貸人が自己使用の必要があって新たな居住空間を作り出すために改築する場合も，賃借人は，受忍しなければならない（Volker Emmerich, Emmerich/ Sonnenschein §555b Rn. 25）．

第8章　保存行為および現代化行為

第3節　賃貸人の現代化行為通知義務

　賃貸人は，現代化行為着手の3ヵ月前にその種類，範囲，開始時期，予定期間および予測される賃料増加額，予測される運営費の額を賃借人にテキスト方式〔印刷された文書で意思表示者が分かるもの〕で通知しなければならない（BGB 555条c第1項）。

　BGB 555条b第1号，第2号に定める現代化に関する通知書においては，賃貸人は，建築部分におけるエネルゲテックの質について一般に承認されている概算価格を引用することができる（BGB 555条c第3項）。

　現代化行為通知書において，賃貸人は，BGB 555条3項2段による苛酷の抗弁をなし得る方式および期間を指示しなければならない（BGB 555条c第2項）。

　賃貸人が通知をしなかった場合もしくはBGB 555条cの要件を充たさない通知をすることによって通知義務に違反した場合には，賃借人は，現代化行為を受忍することを要しなくなる（Eisenschmid, Schmidt-Futterer §555c Rn. 66）。賃貸人が現代化をあきらめないのであるならば，賃貸人は，改めてBGB 555条cに定める要件を充たした通知をしなければならない。

　ただし，賃貸物件に些細な影響しか与えず，わずかな賃料上昇しか導かない現代化行為については，賃貸人は，通知義務を負わない（BGB 555条c第4項）。

第4節　現代化行為受忍義務

1　受忍義務

　賃借人は，原則として現代化行為を受忍しなければならない（BGB 555条d第1項）。ただし，賃貸人および同一建物内に存する他の賃借人の正当な利益並びにエネルギー節約および気候保全の利益を考慮しても，賃借人，その家族もしくは賃借人の世帯に属するその他の構成員にとって現代化行為が苛酷となるであろう場合には，受忍する必要はない（BGB 555条b第2項）。この規定は，賃貸人の現代化に対する利益と贅沢現代化および過剰現代化から保護されるべき賃借人の利益の調整を図っている（Eisenschmid, Schmidt-

Futterer §555d Rn. 18).

　苛酷としては，まず第一に，賃料の上昇が考えられるが，BGB は予測され得る賃料の増額および運営費の増額は苛酷判定のための利益衡量においては，原則として，考慮されない，と定めている（BGB 555 条 d 第 2 項 2 段）．賃料増額による苛酷は，BGB 559 条 4 項において考慮される．すなわち，賃料増額が，予測される将来の運営費を考慮すると，賃借人にとって賃貸人の正当な利益と衡量しても正当化されない苛酷となる場合には，賃料増額は，原則として，排除される（BGB 559 条 4 項 1 段）．

　受忍義務の内容については，BGB は何も定めていない．賃貸人およびそれから工事を請け負った業者が，建築段階のみならず，その準備段階および計画段階においても賃借人の住居に立ち入ることを受忍することも，この受忍義務の範囲に含める．また，賃借人が，作業を妨害しない義務も，この受忍義務から生じる．さらに，建築行為から必然的に生じる影響，すなわち，騒音，ゴミ，ほこり，さらにはガス，電気，水の供給の遮断等を受忍しなければならない（Eisenschmid, Schmidt-Futterer §555d Rn. 10）．

　転借人も現代化行為の受忍義務を負うが，原賃借人＝転貸人は，転借人の苛酷を理由に現代化を認めないと主張することができる（Eisenschmid, Schmidt-Futterer §555d Rn. 11-12）．

2　苛酷事由

　苛酷の判断においては，個人的事情が考慮される．これによって賃貸人は重要なエネルギーの現代化を行う際に広範な建築の自由と計画の確実さを獲得し，他方，賃借人の経済的利益は完全に維持される，とされる（BT-Drucks. 17/10845. S. 31.）．苛酷 Härte の概念は詳細には規定されていない．

　苛酷事由として，アイゼンシュミット Eisenschmid は，予定されている作業，建築の結果，先行して支出された賃借人の費用並びに賃料の上昇が考慮されるべきであるとする．予見されるべき賃料増額は，BGB 559 条 4 項の枠内でのみ衡量され，考慮されるべきであるともされる（Eisenschmid, Schmidt-Futterer §555d Rn. 21）．予見し得ない増額は，BGB 555 条 d において考慮されることになるであろう．

第8章　保存行為および現代化行為

　改正によって，気候保全の利益とエネルギー節約の利益も衡量要素とされた．したがって，賃貸人の地位は，賃借人の利益を気候保全の利益と比較衡量することによって強化されており，人の自然的な生活基盤 natürliche Lebensgrundlage を法律によって保護するという基本法20条aの価値判断を，通常は，民法の一般条項で考慮するのであるが，ここでは法律に直接書き込んだことになる．

　具体的には，次のようなことがいわれる．

(1)　現代化の時期

　建築的作業の実施時期も，賃借人が受忍できるかという問題にかかわってくる．窓や扉の取り替えは，冬季間においては受忍することができないものである．または，賃貸借契約が既に解約告知されている場合や賃貸借の終了が間近であって，長期にわたる建築作業を計画しているときは，賃借人の退去後に着手すべきである（Eisenschmid, Schmidt-Futterer §555d Rn. 25-26）．

(2)　賃借人の個人的事情

　賃借人が身体障害者，重病人もしくは高齢者であるという個人的事情は，苛酷事由となり得るから，住居の使用に強い影響を与える作業は受忍することができないものとなる．

　長期にわたる現代化行為もしくは広範囲な現代化行為は，それだけでより苛酷さが認められるべきである．現代化行為の実施のために，賃借人が賃借住居を明け渡すことによって，生活が脅かされる場合には，通常は受忍義務はないものとされる（BverfG NJW 1992, 1378）．したがって，個別の部屋からの賃借人の一時的な完全な退去は，現代化のために重要であり，やむを得ない理由がある場合にのみ考慮される（Eisenschmid, Schmidt-Futterer §555d Rn. 28）．

(3)　建築の結果

　賃貸人は，賃借人の受忍義務を判断する際に，現代化行為が賃借人に対してどのような建築上の影響を与えるかも考慮しなければならない．現代化が終了した後の住居が，現代化前に比して賃借人の居住需要に適合していない場合は，苛酷であるといえる．

　住居の様式の変更は，通常，賃借人にとって不利益である．例えば，1戸

の賃借住居が2戸の共同住宅に改築された場合，2部屋付住居が，浴槽の取り付けによって1部屋だけの住居に変更してしまった場合のように，利用様式が完全に変更してしまった場合は，苛酷であって賃借人に受忍義務はない（Eisenschmid, Schmidt-Futterer §555d Rn. 32）．騒音，汚物による継続的な影響は，現代化の利益と均衡がとれない場合は，苛酷となる．例えば，暖房機の放熱体の配管によって住居が住みにくいかたちに改造された場合のように，設備の設置によって苛酷が生じる場合もある（Eisenschmid, Schmidt-Futterer §555d Rn. 33）．

(4) 賃借人が先行して支出していた費用

苛酷の判断においては，賃借人が住居および建物に支出した費用も考慮しなければならない．賃借人の投資が，賃貸人による現代化によって，居住価値の改善効果もなく，無価値ないし無用となった場合には，賃貸人との合意に基づいて自己資本を投下した賃借人にとって，苛酷となったということができるから，この賃借人は特別に保護されるべきである．ここでは，賃貸人が費用支出に同意していたかが問題となる．賃貸人が同意をしていないにもかかわらず，支出された費用は，苛酷判断の利益衡量に入ってこない（Eisenschmid, Schmidt-Futterer §555d Rn. 37）．

3　苛酷の抗弁

賃借人は，現代化行為通知書が到達した月の翌月が経過するまでに，苛酷の抗弁をテキスト方式で賃貸人に通知しなければならない．この期間の始期は，賃貸人からの現代化行為の通知が賃借人に到達した時から起算する（BGB 555条d第3項）．

この期間経過後に苛酷事由が生じた場合には，賃借人の責めに帰すことができない事由によって期間を遵守できず，かつ，遅延した事情および理由を遅滞なく賃貸人に告げたときは，なお苛酷事由は考慮されるが，現代化行為の開始までに到達していなければならない（BGB 555条d第4項）．

賃貸人が，現代化行為の通知においてBGB 555条c第2項に基づく苛酷の抗弁の方式および抗弁権行使期間の指示をしなかった場合には，苛酷の通知について方式および期間を遵守することを要しなくなる（BGB 555条d第

第8章 保存行為および現代化行為

5項)．すなわち，賃貸人は，この除斥期間を援用することができなくなる．

第5節　賃借人の特別解約告知権（BGB 555条e）

賃借人は，通知の到達に続く月の末日までに翌々月の末日について特別解約告知をすることができる（BGB 555条e第1項）．ただし，現代化行為が些細な影響しかなく，賃料額の上昇も些細であるときは，解約告知権を賃借人は取得しない（同条2項）．

この解約告知権は，賃貸人による現代化行為通知がBGB 555条cを遵守しているか否かにかかわらず，発生する（Eisenschmid, Schmidt-Futterer §555e Rn. 6）．

賃借人がこの特別解約告知権を行使したときは，賃貸人は，賃貸借期間経過前においては現代化行為をすることができなくなる（Volker Emmerich, Emmerich/ Sonnenschein §555e Rn. 4）．

第6節　保存行為および現代化行為に関する合意

保存行為および現代化行為に関する規定（BGB 555条a，555条c〜555条e）は，片面的強行規定であって，賃借人に不利な合意は効力を生じないのであるが，2013年の改正によって既に認められていた法律状態を明確にする規定を置いた（Volker Emmerich, Emmerich/ Sonnenschein §555f Rn. 1）．すなわち，賃貸借契約締結後に，契約当事者は，保存行為または現代化行為を行うために次の事項に関する合意をすることができる．①行為の実施期間および技術的事項，②賃借人の担保権および費用償還請求権，③将来の賃料の額についてである（BGB 555条f）．

第7節　賃借人の現代化に対する権利

1　住居の改良

賃借人は，賃貸人の同意なしには，賃借住居に改良行為を含めて建築的変更を加える行為をすることはできない．原則として，賃借人は，賃貸人に対して同意を請求する権利を有しない．賃借人が賃貸人の同意を得ずに建築的変更行為をした場合には，賃借人は，契約終了時に原状に回復しなければな

らない．賃借人は，費用償還請求権や不当利得返還請求権を有しない（Blank, S. 412）．

2　バリアフリー化

賃借人は，正当な利益を有する場合には，賃貸人に対して賃借住居を障害者の利用または出入りに適した状態にするために必要な建築上の変更もしくは設備設置について同意をするように請求することができる（BGB 554条a）．

a　同意請求の要件

賃借人は，賃借住居をその必要に応じて改造する権限を有しないから，建築上の変更行為をする前に同意を得ておかなければならない（BGB 554条a第1項1段）．

(1)　必　要　性

第1の要件は，建築上の変更行為もしくは設備設置が賃借空間もしくは出入り口を障害者の利用に適した状態にするために必要であることである．建築的変更もしくは設備設置には，障害者のために些細ではないものも含まれる．例えば，戸口の敷居を路面と同じ高さに改造すること，車いすのために住居の入口の敷居を除去したり，戸口を拡張すること，浴室の改造，壁に沿って補助具を取り付けること，階段に手すりを取り付けること，精神障害者の保護のために窓を防備することなどである．

障害の種類は問わないから，賃借人が身体障害者，老齢者，病弱者である場合も，精神障害者である場合も同様に扱う．賃借人自身が障害者であることは要件ではなく，賃借人の生活圏内 Kreis に障害者がいること，すなわち，障害者と共同の世帯を営んでいることを要する（Blank, S. 413）．

(2)　正当な利益

賃借人が同意を請求するには，正当な利益を有していなければならない．正当な利益は，合理的で，理解し得るものでなければならない．住居が建築的変更もしくは設備設置をしたことによって賃借人もしくはその世帯構成員にとって使用しやすいものになる場合，機能が改善される場合または住居の安全性，衛生または介護のしやすさが向上する場合等である．改良行為は，障害と関連したものでなければならない．

第8章　保存行為および現代化行為

　賃借人は，同意付与請求をするときに，その前提条件，すなわち行為の種類と範囲について賃貸人に説明しなければならない．

　賃借人の建築的変更行為に対する利益と賃貸人の建物を現状のまま維持する利益とは比較衡量されなければならない．この際に，同一建物に存する他の賃借人の利益も考慮されることになる（BGB 554条a第1項3段）．賃貸人の建物の現状を維持することに対する利益が，賃借人の利益よりも重大である場合には，同意を拒絶することができる（BGB 554条a第1項2段）．比較衡量をする場合には，賃貸人の所有権と賃借人の占有権も考慮されるべきだとされる．すなわち，連邦憲法裁判所は，「賃借人の賃借住居に対する占有権は連邦基本法14条1項1段の所有権である」判示している（Bundesverfassungsgericht Beschluß vom 26. Mai 1993, BVerfGE 89, 1ff.）からである．さらに，賃借人のために，「何人も，障害を理由に不利益を受けてはならない．」と定める基本法の障害者不利益取扱い禁止規定（ドイツ連邦基本法3条3項2段）も顧慮しなければならない．障害者不利益取扱い禁止は，客観的価値秩序の一部として私法解釈に影響を及ぼすのである（Rofs, Emmerich/ Sonnenschein §554a Rn. 6）．

　b　追加的保証金

　賃貸人は，賃借人が原状回復のための適切な追加的保証金を給付することを条件に同意することができる（BGB 554条a第2項）．この保証金は，敷金（BGB 551条）とは別のものであるから，民法において上限は制限されていないが，適切な額でなければならない．適切な額とは，建築的に変更した箇所を原状に回復するために要する費用を填補する額である（Blank, S. 414）．

　c　効　果

　賃貸人が同意をした場合には，賃貸借契約の内容が，賃借人の賃借物使用権限が拡張され，賃借人は建築的変更行為を実行でき，賃貸人はその行為およびその行為による所有権侵害を受忍する義務がある，と変更される．

　賃借人は，この変更工事を専門業者に実行させなければならない．作業は，賃借人が賃貸人に事前に説明した計画に即して行わなければならない．費用は，全て賃借人の負担となる（Blank, S. 415）．

第3編　賃貸人および賃借人の権利・義務

第8節　コントラクティング Contracting

　コントラクティングとは，専門企業が，建物に暖熱を営業として供給することである．2013年の改正によって，賃貸人がエネルギー供給を自己供給から暖熱供給企業に転換した場合には，その費用を賃借人に負担させることができるとした制度である（BGB 556条 c）．この規定は，エネルギーの節約，気候保全のほかに，暖熱製造の効率の改善も，目的としている（Jost Emmerich, Emmerich/ Sonnenschein §556c Rn. 1）．この規定は，住居賃貸借関係にのみ適用される（Jost Emmerich, Emmerich/ Sonnenschein §556c Rn. 7）．

　まず，賃貸人は，建物への暖房および温水供給のための暖熱の供給の任務を供給業者に委ねることになるが，その費用を賃借人が負担するのは，①賃借人が既に従前から暖熱もしくは温水に関する運営費を負担していた場合であって，②従前は，賃貸人が自らこれら熱源を供給していたが，③暖熱供給源の転換があった場合のみである（BGB 556条 c 第1項）．

　実体的要件としては，暖熱供給者によって新たに設置された設備によってもしくは暖熱供給網に接続することによって暖熱が従来の状態に比して改善されて効率的に供給され（BGB 556条 c 第1項1号），コントラクティングによって発生し，賃借人が負担することになる費用が，従前の賃貸人自らが供給していたときにおける費用を超過しないことである（同項2号）．

　既存の暖房設備の管理運営を暖熱供給業者に委ねる（管理運営コネクティング）ときは，暖熱供給費を賃借人に負担させるためには，既存の暖房設備の年間利用率が少なくとも80％に達していなければ，従来の状態に比して暖熱の供給状態が改善されたとはいえない（BGB 556条 c 第1項2段）．利用率がこれを下回るときは，気候政策の目的に反することになる（BT-Brucks. S. 17/10485, S. 34）．

　賃貸人は，賃借人に費用負担が生じる時より遅くとも3ヵ月前にテキスト方式で賃借人にその旨を通知しなければならない（BGB 556条 c 第2項）．

第 9 章　賃貸人の法定質権

　賃貸人は，賃貸借関係から生じた債権について賃借人が持ち込んだ物に質権を有する（BGB 562 条 1 項）．法定質権は，賃借人が賃借空間に持ち込んだ賃借人の物について成立する．賃借人が目的物を占有したままで，この質権は，生じるから，非占有質権である．

第 1 節　被担保債権

1　賃貸借関係から生じた債権
　質権は，賃貸借関係から生じる全ての債権について成立する．債権が，賃貸借関係の存続中に発生することを要件としないから，賃貸借契約終了後，返還が遅滞している場合の損害賠償債権（546 条 a）にも，この質権は，成立する（BGH NJW 1972, 721）．

2　満期となった債権
　質責任の範囲は，既に満期となっている債権については制限がない．債権が消滅時効にかかっている場合でも，債権者は，質の目的物から満足を得ることを妨げられない（BGB 216 条 1 項）．しかし，賃料債権のような回帰的給付に対する債権には，この規定は，適用されない（BGB 216 条 3 項）から，賃料債権が消滅時効にかかった場合には，質権も，消滅する．

3　将来の損害賠償債権
　将来の損害賠償債権については，質権を主張することができない（BGB 562 条 2 項）．この規定は，賃貸人に過剰な担保が提供されることを防ぐ趣旨であるから，原則として，質権の主張をする時点には，債権が，成立していなければならない（Blank/ Börstinghaus §562 Rn. 29）．

4　将来の賃料債権
　将来の賃料債権については，現賃貸借年度と次賃貸借年度の賃料についてのみ質権の主張をすることができる（BGB 562 条 2 項）．賃貸借年度は暦年

とは異なり，賃貸借の開始から起算するものである．例えば，2005年7月1日に賃貸借関係が開始し，2007年12月1日に質権が実行された場合には，現賃貸借年度の2008年6月31日までと，次賃貸借年度の2009年6月31日までの賃料請求権が担保される（Blank/ Börstinghaus §562 Rn. 30）．

第2節　質権の目的物

1　物

質権の目的物は，物のみである．物とは，有体物である（BGB 90条）．物には紙幣および硬貨も含まれり，債権，その他の権利には質権は成立しない，と解されている（Lammel, Schmidt-Futterer §562 Rn. 33）．

a　有価証券

無記名債権については法定質権が成立する．これに対して，記名証券，免責証券，預金通帳，生命保険証書には質権は成立しない（Blank/ Börstinghaus §562 Rn. 13）．

b　賃借人の所有物

目的物は賃借人の所有に属するものでなければならない．賃借人が共有者に過ぎない場合には，質権は，共有持分上に成立する．他方の配偶者が賃貸借契約の当事者でない場合には，その配偶者の所有する物には質権は成立しない．ただし，賃貸人のために，配偶者の一方または双方が占有する動産は，賃借人の所有に属すると推定される（BGB 1362条）．この規定は，婚姻に類似する共同関係を営んでいる者についても類推適用される．

夫婦の名で賃貸借契約が締結されたときは，質権は，夫婦の共同所有物に成立する．しかし，居住共同体 Wohngemeinschaft に建物が賃貸された場合は，事情が異なる．居住共同体の構成員全員が賃貸借契約の当事者である場合には，持ち込まれた物全てについて質権が成立する．これに対して，構成員以外の者を住居に収容してもよいという約定で個別の構成員に賃貸された場合には，その賃借人の所有に属する物にのみ質権が成立する．通常の転貸借の場合も，同様である（Blank/ Börstinghaus §562 Rn. 14）．

c　譲渡担保

物が賃借住居に持ち込まれる前に譲渡担保に供されたときは，質権は成立

しない．しかし，賃借人が賃借住居に持ち込んだ後に所有物を第三者に担保のために譲渡したときは，賃貸人の質権は，それに遅れて設定された譲渡担保権に劣後しない（BGHZ 117, 200; Blank/ Börstinghaus §562 Rn. 15）．

　　d　所有権留保

　賃借人が所有権留保付で取得した物を持ち込んだ場合には，賃貸人の質権は期待権上に成立する．譲渡人と賃借人との間で，賃借人が売買代金を支払った時に所有権を取得すると合意しているときは，質権は，売買代金支払時に物の上に成立する．所有権留保をしている売主に対しては，賃貸人も，弁済をすることができる（Blank/ Börstinghaus §562 Rn. 16）．

　　e　善　意　取　得

　賃借人の所有ではない物について質権を善意取得することはない（BGB 1204条～1208条）．

2　差押禁止物件

　法定質権は，差押えをすることができない物には及ばない（BGB 562条1項2段）．

第3節　法定質権の成立

　法定質権は，賃借人が賃借空間に持ち込んだ賃借人の所有物について成立する．賃借空間には，地下室，倉庫，ガレージ，駐車場等の賃借空間に付属する空間や場所も含まれる．

　目的物は特定していなければならないが，継続して賃借空間に存在している必要はない．商店の賃貸借の場合には，即時に売却するために持ち込んだ物も質権の目的となる．自動車の場合には，それがガレージや駐車場に駐車する度に新たに質権が成立する．賃借人が自動車を運転して賃借空間を離れると，質権は消滅する．

　目的物は，賃貸借期間中に持ち込まれた物でなければならない．賃貸借関係が終了した後に持ち込まれた物には質権は成立しない（Blank, S. 424）．

第3編　賃貸人および賃借人の権利・義務

第4節　法定質権の消滅

1　不動産からの持ち出し

　目的物が不動産から持ち出されたときは，法定質権は消滅する（BGB 562条ａ）．BGB 562条ａは，目的物が賃借空間から持ち出されてしまったことのみを問題にするから，持ち出した理由は問題とはならない．目的物が継続的に持ち出されたか，一時的であるかも問題とはならない．例えば，賃借人が自動車を賃借しているガレージから持ち出したときは，法定質権は消滅し，戻ってきたときに新たに法定質権が成立する（OLG Karlsruhe NJW 1971, 624; OLG Hamm MDR 1981, 407）．

2　持ち出したにもかかわらず法定質権が存続する場合（遮断権）

　賃貸人の不知もしくは異議を述べたにもかかわらず持ち出されたときは，質権は存続する．すなわち，賃貸人の意思に反して法定質権は，消滅しないのである．562条ａ第1段によると，次の二つの場合について規定を置いている．①賃貸人が目的物の持ち出しを認識している場合において，法定質権の消滅を阻止する意思があるときは，賃貸人は持ち出しに対して異議を述べなければならない．②賃貸人の知らない間に持ち出されたときは，異議を述べることは不可能であるから，異議を述べなくても法定質権の消滅を阻止できる．

a　賃貸人が持ち出しを知らなかった場合

　賃借人が目的物を持ち出すことを賃貸人が黙認している場合は，賃貸人は目的物に重きを置いていないという考慮が働いて，BGB 562条ａが定められている．賃貸人が，異議を述べずに持ち出しを黙認した場合の法的な効果を知っていたか否かは問題とされない．賃貸人が持ち出しを積極的に知っていたか否かが問題となる．重過失があるときは，知っているとはいえない（Lammel, Schmidt-Futterer §562a Rn. 23; Emmerich, Staudinger §562a Rn. 11）．持ち出される可能性があることを認識しているのは，なお不知といえる．

b　賃貸人が持ち出しを知っていた場合

　賃貸人が持ち出しを認識している場合には，賃貸人は，それに対して異

議を述べなければならない．ただし，賃貸人が直ちに異議を述べることができなかった，もしくは異議を述べることが期待できない場合には，この限りではない．例えば，盗人によって持ち出された場合である（Emmerich, Staudinger §562a Rn. 15）．この異議は，法律行為に類似する行為であり，黙示でもよい（Blank/ Börstinghaus §562a Rn. 9）．

第三者が持ち出した場合には，賃貸人はこの第三者に対して異議を述べることができる．賃貸人は持ち出しの直前もしくは持ち出し作業中に異議を述べなければならない．持ち出した後に異議を述べても，効力を生じない（Blank/ Börstinghaus §562a Rn. 10）．

3　異議権の排除

持ち出すことが生活関係や経営関係において通常である場合，または残された物で賃貸人のための担保として十分である場合には，賃貸人は，持ち出しに異議を述べることはできない（BGB 562条a 第2段）．この規定によって，質権によって生じる賃借人の行為の自由に対する制限が，限定されたものとなる．

a　一般的異議排除要件

民法の一般原則からすると，(1)賃貸人が賃料の受領を遅滞した場合（BGB 242条），(2)高権的行為による場合（差押え，没収等），(3)執行官による持ち出しの場合，(4)賃借人の破産管財人が持ち出しを命じられた場合は，異議は排除される．

b　経営上通常の持ち出し

事業用の賃貸借において，賃借人の事業経営の範囲内における持ち出しについても異議権は排除される．店舗の賃借人は，通常，恒常的に商品を仕入れて，売却して，繰り返し物を持込，持ち出しているが，これに対して賃貸人は担保が必要だからといって影響を及ぼすべきではない（BGH NJW 1963, 147）から，異議を述べることはできない（Blank/ Börstinghaus §562a Rn. 14）．

c　一般的に通常の持ち出し

通常の生活事情に応じて持ち出しがされる場合も，異議は排除される

(BGB 562 条 a 第 2 段)．この異議排除は，通常は住居賃貸借において適用されるものだが，事業用についても適用可能である．通常の生活事情は，取引慣行によって客観的に基準が定められなければならない．個別の賃借人の習慣は基準とはならず，賃借住居の存する地域において一般的に通常か否かが問題となる．損耗した物を修理をするためまたは取り替えるために持ち出す場合，自動車を運転し，あるいは装飾品を身につけて住居の外に持ち出す場合は通常である（Blank/ Börstinghaus §562a Rn. 14-15）．

　d　賃貸人にとって十分な担保

　残置されている物で賃貸人の担保ためには明らかに十分であるときも，異議は排除される（BGB 562 条 a 第 2 段）．すなわち，賃貸人の法定質権は，賃貸人にとって担保が必要な範囲に限定されるべきだからである（Blank/ Börstinghaus §562a Rn. 16）．

第4編　賃貸借関係の終了

第1章　解約告知による賃貸借関係の終了

第1節　解約告知の意思表示に関する一般原則

1　明　確　性

　解約告知 Kündigung とは，賃貸借関係を終了させる旨の賃貸借の当事者による表示である．解約する旨の表示は，明確にされなければならない．ただし，「Kündigung」という語を用いていなくても，一方的に賃貸借関係を終了させる意思が明確である場合は，それで十分に解約告知をなり得る．事業用空間賃貸借の場合には，賃借人の退去が，黙示の解約告知表示と解されうる．住居賃貸借の場合には，解約告知は書面で意思表示をしなければならないから（BGB 568条1項），黙示行為で解約告知の意思表示をすることはできない（Blank, S. 435）．

　解約告知の意思表示は，誰に対してされているか，どの賃貸物件についてされているか，解約告知の日時が明確にでなければならない．表示が誤っていても，受領者が直ちに誤りに気付くことができる場合には，問題はない．「解除 Rücktritt」という表示は解約告知 Kündigung の表示に転換して解することができる，なぜならばこの表示には誤解の余地なく賃貸借契約を終了させる意思が明確にされているからである（BGH ZMR 1987, 143, 144）．賃借人が，書面で，特定の期日に転居して，住居を返還する旨の表示をした場合も，同様である（Blank, S. 436）．

　条件を付した解約告知は効力を生じない．賃貸人が賃貸借関係を解約告知し，かつ賃料の増額に同意すれば賃貸借関係を継続させるという，いわゆる変更解約告知 Änderungskündigung は，条件の付されていない解約告知として有効である．ただし，住居賃貸借の場合には，変更解約告知をすることはできない（BGB 573条1項2段）．

211

2　解約告知期間

解約告知期間を解約告知書面に記載することは，解約告知の効力要件ではない．解約告知期間が記載されていなくても，解約告知の意思表示の解釈によって賃貸借関係は法定告知期間経過後に終了するか，即時に終了するかがまず確認されるべきである．いずれか明確にならない場合には，通常の解約告知期間のある解約告知をみなされる．解約告知期間については，BGB 573条cに規定がある（後述，第2章第1節を見よ）．法定期間よりも短い期間を記載した場合には，効果が生じない．

3　効力の生じない解約告知意思表示の転換

無効な法律行為を他の法律行為に転換することは，無効の認識があって他の法律行為への転換が意欲されるであろうことが認められる場合に，例外的に認められる（BGB 140条）．効力の生じない即時解約告知を通常の解約告知に転換することは，この規定によって，例外的に認められる（BGH NJW 1981, 976）．

効力の生じない通常の解約告知を特別即時解約告知に転換することは，それぞれの法律効果が異なるゆえに法律効果の明確性の原則から認められない（OLG Celle ZMR 1995, 298）．

効力の生じない解約告知を賃貸借廃棄契約の締結の申込みに転換することは，原則として認められない．しかし，連邦通常裁判所は，解約告知の表示者が解約告知の通知をするに際して一方的意思表示は効力を生じ得ないであろうことと，法的・経済的に契約終了の効果を生じせしめるためには，ある意味で補充的に解約告知受領者の同意を要するであろうことを認識している場合にのみ，転換が可能であるとする（BGH NJW 1981, 44）．

4　解約告知の理由

事業用空間賃貸借の場合には，賃貸人も賃借人も何らの理由もなしに通常の解約告知 ordentliche Kündigung をすることができる．住居賃貸借の場合には，賃借人が通常の解約告知期間のある解約告知をするときは，理由を付する必要はない．

第1章　解約告知による賃貸借関係の終了

　事業用空間賃貸借において，法定期間付の通常の解約告知は，賃貸人も賃借人も何らの理由なしにすることができる．住居賃貸借において賃借人が法定期間付の通常の解約告知をするときも，同様である．

　事業用空間賃貸借においても，住居賃貸借においても特別即時解約告知 außerordentliche fristlose Kündigung をするには，解約告知理由がなければならないが，事業用空間賃貸借の場合には，賃貸人も賃借人も，解約告知通知書面に理由を記載する必要はない（BGH NJW 1980, 777）．解約告知の通知を発した時点では理由が存しなかった場合には，解約告知の効力は生じない．たとえ，解約告知の通知後に理由は生じたとしても，賃貸借関係は終了しないことになる．

　住居賃貸借において通常の解約告知期間のある解約告知および法定期間付の特別解約告知（BGB 575条）については，賃貸人が，解約告知をする場合には，理由が存在しなければならない．また，この理由は，解約告知書面に記載されていなければならない．

　住居賃貸借の特別即時解約告知では，解約告知書面に理由が記載されていなければならない（BGB 569条4項）．賃借人が，解約告知をする場合も，同様である（Blank, S. 439f.）．

5　書面方式

　事業用空間賃貸借の解約告知は，口頭ですることができる．しかし，賃貸借関係を終了させる意思を明確にするために，契約上書面で解約告知することを合意しているのが通常である．書面でするのは単に立証のためであるから，この方式を遵守しなかったとしても，解約告知としては効力が生じる．しかし，書面方式を解約告知の有効要件とすると合意した場合は，別である．

　解約告知を書留郵便ですべきだと合意した場合には，効力要件が明確ではないときは，その合意は，到達に関する紛争を回避するためにされたと解される．したがって，他の方法（通常の手紙や電報，ファックス）でなされても，解約告知受領者に到達したときは，効力を生じる（Blank, S. 440）．

213

第 4 編　賃貸借関係の終了

第 2 節　解約告知の受領者

　解約告知は，その受領者が誰であるかを明確にしてされなければならない．複数の当事者がいる場合には，全員に対してされなければならない．これは，民法上の組合の構成員に対する関係でも同様である．

　住居を夫婦で使用している場合に，その一方が賃貸借契約の当事者であれば，解約告知の意思表示はその契約当事者たる者にすればよいし，夫婦の両方が当事者であれば，夫婦双方に対して意思表示をしなければならないことになる．しかし，旧東ドイツ地域においては 1990 年 10 月 3 日前に締結された賃貸借契約については，旧東ドイツ民法（ZGB）が適用されるから，賃貸借契約書には夫婦の一方しか署名していない場合でも，夫婦が使用する住居であれば，夫婦の双方が賃貸借契約の当事者となる（ZGB 105 条 3 項）．すなわち，解約告知の意思表示は夫婦双方に対してしなければならないのである．

　当事者が複数いる場合に，1 人にだけ解約告知の意思表示をしても，その効力は生じない．賃貸借関係は契約当事者全てについて同時に終了しなければならないからである．複数の者に 1 戸の住居が賃貸され，そのうちの 1 人が既に転居している場合であっても，全ての賃借人に解約告知をしなければならない（LG Köln WuM 1990, 298）．ただし，賃借人が転居してからかなり時間が経過しており，転居した賃借人はもはやその住居にもはや何らの関わりも持たないという意思を有する事情が生じた場合には，転居した賃借人に解約告知をする必要はない（OLG Frankfurt WuM 1991, 76）．特に，賃借人が賃貸人に転居先を告げずに住居を明け渡した場合には，賃貸人は，なお当該住居に居住し続けている賃借人にのみ解約告知すべきことになる．

　行為無能力者 Geschäftsunfähige（BGB 104 条，105 条）に対して解約告知をするときは，その法定代理人に対して意思表示をしなければならない．法定代理人が解約告知を知ったのみでは，効力を生じない（LG Berlin ZMR 1982, 238）．行為無能力者に法定代理人がいない場合には，賃貸人は管轄後見裁判所に世話人 Betreuer の選任を申し立てることができる（BayObLG WuM 1996, 139）．

第 1 章　解約告知による賃貸借関係の終了

第 3 節　解約告知権者

1　契約当事者

解約告知権を有するのは，契約当事者のみである．

賃貸人は，解約告知権を譲渡することができない（LG Augsburg NJW-RR 1992, 520; LG Berlin ZMR 1996, 326; Rolfs, Staudinger §542 Rn. 18; Blank/Börstinghaus §542 Rn. 34）．ただし，賃貸人は，自己の名において解約告知をする権限を第三者に授権することができる（BGH NJW 1998, 896, Rolfs, Staudinger §542 Rn. 19; Blank, Schmidt-Futterer §542 Rn. 36）．このような授権は，賃貸物件の譲渡の場合に売買契約においてなされ，譲受人は，譲渡人に帰属する解約告知権を自己の名において行使することができる．住居賃貸借の場合には，賃貸人が受権人に代わって主張し得たであろう解約告知の理由を受権者が主張したときに，解約告知の効力が生じる．したがって，譲受人が土地登記簿に所有者として登記されたときに，譲受人は，自己必要による解約告知をすることができる．受権者が授権証書の原本を呈示せずに解約告知をした場合には，解約告知の効力は生じないから，解約の意思表示告知受領者は，その解約告知を BGB 182 条 3 項および 111 条によって拒絶することができる．

売買契約において，登記前に賃貸借関係から生じる権利義務を譲受人に移転する旨の合意は，売買契約当事者間の内部関係においてのみ効力を有する（BGH NJW 1998, 896）．対外的にも効力を及ぼすためには，賃借人の同意を要する．賃借人が同意しない場合には，賃貸人の義務の引き受けは，効力を生じない（Blank/ Börstinghaus §542 Rn. 38）．

2　代理人による解約告知

家屋経営管理人 Hausverwalter〔家屋の管理に関する法律行為について授権された者〕に，解約告知をすることも引き受けさせた場合が問題となる．この場合には，当然，賃貸人の名において解約告知をする（BGB 164 条 1 項）．例えば，家屋の譲渡人から授権された譲受人が移転登記をする前に，解約告知は譲渡人の名においてされる旨を表示しないで解約告知をした場合に

は，代理であることが隠されてことになるが，解約告知においては，本人の名を示さない代理は許されないとされている（LG Köln WuM 1997, 219; LG München WuM 1989 282）．

　第三者が有効に解約告知をするには，その授権がなされていなければならず，このことは夫婦間でも同様である．夫婦の日常家事処理権（BGB 1357条）には，賃貸借関係の解約告知をする権限までは含まれてはいない（Blank, S. 445ff.）．

3　代理条項

　複数の賃借人相互に解約告知の意思表示をする代理権を付与する定式約款は，BGB 307条により信義則に反する不適切な約款であって，特に賃貸借契約締結時に既に合意解約の代理権を付与する約款は，賃借人にとって不適切に不利となるものであり，効力を生じない．賃貸人が相互に解約告知について代理権を付与しあうのは，有効である．この約款も賃貸人には不利ではあるが，賃貸人は，約款の使用者として保護する必要はないからである（Blank, S. 449）．

第5節　解約告知に対する信頼の保護と解約告知の撤回

　解約告知受領者は，告知の法的効力を信頼することができる．すなわち，解約告知者は，自己のした解約告知が形式的にもしくは実体的に効力が生じないと主張することはできない．解約告知者は，効力が生じない解約告知をしたとしても賃貸借関係は終了したものとして行為をしなければならない．

　解約告知の一方的撤回は，解約告知の到達前もしくは到達と同時にする場合にのみ可能である（BGB 130条1項2段）．この例外を除くと，解約告知を撤回することはできない（BGH ZMR 1998, 312）．もっとも，当事者間の合意で賃貸借関係を継続することはできる．事情によっては，撤回を契約の申込みの意思表示と読み替えることもできる．相手方がこの申込みに承諾をした場合には，解約告知の効力は生じない．この承諾は黙示でもよい．その場合に，通常，賃貸借契約の新たな締結でもなく，終了すべき賃貸借関係の継続でもなく，解約告知の効力の廃棄に関する契約の問題とされる．この契約の

後は，当事者間では，解約告知の効力が生じなかったものとされる．BGB 536条a第1項による賃貸人の担保責任は，解約告知の廃棄契約時ではなく，目的物の委譲時を基準とする．

　解約告知者が解約告知を撤回することについて，告知受領者が黙示で承認している場合には，契約締結の申込みと解されるべきである．連邦通常裁判所は，解約告知期間の経過前にこの契約が締結されたときは，従前の賃貸借関係が継続し，解約告知期間経過後に契約が締結されたときは，新たに賃貸借関係が設定されたものと解している（BGHZ 139, 123）．当事者が，契約の継続について新たな契約条件もしくは変更された契約条件を合意している場合には，賃貸借関係が，新たに設定されたものと推定される（Blank, S. 456）．

第6節　賃貸人もしくは所有者の交替

　賃貸建物の譲受人は，土地登記簿に登記されて，初めて解約告知をすることができるのが原則であり，物権的合意 Auflassung のみではすることができない．上述したように，解約告知権だけを譲受人に譲渡することはできないが，解約告知をする権限を授与することはできる（上述「3」参照）．

　所有権の移転前に発生していたが，譲渡人が行使しなかった解約告知権は，原則として，所有権の移転によって消滅する．しかし，賃借物を毀損したり，賃借家屋内の平穏を妨害するような賃借目的物に直接影響を及ぼす契約違反によって生じた解約告知権は，例外的に存続する．賃料の支払い遅滞による解約告知権は，この賃料債権を譲渡人が譲受人に譲渡している場合もしくは賃料の弁済期の一部は所有権移転前に到来し，一部は移転後に到来するときは，存続し続ける．

　譲渡人が既に有効な解約告知をしていた場合には，譲受人は，契約の巻き戻し関係を承継することになり，賃借人に賃貸空間の返還を請求することができる．しかし，譲渡人が自己必要 Eigenbedarf を理由に解約告知をしていた場合には，譲渡後が明渡請求をすることは権利濫用であって，解約告知の効力は失われることになる．譲受人は，自己必要があるときは，所有権移転後に新たに解約告知をしなければならない（Blank, S. 457f.）．

第4編　賃貸借関係の終了

第7節　解約告知による損害

1　賃貸人が解約告知をした場合

賃貸人が賃借人の契約違反を理由に解約告知をした場合には，賃貸人は解約告知と因果関係のある損害の賠償を請求することができる（BGHZ 82, 121）．

2　賃借人が解約告知をした場合

賃貸人が契約上の義務に違反し，そのために賃借人が賃貸借関係を解約告知した場合には，賃借人は，賃貸人に解約告知を原因とする損害賠償を請求することができる（BGH NZM 2000, 496; BGH NZM 2007, 561）．賃借人が原始的瑕疵を理由に解約告知をした場合には（BGB 543条2項1号），賃貸人は，帰責事由の有無にかかわらず解約告知の結果生じた損害を賠償しなければならない．賃貸人が契約上の義務の履行を確定的に拒絶した場合も，同様である（BGH NZM 2007, 401）．賃貸人が賠償すべき損害は「財産貸借対照表」に基づいて算定される．また，解約告知の結果，賃借人に生じた損害，個別的には，住居の変更のために要する費用，転居するための運送費，住居を探すための新聞広告費，仲介手数料，システムキッチンの改装費等は，賠償されるべきである．さらには，新たな設備を購入する費用やカーテンの購入費用など，賃借人が従前の住宅に居住し続けることができたのであれば負担しなくてもよかった費用も損害である（Blank/ Börstinghaus §542 Rn. 94）．

3　当事者双方からの解約告知

解約告知を受けた者が同時に即時解約告知をすることができる場合には，解約告知の結果生じた損害賠償に対する解約告知者の請求権は，消滅する．この場合には，解約告知受領者も解約告知者に対して損害賠償を請求できるからである．

第2章　解約告知期間のある通常の解約告知
Ordentliche befristete Kündigung

　事業用空間賃貸借契約が期間の定めなく締結されている場合には，各当事者は，解約告知について理由がないときであっても，無方式で解約告知することができる（BGB 542条）．これに対して，住居の賃貸借の場合には，賃貸人が，解約告知をするときは，解約告知をする理由がなければならない．これに対して，賃借人は，理由なしに解約告知をすることができる（BGB 573条）．

　このようにドイツ法では，解約告知において住居賃貸借の場合と事業用空間賃貸の場合とが截然と区別されている．

第1節　解約告知期間

1　事業用空間賃貸借

　事業用空間賃貸借の解約告知期間は，BGB 580条aに定められているが，この規定は，任意規定である．法定の期間は，狭義の事業用空間の賃貸借と土地およびその他の空間賃貸借では異なる．

　a　狭義の事業用空間

　狭義の事業用空間とは，賃借人の営業目的に供される空間（倉庫，仕事場，事務所等）である．ガレージは，営業用の自動車が駐車するときは事業用空間である．私的利用に供されるガレージは，その他の空間の賃貸借である．住居を事業として転貸する目的で賃借する場合は，事業用空間賃貸借である．転貸が事業の目的でない場合には，その他の空間の賃貸借になる．

　事業用空間については，その存続した期間や賃料額に関わりなく，一律の解約告知期間が定められている．解約告知日は，暦年四半期の第3仕事日であり，解約告知期限，すなわち解約告知の効力の生じる時期は，翌暦年四半期の経過時である（BGB 580条a第2項）．すなわち，解約告知期間は6ヵ月であり，表で示すと次のようになる．

第4編　賃貸借関係の終了

解約告知日	解約告知期限
解約告知は遅くとも次の期日に意思表示の受領者に到達していなければならない.	賃貸借関係は，次の期日の経過とともに終了する
1月第3仕事日	6月30日
4月第3仕事日	9月31日
7月第3仕事日	12月31日
10月第3仕事日	3月31日

(Blank, S. 462)

2　住居賃貸借

a　通常の賃貸借関係

　解約告知は，暦月の第3仕事日までにされなければならず，翌々月の末日経過時に効力が生じる（BGB 573条c第1項1段）. この解約告知期間は，賃借人が解約告知をする場合には，賃貸借関係の存続した期間にかかわらず適用される. しかし，賃貸人が解約告知をするときは，解約告知期間は，賃貸借関係の継続した期間に応じて延長される. すなわち，賃貸住居の委譲から5年までは，賃借人が解約告知する場合と同様に，3ヵ月であるが，5年経過後8年まではさらに3ヵ月延長され，解約告知期間は6ヵ月になり，8年を経過しているときは，またさらに3ヵ月延長され，9ヵ月となる（BGB 573条c第1項第2段）. これ以上には長くならない.

　解約告知期間の算定は，実際に住居が委譲された時を基準とするのであって，契約締結時を基準とするものではない（LG Zwickau WuM 1998, 158）. すなわち，賃貸人の占有が賃借人に移転した時期が，基準となるのである. したがって，賃貸住居の所有者が交替した場合も，たとえ譲受人と新規に賃貸借契約を締結しなおしたとしても，影響を受けない.

b　一時使用目的の住居賃貸借

　一時使用目的の賃貸借についても，法定解約告知期間は，BGB 573条c第1項に定める期間であるが，当事者の合意で任意により短い期間を定めることができる（BGB 573条c第2項）.

第2章　解約告知期間のある通常の解約告知 Ordentliche befristete Kündigung

　　c　家具付住居の賃貸借

　賃貸人が家具の全部または主要な部分を設置した家具付住居の賃貸借，賃貸人自身が居住している住居の一部の賃貸借および家族の継続的使用に供することを目的としない住居の賃貸借の場合は，解約告知は，遅くとも各月の15日までになされ，その月末に効力を生じる（BGB 573条c 第3項）．

第2節　住居 Wohnraum の賃貸人による解約告知のための解約告知理由

1　序

　住居の賃貸借では，賃貸人は，終了に対する正当な利益を具備した場合にのみ，住居の賃貸借関係を解約告知することができる（BGB 573条）．

　この規定の目的は，賃貸人と賃借人間の市場における立場の相違を調整するものであって（BT-Drucks. Ⅵ/2421, 1），しかも，住居賃貸借法が社会的賃貸借法 soziales Mietrecht であることを明確にするとともに，その中核をなす規定である（Rolfs, Staudinger §573 Rn. 1; Häublein, Münchener Kommentar §573 Rn. 1）．すなわち，契約に誠実な賃借人は，恣意的な解約告知から保護されるべきであり，住居は賃借人のためにその人間生活の中心点として保護されるべきである（BT-Drucks. 7/2011）．したがって，賃貸人について BGB 573条は解約告知の自由を廃止したのである．この BGB 573条による賃借人の保護は，さらに有効な解約告知から生じる苛酷を考慮する BGB 574条の社会的条項によって補充されている．

　憲法上の位置づけが問題となる．とりわけ，BGB 573条はドイツ連邦基本法14条による所有権保障の規定に反するのではないかという問題があった．連邦憲法裁判所は，合憲であると判断している（Bundesverfassungsgericht Beschluß vom 8. Jan. 1985, BVerfGE 68, 361ff.）．すなわち，ドイツの憲法である「ドイツ連邦基本法」14条は，「①所有権および相続権は，これを保障する．内容と制限は，法律の定めるところによる．②所有権は，義務を伴う．その行使は，同時に公共の福祉に役立つべきである．」と定めて，2項は所有権は本来的に社会的義務 Sozialpflichtigkeit を負うと定めていると解されている（この規定の意義については，田山輝明『ドイツの土地住宅法制』（成文堂，

221

1991年）24頁以下参照）．住居賃借権の存続を保護する目的は，賃貸人の何ら考慮すべき理由もない解約告知による住居の喪失から契約に誠実な賃借人を保護することである．生活の中心点である住居は，原則として，賃借人に保持され続けるべきであり，賃貸人の解約告知権の制限は，所有権に対するこの憲法上の社会的義務から正当化される（Rolfs, Staudinger §574 Rn. 8.）．

さらに，「賃借人の賃借住居に対する占有権は連邦基本法14条1項1段の所有権である」という判決要旨を伴う1993年3月26日の連邦憲法裁判所判決が注目される（Bundesverfassungsgericht Beschluß vom 26. Mai 1993, BVerfGE 89, 1ff.）．少し長くなるが，判決文を引用してみよう．

「本件では，異議申立人は，賃借人として基本法14条1項1段に基づく所有権を侵害されたと主張する．連邦憲法裁判所は，これまで未解決であった，賃貸借契約から生じる賃借人の賃借住居に対する占有権が自由の保障という意味における所有権であるか否かを検討する．この問題は，肯定されるべきである

a）基本法14条にいう所有権の本質的指標は，財産的価値を有する権利には物に対する所有権と同様に私的利用および処分に関する排他的権限が割り当てられるべきであるという点にある．所有権の保障は，基本権の担い手に財産法の領域において自由な空間を作り出し，したがって個々人にその生活の発展と自己責任による生活の形成を可能とする．それゆえに，自己責任によってその権限を私的利益のために行使することを認めるという仕方で法秩序が権利者に割り当てている財産的価値を有する権利は，全て，原則として，私法領域において所有権保障という保護を受けることになる．

住居は，誰にとってもその私的生活の中心点である．個人は，基本的な生活必需なものの享受のため並びにその自由の保障のためおよび人格の発展のために住居の使用を必要としている．しかし，国民の大部分は，その住居に対する需要を満たすために所有権を取得することはできず，住居を賃借することを余儀なくされている．このような事情の下においては，賃借人の占有権は，典型的には所有権に帰属する諸機能を営むことになる．立法者は，占有権を規定するにあたって住居のこのような意義を顧慮していた．賃借人の占有権は，所有権に割り当てられていると同様の私法上の法的地位であるといえる．〔中略〕

賃借人の占有権は，賃貸人による有効な解約告知によって終了する．しかし，このことから，賃借人保護のための法律の規定及び専門裁判所の判決が基本法14条の基準に比較すると賃借人の利益となり得ないであろうという結論にはな

第2章　解約告知期間のある通常の解約告知 Ordentliche befristete Kündigung

らない．基本法14条は，確かに，現在の地位のみを保護する．しかし，いったん成立し，基本法14条によって所有権と把握される権利の存続，すなわち存続保護は，基本法による保護の対象となり得る．

　賃借人は，他人が築造した住居に原始的な関係を有するのではなく，その住居に対して派生的な関係を有するのである．賃借人は，自己の権利を派生させ，そして私法上の所有権能を代表する法的地位を最初に賃借人に与えた賃貸人に対して保護を請求する．賃貸人も，賃貸借契約から生じる賃借人に対する請求権に関して基本法14条1項1段に基づく基本権を主張することができる（賃料請求権について：BverfGE 37, 132; 49, 244 等参照）」．
〔中略〕
　b）賃借人と賃貸人の権能を配分し，境界を設けることは，賃貸借法の任務である．立法者は，両者の保護に値する利益を考慮し，調和のとれた関係を作り出さなければならない．賃借人の占有権のためのその所有権の保護は，賃借人の存続の利益を全く無視し，もしくは極端に制限する規定を拒否することに役立つ．したがって，所有権保障は，国事裁判事項である．賃借人の所有権保護は，賃貸人および所有者の保護と構造において異なるところはない．

　賃貸借法の規定の形成は，もちろん，基本法からは生じるものではない．特に，占有権という所有権の保護から，憲法によって保護されている所有権という地位を有する両者が衝突する場合に，どのようなときでも，賃借人の存続の利益が優先するという結論にはならない．通常の解約告知について，立法者は，BGB旧564条bと556条aとによって必要な利益衡量を行っている．この場合に，立法者は，賃借人の事情，特に存続に対する利益も，賃貸人の事情，特に返還を受ける利益を適切に考慮している．一方を有利または不利に扱うことは，社会的義務を伴う所有権という憲法上の観念と調和せず，認められない．所有権の保障は，自由を保障する機能を両方向に向かって発揮する．契約に誠実な賃借人は，賃貸人の正当な利益に基づかない解約告知による住居喪失から保護される．人格の自由な発展の中心点かつ自己責任による活動ができる自由な空間としての住居は，重大な理由なしに解約告知によって奪うことはできない．賃貸人は，自己使用の必要がある場合に住居をその生活の中心点として再び自ら使用するという自由を保護される．その際には居住の必要性が決定的なものである．」

　この判決については，この判決は，従来の自由な所有権の保障に代えて，社会福祉国家原理 Sozialstaatsprinzip に基づく社会的所有権 Sozialeigentum

を認めた判決と積極的に評価するものと（Anne Lenze, Das Eigentumsrecht des Mieter, in Festschrift für Prof. Dr. Peter Derleder, 2005, S. 268ff.），むしろ BGB 573 条による解約告知からの賃借人の保護は，所有権の社会的義務から導きだしたほうが説得力があるとする見解がある（Häublein, Münchener Kommentar §573 Rn. 8）.

正当な利益に関する BGB 573 条の規定は，賃貸人の賃貸借終了に対する利益に合わせて定められている．しかし，解約告知が賃借人にとって賃貸人の正当な利益を考慮しても正当化されないほどに苛酷となる場合には，賃借人は異議を述べて賃貸借関係の継続を請求することができるとする BGB 574 条（社会的条項）によって，結局は，賃貸借関係の当事者双方の具体的利益が衡量されることになる

正当な利益とされるものは次のようなものである．

2 契約違反

a 契約上の義務の違反

賃借人がその責めに帰すべき事由によって契約上の義務に些細ではない違反したときは，賃貸人の賃貸借関係終了に対する正当な利益が具備されたものとされ，賃貸人は，住居賃貸借を解約告知することができる（BGB 573 条 2 項 1 号）．賃借人が複数いる場合には，そのうちの 1 人について解約告知の要件，すなわち契約上の義務に対する些細ではない違反があればよい．

この解約告知には，規定上は催告を要件とする旨の定めはないが，しかし，例えば，賃借人が賃料の支払期限を遵守しない場合に，賃貸人の催告を無視していることがとくに重要である，と認められる（Häublein, Münchener Kommentar §573 Rn. 52; Blank/ Börstinghaus §573 Rn. 10）.

b 帰責事由

賃借人に帰責事由がある場合にのみ，契約上の義務違反を理由とする解約告知を，賃貸人は，することができる．すなわち，故意または過失によって義務違反がなされた場合でなければならない．賃借人が，法律または事実の錯誤に陥っていた場合には，帰責事由はないとされる．賃借人が，当を得ていない事実もしくは法律状態に関する不正確な評価に基づいて，一定の

第2章　解約告知期間のある通常の解約告知 Ordentliche befristete Kündigung

行為をする権限があると誤解しているような場合には，錯誤が認められ得る．その錯誤が避け得るものであったときは，過失があることになる（Blank/ Börstinghaus §573 Rn. 15）．

賃借人が心神喪失の状態もしくは心神の病的障害により自由な意思決定ができない状態にあるときは（BGB 827条），その契約違反行為は，帰責事由があるものとはならない（Blank/ Börstinghaus §573 Rn. 16）．

家族構成員の帰責事由のある行為については，賃借人が責任を負わなければならない．責任能力のない者の行為については，賃借人が監督責任を負う場合に，責任が生じることになる．訪問者については，賃借人は，原則として責任を負わないが，訪問者が建物内の平穏を害することを予見していたにもかかわらず，訪問者を住居に入れた場合には，責任を負わなければならない（Blank/ Börstinghaus §573 Rn. 16）．

　c　個別事例
（1）契約に反する使用

賃借人が契約に定められた用法を越える使用をする場合には，賃貸人は，催告をした後に，その使用の差し止めを請求することができる（BGB 541条）．この用法違反行為によって，賃貸人の権利が著しく害されるときは，賃貸人はBGB 543条2項2号〔543条1項：各契約当事者は，重大な理由がある場合に，特別に即時に解約告知をすることができる．…2項：重大な理由は次の場合に，特に存するものとする．…2. 賃借人がその義務である注意を怠ることによって，もしくは賃貸人の承諾を得ずに第三者に使用を委ねることによって賃借物件を危険にさらした場合，…〕によって即時に解約告知することができる．また，BGB 573条2項1号によっても即時に解約告知することができる．

（2）賃料支払いの遅滞

賃借人が，①相互に連続する2期分の賃料の支払いもしくは賃料の少なからざる部分の支払いを責めに帰すべき事由によって遅滞している場合（BGB 543条2項3号(a)），または②2期を超える期間において賃料の2ヵ月分に相当する額の賃料の支払いを遅滞している場合には（BGB 543条2項3号(b)），賃貸人は，BGB 543条1項によって即時解約告知をすることも，またBGB

573条2項1号によって解約告知することもできる．さらに，賃料を各月毎に支払う場合には，賃料の支払いが1ヵ月を越えて遅滞している場合にも，些細ではない義務違反があるとされる（BGB 569条3項1号）．1週間だけ繰り返し遅滞している場合は，些細な義務違反だとされ（LG München WuM 1990, 550），解約告知をすることはできない．

賃借人が決算書を受領後に残余の運営費を支払わないときも，解約告知の理由が発生する．しかし，賃借人がその決算に瑕疵があると推定する十分な根拠があるときは，その遅滞について帰責事由はないことになる（Blank/ Börstinghaus §573 Rn. 25）．

同様の原則は，敷金の支払いの場合，特に敷金の分割払いの場合に，適用される．敷金の額が1ヵ月分の賃料額を超えており，敷金支払いの第2期日が経過したときに，解約告知をすることができる（Blank/ Börstinghaus §573 Rn. 26）．

BGB 573条2項1号による解約告知は，支払いの遅滞について賃借人の帰責事由を要件としている．したがって，賃借人の責めに帰すべき事由によらない事情，例えば失業，病気等の事情によって支払いが遅滞した場合には，解約告知権は発生しない（Blank/ Börstinghaus §573 Rn. 27）．

賃借人が明渡しの訴えを提起された後2ヵ月内に遅滞していた賃料を支払ったときは，解約告知の効力が生じるか否かは，争いがある．BGB 569条3項2号の類推ができれば，解約告知の効力は生じなくなるのであるが，上級地方裁判所の判決は類推に否定的である（OLG Stuttgart WuM 1991, 526; OLG Karlsruhe WuM 1992, 517）．

(3) 迷惑行為

家屋内の平穏を乱す行為およびそれに類する行為があったときは，賃貸人は，BGB 543条1項，569条2項または573条2項1号によって解約告知をすることができる（Blank/ Börstinghaus §573 Rn. 31）．

(4) 主張・立証責任

解約告知権成立の要件，①契約上の義務に対する些細ではない義務違反，②賃借人の帰責事由を，賃貸人が，主張・立証するものと解されている（Blank/ Börstinghaus §573 Rn. 32）．

第 2 章　解約告知期間のある通常の解約告知 Ordentliche befristete Kündigung

3　自己必要　Eigenbedarf

賃貸人は，住居を自己，自己の家族構成員もしくはその世帯構成員の使用のために必要とするときは，解約告知をすることができる（BGB 573 条 2 項 2 号）．ここでは，賃貸人が，空間を自己の住居として使用する意思またはその家族構成員もしくは世帯構成員に使用を委ねる意思を有し，それが理性的な考慮に基づくことが前提とされる．賃借人が，住居に居住し続ける利益は，BGB 573 条の枠内ではなく，BGB 574 条（社会的条項 Sozialklausel）による賃借権の異議権の問題として考慮されることになる．

a　自己使用が認められる人的範囲

(1)　賃貸人自身の使用　Eigennutzung

賃貸人が自己のために空間を住居として必要とする場合に自己使用が認められる．賃貸人が家族構成員ではない者を同居させる意図も有していることは，問題とならない．付属する部屋を居住の用以外の用途に供する意図があるときでも，賃貸人の居住が主たる目的である場合には，解約告知を妨げるものではない．賃貸人自身は空間のわずかな部分を使用し，他の部分は第三者の使用に委ねる場合には，事実上，住居としての使用は存しない，と認められる（Blank/ Börstinghaus §573 Rn. 35）．

複数の賃貸人がいる場合には，そのうちの 1 人が，空間の使用を必要としているだけで十分である．

住居が譲渡された場合に，その譲受人は，登記簿にその名義が記載された後でなければ直接に解約告知をすることができない（Blank/ Börstinghaus §573 Rn. 37）．

法人は，住居として空間を使用することはあり得ないから，BGB 573 条 2 項 2 号による解約告知をすることはあり得ない（Blank/ Börstinghaus §573 Rn. 38）．

権利能力なき社団の場合には，契約から生じる権利義務がその社員に属するから，社員のうちの 1 人の自己使用の必要を主張することは可能である．民法上の組合の場合には，組合員の 1 人の自己使用の必要を主張することも可能である（Blank/ Börstinghaus §573 Rn. 39-40）．

第4編　賃貸借関係の終了

(2)　世帯構成員

世帯構成員とは，賃貸人と共に継続して長期にわたり家屋共同体内で共同生活を営む家族構成員およびその他の者である（Blank, Schmidt-Futterer §573 Rn. 49; Rolfs, Staudinger §573 Rn. 81）．これには，夫婦，子，その他の家族構成員，生活パートナーおよび非婚生活共同体のパートナー，お手伝い並びに里子が入る．また，友人，手工業における訓練生や職人および農業労働者も含まれる．賃貸人と世帯構成員が，共に大きな住居を必要としている場合に，住居の必要性があると認められる（Blank/ Börstinghaus §573 Rn. 42-44）．

(3)　家族構成員

家族構成員の概念を定める規定はない．特定の親等までの血族・姻族が家族構成員であるという規定も存在しない．通説は，近い家族構成員 enge Familienangehörige と遠い家族構成員とを区別する．近い家族構成員は，血族関係または姻族関係があれば十分である．これに対して，遠い家族構成員は，賃貸人がこれらの者について扶養もしくはその他の扶助をする義務を負っていることが要件とされる（Rolfs, Staudinger §573 Rn. 75 ff.; Blank/Börstinghaus, §573 Rn. 45f.）．

近い家族構成員には，賃貸人の子，配偶者，兄弟姉妹及び両親が入る（BGH NJW 2003, 2624）．別居を望んでいることは，近い家族構成員であることを終結させるものではないから，賃貸人がその配偶者と別居するために住居を必要とする場合にも，解約告知をすることができる．離婚をするまでは，別居して生活をしている配偶者も，近い家族構成員とみなされる（LG Frankfurt NJW-RR 1996, 396）．直系の血族や孫，連れ子も近い家族構成員に数え上げられる．

しかし，舅・姑は肯定されるときもあるが，否定されるときもある（Blank/ Börstinghaus §573 Rn. 47-48）．義理の兄弟やいとこ，叔父，叔母，甥，姪は近い家族構成員とはされない．

この規定の独自の意味は，家族構成員が賃貸人の世帯に属しておらず，他の住居で生活しているが，これらの者が1人でもしくは賃貸人と共同して賃貸住居に入居する必要がある場合に，解約告知をすることができることにある（Rolfs, Staudinger §573 Rn. 73）．

第 2 章　解約告知期間のある通常の解約告知 Ordentliche befristete Kündigung

　b　使用の意図
(1)　使用もしくは委譲の意図の真剣さと実現性
　BGB 573 条 2 項 2 号に定める「使用を必要とする」という要件は，賃貸人が自ら賃貸空間を住居として使用する，または世帯構成員もしくは家族構成員に使用を委ねる überlassen 真剣な意思を，賃貸人が，有することがまず第一の前提条件である．真剣な意思が欠けているときは，解約告知は効力を生じない．
　賃貸人が自己使用または委譲の意思がないにもかかわらず，その意思があると主張して解約告知をしたときは，当然，解約告知は効力を生ぜず，また契約違反として賃借人は損害賠償を請求することができる．
　賃貸人が自己使用する，もしくは家族構成員に委譲するということが，不確実であるときも，真剣な意思が欠けているから，解約告知も効力を生じない．
　自己使用もしくは委譲意思は解約告知と時間的に密接に連関していなければならない．すなわち，自己使用や委譲が告知後直ちに現実化されることまでは要求されないが，数年後に賃貸住居に入居するために，解約告知をすることは認められない．
　使用の意思もしくは委譲の意図は明確でなければならない．すなわち使用の種類や住居が特定されていなければならないのである．意図の明確性を欠く解約告知は，効力を生じない．
　法的な理由から賃貸人の意図が実現されない場合は，意図の欠けている場合と同様に扱われる．例えば，①賃貸人が公的助成を受けている住居を自己使用しようとする場合に，所轄官庁からそれについて認可を得なければならないときが問題となる．この認可は，解約告知の意思表示時に与えられている必要はなく，当該官庁が法律に基づいて認可が付与される旨を賃借人に証明していれば足りる．この証明が付与されていないときは，解約告知の効力は生じない．②建築法規の規定によって居住の用では建物を使用できないときも，自己必要を理由とする解約告知は認められない．③賃貸人が賃借住居を転貸している場合に，自己使用を意図して転貸借関係を解約告知するときは，賃借人（転貸人）が建物所有者との法律関係において意図した仕方で使

用することができることが前提となる．④賃貸人が自己必要を理由に解約告知した後に，建物を譲渡したときは，譲受人は，自己使用を理由とする解約告知から生じる権利を行使することはできない．

　裁判所は，賃貸人の使用の意図についてより良好ないし有意義な選択肢がないかを審理することはできず，その居住の必要性に対する所有者の決断を尊重しなければならない．

　使用・委譲の意図は原則として，賃貸物件全体に及ぶものでなければならず，BGB 573条 b が適用される場合を除き，一部について解約告知をしても効力を生じない（Blank/ Börstinghaus §573 Rn. 55-64）．

(2)　使用・委譲の意図の喪失

　使用・委譲の意図は，解約告知の意思表示時に存在していなければならない（Rolfs, Staudinger §573 Rn. 112）．解約告知の意思表示前に使用・委譲の意図が喪失していた場合には，解約告知は，効力を生じない．しかし，解約告知の意思表示後に喪失したときは，解約告知の効力は，影響を受けない．ただし，賃貸人が契約終了を理由に明渡し請求をするのは，権利濫用であるとされる（OLG Karlsruhe NJW 1982, 54）．賃貸人が自己使用の必要を理由に解約告知した後に死亡した場合には，その包括承継人は，解約告知まで承継はしない．承継人は，信義則によって賃借人と解約告知による効果の放棄契約の締結を申し込む義務を負う（OLG Karlsruhe ZMR 1993, 335）．この申込みを賃借人が承諾したときは，解約告知の効力は発生しなかったことになり，賃貸借関係は解約告知されなかったものとして存続することとなる．

　使用・委譲の意図がいつまで存続していれば，考慮されるのかは，争われている．通説的見解では，解約告知期間を基準としている．解約告知期間経過後の事情の変更は，考慮されないこととなる．すなわち，賃貸人の契約上の義務は解約告知期間の経過とともに終了し，同時に賃借人の占有権も消滅するからである（BGHZ 165, 75; Rolfs, Staudinger §573 Rn. 115; Häublein, Münchener Kommentar §573 Rn. 74）．

　c　使用・委譲の利益

　BGB 573条2項2号は，賃貸人が賃貸空間の「使用を必要とする」ことを前提としているから，解約告知には使用・委譲の意図と並んで特別な使

第2章 解約告知期間のある通常の解約告知 Ordentliche befristete Kündigung

用・委譲の利益が必要でもある．したがって，賃貸人の使用の必要を満たしうる他の空き家となっている住居を賃貸人が使用する場合には，「自己使用の必要」はないことになる．また，短期間だけ使用の必要があるときも，「自己使用の必要」があるとはいえない．この利益は，賃貸人の視点から評価されるべきであり，住居の委譲を受ける構成員の利益は考慮されない．賃貸借関係を継続させる賃借人の利益は，BGB 574 条による解約告知に対する異議権において考慮される．

連邦通常裁判所の見解によると，賃貸人に自己または構成員にとっての住居使用の必要性について合理的かつ理解しやすい理由があれば，十分であって，賃貸人の居住状態が不十分であることまで述べる必要はないとされる（BGH WuM 1988, 47）．この連邦通常裁判所判決では，使用・委譲の利益のある場合として，①賃貸人が，退職後の住居として賃貸住居を購入した場合，②同居している子のために親が自己の住居を子の使用に供しようとする場合，③暖房装置の手入れと建物の管理のために自己の住居に，賃貸人が，居住する意図を有する場合をあげている．

自己の住居を所有していなかった賃貸人が，世帯を設立するための合理的理由を述べる場合には，解約告知をすることができる．賃貸人が，従前居住していた住居を失った場合も，それが賃貸人の帰責事由によるものかは大きな問題ではなく，解約告知は，正当化される．賃貸家屋の譲受人についても，同様とされる．住居所有権付住居の譲受人が，賃貸借関係のやっかいさを免れて自己の家に居住したいという理由による解約告知も，認められている（BVerfG NJW 1993, 309）．

賃貸人が大きな住居を持ちたいと意欲して，解約告知をすることもできる．所有者の居住の必要性に対する決断を原則として尊重しなければならず，適切な居住や生活計画を賃貸人に押しつけてはならないからである（BVerfG WuM 1989, 114）．

　d　許されない解約告知
(1) 他に空き家になっている住居があるにもかかわらず解約告知をする場合

賃貸人は他に空き家となっている住居を使用することができ，それで賃

貸人の必要性を満たすことができるときは,「自己使用を必要とする」という要件が満たされないことになる.賃貸人が予定する居住の必要性が他の空き家になっている住居で過不足なく満たされるときは,解約告知禁止の原則が適用される（BVerfG NJW 1989, 970）.この場合,解約告知の効力は生じない.解約告知前に空き家となっている住居を使用することができたにもかかわらず,これを使用せずに,他者に賃貸していた場合にも,同様と解される（BVerfG WuM 1990, 535）.

解約告知後に賃貸人の自己使用の必要を満たす他の住居が現れたときは,賃貸人は,解約告知から生じる諸権利を行使することができない（OLG Düsseldorf WuM 1993, 49）.

他方,賃貸人の目的のためには賃貸されていた住居が他の空き家となっている住居よりもより適切である場合には,賃貸人は,空き家となっている住居を解約告知された賃借人に提供すべきであるとする（BGH WuM 2003, 463）.連邦通常裁判所判決によると,解約告知によって生じる賃借人の生活に対する影響を緩和する義務が,可能な限り,賃貸人に生じるのであり,したがって,その義務を履行しないときは解約告知は権利濫用であるとされる.

(2) 信義に反する解約告知

自己使用の必要が賃貸借契約締結時に既に発生していた,もしくはそのことを予見することができた場合には,解約告知は効力を生じないとするのが,多くの判例である（LG Karlsruhe WuM 1988, 276; LG Hamburg WuM 1993, 677; LG Berlin NZM 1988, 433）.

(3) 過剰必要性

著しく過剰な必要性を賃貸人が主張する場合は,解約告知は,権利濫用である（BVerfG WuM 1989, 114）.過剰性の判断においては,自己使用の必要に対する賃貸人の判断が問題なのであって,どのような必要性が適切とみなされるかは問題とならない.むしろ,賃貸人の主張する必要性が賃貸人の個人的な意図や必要性から見て適切であるかが問題とされる.例えば,賃貸人が建物の一部のみを自己使用する必要があるだけにもかかわらず,多数の部屋が存在する建物全体の賃貸借を解約告知する場合である（BVerfG GE 1993, 1327）.

第 2 章　解約告知期間のある通常の解約告知 Ordentliche befristete Kündigung

※自己必要を理由とする解約告知に関する判例の分析は，田中英司『住居をめぐる所有権と利用権』（日本評論社，2013 年）において詳細になされている．

4　他の経済的活用

賃貸人が賃貸借関係の継続によって不動産の適切な経済的活用が妨げられ，それによって著しい不利益を被るであろう場合に，解約告知の理由が存在することになる（BGB 573 条 2 項 3 号）．この解約告知のための要件は，次の 4 つである．①賃貸人は賃貸物件を他の方法で活用する意図を有していなければならない．②その活用は，全ての事情を総合判断して適切でなければならない．③賃貸借関係の存続がその活用と対立するものでなければならない．④その活用が妨げられることによって，賃貸人に著しい不利益が発生しなければならない．これらの要件は，累積的に存在しなければならず，これらの要件の 1 つでも欠けているときは，解約告知の効力は生じないことになる．要件が複合的であることと，事実審において厳格な取扱いがなされていることも相俟って，この規定は，実務においてはあまり大きな意味を持つものではないとされている（Blank/ Börstinghaus, §573 Rn. 124; Häublein, Münchener Kommentar §573 Rn. 83）．さらに，連邦憲法裁判所は，自己使用の必要の利益と他の活用の必要の利益とを比較して後者の要保護性は低いと見ている（BVerfG NJW 1989, 972）．Blank によると，連邦憲法裁判所は，つぎのような憲法上の指針を定めているといわれる（Blank/ Börstinghaus §573 Rn. 126）．すなわち，(1)BGB 573 条 2 項 3 号は賃貸人が最大限の収益を上げるために定められたものではない．(2)所有者は賃貸物件を売却する場合には，損失も引き受けるべきである．(3)賃貸人の利益状況は，機械的にではなく，個別の事情を考慮して判断されるべきである．

　a　個別の要件
(1)　経済的活用の意図

経済的活用とは，物に内在する実質的価値を現実化することであるとされる．そして，この活用としては，特に，売却，より良い条件で委譲すること，建物の修復，改築もしくは現代化または新築をするための取壊しがあげられる．これらの場合に，BGB 573 条 2 項 3 号は適用される．

233

しかし，他者に賃貸して高い賃料を獲得することを目的として解約告知をすることは禁止される（BGB 573 条 2 項 3 号）．

同様に，住居所有権を設定する意図（すなわち，賃貸住居から住居所有権付住居に転換すること）または賃借人に委譲した後に住居所有権を設定する意図があることを理由とする解約告知も認められない（BGB 573 条 2 項 3 号）．本規定の目的は，住居所有権付住居への転換したために賃借人が住居から退去せざるを得なくなる事態を回避して，賃借人を保護することにある．

経済的活用の意図は真剣なものでなければならない．十分な確実性があることが確認でき，明白でなければならない．法律上も，事実上も，活用に障害があってはならない．例えば，建物を取り壊そうとする場合には，それに続く経済的活用計画がなければならず，さらに当該市町村には目的外使用禁止令があったときは，その取り壊しのために目的外使用の認可を得ており，この事情を解約告知文書に記載している場合にのみ解約告知は有効となる．しかし，建築の認可を解約告知前に既に取得していたかは，解約告知の効力を左右するものではない（Blank/ Börstinghaus § 573 Rn. 127-129）．

(2) 適切な活用

計画されている活用方法が，あらゆる事情を考慮して適切なものでなければならない．「適切」という概念は，賃貸人と賃借人の利益を合理的に調整するために用いられる．意図される活用の適切さの判定においては，賃貸人の経済的処分の自由を顧慮する．賃借人の側の人的苛酷は，BGB 574 条によって考慮される．

適切な活用という要件の指標となるものは十分ではない．法秩序に反する者はその保護を要求することができないのであるから，違法な活用方法は，この要件から排除される．これ以外の解約告知権の制限については争いがある．例えば，建物が，修復ないし改築され，その後，利益の獲得のために譲渡する目的で賃貸されている状態で賃貸人が取得した場合には，不適切であるとする見解がある．しかし，賃貸人が目的物を取得した時に賃貸されていたことは，不利益の大きさを評価する際に考慮されるべきであるとするのが多数説である（Rolfs, Staudinger § 573 Rn. 143; Häublein, Münchener Kommentar § 573 Rn. 88）．

第2章　解約告知期間のある通常の解約告知 Ordentliche befristete Kündigung

　賃貸人が，賃借人を建物から追い出すことによって投下した資本を増大させようとする場合には，適切な活用と認めることはできない．投機的活用は，「適切」という指標とは矛盾するものである．市場経済秩序においては収益の最大化は，所有者の正当な利益と認められるにもかかわらず，法律は，賃貸人が求める投下資本の利回りについて十分な根拠を提供していない．

　原則として，経済的活用を理由とする解約告知は，自己使用を理由とする解約告知と異ならず，活用の意図が合理的かつ分かりやすい考慮に基づくものでなければならない．

(3)　賃貸借関係が活用の障害となること

　適切な活用の障害と賃貸借関係の間に相当因果関係がなければならない．例えば，購入を希望している者は，自己の利益を住居への入居の自由に依存させているわけではなく，賃貸人の求める売買代金は賃貸されていない状態でも取得され得るものでもないから，相当因果関係は否定される．障害は法的なもの（例えば，用益権 Nießbrauch もしくは継続的居住権 Dauerwohnrecht の設定）または経済的なもの（例えば，賃貸住居を購入しようとする者がいない）である．また，賃貸人が一定の措置について賃借人に受忍を請求できる場合（BGB 554 条）および賃料の増額を請求することができる場合（BGB 559 条）は，解約告知をすることができない．

(4)　著しい不利益

　不利益は，目的物が賃貸されている状態における賃貸人の財産状態と（仮定的に）目的物が賃貸されていない状態における賃貸人の財産状態との比較において確認されるべきものである．

　著しい不利益は，第一に経済的不利益を考慮するが，しかしその他の人的な不利益も考慮されるべきである．

　賃貸人が住居の売却を計画している場合には，賃貸されていない住居のほうが高額で売却されるのが通常であるから，不利益は存在することになる．所有者の生活基盤が脅かされることまでは，要求されない．やむを得ず売却をしなければならないと認められる事情はのみでは，解約告知の理由があることにはならない．賃貸している状態での売却が無意味である場合もしくは住居を喪失することによって生じる賃借人に生じる損失を越える損失

235

が賃貸人に生じる場合に，著しい不利益があるものとして解約告知が認められる．この予見される不利益について，一般的な経験則があるわけではなく，個別事例に応じて，賃貸されている状態と賃貸されて得ない状態における売却益の比較によって判断するほかはない．所有者が，賃貸物件を賃貸借関係の存続している状態で買い受けていた場合には，購入価額と賃貸借関係が存続している状態における住居の売却価額とを比較しなければならない．この比較によって，賃貸人が利益を獲得すると認められるときは，たとえ賃貸されていない場合のほうがより多くの利益を獲得できるとしても，不利益があるとは認められない．この場合には，不動産は最初から賃貸されて価値が減少した状態にあるからである（BGH NZM 2008, 281; Häublein, Münchener Kommentar §573 Rn. 90; Rolfs, Staudinger §573 Rn. 152）．

賃貸人は，客観的な指標と主観的な指標を援用しなければならない．客観的指標としては，財産状況の比較によって客観的に著しさを証明しなければならない．しかし，一般的な絶対的基準はなく，個々具体的な事情に応じて基準は異なってくる（Häublein, Münchener Kommentar §573 Rn. 91; Blank, Schmidt-Futterer §573 Rn. 168）．主観的な指標としては，賃貸人が住居を購入した価額，賃貸している状態における利回り，採算性の欠如および解約告知をしなくても採算性を改善できる可能性があったことに対する賃貸人の責任，賃貸人側のその他の責任を考慮に入れる．賃貸人が採算性の悪化を認識していたときは，賃貸借をやめて住居を売却することによって大きな利益を得ることができることを理由には解約告知をすることができないが，賃貸借契約によって建築行為が妨げられていたときは，異なる考慮をすべきである．譲渡人が取壊しまたは現代化行為のために解約告知をすることができる場合には，譲受人にこの解約告知権を与えない理由はないとされる．

建物の取り壊しおよび建物の現代化の場合には，自己資本利回りを含めて第2経営費令の諸規定に従った経済性計算によって算定される利回りを賃貸人が獲得できない場合には，通常は著しい不利益が存することになるとされる（Blank/ Börstinghaus §573 Rn. 142）．

b　許容されない解約告知

所有者が住居を定期賃貸借で賃貸している場合には，他の活用の必要性は

第2章　解約告知期間のある通常の解約告知 Ordentliche befristete Kündigung

定期賃貸借の終了時に発生することになっているから，活用の必要性を理由とする解約告知をすることはできない．すなわち，活用の利益は，憲法上，賃貸人の自己使用の利益よりも低位に置かれているからである（Blank/ Börstinghaus §573 Rn. 143）．

c　より高額の賃料を獲得することを目的とする解約告知

賃貸人は，より高額の賃料を獲得するために空間を住居以外の空間に改造して賃貸することを目的とする解約告知をすることができない（BGB 573 条2項3号）．この規定は，賃料増額を目的とする解約告知を排除するBGB 573条1項を補充するものであり，これによって賃料の増額は，当事者間の合意またはBGB 557条以下の定めに従ってされなければならないことを確実にしている（Blank/ Börstinghaus §573 Rn. 144）．

d　賃貸住居を住居所有権付住居に転換すること

賃貸人は，賃貸住居を住居所有権付住居に転換し，それを売却する意思を有することを理由に解約告知することはできない（BGB 573条2項3号）．この規定は，住居所有権付住居への転換とそれに伴う住居の譲渡によって賃借人が住居から排除されることに対する保護を目的としている（Blank/ Börstinghaus §573 Rn. 145）．

第3節　解約告知の方式

1　書面方式

事業用空間賃貸借関係を解約告知するには，何らの方式も要しない．住居賃貸借の解約告知は，書面方式が要求される（BGB 568条1項）．解約告知権者は，解約告知の意思表示を書面に記載し，かつ自分で署名もしくは公証人に公証された署名に代わる記号を記さなければならない（BGB 126条1項）．

2　解約告知理由の記載

賃貸人による通常の告知期間の定めのある解約告知は，解約告知の理由が解約告知書面に記載され，それが賃借人に通知されている場合にのみ，効力が生じる．解約告知書に記載されていていない理由は，解約告知書の送付以後に発生したもののみが，考慮される（BGB 573条3項）．これに対して，賃

借人がする解約告知について理由を付すことを要しない．正当な利益を審理するに際しては，書面に記載されている理由のみが考慮される．すなわち，解約告知書の送付時に既に発生していた理由は，解約告知書に記載されていなければ，考慮されないのである．賃貸人は，さらに，賃借人にはBGB 574条以下に定める異議権があることも，賃借人に告げなければならない（BGB 568条2項）．これらの規定は，賃借人の情報に対する利益の保護を目的とすると同時に，賃貸人がその法的な状況と解約告知が奏功するかを自ら分析できるようにすることも目的としている．

　解約告知書上の理由が，ただ単に法文を写しただけのものであったり，「自己必要があるため」と記載されているのでは，不十分である．解約告知書に記載されている理由の外に，解約告知書の送付以後に発生した解約告知理由は，考慮される（BGB 573条3項）．賃借人の情報に対する利益を保護するためである（BVerfG NJW 1992, 1979）．したがって，解約告知書には，大まかに本質的な生活状況における解約告知理由となるべき中心的事実が記載されていることが必要である．

3　個別の解約告知理由
　a　賃借人の義務違反を理由とする解約告知

　義務違反による解約告知の場合には，賃貸人は賃借人の行為を十分に正確に記述し，義務違反のあった時期，場所および詳細な事情を記載しなければならない（Rolfs, Staudinger §573 Rn. 195; Blank/ Börstinghaus §573 Rn. 180. これに対して，Häublein, Münchener Kommentar §573 Rn. 99 は，包括的記述でよいとする）．解約告知に先立って催告がなされていたときは，賃借人がこの催告到達後もなお同じ種類の義務違反行為を行っていたことが，解約告知書面から明らかにならなければならない．賃貸人が異議を述べた行為が催告後も継続されていたことが解約告知の要件であるから，賃貸人が催告書を告知書に添付しただけでは不十分とされる（LG Bonn WuM 1992, 18）．

　b　自己使用の必要を理由とする解約告知

　自己必要による解約告知の場合には，賃貸人は，住居を必要とするであろう者，住居を必要とする者の具体的事情を記載しなければならない．確認す

第 2 章　解約告知期間のある通常の解約告知 Ordentliche befristete Kündigung

ることができれば十分であるから，賃借人が，一定の者をBGB 573条 2 項 2 号に定める賃貸人の自己必要の範囲内にある者に分類することができる場合には，個別に名を挙げる必要はない．しかし，解約告知書面に単に家族構成員の一員と記載するのでは，不十分であって，親族関係の親等を記載しなければならない（LG Frankfurt WuM 2000, 606）．賃貸人が，現在の住居が狭小であることを主張する場合には，現在の居住状況を具体的に（部屋数，床面積）示さなければならない．単に狭すぎると主張するのでは，十分ではないとされる（Blank/ Börstinghaus §573 Rn. 181）．

　c　経済的活用を理由とする解約告知

BGB 573条 2 項 3 号の要件は，多層的で複雑であるから，解約告知の要件を解約告知の意思表示書面に網羅的に記載することは殆ど不可能である．ここでも，解約告知理由が導き出される事実が十分に正確に記載されなければならない．

　賃貸人が賃貸家屋・住居を空室状態にして売却する意図を有する場合には，解約告知書面に(1)賃貸人がそのような意図を有すること（他の方法による活用），(2)賃貸した状態では売却が不可能であること，もしくは損失を生じる恐れがあること（解約告知の必要性），(3)どのような理由から売却をするか（活用の適切性）および(4)売却しなかったときに生じるであろう具体的な不利益または賃貸している状態で売却したときに生じるであろう具体的不利益を記載しなければならない（Blank/ Börstinghaus §573 Rn. 186）．

　営業的な利用を意図しているときは，賃貸人は，解約告知書面に，賃貸家屋を自ら営業のために使用するか否か，またはそれを事業用空間として賃貸する意図を有しているか否かを記載しなければならない．自己使用は，活用を理由とする解約告知における基本的な理由として記載されなければならない．さらに，賃貸借関係を継続した場合にどのような人的不利益もしくは経済的不利益が生じるかを記載しなければならない（企業の収益状況および経済計算は公開されなければならない．Häublein, Münchener Kommentar §573 Rn. 101）．賃貸を意図しているときは，比較可能な経済（賃料収入）の計算を提出しなければならない．しかし，下級審ではこの計算を認める例は少ないとされる（Rolfs, Staudinger §573 Rn. 203; Häublein, Münchener Kommentar §573

Rn. 101)。

　建物を取り壊すことを意図している場合には，解約告知書面に取壊しの理由を記載しなければならない。さらに，賃貸人は，賃貸借関係を継続したときに生じるであろう不利益を記載しなければならない。住宅を新築することができるようにするために，老朽化した建物を取り壊さなければならないという記述は不十分だとされる（LG Kempten WuM 1994, 687）。また，賃貸人の経済的不利益を全く一般的に記述しているのも不十分だとされる（LG Berlin WuM 1996, 770）。賃貸人は，取壊しが現在の状態を維持するよりも経済的であることが分かるように記述しなければならない。

　用途変更 Zwckentfremdung〔用途変更とは，住居を事業用の空間として利用したり，営業用として賃貸したり，例えば，外国人労働者用に住居の中に賃貸ベットを設置したりすることである。〕が禁止されている市町村においては，取壊しのために用途変更の認可を得て，その事情を解約告知書面で述べられている場合にのみ，効力が生じる。建築認可ないし取壊認可を得ていることが，解約告知の前提となっているのではないから，用途変更認可書を解約告知書面に添付することは要しない。賃貸人の計画の現実化が，解約告知を正当化するか否かを判定できる段階に至っているかが問題なのである（Blank/ Börstinghaus §573 Rn. 190）。

　建物の再開発や現代化が計画されているときは，まず，その行為の範囲が十分正確に記載されていなければならない。すなわち，賃借人が，再開発ないし現代化措置の範囲から賃貸借関係の終了が必要だと判断できる状態に置かれなければならない。さらに，解約告知書面には，再開発ないし現代化措置の適切さや不利益が述べられていなければならない（Blank/ Börstinghaus §573 Rn. 191）。

第4節　解約告知の要件が緩和されている場合

1　賃貸人自ら居住する1家族または2家族用家屋内の住居の1戸を賃貸している場合

BGB 573条a第1項は，賃貸人自身が居住する建物内に住居が存し，かつ建物内には2戸を越えない住居が存するときは，賃貸人は，特別に正当な

第 2 章　解約告知期間のある通常の解約告知 Ordentliche befristete Kündigung

利益がないときでも解約告知することができると定める．賃貸人と賃借人が近接して共同生活を送ることから生じる緊張は賃貸人に特別な負担となってくるから，賃貸人はその生活の中心点の維持のために，正当な利益を主張することなく，賃貸借関係を終了させることができ，賃借人の保護は，告知期間の長期化することによって図られている（BGB 573 条 a 第 1 項 2 段）．ただし，告知期間を長期化することは賃貸人にとって不利なことであるから，賃貸人は，BGB 573 条 a と競合的に 573 条の適用，すなわち正当な利益があるときは BGB 573 条によって解約告知することを選択することもできる．

BGB 573 条 a は，573 条の例外規定であるから，厳格に解釈されるべきだとされている（Blank/ Börstinghaus §573a Rn. 2）．

2　緩和された解約告知の要件

a　建物の概念

賃借人と賃貸人が 1 棟の建物内にある住居に居住していなければならないが，その建物は，居住用の建物に限られるわけではない．事業用に使用されている建物の中に 2 戸の住居があるときに，そのうちの 1 戸の住居に賃貸人自らが居住している場合には，BGB 573 条 a が適用される（Begründung des Regierungsentwurfs zu §573a BGB, BT-Drucks. 14/4553）．

b　賃貸人自ら居住していること

BGB 573 条 a は，賃貸人自身が居住している建物 Gebäude の賃貸借（1 項）もしくは住居 Wohnung の賃貸借（2 項）に適用される．賃貸人は，部屋の一部を居住目的で利用していなければならない．営業目的で利用している場合には，緩和された解約告知権は認められない．

賃貸人が実際に住居を使用していなければならない．空き家状態になっている住居は，たとえそこを警察に届け出てあるとしても，また将来そこに入居する意図があっても，緩和された解約告知権は認められない．さらに，賃貸人は，当該住居に生活の中心を置いていなければならないと解されている（LG Berlin NJW-RR 1991, 1227; Rolfs, Staudinger §573a Rn. 10; Häublein, Münchener Kommentar §573a Rn. 5）．この見解によれば，別荘としてのみ使用さている場合には，解約告知をすることができないことになる．解約告知

241

の意思表示をした時に，賃貸人が，住居を使用していることが緩和された解約告知権の要件である．したがって，賃貸借契約締結後に，賃貸人が，入居してきた場合でも，この要件を充たす場合があり得る．賃借人の信頼を保護するために，賃貸人がその行為によって賃貸人自身は当該家屋に入居しないと信頼すべき事情を作出したときは，賃貸人が，住居を使用していても解約告知は認められない．賃借人が，賃貸人による自己使用があり得るということを考慮していなかったという事情は，保護されるべき信頼ということにはならない（Blank/ Börstinghaus §573a Rn. 16）．

　c　2戸を越えない住居

　建物内に2戸を越えない住居が存していなければならない．建物内に住居以外の空間が存在していても問題とはならない．賃貸人が賃貸している住居以外にいくつかの居住空間を有している場合には，取引通念上独立した住居とみなされるか否かが問題となる．税法上3家族用住宅として扱われていることは，問題とならない．

　2戸の住居以外に調理設備と便所の備わった空間が存在するときは，BGB 573条aは適用されない（LG Köln ZMR 1999, 560）．すなわち，住居Wohnungとは，その中で家計を営むことができる空間の総体であって，その中には常に台所または調理設備が備え付けられており，さらに給排水設備と便所が設置されているものである．さらに，家計を営むのに必要な供給設備（水道，電気）が備わっていれば，台所はなくても住居とみなされる（LG Lübeck WuM 1992, 616; LG Bonn WuM 1992, 24 等．Blank, Schmidt-Futterer §573a Rn. 14; Häublein, Münchener Kommentar §573a Rn. 11）．

　d　賃貸人自身が居住する住居内にある居住空間の場合

　賃貸人自身が居住する住居内にある居住空間を賃貸している場合にも，緩和された解約告知権は，認められる（BGB 573条a第2項）．居住空間に家具が備え付けられていない場合，もしくは居住空間が1家族のために継続して使用に供されていた場合に，実務上重要な意味を有するようになる．賃貸人は，この空間の賃貸借関係の終了に対する正当な利益が備わっていないときでも，解約告知をすることができるからである．

第 2 章　解約告知期間のある通常の解約告知 Ordentliche befristete Kündigung

3　解約告知期間

賃貸人が，BGB 573 条 a によって緩和された解約告知権を行使する場合には，解約告知期間は 3 ヵ月分延長される．したがって，法定の解約告知期間は，賃貸借の継続した期間に応じて最短で 6 ヵ月，最長は 12 ヵ月になる．特別の解約告知期間のある解約告知の場合には，解約告知期間は一律に 3 ヵ月である（BGB 573 条 d 第 2 項）．

4　解約告知の意思表示

解約告知書面には，BGB 573 条 a 第 1 項もしくは第 2 項の要件が充たされているから解約告知する旨が，表示されていなければならない（BGB 573 条 a 第 3 項）．

賃借人が口頭の意思表示によってまたは事前に書面で賃貸人が緩和された解約告知権を行使することを知らされていたとしても，解約告知書面には，上記の要件が充たされているから解約告知する旨を記載されていなければならない．賃貸人が，解約告知書面送付後に要件が充たされた旨通知した場合には，BGB 573 条 a による新たな解約告知がなされたとは解されない．

賃貸人側に BGB 573 条に定める正当な解約告知利益がある場合には，BGB 573 条 a によって解約告知するか，BGB 573 条によって解約告知するかを選択することができる．ただし，両方の解約告知を同時に行うことはできない．賃貸人は，どちらの解約告知を選択したかを解約告知文書から読み取れるようにしなければならない．

第 5 節　一部解約告知

1　序

賃貸人は，居住の用に供されていない空間または敷地の一部について，解約告知がその空間もしくは敷地部分に限定され，そこに賃貸用住居を築造もしくは新築する，または現存の住居もしくは敷地上に付属室を設置するためにその部分を使用する意思をもっている場合には，BGB 573 条に定める正当な利益がなくても解約告知することができる（BGB 573 条 b 第 1 項）．この規定は，住宅建設政策上望ましい屋階の増改築，または空き地における住居

243

建設に資することを目的としている．BGB 573 条と BGB 573 条 b は競合するものであり，賃貸人はいずれの規定に基づく解約告知を選択することができる（Blank/ Börstinghaus §573b Rn. 1-2）．

2　要　　件

a　適用領域

BGB 573 条 b は，住居賃貸借にのみ適用され，事業用空間賃貸借には適用されない．それも期間の定めのない賃貸借に適用されるとするのが通説である（Blank, Schmidt-Futterer §573b Rn. 4; Häublein, Münchener Kommentar §573b Rn. 4）．

b　解約告知の対象

一部解約告知は，居住の用に供されていない空間（非居住空間）または敷地部分について行うことができる．

非居住空間は，賃借人の住居の外側に存在していなければならず，かつ，賃貸借契約によって居住の用に供しない旨定められたものでなければならない．この空間が，従たる空間であるかが問題となる．特に，地下室，洗濯室，住居の外に設置されている物置，屋根裏部屋，乾燥室，ガレージなどが，非居住空間と認められる（Blank/ Börstinghaus §573b Rn. 5）．

敷地部分は，住居とともに賃貸されている駐車場もしくは庭である．

c　解約告知の目的

一部解約告知は，賃貸人が賃貸に供する目的で住居を築造するという使用目的を有していることを要件とする．しかし，従前は住居として利用されていなかった現存する空間を改築するために一部解約告知することはできないが，さらにこのような空間を増改築して住居を築造する場合でも，一部解約告知をすることもできない．新築された住居は，独立して賃貸されうる完結した単一体でなければならない．現存の賃貸住居を増築する場合には，一部解約告知をすることができない（Blank/ Börstinghaus §573b Rn. 9）．

賃貸人が事業用空間を築造する意図を有する場合には，一部解約告知は，認められない（Blank/ Börstinghaus §573b Rn. 11）．

増改築は，建築法上許可されるものでなければならない．建築許可は解約

第 2 章　解約告知期間のある通常の解約告知 Ordentliche befristete Kündigung

告知の意思表示をしたときに得ていなければならないものではないが，賃貸人が，即時にその許可を得ることができることを計算に入れていることが必要である．すなわち，解約告知期間の経過までには建築許可が得られる十分な可能性がなければらない（Blank/ Börstinghaus §573b Rn. 12）．

　賃貸人によって築造された住居は，賃貸されるものでなければならない．賃貸人が自己の使用する住居を拡張する目的または自己使用のために住居を新築する目的で一部解約告知をすることはできない（Blank/ Börstinghaus §573b Rn. 13）．

　　d　解約告知の形式

　賃貸人は，住居全体について解約告知することはできず，非居住空間についてのみ解約告知することができる．この限定は，解約告知の意思表示において明示されていなければならず，またこの意思表示は，書面でされなければならない（BGB 568 条 1 項）．解約告知の意思表示では，BGB 573 条 b 第 1 項の要件が充たされていることを明示していなければならない．特に，具体的な建築計画，建築法上の許可および住居を賃貸の目的で築造することを記載していなければならない．

　　e　解約告知期間

　賃貸借関係の継続期間にかかわらず，解約告知は暦月の第 3 仕事日までにすることができ，翌々月の末日が経過すると効力を生じる（BGB 573 条 b 第 2 項）．賃貸人は，解約告知期間経過後直ちに建築を開始しなければならない．建築開始が遅れた場合には，賃借人は，遅滞している期間に応じてその期間分の賃貸借関係の延長を請求することができる（BGB 573 条 b 第 3 項）．賃貸人は，延長期間後に改めて解約告知をすることは必要ではない．

　　f　賃料の引き下げ Senkung, Herabsetzung

　賃借空間を返還した後は，賃借人は，賃料の適切な引き下げ Senkung, Herabsetzung を請求することができる（BGB 573 条 b 第 4 項）．賃料の減額 Minderung と異なり，賃料の引き下げの効果は法定的に生じるものではなく，賃借人による賃料の引き下げ請求がなければならない．賃料引き下げについて解約告知書面の中で記していたか否かにかかわりなく，また引き下げ額が書かれていたときでも，その額が適切か否かにかかわりなく，一部解

約告知の効力は生じる．しかし，この規定は，不適切であるとする見解がある．すなわち，賃借物に瑕疵もしくは権利の瑕疵がある場合に，BGB 536 条は賃借人のために法定的に賃料を減額しているのに対して，BGB 573 条 b 第4項は賃借人が請求しなければならないとしているから，賃借人が引き下げ請求権を知るのが遅れた場合には，賃貸人にとっては BGB 536 条よりも有利になるからである．そこで，有力な学説は，次のように解している．つまり，この引き下げ請求権は，賃料に関する合意の変更に対する賃借人からの申込みであり，賃貸人はこれを承諾しなければならない（Rolfs, Staudinger Kommentar §573b Rn. 21; Blank/Börstinghaus §573b Rn. 21）．賃料引き下げの効力は，賃借空間を明け渡した後に請求したとしても，賃借空間を明け渡した時に遡及して生じるとされる（Rolfs, Staudinger Kommentar §573b Rn. 21; Häublein, Münchener Kommentar §573b Rn. 17; Blank/Börstinghaus §573b Rn. 23）．

第3章　特別の即時解約告知

　当事者の一方が契約上の義務に違反し，そのために他方の当事者に契約関係の継続を期待することができなくなった場合に，ドイツ民法は，特定の場合について賃貸借関係の即時解約告知を認めており，そのことは，BGB 543条と569条において定めがなされている．ただし，543条は全ての賃貸借に適用されるが，569条は住居賃貸借にのみ適用される．即時解約告知の範囲をこれらの規定よりも賃借人にとって不利益となる拡張をすることは，住居の賃貸借については認められない．

第1節　一般的解約告知理由

1　重大な理由

　ドイツ民法は，543条1項において各当事者は，重大な理由に基づいて賃貸借関係を特別に即時に解約告知することができる，と一般的な規定を置いている．重大な理由とは，個別の事例におけるあらゆる事情，特に契約当事者の帰責の事情を考慮しても，また両当事者の利益を衡量しても，解約告知期間経過までもしくは賃貸借関係のその他の仕方による終了まで賃貸借関係を継続させることを賃貸人に期待できないことである（BGB 543条1項2段）．
　次に述べる場合に，特に重大な理由が，あるとされる（BGB 543条2項）．
　a　契約の基礎の破壊
　厳格な解釈をした場合でも，契約当事者の行為によって解約告知権者に継続を期待し得ないほどに債務関係を支えている信頼の基礎が破壊されて，契約の継続が危険に瀕している場合には，即時解約告知のための重大な理由が存在する（Blank/Börstinghaus §543 Rn. 7; Blank, Schmidt-Futterer §543 Rn. 163）．この解約告知は，契約当事者自身が契約の基礎を破壊することを前提とするものではなく，配偶者のような近親者やこれに類する近接した人的領域にいる者の行為も重大な理由となる．また，解約告知権者が，契約に則していない行為をしている場合でも，解約告知できないわけではない．これら全ての事情を考慮に入れて，信義則に従って両当事者の利益を衡量して解約

247

告知の可否を決する．

  b　賃料の支払いの遅滞

　正当な理由もなく賃料支払期限を徒過しており，それが賃貸人の意思に反する場合には，常に，契約に反していることになる．賃貸人が過去において賃料支払いの遅滞を受忍していた場合には，契約違反行為を，賃貸人は，受容していたということになり，黙示的に契約内容の変更が生じたと認められるから，支払いの遅滞は正当化されることとなる（Blank/ Börstinghaus §543 Rn. 10）．

　賃料支払いの遅滞が持続する場合にのみ，重大な理由が存することになる．すなわち，賃料支払いの一時的な遅滞は，賃貸借関係の継続を期待し得ないほどのものではないと考えるわけである．どの程度支払遅滞が繰り返されたときに，重大な理由となるかについて，判例は明確な基準を示していないが，1年間に6回以上遅滞したときは，賃料支払遅滞が持続しているものと推認されている（BGH WuM 1970, 77）．

　1回の賃料支払遅滞があったときでも，賃貸借関係の継続をもはや期待することができないほどに賃貸人の権利や利益に重大な影響を与える他の事情が生じた場合にのみ，解約告知をすることができる（BGH WuM 1970, 77）．この判定は，当事者間の利益衡量によって行われるが，その際に，特に賃貸人の処分利益を考慮すべきである．例えば，賃貸人の収入状況が悪化している場合もしくは期限通りに賃料を受領することを前提にして賃貸人も継続的債務を弁済することにしている場合である．賃借人が，十分な資産を有するのに，期限通りに賃料を支払わないのは，その行為から賃借人が賃貸人の利益を故意に無視していると認められ得るから，賃借人にとって不利に働く事情となる．他方，①賃借人が低所得である，もしくは困窮状態にある場合，②賃借人が賃料前払いの合意をしたが，労働賃金が月半ばにおいて支払われるために，約定通りに前払いできない場合，③賃借人が賃借物件に高額な資本の投下をした場合，④賃借人が時々期限前に賃料を支払っていた場合等の事情は，賃借人に有利に働く事情である．

　賃料支払いの遅滞について賃借人の帰責事由は必要ではないが，帰責事由の有無は，利益衡量をする場合に重要な基準となる．この解約告知をすると

きは，必ず，催告を先にしなければならない（Blank/Börstinghaus §543 Rn. 13）．

c 債務の履行拒絶

賃借人が決定的，確定的に債務の履行を拒絶する場合は，原則として，BGB 543条1項に定める重大な理由があることになる．したがって，賃借人が賃料を支払う意思がないと表示したときは，BGB 543条2項1段3号に定める場合を除いて，賃貸人は，解約告知をすることができる．

事業用空間の賃貸人は，賃借人が敷金を交付しない場合には，BGB 543条1項によって解約告知することができる（BGH NZM 2007, 406）．賃貸人が敷金の交付がないことを理由に解約告知をするためには，賃貸人自身も契約に則して行為をしていることが前提である．

住居賃貸借の場合には，かつては賃貸人は敷金の交付がないことを理由に一般的に解約告知することができないとするのが有力説であった（Sternel, Mietrecht, Rn. Ⅳ 514; Martius in: Bub/Treier, Handbuch der Geschäfts- und Wohnraummiete, 3 Aufl. 1999, Rn. Ⅲ 760）．しかし，近時は，賃料の1ヵ月分を超える敷金の交付を遅滞している場合には，賃貸人は催告をした上で解約告知をすることができるとする学説が強くなってきている（Blank, Schmidt-Futterer §543 Rn. 179; Bierber, Münchener Kommentar, 2008, §543 Rn. 12; Sternel aktuell, Rn. Ⅻ 81）．

運営費精算書を受領した後に，賃借人が運営費の残額の支払いを拒絶したときは，一方では，追加請求し得る額によって解約告知の問題が生じ，他方では，支払不履行を理由に解約告知の問題が生じる．追加請求額が，賃料の1ヵ月分を超えないときは，一般に，解約告知をすることができない．

d 侮辱，不快な中傷，誹謗，脅迫，暴力，住居侵入等

侮辱，不快な中傷，誹謗，脅迫，暴力，住居侵入は，犯罪行為であるが，同時に，契約当事者，その代理人もしくは家屋管理人，または他の家屋居住者に対してこれらの行為をすることは，契約違反行為でもある．しかし，この契約違反行為が，他方当事者に賃貸借関係の継続をもはや期待することができないほどに重大ではないときは，解約告知をすることができない．侮辱，誹謗および脅迫があった場合には，契約継続を期待することができない

ほどに重大であると認められることが，多いとされる．ただし，この場合にも，通常は催告することが必要である（BGB 543条3項1段）．

 e 住居所有権付住居への変換，現代化，売却等をきっかけとする賃貸人との意見交換

賃借人は，正当とみなされる賃借物件に対する利益を守る権利を有する．賃借人からみて，賃貸人が契約違反行為を開始したと認めるに足りる十分な理由が存する場合において，賃借人が，その利益を保護するために損害賠償を請求したときは，原則として違反行為に異議を述べることはできない（OLG München ZMR 1997, 458）．

賃借人が，これを公開することも許される．さらには，賃借人は，その住居の窓に横断幕やポスターを貼ることもできる．

 f 契約当事者を犯罪者として届け出ること

手段の適切性の原則が遵守されていないときは，検察もしくは警察に犯罪として届け出をすることも，BGB 543条1項に定める重大な契約違反になる．個別の事情を考慮して，解約告知を認めるかは，判定される（Blank/Börstinghaus §543 Rn. 25）．

 g 不愉快な行状

賃借人の不愉快な行状は，それが持続的に家屋内の平穏に影響を及ぼす場合には，解約告知の理由となり得る．賃借人がアルコール中毒になっていて，再三再四酒を飲んで家屋に入ってくるという事情は，それ自体は重要ではないが，飲んで騒ぐ場合は，重大なものと解される．賃借人の行状・行為によって賃借物件の評判を悪くする場合，悪くなるのではないかと危惧される場合は，解約告知の理由がある．賃借人が住居を荒れるにまかせている場合には，BGB 543条2項2号による解約告知の問題となる（後述3参照）．

 h 説明義務違反

賃借人は，自ら賃料を支払うことができないことを知っているときは，賃貸借契約を締結してはならない．この問題がまだはっきりしていないとき，例えば，社会福祉事務所が賃料支払債務を引き受けてくれるかが，はっきりしない場合には，賃借人は，このことを賃貸人に告げなければならない．賃貸人にとって重要である事情も，同様に賃貸人に告げられなければならない．

しかし，給付能力について単に疑念があるということだけでは，説明義務は，生じない．したがって，賃借人はその収入の状況や財産状態を賃貸人に説明する義務を負わないことになる．

賃借人が説明義務に違反した場合には，賃貸人は，BGB 543 条 1 項によって解約告知をすることができる (Blank/ Börstinghaus §543 Rn. 29)．賃貸人も，同様に契約締結にとって特別に重要な事情および法律関係を説明する義務を負う (BGH NJW 2000, 1714, 1718)．賃貸人がこの義務に違反したときは，賃借人は，解約告知をすることができる．

 i 受忍義務違反

賃貸人には，一定の場合に賃借人の住居に立ち入る，もしくは履行補助者を立ち入らせる権利がある．賃借人は，これを受忍しなければならないが，しかしこの行為によって解約告知をすることはできない（通説）．

 j 賃貸人の契約違反

賃貸人が合い鍵を用いて賃借人の住居に立ち入ったり，暴力的に立ち入ろうとするような，法律上禁止されている自力救済行為をした場合には，賃借人も，BGB 543 条 1 項によって解約告知をすることができる．

2　賃借物件の不引渡しもしくは剥奪 (BGB 543 条 2 項 1 号)

賃借人は，賃借物件の使用の全部または一部を適時に供与されなかった場合もしくは剥奪された場合には，解約告知のための重大な理由があることとなる (BGB 543 条 2 項 1 号)．具体的には次のような場合である．①賃借家屋が約定した期日に引き渡されなかった場合．②賃借家屋は約定期日に引き渡されたが，瑕疵があった場合．③契約で約定された状態と異なる状態で賃借家屋が賃借人に引き渡された場合．④引き渡された賃借家屋を賃貸人もしくは第三者が賃借人から剥奪した場合，あるいは官庁によって賃借家屋の利用を禁止された場合．⑤賃貸借関係の継続中に瑕疵が発生した場合である．いずれの場合にも，賃借人は，解約告知権を取得する (Blank/ Börstinghaus §543 Rn. 42)．

3　賃借物件の危殆化

賃借人が注意義務を怠って賃借物件を著しく危険にさらしたこと，または

権限のない第三者に使用を委ねたことによって，賃貸人の権利を著しく損なった場合には，賃貸人は，解約告知をすることができる（BGB 543条2項2号）．

　a　注意義務の懈怠

　解約告知のための要件は，①賃借人の契約違反行為としての注意義務の懈怠と，②それによって生じた行為の結果として，賃借物件が著しい危険にさらされることである．この要件事実要素は，累積的に存在しなければならない．

　法定の注意義務および瑕疵通知義務（BGB 536条c）に反した場合，または契約上賃借人が引き受けた修繕・保守義務違反の場合に，注意義務の懈怠があるとされ得る．もっとも，義務違反によって賃借物件が著しい危険にさらされることも要件である（Blank/ Börstinghaus §543 Rn. 67-68）．

　b　賃貸人に無断で第三者に賃借物件の使用を委ねた場合

　賃借人が，賃貸人の同意なしに第三者に賃借物件の使用を委ねることによって賃貸人の権利を著しく損なった場合には，賃貸人は，重大な理由に基づいて即時に解約告知をすることができる．重大な理由に基づく解約告知をするについて，この規定の要件事実の要素は，①賃借人の契約違反行為としての無断使用委譲および②そのことから生じた行為の結果として，賃貸人の権利に対する著しい侵害である．この要件事実要素も，累積的に存在しなければならない．

　無断で使用を委ねた場合としては，賃借空間の全部または一部の転貸および居住共同体 Wohngemeinschaft の設立を目的として第三者を賃借空間に受け入れる場合がある．

　賃貸人に無断で第三者に賃借空間の使用を委ねた場合には，原則として，賃貸人の権利の著しい侵害である．賃借人が特約によってもしくは BGB 553条1項によって法律上，賃貸人に同意付与請求権を有する場合にも，賃借人が使用の委譲前に賃貸人の同意を得なければならない．同意を得なかったときは，契約違反であるが，通常は，賃貸人の権利の著しい侵害はないものとされる（Blank, Schmidt-Futterer §543 Rn. 73; Emmerich, Staudinger §543 Rn. 41）．

4 賃借人の賃料支払遅滞（BGB 543条2項3号）

BGB 543条2項3号では，①相互に連続する2ヵ月分の賃料全額もしくは少なからざる額の賃料の支払をを遅滞した場合，または②2ヵ月分の賃料に相当する額の賃料の支払が遅滞し，その期間が2ヵ月を越える場合には，重大な理由があるものとされる．

a 賃料の概念

BGB 543条2項3号にいう賃料とは，まず第一に法律上許容されかつ契約上の債務となっている額の基本賃料である．さらに，前払運営費もしくは包括運営費も含むものである．支払遅滞による解約告知権は，精算期間が経過して，精算費目に変化が生じてもこれによって消滅することはない．先払いされるべき運営費の支払い遅滞が2ヵ月分の賃料額に相当する場合にも，解約告知することができる．この場合に，賃借人が基本賃料について遅滞していることは必要ではない（Blank/ Börstinghaus §543 Rn. 82-84）．

運営費の精算から生じる後払運営費は，BGB 543条2項3号にいう賃料ではない．建設協力金 Baukostenzuschüss，前払賃料もしくは敷金のような特別な給付は，賃料ではない．すなわち，BGB 543条2項3号は定期的，回帰的に支払われる金銭支払いに適用されるのである（Blank/ Börstinghaus §543 Rn. 87）．

b 遅　滞

賃借人が，合意した日時に賃料を給付しないときは，遅滞に陥る（BGB 286条）．給付すべき日時は法律（BGB 556条b第1項）もしくは約定から明らかとなる（BGB 586条2項）から，通常の場合には，特に，催告を要しない．賃料額が賃貸人による計算によって初めて明らかになる場合は，例外である．この場合には，賃借人に計算書が送達され，相当な検算期間を経過したときに，初めて遅滞に陥る（BGH ZMR 1971, 27）．

別段の合意がないときは，賃借人は，賃料を自己の責任において，自己の費用で賃貸人の住所において賃貸人に支払わなければならない（BGB 270条1項）．この場合には，適時性の問題に関連して，給付行為の実行と給付の結果の発生（履行）とを区別しなければならない．遅滞が開始するのは，給付行為時が基準となるのであって，給付の結果の発生時期ではない（Blank/

Börstinghaus §543 Rn. 91)．

　支払不能について賃借人に帰責事由がないときでも，給付義務は免除されないという一般的に承認されている法原則，すなわち債務者は金銭不足に帰責事由がないときもその危険を負担しなければならないという原則は，賃料についても適用される．したがって，失業や病気のように賃借人に帰責事由のない経済的給付能力の欠如の場合にも，賃借人は，経済的困窮を理由とする賃料支払遅滞に責任を負わなければならないから，履行遅滞となる（BGHZ 36, 345）．

　履行補助者による支払いの遅滞についても，賃借人は，責任を負わなければならない．履行補助者には，賃借人から委託を受けた銀行，郵便局および賃借人のために賃料支払を行う社会福祉事務所が含まれる（Blank/ Börstinghaus §543 Rn. 94）．

　一般的に，遅滞の危険は賃貸人が負担し，損失の危険は賃借人が負担する．したがって，賃借人が適時に銀行に振替の依頼をしたが，銀行が振替を遅滞したとき，もしくは誤って別の口座に振り替えてしまった場合には，賃借人は遅滞の責任を負わなくてもよい．賃借人が依頼した銀行の過失によって賃料が賃貸人の口座に振り替えられなかった場合には，賃借人は損失の危険を負担するから，もう一度賃料を給付しなければならない（BGB 270条1項, Blank/ Börstinghaus §543 Rn. 95）．

　　c　解約告知権の成立

　解約告知権は，BGB 543条2項3号の要件が充たされたときに発生し，この要件事実は，解約告知の意思表示が到達するまで存在していなければならない．いったん発生した解約告知権は，翌月には遅滞の状態が軽減されたとしても，存続している．すなわち，解約告知の意思表示の到達時まで遅滞の状態であることは要求されていない．解約告知権は，賃貸人が完全に満足を得たときに，消滅する（Blank/ Börstinghaus §543 Rn. 114）．

　賃貸人は，賃料支払請求の訴えを提起することなく，原則として直ちに解約告知をすることができる（BVerfG NJW 1989, 1917）．すなわち，賃貸人は，賃借人に催告する必要はないのである．賃借人が，長期にわたって賃料の一部少額について遅滞していた場合で，かつその総額が解約告知をするに十分

な額に達している場合には，このことを賃借人が認識してないときでも，解約告知をすることができる．

　　d　解約告知権の排除

　賃貸人が解約告知の賃借人への到達前に完全に債権の満足を得ていた場合には，解約告知をすることができなくなる（BGB 543条2項2段）．この場合に，満足を得ることが要件であるから，賃貸人は，第三者——例えば，社会福祉事務所——による賃料支払いを拒絶することはできない．

　一部給付は，解約告知権の行使に影響を与えない．ただし，賃貸人が一部給付を受領した場合には，解約告知権の行使に影響が生じる．すなわち，賃貸人が賃借人の賃料支払準備状況を考慮して解約告知する意思を有していなかった場合であって，支払と解約告知の間に長い期間が経過した場合である．この場合には，賃貸人が，一部給付を受領する際に，即時解約告知権を明示的に留保していた場合には，解約告知をすることができる（Blank/Börstinghaus §543 Rn. 120）．

　賃貸人は，遅滞している賃料分について敷金から満足を得る義務はない．敷金は，賃貸人の全ての請求権を担保するものだからである．しかし，賃貸人は，敷金から遅滞している賃料分を差し引くこともできる．この場合には，賃借人に敷金の再提供を請求することができる．賃借人は，賃料債権と敷金返還債権の相殺を主張することはできない．敷金返還債権は，賃貸借関係終了後に弁済期が到来するからである（Blank/ Börstinghaus §543 Rn. 122）．

　　e　事後支払における解約告知の効力の喪失

　賃貸人が，明渡請求訴訟の係属開始から2ヵ月（猶予期間）経過するまでに満期となった賃料について満足を得た場合には，解約告知の効力は生じない（BGB 569条3項2号）．解約告知の効力は，事後的な履行によっても法定的に遡及して失われる．この規定は，住居賃貸借にのみ適用される．

　　f　公的機関による賃料債務の引受けによる解約告知の効力の喪失

　公的機関が賃料を給付する義務を履行した場合も，賃料債務の履行があったことになる（BGB 569条3項2号1段）．ここでいう公的機関とは，社会福祉事業所，住宅補助金 Wohngeld 事務所および全ての公法上の地域団体（連邦，州，市町村，市町村組合），公法上の法人，公法上の企業および財団並び

255

に公法上の地域共同体である．

BGB 569 条 3 項 2 号 1 段による解約告知の効力喪失という法律効果が発生するためには，公的機関が，履行義務を引き受けることが要件であるから，債務の引き受けの意思表示をするだけで十分である．この意思表示は，猶予期間内に賃貸人に対してされなければならない．この債務引き受けの意思表示は，明確でなければならず，かつ未払い分全額に及ぶものでなければならない．

  g 賃料増額後における賃借人の解約告知保護

BGB 558 条から 560 条までの規定によって賃料増額の判決がなされたときに，賃料増額の効力は賃料増額請求到達時から起算して 3 暦月の開始時に生じるから（BGB 558 条 b），賃借人は履行遅滞になる場合がある．この場合について，BGB は，増額判決から 2 ヵ月が経過する前においては，賃貸人は，原則として解約告知をすることができないと定める（BGB 569 条 3 項 3 号）．この解約告知禁止期間経過前になされた解約告知は，効力を生じない．

5　健康の危険

賃借住居を使用することが健康に著しい危険を及ぼす状態である場合には，住居賃借人は，即時に解約告知することができる（BGB 569 条 1 項 1 段）．事務所，店舗，工場，飲食店，ホテルのように人が滞在することが契約上の用法と定められている空間の賃借人も，同様に解約告知権を取得する（BGB 578 条 2 項）．

賃貸借契約締結時に健康に危険な状態を認識していたときでも，この解約告知権を放棄していた場合でも，賃借人は，解約告知をすることができる（BGB 569 条 3 項 2 号 2 段）．

健康に危険な状態であるかは，現在の医学的・技術的見地から客観的基準に従って判断される．判断の基準時は，解約告知の意思表示が到達した時である（Blank/ Börstinghaus §569 Rn. 10）．

住居賃貸借の場合には，解約告知は書面でしなければならない（BGB 568 条）．その書面には，解約告知の理由が記載されていなければならず，賃借人は，危険であることを立証しなければならない（Blank/ Börstinghaus §569

Rn. 20).

6 家屋内の平穏の妨害

当事者のいずれかが家屋内の平穏を持続的に妨害する場合には,当事者双方ともに,即時に解約告知することができる（BGB 569条2項）.

この解約告知の要件は,①当事者の一方が家屋内の平穏を妨害すること,②妨害が持続していること,③持続する妨害によって契約の継続が期待され得なくなったこと,④解約告知をする前に妨害の停止を催告したこと（BGB 543条3項）,⑤解約告知権者は,妨害を知った後,適切な期間内に解約告知の意思表示をしたこと（BGB 314条3項）である.

各賃借人は,賃借空間の使用に際して,具体的事情によっては不可避的である程度を越えた侵害を他の賃借人に及ぼさないように行為しなければならない.賃貸人も同様の義務を負う.家屋内の平穏を維持する義務に違反し,それによって賃貸人もしくは他の賃借人が侵害された場合に,家屋内の平穏が妨害されたことになる.家屋内の他の居住者が妨害者の行為によって侵害されることが,常に要件とされるから,他の居住者が妨害と認識していない場合には,侵害はないことになり,また,近隣居住者に対する妨害は,家屋内の平穏の妨害ではない（Blank/ Börstinghaus §569 Rn. 23-24）.

妨害は持続的なものでならないから,散発的な妨害では,要件を満たさないことになる.

妨害によって解約告知権者に賃貸借関係の継続を期待することができない場合に,解約告知をすることができる.継続を期待できるか否かは,思慮分別のある平均人の感情が基準となる.したがって,嫌悪感とか,煩わしいという感情から解約告知をすることはできない.賃貸人が解約告知をする場合には,賃貸借関係継続に対する賃借人およびその家族構成員の利益と賃貸人の終了に対する利益が,比較衡量されなければならない.この衡量に際しては,当該場合における全ての事情,特に当事者の帰責事由を考慮しなければならないとされる（Blank/ Börstinghaus §569 Rn. 27-28）.

第4編　賃貸借関係の終了

第2節　催　　告

　原則として，重大な事由を除去するために定められた適切な期間を徒過し，もしくは，催告が功を奏しなかった後に，即時解約告知をすることができる（BGB 543条3項1段）．この規定は，賃貸借契約上の義務違反に基づく全ての即時解約告知に適用される．ただし，BGB 543条2項3号による賃料支払遅滞を理由とする解約告知については，催告を要しない（BGB 543条3項3号）．

　催告は，口頭でも書面によってでもすることができる．催告の文言からは，どの契約違反について賃貸人は異議を述べているか，またどの契約違反を将来的に差し止めたいと考えているかが分かるものでなければならない．

　賃借人の契約違反が，賃貸人に賃貸借関係の継続を全く期待し得ないほどに著しい場合には，例外的に，催告は不要と解されている．賃借人の行為によって賃借空間が危険に陥っているであろう場合，または，賃借人が契約違反行為を繰り返すであろうことが危惧される場合が，これに当たる（Blank, S. 538）．

第3節　解約告知の意思表示における理由付け

　住居賃貸借について，BGB569条4項は，BGB543条による特別即時解約告知の場合において解約告知を導き出す重大な理由を解約告知書面（BGB 568条1項）上に示さなければならない，と定める．この規定は，第一に，解約告知理由を示すことを要件とすることによって賃借人の権利防御をより容易にして，賃借人の保護することを目的としている（Blank/ Börstinghaus §569 Rn. 98）．

　事業用空間賃貸借については，適用がないから，理由を示すことなく解約告知をすることができる．

　複数の理由に基づいて解約告知をする場合には，解約告知書面に全ての理由が記載されていなければならない．解約告知書面に記載されていない理由は，考慮されない．したがって，解約告知の意思表示をした後に新たに解約告知の理由が発生したときは，解約告知の意思表示をした者は，訴訟におい

てその理由を追加することはできず，むしろ別に解約告知をする必要がある（Blank/ Börstinghaus §569 Rn. 99）．

　賃料支払遅滞による解約告知の場合には，賃貸人が解約告知書面に理由として賃料支払遅滞と記載し，遅滞している賃料総額が記載されているときは，事実関係については簡単明瞭に述べられいるのみで十分だとされている．いつから遅滞に陥ったとか，何月分の賃料を遅滞しているといった個別の事情を示す必要はないとされている（BGH WuM 2004, 97）．

　賃料遅滞以外の契約違反による解約告知の場合には，解約告知権者は，解約告知受領者のどの行為について異議を述べたかを正確に記載し，行為の時間，場所および詳細な事情を述べなければならない．解約告知の前に，催告がされている場合には，解約告知受領者が，催告後もさらに同種，同等の契約違反行為を行っていることが解約告知書面から明らかになっていなければならない．解約告知書面において前の催告書面に記載されていた異議事由を引用しているのみでは，不十分だとされる．なぜならば，解約告知の要件は，催告によって異議が述べられた行為が，催告後も継続されていることだからである（Blank/ Börstinghaus §569 Rn. 103）．

　いくつかの契約違反行為が重複していて，解約告知される場合には，個別の契約違反行為を実態に即して解約告知書面に記載しなければならない．

第4編　賃貸借関係の終了

第4章　法定明渡猶予期間付特別解約告知

　賃貸人および賃借人のために，住居賃貸借か，事業用空間賃貸借かを問わず，法定明渡猶予期間付特別解約告知の制度が定められている．猶予期間は，賃貸借関係の期間の長短にかかわらず，一律に3ヵ月と定められている（BGB 573 条 d，580 条 a 第 4 項）．

第1節　賃貸人からの解約告知

1　賃借人が死亡した場合におけるその相続人に対する賃貸人の解約告知権

　賃借人が死亡して，賃借権を承継する者（配偶者，生活パートナー，家計を共同にする家族構成員等，BGB 563 条，563 条 a，詳細は後述第 5 編第 2 章参照）がいない場合に，この特別解約告知権が，賃貸人のために発生する（BGB 564 条）．実務的には，住居賃貸借の場合に，賃借人が孤独死したときに，特に重要であるといわれる（Blank/ Börstinghaus §564 Rn. 4）．

　BGB 564 条は，賃借人が死亡したときに，BGB 563 条によって賃借権を承継する者もしくは 563 条 a によって賃貸借関係を継続する者がいない場合には，相続人が賃貸借関係を承継し，この場合に，賃借人の相続人も賃貸人も，賃借人の死亡した時もしくはそのことを知った時から 1 ヵ月内に法定明渡猶予期間付で賃貸借関係を承継しない，もしくは，継続しない旨の告知をすることができる，と定める．

　この解約告知について正当な利益が存することは要件とはならない（BGB 573 条 d 第 1 項）．1 ヵ月の期間は，賃貸人が，相続人全てを知った時から起算する．この場合には，賃貸人は無為に過ごすことなく，相続人を見つけ出すように努力しなければならない．特に，遺産裁判所から情報を得る義務があるとされ，努力を怠った場合には，賃貸人は解約告知権を失う（OLG Hamm WuM 1981, 263）．住居賃貸借の場合には，解約告知は書面でなされなければならない．

　BGB 564 条は強行規定ではないから，賃貸人の解約告知権を契約において排除することができる（BGH NJW 1997, 1695）．

260

第4章　法定明渡猶予期間付特別解約告知

2　BGB 563条による死亡した賃借人の特別承継人に対する賃貸人の解約告知権

　賃貸人が死亡したときには，その配偶者，生活パートナー，子，その他賃借人と生計を共同にしていた家族構成員，生計を共同にしていたその他の者が賃貸借関係を承継する（BGB 563条1項，2項）．この場合に，承継人に重大な理由があるときは，賃貸人は，最終的な承継人を知った時から1ヵ月内に法定明渡猶予期間付解約告知をすることができる（BGB 563条4項）．賃貸人に承継人との賃貸借関係の継続を期待することができない場合であって，その理由が，承継人の個人的人格にある場合には，重大な理由がある．帰責事由は，必要ではない．例えば，承継人が家屋内の平穏を妨害するであろう場合，もしくは，賃借物件を毀損するおそれがあり，既に以前にそのような行為をしていた場合には，重大な理由が，あることになる．承継人が賃貸人と仲が悪い場合，あるいは素行が悪い場合も，同様に重大な理由となり得る（Blank/ Börstinghaus §563 Rn. 64）．

　この場合にも，解約告知は，書面でなされなければならない（BGB 568条1項）．解約告知は，賃貸借関係の承継人を賃貸人が知った時から1ヵ月内にされなければならない（BGB 563条4項）．

3　30年を超える期間を定めた賃貸借関係における賃貸人の解約告知権

　賃貸借契約が30年を越える期間で締結された場合に，賃貸借関係を各当事者は，賃借物件の引渡後30年が経過すると，特別に法定明渡猶予期間付解約告知をすることができる（BGB 544条）．

　賃貸人もしくは賃借人の生存期間を賃貸借の期間とする場合には，この解約告知権は排除される（544条）．

　期間の定めのない賃貸借の場合には，賃借人が30年以上賃借物件を占有していても，賃貸人に解約告知権は発生しない．

4　地上権が消滅した後の土地所有者の解約告知権

　地上権者が建物を賃貸していた場合に，地上権が消滅したときは，地上建物が土地に付合することによって土地所有者に建物所有権が帰属するから，土地所有者は，賃貸借関係も承継することになる（BGB 566条，578条，地上

261

権法 Erbbaurechtsgesetz 30条1項）．地上権が期間満了によって終了した場合には，土地所有者は，3ヵ月の法定明渡猶予期間付で解約告知をすることができる．この解約告知は，2つの期日においてしか行使できない．すなわち，例えば，5月10日に地上権が消滅した場合には，第1期日である6月の第3仕事日もしくは第2期日である7月の第3仕事日に解約告知しなければならないとされる（地上権法30条2項）．ただし，住居賃貸借の場合には，解約告知は書面でなされなければならず，かつ，土地所有者側に BGB 573条に定める正当な利益が，備わっていなければならない（BGB 573条d第1項）．

賃借人は，土地所有者に対して解約告知権を行使する意思を有するか否かを，相当な期間を定めて催告することができる．この期間が経過したときは，解約告知をすることができなくなる．地上権が，期間満了前に終了したときは，この特別解約告知権は，発生しない（Blank, S. 545）．

5　強制競売

賃貸住居が強制競売された場合に，その競落人は，賃貸人の地位を承継する（強制競売および強制管理に関する法律（以下，ZVG と略す）57条，BGB 566条〔売買は賃貸借を破らず〕）．この場合に，競落人は特別解約告知権を取得するが（ZVG 57条a），解約告知は，第1期日にしなければならない．例えば，5月10日に強制競売によって住居を競落した者は，6月の第3仕事日に解約告知をしなければならないのである．強制競売の期日と法定解約告知期日との間が特に短い場合には，裁判所は，約1週間の熟慮期間または検査期間を認めている（OLG Düsseldorf ZMR 2003, 177）．この期間は，賃貸人が，必要とする賃貸の状況に情報を得るためのものである．

住居賃貸借の場合には，この特別解約告知権を賃貸人が行使するためには，正当な利益がなければならない（BGB 573条d第1項，Häublein, Münchener Kommentar §573d Rn. 5; Blank, Schmidt-Futterer §542 Rn. 142）．

第4章　法定明渡猶予期間付特別解約告知

第2節　賃借人からの解約告知

1　賃借人の相続人の解約告知権

　賃借人が死亡したときには，賃借人の相続人も，賃借人の死亡を知った時から1ヵ月内に賃貸借を解約告知することができる（BGB 564条）．複数の相続人がいる場合には，全員が相続開始を知った時から期間は起算され，全員で解約告知権を行使しなければならない．

2　死亡した賃借人の配偶者および家族構成員の解約告知権

　複数の者が共同して住居を賃借している場合に，賃借人の1人が死亡したときは，生存賃借人が，賃貸借関係を継続する（BGB 563条a）．生存賃借人は，賃借人の1人の死亡を知った時から1ヵ月内に賃貸借関係を特別に法定明渡猶予期間付で解約告知することができる（BGB 563条a第2項）．この場合には，解約告知について理由は必要とされない．生存賃借人が複数の場合には，全員で解約告知権を行使しなければならない．

第3節　賃貸借当事者が破産した場合における解約告知

1　賃借人の破産

　賃借人が破産した場合には，不動産および空間の賃貸借関係は，破産財団との間で存続することになる（破産令 Insolvenzordnung 108条1項）．破産管財人は，期間の定めのある賃貸借にも適用される特別解約告知権を取得する（破産令109条1項1段）．破産管財人が特別解約告知権を行使したときは，賃貸人は，期間満了前に賃貸借契約が終了したことによって生じた損害の賠償を請求することができる（破産令109条1項3段）．賃貸人は，この種の特別解約告知権を有しない．

2　賃貸人の破産

　賃貸人が破産した場合には，賃貸借関係は継続される（破産令108条1項2段）．この場合には，賃借人にも，破産管財人にも解約告知権は，発生しない．破産管財人は，民法の一般原則に基づいて，すなわち，住居賃貸借の場合には，正当な利益があるときにのみ（BGB 573条），解約告知をすることができる．

263

第 4 編　賃貸借関係の終了

第 5 章　賃借人の保護

　住居賃貸借においては，賃貸人の解約告知が賃貸人の正当な利益を考慮しても，賃借人にとって苛酷となる場合には，賃借人は，一定の期間または期間の定めなく賃貸借関係を継続するように請求することができる（BGB 574 条，いわゆる「社会的条項 Sozialklausel」）。ただし，この保護は，住居の賃借人にのみ認められ，事業用空間の賃借人には認められない。この規定は，社会的賃貸借法 soziales Mietrecht の中核部分であり（Rolfs, Staudinger §574 Rn. 1），所有権の社会的義務を規定したものである（Häublein, Münchener Kommentar §574 Rn. 1）。

第 1 節　社会的条項による賃借人保護

1　序

　住居の賃借人は，賃貸借関係の終了が賃借人にとって特に苛酷となる場合には，通常の告知期間付解約告知もしくは法定期間付の特別解約告知に対して異議を述べて，賃貸借関係の継続を請求することができる。ただし，賃借人の義務違反による特別即時解約告知がなされて賃貸借関係が終了する場合，または賃貸人が即時解約告知をすることができる理由が存在する場合には（BGB 543 条 1 項，2 項 2・3 号．569 条），賃借人は，異議を述べることができない。

2　要　　件

a　賃貸人の解約告知

　賃借人の異議の前提として，賃貸人が，解約告知をしていなければならない。有効な解約告知がされていなければならない。解約告知の効力が生じないときは，賃貸借関係は継続しているからである。解除 Rücktritt，取消し，賃貸借廃棄契約等の解約告知以外の賃貸借終了事由には，BGB 574 条は適用されない（通説）。

b　賃借人にとっての苛酷

　賃貸借関係の終了が賃借人にとって苛酷となるものでなければならない。

ただし，転居が面倒であるとか，受け容れがたいとか，費用がかかるということでは不十分であって，多くの事情を総合して考慮しなければならないとされる (Rufs, Staudinger §574 Rn. 23; Häublein, Münchener Kommentar §574 Rn. 9)．苛酷事由は，異議を述べた時および解約告知期間の経過時に存在していなければならない (Rufs, Staudinger §574 Rn. 24; Häublein, Münchener Kommentar §574 Rn. 9)．苛酷事由は，継続して存する場合もあり，一時的な場合もある．

苛酷は，賃貸借の終了によって生じる経済的不利益，健康上の不利益，家族の不利益および賃借人の個人的な不利益などが考慮される．職業上の影響がある場合も，考慮に入れられる．この不利益は，絶対的に確実性をもって生じるものである必要はなく，若干の蓋然性をもって予見される場合であれば，十分である (Blank/ Börstinghaus §574 Rn. 20)．

苛酷としては，賃借人，その家族もしくはその他の賃借人の世帯に属する者にとっての不利益が考慮される．賃借人が複数の場合には，そのうちの1人にとって苛酷事由が生じれば，異議を述べることができる．この場合，各賃借人が異議を述べることができ，1人の賃借人が述べたときは，賃借人全員のために賃貸借関係は継続されることになる (Blank/ Börstinghaus §574 Rn. 22-24)．

不利益は，賃貸人の正当な利益を考慮しても正当化されないものである．個別的な問題について，以下に述べる．

(1) 代替住居の欠如

㋐ 適切な代替住居

負担可能な条件で入居できる適切な代替住居を見つけることができなかった場合には，苛酷事由が存在する（BGB 574条2項）．苛酷事由が存在すると認められる場合は，当該市町村は住宅不足の状態にあるということではなく，賃借人が解約告知期間（明渡猶予期間）が経過するまでに具体的に代替住居を見つけることができないという場合である．したがって，賃借人は，代替住居を見つけるために必要なことをする義務がある．この義務を履行しない賃借人は，代替住居がないという苛酷事由を主張することができない (Blank/ Börstinghaus §574 Rn. 30-31)．

代替住居を探す義務は，原則として，解約告知が到達した時から発生する．

賃借人が代替住居を探す範囲であるが，住宅市場の状況によるが，しかし賃借人の個人的事情も考慮に入れられるべきである．通常は，賃借人の居住する地域の新聞に住居を求めている旨の広告を出すことで十分だとされる．また，しばしば，大規模住宅企業に空室となっている住居がないかを尋ねることでもよいとされる．適切な住居が負担可能な条件で賃貸に出されている場合には，賃借人は，当該賃貸人と連絡を取り，賃借のための交渉をすべきである．ただし，賃借人の年齢，収入状況から住宅市場において賃借人が不利な立場にあるときは，市町村の住宅局を訪れることで義務を履行したことになる（Blank/ Börstinghaus §574 Rn. 32）．

適切な代替住居という概念は，客観的要素と主観的要素からなるものである．客観的要素としては，賃借住居が人間らしい居住を可能にするものであることが要求される．このことは，賃借人が，従前は非常に劣悪な設備の住居で生活していた場合も，同様とされる．最低の設備，すなわち，電気・水道が住居内には常に備わっていなければならない．さらに，賃借人は，代替住居がその種類，面積，設備，性状および立地について従前の生活環境に相応するものであることを請求することができる．基本的に，賃借人は，従前の居住事情よりも本質的に劣悪になることを受け容れる必要はない．ただし，居住事情を本質的に改善するように請求することもできない（Blank/ Börstinghaus §574 Rn. 34）．

代替住居は，原則としては，当該市町村の領域全体から見つけ出されなければならないが，賃借人が高齢である場合に，その者が長期にわたり特定の住宅地区に居住し，そこに根を下ろしていると認められるときは，例外として，代替住居の探求をその住宅地区内に限定することができる（OLG Karlsruhe NJW 1970, 1746）．親族を世話するため，もしくは親族の世話を受けるために，親族の住宅の近所に居住しなければならない場合も，同様である（LG München WuM 1989, 296）．

(イ)　負担できる条件

負担できる条件とは，契約条件のことであり，第一に問題となるのは賃料の額である．代替住居の賃料額が住居の価値に相応するものであり，賃借人

がその家計の事情からして支払可能である場合に，負担可能であるといえる．ただし，代替住居の賃料額は，賃借人が従前支払っていた額より高額であってもよい．負担不可能な条件の場合には，賃借人は，代替住居に関する賃貸借契約の締結を拒絶することができる．負担可能か否かの判断においては，住宅補給金法に基づいて公的補給金を請求できるかも考慮される．賃料額が，その地域において通常 ortsüblich の賃料の額を明らかに超える場合は，負担可能ではない．賃借人が，一時的に失業状態にあり，賃料を支払うことができない状況も，苛酷となり得る（Blank/ Börstinghaus §574 Rn. 36）．

　賃借人は，個人的事情もしくは経済的事情から期待することができない場合を除いて，代替住居を見つけるために継続的に努力する義務がある．

　賃借人は代替住居を探すためにした努力の範囲を主張，立証しなければならない．この立証は，個別具体的にされなければならない（Blank/ Börstinghaus §574 Rn. 38）．

　(ウ)　賃貸人の代替住居提供義務

　賃借人に帰責事由がなく，賃貸人には正当な利益があるが，しかし，賃貸人は十分な面積のある住居を有するという事情の下で解約告知がなされた場合には，賃貸人は，賃借人に代替住居を提供する義務があるのではないか，と考えられている．特に，大規模賃貸人は，信義則上（BGB 242条），賃借人に代替住居を提供することが必要であろう（Blank/ Börstinghaus §574 Rn. 40）．提供された代替住居が適切であり，負担可能な条件である場合には，賃借人は，賃貸人の提供した代替住居を拒絶することはできない．

　(2)　高齢者の場合

　賃借人が高齢であるという事情のみでは，苛酷事由とはならない．同一賃借住居に居住し続けているだけでは，苛酷事由と認められる例は，少ない．同様に，高齢であるが，健康で十分な収入を得ている賃借人は，代替住居を見つけることは困難ではないとされ，苛酷事由を肯定されない．

　賃借人が居住期間が長く，その賃借家屋や住宅地区に特に強く根を下ろしていると認められる場合には，多くの場合，老人特有の無力症，変化に対する恐怖，もしくはその他の病気と結合して明渡しが不能となる場合もある．賃借人の健康状態または一般的生活状態が引っ越しによって著しく悪化する

であろう場合は，賃貸人の返還を受ける利益を超える特に重大な苛酷事由が存在すると認められ，明渡不能（Räumungsunfähigkeit）とされて，賃貸借関係は，期間の定めなく継続される．この事情を認定する判例は，極めて多い（Blank/ Börstinghaus §574 Rn. 42）．

また，明渡不能事由がない場合でも，賃借人が高齢であるために代替住居を探すのが困難であるときは，苛酷であると認められる．先にの述べたように，賃借人は，従前から居住している住宅地区でのみ代替住居を探すことが認められる．また，賃借人は，年齢に適した住居に限定して探すことができる（Blank/ Börstinghaus §574 Rn. 43）．

(3) 病気および障害

賃借人が，病気で明渡しをすることが困難である場合には，苛酷事由が存するとされる．肉体的病気も精神上の病気も苛酷事由となり得る．賃借人が，肉体的もしくは精神上の病気のために代替住居を見つけることができず，転居できない場合または賃借人の健康状態もしくは一般的生活状態が転居によって著しく悪化するであろう場合には，明渡不能であると認められる（BVerfG NJW-RR 1993, 463）．

病気によって一時的に転居が困難である場合には，賃貸借関係は，一定期間継続されることになる．病気から何時回復するか予測できない場合には，期間の定めなく継続されることになる（BGB 574 条 a 第2項2段）．

病気のために転居することが期待できない場合には，賃貸借関係は，賃貸人にとって明渡に対する特別に重大な利益がない限り，期間の定めなく継続される（Blank/ Börstinghaus §574 Rn. 45）．

(4) 妊　娠

賃借人もしくは賃借人の家族構成員が出産間近であり，そのために代替住居を探すのが困難であること並びに一般的な肉体および精神上の負担は，特別な苛酷事由とみなされる．出産直後の状態も同様にものと解される．賃貸借関係は，出産に伴う困難さが除去されるまで継続する（LG Stuttgart WuM 1991, 1007）．

(5) 職業上の困難もしくは学業上の困難が生じる場合

賃借人に職業上継続的に著しい負担が生じるのみでは，苛酷事由とはなら

ない．すなわち，賃借人が仕事のために代替住居を探す時間が持てないということを理由とする代替住居の欠如だからである．しかし，賃貸借関係が約定通りに終了した時点で異常に著しい負担を負うことになるときは，苛酷となる（OLG Köln NJW 1968, 1834）．この原則は，試験前の学生に適用され，同様のことは，養成専門教育終了時の試補見習いの場合や賃借人の子どもが転校することが困難であったり，試験に困難な事由が生じる場合も，適用される．一般的に，就学義務のある子を有する賃借人は，学校が休暇中であるとき以外は，転居しなくてもよいという原則が適用される（Blank/Börstinghaus §574 Rn. 50）．

(6) 中間的転居

賃借人が代替住居を見つけてはいるのだが，賃貸借の約定終了時にはそこの入居できず，その後に入居できる状態である場合には，この間の中間的に他所に転居しなければならないことから生じる個人的および経済的負担は，特別の苛酷と評価される（LG Mannheim NJW 1964, 2307）．

(7) 利益衡量

苛酷事由が生じている場合には，苛酷事由は，賃貸人の正当な利益と評価し，衡量されなければならない（BGB 574 条 1 項 1 段）．利益衡量を行う場合には，賃借人の賃貸借存続の利益と賃貸人の住居の返還を受ける利益とを比較しなければならないとされ，その際に，契約の終了が賃借人にどのような影響を及ぼすか，および契約の継続が賃貸人にどのような影響を及ぼすかが，重要であるとされる．

連邦憲法裁判所は，経済的使用を意図していることを自己使用の意思があることよりも軽く評価する傾向があり，したがって，経済的利益は，身体および生命の危険に劣後するという結論が導き出される（Häublein, Münchener Kommentar §574 Rn. 22）．すなわち，賃貸人に経済的必要性があっても，賃借人の健康のほうが優先するということである（Blank/ Börstinghaus §574 Rn. 60）．

賃貸人の正当な利益は，解約告知書面に記載されている事由のみが比較衡量の対象となる．その他の事由は，解約告知書面の発信後に生じた事由のみが考慮されることになる（BGB 574 条 3 項）．

第4編　賃貸借関係の終了

　賃借人が異議を述べることができるのは，賃貸人の正当な利益に比較して賃借人の苛酷事由のほうがより重い場合である．賃貸人の正当な利益のほうがより重い場合には，賃借人は異議を述べることができないのはもちろんであるが，賃借人の苛酷と賃貸人の正当な利益が同等の重さであるときも，異議を述べることはできない（Rofs, Emmerich/ Sonnenschein §574 Rn. 46; Blank/ Börstinghaus §574 Rn. 60）．

　　c　解約告知に対する異議

　賃借人が解約告知に対して異議を述べることも，要件である．この異議も，書面で述べなければならない（BGB 574条b第1項1段）．異議を述べるときには，それに関する理由を付することは要求されていないが，賃貸人の請求がある場合には，異議の理由を遅滞なく賃貸人に通知すべき旨の規定がある（BGB 574条b第1項2段）．しかし，この規定は，賃貸人の通知請求権を根拠づけるものではないと解されている．賃借人の間接義務 Obliegenheit である．明渡訴訟において，賃借人が，苛酷さの理由を述べて勝訴したときは，賃貸人に訴訟費用を負担させ得るから（ZPO 93条b第1項，3項），理由を述べることは重要であるといわれる（Blank, Schmid-Futterer §574b Rn. 3）．

　異議は，賃借人が賃貸借関係終了の遅くとも2ヵ月前に賃貸人に対して述べなければならない（BGB 574条b第2項1段）．

　賃貸人は，賃借人に対して異議を述べることができること，およびそれを書面でしなければならないことを適時に指示すべきである（BGB 568条2項）．賃貸人の間接義務であって，解約告知の効力には影響を与えないが，適時にこの指示がなされなかったときは，賃借人は，明渡訴訟開始期日に異議を述べることができる（BGB 574条b第2項2段）．

　異議を述べるべき期間は除斥期間ではなく，むしろ，時期に遅れた異議は賃貸人の抗弁事由となる．すなわち，異議が適時に述べられなかったときは，賃貸人は賃貸借関係の継続を拒絶することができるとのみ規定されていることからも，抗弁といえる．賃貸人の抗弁がないときは，口頭弁論終結時までに述べられた異議が裁判所において考慮されることになる（Blank, Schmid-Futterer §574b Rn. 10）．

3 異議の効果

a 期間の定めのある賃貸借の継続

賃借人の異議は，自動的に解約告知を無効にするような法形成効を有するものではない．異議は，賃貸借関係の継続請求権を生じさせるのである（BGB 574条1項）．この請求は，当事者の合意によって実現されうるものであるが（BGB 574条a第1項1段），合意が成立しない場合には，裁判所が賃貸借関係の継続を決定する（BGB 574条a第2項1段）．この規定は，賃貸借関係の継続が当事者間における納得ずくの合意によることを前提としている．したがって，継続請求は，賃貸借関係の継続に関する契約の申込みであり，賃貸人は承諾義務を負っている（Rolfs, Staudinger §574a Rn. 4-8; Häublein, Münchener Kommentar §574a Rn. 5）．

当事者間で合意が成立しないときは，賃貸人の提起した明渡訴訟において賃貸借関係の継続について，その期間および契約条件も含めて，判決によって決定される（BGB 574条a第2項1段）．賃貸借関係の終了を苛酷とする事由が消滅する時期を予見することができないときは，期間の定めのないものとして継続されることになる（BGB 574条a第2項2段）．賃借人の終身の間において苛酷事由が存続する場合には，その賃借人の生存期間に賃貸借関係の継続を限定することを法は予定していないから，期間の定めのないものとして継続しなければならない（OLG Stuttgart NJW 1969, 1070）．

b 契約条件

原則として，従前の契約条件のままで，賃貸借関係は継続される．ただし，従前の契約条件で賃貸借関係を継続することが賃貸人に期待できない場合には，賃借人は，契約条件を適切に変更するときにのみ継続を請求することができる．賃借人の利益のためにのみ契約条件を変更することはできない（Blank, S. 569f.）．

第2節 明渡猶予期間

1 判決による明渡猶予期間

賃借人に対する明渡請求を認容する判決をする場合には，裁判所は，申立に基づきもしくは職権で判決の中で相当な期間明渡しを猶予することができ

る（ZPO 721条）．明渡猶予期間を許与するための要件は，法律では十分に規定されていない．実務では，代替住宅が見つからず，かつ猶予期間を認めることに対する異議に重大な理由がない場合には，原則として明渡猶予期間を許与している．他方で，例えば，賃借人が賃料の支払と使用利益の賠償をしない場合，もしくは特に重大な契約違反を理由に解約告知された場合には，明渡猶予期間は，認められない（LG Münster, WuM 1991, 5633）．

賃借人が即時解約告知をされたという事情だけでは，明渡猶予期間が認められない理由とはならない（LG Berlin WuM 1992, 139）．過去においては賃料支払いの遅滞があった，もしくは賃借人が一部しか履行しなかったという事情があっても，明渡猶予期間は認められる（LG Aachen, WuM 1990, 216）．賃借人がその経済状況の悪化ゆえに代替住居を探すことが困難と認められる場合にも，明渡猶予期間は，許与されうる．しかもこの場合には，長期の猶予期間が認められている（LG Mannheim, WuM 1990, 307）．

明渡猶予期間の長さは，利益衡量によって定まる．この利益衡量において考慮されるべき事情は，住居の返還に対する賃貸人の利益，住宅市場の状況，解約告知から口頭弁論までの期間の長さ，賃借人が居住していた期間，賃借人の責めに帰すべき事由によって賃貸借が終了するのか否かという問題，賃借人が使用利益の賠償をすることが予見されるか否かという問題，もしくは義務教育を受けている児童が明渡猶予期間が経過するまで従前の学校に通うことができるという事情等である．

通例は，明渡判決において最初に3ヵ月～7ヵ月の明渡猶予期間が認められる．これより長い明渡猶予期間が認められることは，極めて稀である．

裁判所は，最長1年までの期間で複数回にわたり明渡猶予期間を延長することができる．期間延長は，遅くとも明渡猶予期間満了の2週間前までに申し立てなければならない．

延長の決定をする場合の基準は，賃借人が明渡猶予期間中に代替住居を探す義務を履行していたかである．このことは，賃借人が証明しなければならない．

明渡猶予期間の短縮を，賃貸人は，申し立てることができる．特に，賃借人が使用利益の賠償を支払わない場合もしくは即時解約告知の理由となり得

る契約違反に陥った場合に，申立が認められる．

賃借人は，法的な利益がないときは，期間の短縮を申し立てることはできないが，代替住居を見つけて，転居できる状態になったときは法的利益があるといえる（Blank, S. 560ff.）．

2 和解による明渡猶予期間

裁判上の和解において，賃借人が明渡の義務を負ったが，代替住居が見つからないために，和解で認められた期間内に退去することができないときも，裁判所は，明渡猶予期間を許与することができる（ZPO 794 条 a）．この場合には，契約において合意している明渡猶予期間は，最長期間の計算においては考慮に入れない．例えば，賃貸人が賃借人と契約において 1 年の明渡猶予期間を合意していた場合には，裁判所は，さらに 1 年の猶予期間を許与することができる（Blank, S. 562）．

第 3 節　執行からの保護

執行裁判所は，賃借人の申立に基づいて，良俗に反する強制執行を制限，撤回，中止もしくは一時停止することができる（ZPO 765 条 a）．この規定は，住居賃貸借だけではなく，事業用空間賃貸借にも適用される．

債権者の保護の必要性を完全に評価しても，強制執行が全く別の事情から，良俗に反する苛酷となる場合に，執行からの保護が認められる．遅滞なく明渡しを受けることに対する賃貸人の利益と予定通りの執行が賃借人に与える影響との利益衡量によって，苛酷か否かが決せられる．賃貸人および賃借人の家族およびその他の世帯構成員の利益も同様に考慮される（Blank, S. 563f.）．

1 賃借人の苛酷事由
a 健康または生命の危険

執行が，賃借人の健康または生命を危険に陥らせる場合には，良俗に反する苛酷が存することになる．生命および身体の不可侵に対する権利（連邦基本法 2 条 2 項 1 段）は，債権者の明渡に対する利益に優先する．しかし，このことは，必ずしも，強制明渡が生命の危険もしくは健康の危険が具体的

に生じる可能性があるときは中止されなければならないということを意味するのではない．ここでは，賃貸人の利益も考慮に入れなければならない（OLG Köln ZMR 1993, 336）．しかし，その場合には，賃借人の利益に高い価値が認められているから，賃貸人の利益は，それが特に著しく重要だと認められない限り，後退させられる（Blank, S. 564f.）．

　b　ホームレス化の急迫

ホームレス化は，賃借人にとって良俗に反する苛酷を意味する．秩序ある行政を行っている市町村においては，通常，このような事態は生じない．なぜならば，役所が，代替住居のない賃借人を従前居住していた住居に収容するか，もしくはホームレス宿泊所に宿泊させるからである（Blank, S. 565）．

　c　生活の危殆化

期日どおりの明渡しが，生活を破滅させるか，危殆化させるときは，特別な苛酷事由が存在すると評価すべきであるとされる．例えば，労働による収入が主たる収入源である場合おける，職場の喪失が問題となる（Blank, S. 565）．

　d　中間転居の必要性

賃借人は代替住居に入居できる見込みはあるが，それが直ちにではなく，やがて入居できるという場合には，判例は原則として ZPO 765 条 a に定める苛酷があると判断している（LG Osnabrück WuM 1980, 256; LG Münster WuM 1977, 194）．

　e　救済を受けていない者

自己に関する事柄を処理することができない者に対して，強制明渡がされた場合には，強制明渡は良俗違反である．通常は，世話 Betreuung の要件を充たす者について，このことが生じる．被世話人は，成年に達していて，精神病または肉体的障害，知的障害もしくは精神的障害によって自己に関する事柄の全部または一部を管理することができない者であって，世話裁判所が申立に基づきもしくは職権で世話人を付した者である（BGB 1896 条 1 項）．この場合には，世話人 Betreuer が，強制手続における権利保護手段をとらなければならない（Blank, S. 565f.）．

f 妊　　娠

賃借人または賃借人の親族が出産間近であるときは，明渡しに際してそのために生じる困難さならびに肉体的もしくは精神的負担を理由として，原則として執行からの保護を受けることができる．出産直後も同様である（Blank, S.566）．

2　賃貸人の利益

強制執行中止の決定をする場合には，明渡に対する賃貸人の利益全体を考慮しなければならない．

賃料債務が履行されていないという事情は，執行からの保護を与えることの妨げとはならない．もっとも，賃借人が，もしくは賃借人のために第三者が，将来の使用利益損失の賠償の準備をしている，もしくはできる状態にあることが，確実でなければならない．

執行からの保護を認めることについて，原則として，債務者が将来の使用利益損失の賠償を支払うことができない，もしくは支払う意思がないことは考慮には入れない．しかし，執行障害が生じ得ることは考慮されるべきである．すなわち，債務者の財産上の給付能力を考慮することなく執行を中止しなければならない重大な執行障害である．債務者の生活が危殆に瀕する場合もしくは重大な健康上の不利益を被るおそれがある場合が，それである．

賃貸人が契約違反を理由にBGB 543条1項，569条2項によって解約告知をし，これを理由とする明渡しの訴えが認容された場合に，同時に，賃貸人に賃貸借関係の継続を要求し得ないことも確定する．このことは，執行からの保護を認める際に考慮されるが，そのために一般的に執行からの保護が，排除されるわけではない．

賃貸人自身が住居を緊急に必要としているという事情は，執行からの保護に関する決定をする際に，賃貸人に有利となる事情として考慮されるべきである．双方の利益が等しい場合には，賃貸人の利益が，優先されるべきであると解されている（Blank, S.566f.）．

3　執行からの保護の申立

賃借人は，執行からの保護の付与に対する申立をしなければならない．申

立は，書面で執行裁判所に提出され，または事務局の書記に口頭で表示されなければならない（ZPO 496条）．執行裁判所は，区裁判所であり，弁護士強制はない．賃借人は，一定期間の明渡猶予を請求することができるが，裁判所の裁量に委ねることもできる．

この申立は，明渡期限の2週間前にしなければならない．ただし，申立期間後に保護事由が発生した場合または賃借人の責めに帰すべからざる事由によって適時に申立ができなかった場合は，この限りではない．

賃借人が，苛酷事由は存在するを，執行裁判所に適時に申立をすることができなかったと信ずべき事情がある場合には，執行官は，執行裁判所の決定が出るまで強制明渡を延期することができる（Blank, S. 567f.）．

第6章　賃貸借の合意解約による賃貸借関係の終了

第1節　自由な合意による賃貸借解約契約
Mietaufhebungsvertrag

1　契約の成立

　賃貸借解約契約も，契約であるから，当然のごとく，申込みと承諾によって成立する．賃借人または賃貸人が複数いる場合には，解約契約は共同して全員でしなければならない．複数いる賃借人の1人が契約から離脱し，他の賃借人とは賃貸借関係を継続する場合も，全ての当事者が共同して賃貸借契約締結をしなければならない．賃借人または賃貸人が離婚する場合に，この問題が生じる．賃貸借から離脱しようとする賃借人が，残存賃借人と共同せずに契約から離脱するときは，残存賃借人が契約上の義務を負担することになる（Blank/ Börstinghaus §542 Rn. 155）．

　賃貸借解約契約は，登記されていない家屋の譲受人と賃借人との間で締結することもできる．ただし，この場合の解約契約は，賃貸人も加わった三面契約でなければ，効力を生じない．登記をするまでは，契約上の権利は，なお賃貸人に帰属しているからである．登記後は，家屋譲受人が権利を主張できることになる（Blank/ Börstinghaus §542 Rn. 156）．

2　契約の内容

　意思表示に表意者が拘束される意思を有することを十分な明確さをもって表示されている場合にのみ，この意思表示は，賃貸借解約契約締結に対する申込みと認められる．しかし，実際には，代替賃借人が見つかった場合に，賃貸人は，契約の期間満了前の解約を承諾するという意味であることが多い．すなわち，①賃借権の譲渡 Weitervermietung をさせるために賃貸借解約契約の申込みをする場合と，②賃借人が代替賃借人を指名したときに効力を生じる賃貸借解約契約の締結の申込みをする場合とがある．

　①の場合には，賃貸人は，拘束力のある申込みしていないから，賃借人を賃貸借契約から離脱させるか否か，どのような条件で離脱させるかは自由に

決定することができる.

②の場合には，賃貸人の意思表示は，賃借人が明示的もしくは黙示的に承諾することができる条件付賃貸借解約契約の締結に対する拘束力ある申込みと認められる．したがって，賃借人が現在の賃貸借契約を引き受けるか，もしくは従前の条件で新たな賃貸借契約を締結する用意のある，適切な代替賃借人を指名したときに，賃貸借解約契約は，効力を生じる（Blank/ Börstinghaus §542 Rn. 158）.

第 2 節　賃貸借解約契約の締結に対する賃貸人の義務

1　法律による賃貸借解約

原則として，賃借人は，期間満了前に賃貸借契約からの解放を請求する権利を有しない．例外的に，賃貸人が，信義則上（BGB 242 条），賃貸借解約契約の締結義務を負う場合もある．連邦通常裁判所によると，賃借人が正当な利益を有し，賃貸人に適切で，期待に応えうる代替賃借人を指名する場合には，賃借人は，期間満了前に賃貸借関係から離脱することを請求することができる（WuM 2003, 204）．さらに，賃借人の解約に対する利益は，賃貸人の契約継続に対する利益を明瞭に著しく上回るものでなければならない（OLG Karsruhe NJW 1981, 1741; Blank/ Börstinghaus §542 Rn. 161）.

　　a　契約解約に対する賃借人の正当な利益

賃借人が，質的に良好，安価，交通至便等の理由から，または，賃借人にとって経済的により良好適切な住居に入居したいという理由から退去しようとする場合には，正当な利益は認められない（OLG Karsluhe a.a.O.）.

事業用空間の賃貸借の場合には，賃借人がその業務を賃借空間から自己所有の不動産のなかに移転する意図で解約しようとするときは，正当な利益は否定される（OLG Düsseldorf MDR 1994, 1008）.

賃借人が，自己の居住状況を変更する目的をもって意図的にもたらしたものではない結果からすると，賃借人に当該住居に居住し続けることを要求できない場合には，正当な利益が認められる（OLG Karsruhe a.a.O.）．例えば，重篤な病気，職場の変更および家族の増加等がこれに該当する．また，賃借人が年齢的理由から老人ホームに転居しようとする場合，家族の人数が減少

した場合，高齢になって収入が減少した場合も挙げられている．また，離婚あるいは生活パートナーが離縁した場合も同じである．

事業用空間の賃貸借では，賃借人がその事業を売却した場合，または事業拡大のために賃借空間がもはや狭小である場合等である．

賃貸人が，賃貸借解約契約締結の義務を負うかは，賃貸人の賃貸借の存続に対する利益を衡量することによって決せられる．例えば，賃貸人が約定された期間満了後について具体的な利用計画を立てていた場合には，存続の利益が大きいと認められる．これに対して，賃貸人が賃料収入の獲得だけを目標にしているときは，存続の利益は小さいものと認められる（Blank/ Börstinghaus §542 Rn. 164）．

賃貸借の残存期間が長ければ長いほど，賃借人の正当な利益は，重くなり，これに対して，残存期間が短ければ，賃借人は契約から離脱することはできない．この原則は，解約に対する具体的利益に関係なく適用される（Blank/ Börstinghaus §542 Rn. 165）．

b　後継賃借人 Nachmieter（代替賃借人 Ersatzmieter）

賃借人は，後継の賃借人を見つけてこなければならない．この要件は，賃借人が，既存の賃貸借契約を承継する用意がある，もしくは賃貸借の継続をする旨の契約を締結する用意のある後継賃借人を指名することである．

期間の定めのある賃貸借の場合には，後継賃借人が，既存の賃貸借関係を承継しなければならない．したがって，賃借人は，賃貸人に対し後継賃借人と期間の定めのない賃貸借をする旨を請求することができない．賃貸人が，期間を定めるについて本来有していた利益が消滅したときは，この限りではない．解約契約の締結義務が消滅すると，直ちに，代替賃借人は，変更の申込みをすることができるが，賃貸人はこの交渉を拒絶することができる（Blank/ Börstinghaus §542 Rn. 166）．

これに対して，期間の定めのない賃貸借契約の解約告知期間を短縮するために，解約契約が締結された場合には，後継賃借人は，賃貸人と新規の期間の定めのない賃貸借契約を締結する用意をしていなければならない（Blank/ Börstinghaus §542 Rn. 167）．

賃借人は，後継賃借人の信頼性また経済的な給付能力を判断するために，

賃貸人が必要とする後継賃借人個人に関する情報を提供しなければならない．住居賃貸借の場合には，賃借人の氏名，住所，家族関係および職業に関する情報を提供することで十分だとされる（Blank/ Börstinghaus §542 Rn. 168）．

　後継賃借人は，期待可能な者でなければならない．期待可能であるか否かは，すべての事情を考慮して判断されるべきであるが，後継賃借人の家族環境および経済事情からして正常な契約の履行を行うことが確実である場合に，期待可能であると認められる．これに対して，後継賃借人の経済的理由から，賃料の支払い能力を有することが保証されないときは，期待可能性がないことになる．転貸の目的もしくは賃借空間の一部を営業用に使用する目的を有する者を，賃貸人は，後継賃借人として受け容れる必要はない．同様に，事業用空間の賃貸人は，居住目的を有する者を拒絶することができる．賃貸人が，高齢の夫婦のみとか，子どものいる家族にのみ賃貸するという意思を有している場合には，この意思は尊重される．後継賃借人が，外国人であることのみを理由に賃貸人は拒絶することはできない．後継賃借人を拒否する事実的事情については，賃貸人が主張，立証しなければならない．非婚の男女を後継賃借人とすることを宗教上の信念のみを理由に拒絶することはできない（Blank/ Börstinghaus §542 Rn. 170）．

　c　契約終了の時期

　賃借人は，上述した要件が満たされた場合には，後継賃借人が入居の準備を調えた時に賃貸借関係から離脱することを請求することができる（LG Hamburg WuM 1980, 235）．

　d　解　約　請　求

　賃借人は，賃貸人に対して契約の解約 Aufhebung を請求しなければならない．解約請求は，賃貸借の解約契約締結の申込である．解約請求は，要式行為ではない．解約請求は，期間満了前に契約を終了させる理由が明らかにしてしなければならない．賃借人は，賃借人を期間満了前に賃貸借関係から離脱させる義務を負うかを，賃貸人が判断できるように，賃貸人にその理由を事実に即して十分に述べなければならない．代替賃借人の人柄についても，賃借人は十分正確に述べなければならない（Blank/ Börstinghaus §542 Rn. 173）．

第6章　賃貸借の合意解約による賃貸借関係の終了

　e　後継賃借人の受け容れ請求

　賃借人には，賃貸人に賃借人が選択した代替賃借人を受け容れるように請求する法律上の権利はない（Blank/ Börstinghaus §542 Rn. 175）．

　f　効　　果

　賃貸人が，義務があるにもかかわらず，後継賃借人との賃貸借契約の締結を拒否した場合には，賃貸借契約に基づく将来の履行請求権を喪失する．賃借人は，この場合に，賃料支払義務を免れる．ただし，契約離脱時にすでに期限の到来している債権（例えば，美観修復，賃借目的物損傷による損害賠償等）については，賃借人は，依然として履行義務を負う．

　賃貸人が，後継賃借人との賃貸借契約締結を拒むことができる場合には，原賃貸借契約が変更されずに継続していることになる．賃貸人は，原則として，空間（部屋）を他に賃貸する義務を負わないから，空室のままにしておくこともでき，従前の賃借人に賃料の支払いを請求することができる（Blank, S. 578）．

2　後継賃借人条項

　賃借人は，賃貸借契約に後継賃借人条項が含まれている場合には，解約契約の締結を請求する契約上の請求権を有している．賃貸人が賃借人によって指名された後継賃借人と賃貸借契約を結ぶ義務を負っている場合には，真正後継賃借人条項が，存在することになる．賃貸人は，後継賃借人と賃貸借契約を締結する義務を負わないが，賃借人は，代替賃借人を指名したときに，賃貸借契約から離脱することができる権利のみを有する場合は，不真正後継賃借人条項という．

　通常，真正後継賃借人条項には，次のような制限が含まれている．すなわち，賃貸人は重大な理由があるときは，後継賃借人を拒絶することができ，または賃借人は，後継賃借人の支払能力があることを証明しなければならないとする制限である．さらに，このような約定は，経済的状況およびその人物に関して，後継賃借人は，原賃借人に相応する者でなければならないというところまで広げられている．このような約定は，賃借人の交替による賃料減損の危険から賃貸人を守ることにある（Blank, S. 578f.）．

第4編　賃貸借関係の終了

第7章　賃借人の返還義務と使用継続による賃貸借関係の延長 Verlängerung

賃貸借期間の満了後は，賃借人は賃借物を返還する義務を負う（BGB 546条）．

第1節　返還の方式

1　返還の時期

返還請求権の期限は，賃貸借期間の末日に到来するが（BGH NJW 1989, 451, 452），返還期日が土曜日，日曜日もしくは金曜日に到来する場合には，その次の仕事日が返還の期限となる（BGB 193条）．

返還期日は当事者の合意，裁判所の判決（ZPO 721条，794条a），または官公庁の処分（例えば，ホームレス官庁による解約告知された賃借人の再入居命令）によって別段の定めがなされ得る．これらいずれの場合も，賃貸借関係は終了したままであるが，賃借人の返還義務は遅滞に陥ってはいない．このような定めがないときは，賃貸借期間経過後に賃借物は返還されなければならない．事業用空間の賃借人についても，その事業の清算のための期間は認められない．

賃借人は，通常，使用する権利を有するが，使用する義務を負うものではないから，賃貸借関係の終了前に返還する権限を有する．ただし，日曜日，祝祭日，その他仕事日以外の日に返還してはならない．期間満了前に返還しても，賃料の支払義務は依然として存続する．

返還請求権は，賃貸借関係終了直後に行使しなければならないわけではない．特に，明渡請求の訴えを提起したときは，賃貸人は，長期にわたり，明渡請求権を失うことはない．賃借人が賃料を継続して支払い，賃貸人がそれを受領していたという事情があることから，返還請求権の喪失は導き出されない．なぜなら，賃貸人は，賃貸借関係終了後においては使用利益の賠償請求権を有するからである（BGB 546条，Blank, S. 582f.）．

第7章　賃借人の返還義務と使用継続による賃貸借関係の延長 Verlängerung

2　占有の返還義務

賃借人は，自己に課せられた返還義務を，賃貸人に直接占有を移転することによって履行しなければならない（BGH NJW 1971, 2065）．返還義務は，賃借人が占有を放棄し，賃貸人が占有権を行使することができるようになった時に，履行されたことになる．したがって，賃借人が，単に占有を放棄しただけでは，BGB 546条にいう「返還 Rückgabe」とはみなされない（BGH NJW 1966, 515）．賃借空間から事実上退去し，鍵を空間の中に置いたままにしておくのは，返還義務の履行ではない．

賃借人が占有を放棄し（例えば，鍵を部屋に置いたままにして），賃貸人がその物の占有を取得する（例えば，鍵を受領することによって）場合には，返還がなされたことになる．このような場合に，賃貸人が，再度直接占有を取得したことが確認される（OLG München ZMR 1985, 298）．

賃貸人が占有の返還について協力すべき義務の履行を不法な仕方で拒絶したときは，賃借人が，占有を放棄することは正当であることになる．このような拒絶は，賃貸人が退去期日に住居の引渡しを受けるために住居に現れなかった場合に，認められる．賃貸人は債権者遅滞に陥っているから，賃借人は，BGB 303条に基づいて事前に催告した後，直ちに占有を放棄することができる．

賃借人が，直接後継賃借人に賃借物を引き渡す旨の当事者間の合意ある場合には，占有の放棄があれば十分である．この場合には，賃借人が後継賃借人に鍵を引き渡したときに，賃借人は，賃貸人に対する義務からも解放される（Blank, S. 584）．

3　鍵の引渡義務

賃貸人は，賃借人が占有している鍵の全てを，それが賃借人自身が費用を支出して調製したものであったとしても，引き渡すように請求することができる．もっとも，賃借人は，その費用の償還を請求することができる．

賃借人が住居の鍵を占有している限り，賃貸人は，代替する鍵を有していても，賃貸住居を自由に処分できるわけではない．ただし，賃借人が鍵の一部を紛失して，他に代替する鍵を占有していないことを明言しているときは，

返還義務の不完全履行であって，賃貸人は，扉の鍵の交換費用を賃借人に負担させることができる（LG Düsseldorf WuM 1992, 191）．

賃貸借関係の終了前に鍵を取り替えることは認められない（LG Köln WuM 1976, 254）．

4 住居に備え付けた物の収去義務

住居の返還は，これを賃貸人に明け渡すことによって行われる．賃借人は住居に備え付けた物を収去しなければならない．これには，以下のような例外もある（Blank/ Börstinghaus §546 Rn. 22）．

a 賃借人が賃借住居に残置してもよい物
(1) 先に居住していた賃借人が残置していった物．
(2) 賃借人が合意によって後継賃借人に譲り渡した物
(3) 賃借人が賃貸人の同意を得て持ち込んだ物であって，賃貸人が賃貸借終了時の収去請求権を放棄していると認められる場合．
(4) 賃借住居を契約に則した状態にしておくために必要とされる持ち込んだ物
(5) 賃借人が賃貸人との合意に基づいて残置する物
(6) 収去に著しく費用のかかるものであって，例えば，賃貸人が住居を改築する意図を有していて，賃貸人にとって持ち込まれた物の収去が利益とはならない場合

b 賃借人が残置しなければならない物

賃借人は，以下の物を残置しなければならない．
(1) 賃貸人の所有に属する物
(2) 賃貸人がBGB 552条に基づいて持ち込んだ物の残置を請求することができる物．この場合には，賃貸人は適切な価格の賠償をしなければならない．
(3) 賃貸人が法定質権を行使することができる物．

5 原状回復義務

賃借人が建築的変更行った場合には，原則として，原状に復させなければならない．ただし，賃貸人が，賃借人の原状回復作業が無駄になるような改

第7章　賃借人の返還義務と使用継続による賃貸借関係の延長 Verlängerung

築を賃貸借関係の終了後に意図していた場合は，この限りではない（Blank/ Börstinghaus §546 Rn. 26）．この場合には，賃貸人は，金銭による補償の請求もすることができない（BGHZ 96, 141）．

6　返還義務の不履行および不完全履行

契約に則してはいない状態（例えば，住宅内が荒れた状態 BGHZ 86, 204）で返還された場合は，返還義務の不完全履行になるが，賃貸人は，不完全履行を理由にこれの受領を拒むことはできない（Blank/ Börstinghaus §546 Rn. 33）．

不履行であるか，不完全履行であるかの限界事例は，一部返還および一部明渡のときに問題となる．

　a　一部返還

例えば，レストランとその経営者の住居として建物を賃借している場合のような職住併用住宅の賃借人がレストラン部分だけを返還し，住居部分はなお継続して占有し続けているときは，返還義務の不履行である．この場合には，賃貸人は，レストラン部分（事業用空間）の受領を拒むことができる（OLG Hamm ZMR 1955, 25）．

賃貸人が，複数の部屋を分割して賃貸する意図を有していたときは，信義則（BGB 242条）上受領を拒絶できないと解される．1つの契約に基づいてガレージ付の住宅を賃借した者が，住宅のみを返還した場合も，同様に解されている．この場合の標準は，賃貸物件が分割して賃貸することができるかではなく，賃貸人が，どのような意思を有しているかにある．賃貸人が，賃貸空間の一部の返還を受けたという事情は，使用価値の賠償の問題には影響を与えない（Blank/ Börstinghaus §546 Rn. 35）．

　b　一部明渡

賃借人が持ち込んだ物を数多く残置した場合には，一部明渡という類型の不履行が生じることになる．数多くか否かの判断基準は，持ち込まれた物の除去に著しく費用を要するか否かである．著しく費用がかかるときは，不履行となる（OLG Düsseldorf ZMR 2002）．少額の費用がかかる場合は，不完全履行と解される．

第4編　賃貸借関係の終了

7　賃借人の損害賠償義務

a　損傷の原因

賃借人が，賃貸借期間中にその責めに帰すべき事由によって賃借物に損害を加えた場合には，当然，損害賠償義務が発生する．

賃貸人は，賃貸物件が賃貸借期間中に変更され，もしくは劣化させられたことを主張しなければならない（OLG Düsseldorf WuM 2003, 621, 622）．賃貸物件が契約開始時に既に損傷を受けていたかについて争いがある場合には，賃貸人は，損傷を受けていなかったことを立証しなければならない．

賃貸人は，賃貸物が瑕疵のない状態で引き渡されたことを立証しなければならない．賃貸借契約書における多くの約款では，契約開始時に瑕疵のない状態で賃貸物件が賃借人に引き渡されたことを，賃借人は確認した旨を定めているが，この約款は BGB 309 条 12 号 b〔たとえ，法律の規定に反することを許容されている場合であっても，次のことを定める普通取引約款は効力を生じない．……12 号：使用者が，他方当事者に不利益となるように立証責任を転換する約款，特に b）他方当事者に特定の事実を確認させるという約款〕に反しており，効力を生じない．

もっとも，賃貸人は，瑕疵のない状態で引き渡したことを証明するために引渡記録書 Übergabeprotokoll を提出することができる．賃借人が引渡記録書に記載されている事実状態が事実と一致していることを確認して，署名した場合には，これによって賃借人の時機に遅れた抗弁が排除されることになる．

賃貸人は，返還時に賃貸物件が損傷を受けていたことを立証しなければならない．この損傷が既に存在していたものか，事後に生じたものか，争いがあるときは，賃貸人は，損傷が返還時に存在していたことを証明しなければならない（Blank, S. 589）．

b　損害賠償の額

損害賠償額の基準となる事実は，賃貸人が，主張・立証しなければならない．賃貸物件が損傷を受けている場合には，賃貸人は，賃借人に原状回復をするように請求することができる（BGB 249 条 1 項）．または，賃貸人はこれに代えて損傷の除去に要する費用の賠償を請求することもできる（BGB 249

第7章　賃借人の返還義務と使用継続による賃貸借関係の延長 Verlängerung

条2項）．売上税分は，実際に課税された場合にのみ，賃貸人は，請求することができる（BGB 249条2項）．賃貸人が，最初に原状回復を請求した場合には，原状回復の期限を設定して，金銭賠償を請求しなければならない（BGB 250条）．金銭賠償を選択する場合には，事前に原状回復を請求することを要しない．

損害賠償の額は，原則として，修繕費用を基準とする．賃貸物が修繕された場合には，賃貸人は，実際に発生した売上税分を含む修繕費用を請求することができる．この場合には，賃貸人自身によって計算された額が基準となる．他の業者に頼んだほうが安価にできたとか，事後に，額が不適切であったとか，経済的ではないということが証明されてもそれは，問題とならない（BGHZ 66, 182）．

住宅企業が修繕を行った場合には，実際に生じた費用に間接費を付加して請求することができる（BGHZ 54, 88）．

個人の賃貸人が，損傷を自ら除去した場合には，実際に要した費用とともに賃貸人の労務給付分の価値の補償も請求することができる（BGH MDR 1966, 1113）．

第2節　返還義務不履行の場合における賃貸人の請求権

賃借人が賃貸借関係終了後も賃貸物を返還しない場合には，賃貸人は返還されなかった期間分について合意していた賃料もしくは比較可能な物件のその地域において通常の賃料を請求することができる（BGB 546条a第1項）．

1　不返還 Vorenthaltung とは

使用利益の賠償請求権は，賃借人が賃貸人の意思に反して賃借物件を引き渡さないことを前提とする（BGH NJW 1983, 112）．ただし，賃借人が，賃借物の使用を継続していることは要件ではない．したがって，賃借人が，占有していることも要せず，返還義務を履行していないことで，十分である．さらに，返還義務の不作為が，賃貸人の意思に反することが必要である．この意思は，賃貸人が賃貸物を使用する意思ではなく，返還してもらいたいという意思である．

第 4 編　賃貸借関係の終了

　これに対して，賃貸人が，賃貸借契約が継続しているものとみなしているときは，返還を受ける意思および不返還は存在しないことになる（BGH NJW 1960, 909）．賃借人が賃借物件を使用している場合には，賃貸人は，使用利益を物権法の所有権に基づく請求権の規定（BGB 987 条〔占有者は，訴訟係属後に取得した使用利益を所有者に返還しなければならない．〕）または不当利得返還の規定（BGB 812 条 1 項）の規定によって返還しなければならない．ただし，使用する可能性があるということでは足りず，使用していなければならない．
　賃借人が多数の設備を備え付けたが，賃貸人がそれに対する法定質権を主張しているために，備え付けたまま返還したときは，返還義務は履行されたことになる（Blank, S. 596）．

2　使用利益の賠償額

　賃貸人は，使用利益の賠償として合意された賃料額か，またはその地域において通常の賃料額を選択して請求することができる（BGB 546 条 a 第 1 項）．
　　a　合意した賃料の額による使用利益の賠償
　前払運営費も合意された賃料に含まれる．賠償の弁済期限は契約上の合意によって決まるが，合意がない場合には，暦月の第 3 仕事日になる（BGB 556 条 b）．
　傾斜賃料もしくは指数賃料が合意されている場合には，不返還の期間に応じてその額が割り当てられることになる．事業用空間賃貸借において賃料保証条項がある場合も，同様とする．
　賃料額の変更に関する合意がない場合には，賃貸借終了時における賃料額によって賠償額が定められる．賃貸借の終了前に賃借人に対して賃料額の増額の合意の請求をしていた場合には（BGB 558 条以下），契約終了前に既にその効力が生じていたかが問題となる．賃貸借終了後は，賃借人に合意を請求することができない（Blank, S. 597）．
　　b　地域において通常の賃料額による使用利益の賠償
　賃貸人は，合意されている賃料額による賠償に代えて，比較可能な賃借物件についてその地域で通常の賃料額での賠償を請求することができる．

第 7 章　賃借人の返還義務と使用継続による賃貸借関係の延長 Verlängerung

地域において通常の賃料の額が，合意されていた額よりも高額である場合には，賃借人は不返還の開始時よりこの高い額で賠償しなければならない．賃貸人は，随意に時期を選択して，すなわち不返還開始後でもこの対価額の賠償を請求することができる（BGH NZM 1999, 803）．

　c　損害賠償義務の存続期間

賃借人は，不返還の期間について使用利益の賠償義務を負うが，この義務は賃借物の返還によって終了する（Blank, S. 597）．

第 3 節　使用継続による賃貸借関係の延長（黙示の延長）

賃借人が賃貸借期間満了後も賃借物件の使用を継続している場合には，契約当事者が 2 週間以内に他方当事者に対して異議の意思を表示しない限り，賃貸借関係は期間の定めなく延長される（BGB 545 条）．この効果は，法定的に発生するものであるが，この規定は，任意規定である．

1　賃借人による使用の継続

延長排除特約がない限り，賃借人による使用の継続があれば，賃貸借は延長されるが，賃借人がそれ自体としては終了している賃貸借契約に則った使用を継続することが，要件とされる．ただし，賃借人による使用が契約上の合意に相応しているかは，大きな問題ではなく，むしろ，賃貸借終了前に行っていたのと同様の使用を継続しているかが問題となる（BGH WuM 1988, 59）．

2　異議の意思表示

契約当事者の一方が他方当事者に異議の意思を表示した場合には，延長の効果は，発生しない．

この意思表示は，表意者が賃貸借関係を期間の定めなく延長することに同意しない旨を明確に述べていなければならない．異議は，一義的であって，条件を付してはならない．もっとも，特別の方式も要せず，異議の理由を述べる必要もない（Blank/ Börstinghaus §545 Rn. 19）．

BGB 543 条による即時解約告知の意思表示が，同時に BGB 545 条の異議の意思表示になるわけではない．即時解約告知の意思表示は，特別の重大な

契約違反を理由にするものであって，賃貸借関係の継続を賃貸人に要求することができないかが問題となるのである．ただし賃貸人が賃貸借の解約を告知した後に，賃借人が賃貸借関係の継続確認の訴えを提起し，これに対して賃貸人が棄却の申し立てをした場合には，異議が推認される（Blank/ Börstinghaus §545 Rn. 19）．

3　異議の期間

異議の期間は2週間であり，その期間の始期は，賃借人については賃貸借の終了時である（BGB 545条1号）．これに対して，賃貸人については賃借人が使用の継続をしていることを知った時からである（同条2号）．

異議は，この期間の開始前においても述べることができる．

4　法律効果

賃貸借終了後における賃借人による賃借物件の使用継続に対して，当事者が，適時に異議を述べなかった場合には，賃貸借関係は，法定的に期間の定めなく延長される．したがって，賃貸借の存続期間，解約告知期間および契約の延長に関する特約は効力を失う．この約定に代わって，BGB 573条cおよび580条aが適用される．その他の点では，契約内容の変更はない．ただし，保証人については，別であり，保証人の保護のために新たな賃貸借が生じたとみなされる（Blank/ Börstinghaus §545 Rn. 23）．

BGB 545条は強行規定ではない．したがって，個別の合意で異なる約定をすることも可能であり，また約款で異なる定めをすることともできると解されている（BGH NJW 1991, 1750）．

第 5 編　住居所有者の交代

第 1 章　総論的考察

　賃貸住居が賃借人に委ねられた Überlassung 後に，賃貸人から第三者に譲渡されたときは，譲受人は，その所有権を有している限り，賃貸借関係から生じる権利義務を賃貸人に代わって承継する（BGB 566 条 1 項）．この規定は，「売買は賃貸借を破らず」の原則を定めたものである．2001 年の改正によって表題自体も「Kauf bricht nicht Miete〔売買は賃貸借を破らず〕」となっている．ただし，所有権移転という物権行為に伴うのであるから，「売買」と表現するのは不正確であるといわれる（Börstinghaus, Der Wechsel des Vermieters, PiG 70, 2005, S. 67）．この規定は，賃借住居の譲渡によって賃貸借期間満了前に占有を喪失することから賃借人を保護する目的を有しているとされる（Häublein, Münchener Kommentar §566 Rn. 1）．

　BGB 566 条による権利の承継に関する法的構成については，賃借権の物権化と説明する学説もあるが，賃借人の保護を考慮して譲受人が該賃貸物件を所有している間，譲渡人に代わって賃貸借関係に入り込む Eintrittt と構成するのが現在の多数説である．ここでは，権利の承継は問題とならず，むしろ，所有権が移転した瞬間に譲受人との間に譲渡人との間存続していた賃貸借関係と同一の賃貸借関係が法定的に発生する，とされる（ドイツ帝国裁判所 Reichsgericht 以来の判例である（Emmerich, Staudinger §566. Rn. 4））．

　これに対して，近時の学説は，賃貸物件の所有権の譲渡人から譲受人に賃貸借関係が譲受人が所有者である間という時間的な限定付で移転する Übergang と解するものが有力になっている（Emmerich, Staudinger §566 Rn. 5; Streyl, Schmidt-Futterer §566 Rn. 11ff.）．

第5編　住居所有者の交代

第2章　要　件

第1節　住　居

BGB 566条の規定によると「住居」にのみ，この規定が適用されることになっているが，事業用賃貸借関係および土地の賃貸借関係にも準用される（BGB 578条）．例えば，建物の存在しない土地 Grundstück や広告用に賃借している壁面の賃貸借関係も含まれる（Emmerich, Staudinger §566 Rn. 9; Blank/ Börstinghaus §566 Rn. 6）．

第2節　賃貸借契約の存続

賃貸人と賃借人との間で賃貸借契約が存続していなければならない．使用貸借には，BGB 566条の適用はない．

賃貸借関係は，所有権譲渡時になお存続していることを要する．賃貸借契約が取消し得るものであるが，譲渡人が取消しの意思表示をしていなかったときは，譲受人が賃貸借関係に入り込むことができる．

賃貸借契約を賃貸人が解約告知をしていた場合には，賃貸借関係が，所有権の移転時に終了していたか否かが問題となる．

契約終了よりも前に所有権の移転があった場合には，譲受人は存続中の賃貸借関係に入り込むことになる．即時解約告知 fristlose Kündigung の場合には，解約告知の意思表示が到達した時に賃貸借関係は終了し，告知期間のある解約告知の場合には，告知期間経過時に終了するから，所有権の移転が即時解約告知の場合は，その意思表示の前か，告知期間のある解約告知の場合には，その期間経過前かが問題となる．

第3節　賃貸借終了後の所有権移転

賃貸借契約終了後に所有権移転があった場合には，譲受人は，原状回復〔巻き戻し〕の債務関係に入り込むことになる（BGHZ 72, 147; Emmerich, Staudinger §566 Rn. 28）．この原状回復義務の関係は，賃貸借契約の終了時に発生する．したがって，使用利益の賠償請求権（BGB 546条a）並びに明

渡遅滞による損害賠償請求権は，譲受人に帰属することになる．

第4節　所有者と賃貸人が同一人であること

　賃貸人と賃貸物件の所有者が同一人でなければならない．この同一人性は，所有権の譲渡時に備わっていなければならない（Emmerich, Staudinger §566 Rn. 21; Blank/ Börstinghaus §566 Rn. 27; Häublein, Münchener Kommentar §566 Rn. 19）．例えば，住居を所有者ではなく，その配偶者が賃貸していた場合には，譲受人は，賃貸借関係に入り込むことができなくなる．

第5節　賃借人に住居の占有が委ねられたこと Überlassung

　住居の所有権移転前に，賃借人にその占有が委ねられていなければならない．すなわち，所有権の移転時に，賃借人は既に住居を占有するか，もしくは使用をすることができる状態になっていることが要件である．

　所有権移転時にはなお賃借人に住居の占有が委ねられていない場合に，譲受人が，賃貸人＝譲渡人に対して賃貸借契約から生じる義務の履行を引き受けたときは，BGB 566条1項が適用されたのと同様の法律効果が生じる（BGB 567条 a）．すなわち，譲受人が，賃貸借関係に入り込むことになる．しかし，譲受人が，引受の意思表示をしなかった場合には，譲受人は賃貸借関係に入り込まないから，譲渡人は債務不履行による損害賠償責任を負うことになる．

　賃借人が所有権の移転前に占有を放棄していた場合には，譲受人は，賃貸借関係に入り込まない．賃貸借の解約告知が効力を生じなかったにもかかわらず，賃借人が転居してしまったが，しかし，解約告知は効力を生ぜず，賃貸借関係が継続しているという場合も，同様である．この場合にも，譲渡人は，債務不履行責任を負う．

　「賃借人」と「委ねること」という要件は，常に一体として具備されていなければならない．賃貸人が事後の契約締結の期待をさせて住居を賃借希望者に委ねた場合には，要件を満たしていないことになる．このような場合において住居が譲渡されたときは，住居使用者は，譲受人に対して返還義務を負うことになる（BGB 985条〔所有者は，占有者に対して占有物の返還を請求す

ることができる〕).

　賃借人が所有権の移転前に，例えば，期間の満了前に住居を返還した場合のように，占有を放棄したときは，BGB 566 条は適用されない．賃借人がなお存続している賃貸借契約に基づいて占有の権原を有することでは，要件は充たされていない．

　BGB 566 条において，Überlassung を要件としているのは，譲受人が占有の状態からどの賃貸借関係に入り込むかを直ちに認識できることを目的としているから，賃借人の占有は，ここでは例外的に公示機能 Publizitätsfunktion（この機能は，原則として，土地登記簿にある）を引き受けているとされる（Emmerich, Staudinger §566 Rn. 33; Blank/ Börstinghaus §566 Rn. 20; Häublein, Münchener Kommentar §566 Rn. 16）．したがって，賃借人は，現実に占有していなければならない．

　Überlassung は，通常，賃借人が賃貸人から現実の引渡しを受けて直接占有をすることを要する（Emmerich, Staudinger §566 Rn. 34; Blank/ Börstinghaus §566 Rn. 21; Häublein, Münchener Kommentar §566 Rn. 14）．賃借人が賃借住居の事実上の支配をすることができるようになったときに，Überlassung があったということになる．鍵の引渡がまさにこれに当たるとされる（Emmerich, Staudinger §566 Rn. 36; Blank/ Börstinghaus §566 Rn. 21; Häublein, Münchener Kommentar §566 Rn. 15）．鍵を渡しただけでは，占有は，公示機能を果たしていないのではないかという疑問に対しては，ここで問題となるのは，譲受人が賃貸借関係の存在について具体的に認識する可能性があったかではなく，譲受人が直接占有者の地位に立ち得るかが問題であり，賃借人は鍵を受け取ったことにより取引観念上既に事実上支配していることになるからである，と説かれる（Häublein, Münchener Kommentar §566 Rn. 15）．

　賃貸人自らが，占有移転を行う必要はない．賃借人が占有を先行の賃借人から取得した場合も，Überlassung は行われたことになる．もちろん，賃貸人は，この方式の占有移転に同意をしていなければならない．

第6節　所有権の譲渡

　賃貸住居の所有権の移転は，法律行為によるものでなければならない．相続の場合には，賃貸借関係から生じる権利・義務は，包括的に相続人に移転するから，BGB 566 条の適用はない．

　譲受人が賃貸借関係に入り込む時期は，物権的合意 Auflassung と土地登記簿への登記があって所有権が譲受人に移転した（BGB 873 条，925 条）時である．住居を賃貸人が譲渡したが，譲受人が，土地登記簿に登記される前に，これをさらに転譲渡した場合には，この譲受人には BGB 566 条は適用されず，賃貸借関係に入り込むことはないとされる（Emmerich, Staudinger §566 Rn. 30; Blank/ Börstinghaus §566 Rn. 28. ただし，Häublein, Münchener Kommentar §566 Rn. 20 は，BGB566 条の適用があるとされる．）．

第3章　効　果

第1節　賃貸借関係に入り込むこと

　賃貸住居の譲受人は，それを所有する間，賃貸人に代わって賃貸借から生じる権利義務関係に入り込む（BGB 566条1項）．すなわち，民法は，所有権の移転によって譲受人自身について，譲渡人と賃借人との間で存在していたものと内容的に同一の新たな賃貸借契約が発生することを前提としているから，譲受人が所有者である間は，賃貸人の権利義務が結果的に契約当事者として譲受人に帰属するのである．

　譲受人が，賃貸借関係に入り込む意思を有していたか，また賃貸借関係の存在していたことを認識していたかにかかわらず，この「入り込み Eintritt」は，法定効によって発生する（Emmerich, Staudinger §566 Rn. 37）．

　上のような説明によると，継続的債務関係である賃貸借関係に切れ目 Zäsur が生じる．すなわち，既に弁済期の到来している請求権，例えば，延滞されている賃料請求権，住居の損傷による損害賠償請求権等は全て賃貸人＝譲渡人に帰属したままであり，なお弁済期の到来していない請求権は譲受人に移転する（BGHZ 72, 147）．所有権の移転によって，譲渡前に賃貸人との間で生じていた賃貸借関係は終了し，これと同時に譲受人との間で新たに内容的に完全に同様の賃貸借関係が成立する，と構成される（Emmerich, Staudinger §566 Rn. 38; Blank/ Börstinghaus §566 Rn. 36）．

　譲受人は，所有権移転の瞬間に存在していた状態における賃貸借関係を引き受けなければならない（Blank/ Börstinghaus §566 Rn. 40）．したがって，賃借人が，所有権の移転前に契約によって自己に与えられた形成権を行使した場合には，譲受人は，それによって生じる義務に拘束される（BGH NJW 1962, 1388, 1390; MDR 1966, 2115; NJW 2000, 2346）．

第2節　賃貸借関係以外の法律関係

　譲受人は，賃貸借関係から生じる義務のみを引き受けるのである．した

がって，住居の使用に関連する義務は全てこれに含まれる．例えば，賃料に関する合意，賃貸借期間，美観修復及びその他修繕に関する特約，動物飼養に関する特約等である．例えば，賃借人と譲渡人との間でなされた管理人，清掃に関する特約は，経済的には賃貸借と関連性があり，賃貸借契約書にこれらの特約が記されていたとしても，譲受人はこれらの合意を引き受けなくてもよい（Emmerich, Staudinger §566 Rn. 39; Blank/ Börstinghaus §566 Rn. 43）．

第3節　個別問題

1　形成権

a　取消権

取消権を有する譲渡人が所有権移転前に取消権を行使した場合には，賃貸借関係は，将来に向かって消滅する．この場合には，譲受人は，清算関係に入り込むことになる．取消権が行使されなかったときに，取消権が，どうなるかについては争いがある．

譲渡人が取消権を行使していないときは，この取消権は，所有権移転とともに消滅するとする見解がある（Blank/ Börstinghaus §566 Rn. 45; Häublein, Münchener Kommentar §566 Rn. 36）．他方で，取消権は譲受人に移転するという見解も有力である（Emmerich, Staudinger §566 Rn. 43）．BGB 566 条によって譲受人に権利義務が承継的に移転するのか，それとも所有権の移転によって法定的に原始的に権利関係に入り込むと構成するのかによってこの問題への対処が異なっている．

譲渡人と締結した賃貸借契約が意思の瑕疵によって影響を受ける場合には，賃借人は取消権を有することになるが，この賃借人の取消権は，住居の所有権移転があっても，生き続ける．取消しの相手方は賃貸人＝譲渡人である（Emmerich, Staudinger §566 Rn. 42. 46; Häublein, Münchener Kommentar §566 Rn. 36）．譲渡人は，賃借人に損害賠償をしなければならない．

b　解約告知権

例えば，賃借人が2期分の賃料の支払いを延滞していることによって賃貸借関係の終了前に，賃貸人が，解約告知権を取得したが（BGB 543条2項

3号），行使をしなかった場合に，譲受人は，所有権移転後にこの解約告知権を行使することはできない．むしろ，解約告知権は消滅する（Emmerich, Staudinger §566 Rn. 47; Blank/ Börstinghaus §566 Rn. 56）．

ただし，例えば，家屋内の静穏を乱す行為もしくは賃料支払いの遅滞が譲渡人が所有している間に生じ，譲受人の所有している間も継続している場合には，直接的に現在継続している賃貸借関係に影響を及ぼす契約違反から発生する解約告知権であるから，例外的に，この解約告知権は，存続するものと解される．また，賃料支払いの遅滞を理由とする解約告知権は，譲渡人が賃料請求権を譲受人に譲渡した場合または賃料支払いの遅滞が一部は所有権譲渡前に，一部は所有権譲渡後に生じていた場合にも，存続しているものと解される（Emmerich, Staudinger §566 Rn. 47; Blank/ Börstinghaus §566 Rn. 56; Häublein, Münchener Kommentar §566 Rn. 35）．

賃貸人＝譲渡人が住居の譲渡前に既に有効な解約告知をしていた場合には，譲受人は，その清算関係〔Abwicklungsverhältnis「巻き戻し関係」〕に入り込むから，結果として賃借人に対して住居の返還を請求することができることになる（Emmerich, Staudinger §566 Rn. 46; Blank/ Börstinghaus §566 Rn. 57）．

ただし，自己必要に基づく解約告知（BGB 573条2項2号）の場合には，解約告知書に記載されている自己必要が継続していることを要件としているから，この例外とされる．この場合には，譲渡人もしくは譲受人が明渡請求することは，信義則に反する〔Emmerich〕もしくは権利濫用〔Blank〕となるから，自己必要を理由とする解約告知は，結果として，効力を失うことになる（Emmerich, Staudingers §566 Rn. 46; Blank/ Börstinghaus §566 Rn. 57）．

経済的利益を理由とする解約告知（BGB 573条2項3号）についても同様のことがいえるとされる（Emmerich, Staudingers §566 Rn. 46; Blank/ Börstinghaus §566 Rn. 57）．

賃借人による解約告知の場合には，譲渡人に対しては所有権移転前に告知されるべきであり，所有権移転後は譲受人に対して告知されなければならない．もっとも，譲渡人が賃借人に所有権譲渡をした旨の通知をしたが，その通知が虚偽のものであって，賃借人がそれを信じて，解約告知を譲受人に

対してした場合には，譲渡人は，それを自己に対するものと認めなければならない．また，通知がなかったときであっても，所有権移転があった場合には，譲渡人に対してなされた解約告知は，譲受人に対しても効力を生じる (Emmerich, Staudinger §566 Rn. 44; Blank/ Börstinghaus §566 Rn. 59)．

2 賃貸人の請求権
a 賃料請求権
所有権移転時に遅滞に陥っている賃料に対する譲渡人の請求権は，依然として譲渡人のもとに留まる．所有権移転後に期限の到来する請求権は，譲受人に移転する (Emmerich, Staudinger §566 Rn. 49; Blank/ Börstinghaus §566 Rn. 65; Häublein, Münchener Kommentar §566 Rn. 34)．

b 賃貸人の損害賠償請求権
賃貸人の賃借人に対する損害賠償請求については，次の二つの場合に分類される．

(1) 賃借人の保護義務 Schutzpflicht 違反の場合

賃借人が，賃借目的物をその責めに帰すべき事由によって損害を与えた場合には，賃貸人は，損害の除去に要する額の金銭を請求することができる (BGB 249条2項)．この請求権は，賃貸人が損害除去をすることができることを要件としているから，賃貸人が損害除去に必要な金銭を受領する前に賃貸目的物を譲渡した場合には，この要件が欠けることになる．遅くとも所有権移転の効力発生時に，この損害賠償請求権が，譲受人に譲渡されている場合には，この請求権はなお維持される続ける．この請求権の譲渡がなされなかった場合には，BGB 249条に基づく損害賠償請求権は消滅する．損害を被った者は，この請求権に代えて251条によって損害の補償 Kompensation を請求することができる．この請求権は，損害除去費用に向けられているのではなく，むしろ前賃貸人が損害を被ったかを問題としているのである (Blank/ Börstinghaus §566 Rn. 71)．

(2) 賃借人の給付義務違反の場合

賃借人が賃貸借契約上の義務を履行しなかった場合には，賃借人は，契約通りの履行をしなかったことによって賃貸人に生じた損害を賠償しなければ

ならない．所有権の移転前に損害が発生していた場合には，賠償請求権は，譲渡人に帰属する（Blank/ Börstinghaus §566 Rn. 71）．

　c　返還請求権

賃貸人＝譲渡人が，賃貸借契約の解約を譲渡前に有効に告知していたが，告知期間が所有権譲渡時にはなお経過していなかった場合には，返還請求権は譲受人に帰属する．これに対して，賃貸人が既に有効な即時解約告知をなし，所有権移転時には告知期間が経過していたときは，譲渡人は，返還請求権行使によって形成される清算（巻き戻し）関係に入ることになる．この結果，返還請求権は，所有権移転後には譲受人に帰属するが，譲渡人も賃借人に対して自己のためにいつでも返還請求をすることができると解されている（BGHZ 72, 147. Volker Emmerich, Emmerich/ Sonnenschein §566 Rn. 32）．

3　賃貸人の義務

譲受人は，新賃貸人として譲渡人に代わって賃貸借契約に入り込むのであるから，賃貸借契約から生じる賃貸人の義務も負うことになる．先に述べたように，通説によれば，所有権の移転の瞬間に切れ目が生じるから，したがって所有権移転後に期限の到来する賃借人の請求権は，譲受人に対して行使されることになる（いわゆる「期限到来原則」Fälligkeitsprinzip）．すなわち，所有権移転の瞬間に譲受人自身について，新たな賃貸借関係――前の賃貸借関係と内容は同一であるが――が生じることになるのである（いわゆる，「更改 Novation」と解するのである．もっとも，ドイツには更改に関する規定はない）．

したがって，譲受人は，所有権取得後は，賃借人が賃貸住居を賃貸借契約に則した使用をすることができるようにする義務（BGB 535条1項）を負う（RGZ 119, 353）．

譲渡人が転貸について許可の意思表示（BGB 540条）をしていた場合には，譲受人は，これに拘束される（Volker Emmerich, Emmerich/ Sonnenschein §566 Rn. 33）．

4　賃借人の費用償還請求権

賃借人の瑕疵除去のための費用の償還請求権（BGB 536条a）およびその他の費用償還請求権（BGB 539条）は，原則として費用支出時に期限が到来する．譲受人が所有者である間に支出されたときは，賃貸人の瑕疵除去の遅滞が理由で償還請求された場合であっても，譲受人が償還義務を負う（BGH NZM 2005, 253）．しかし，費用支出が所有権移転前になされていた場合には，その償還義務は譲受人に移転しない（BGHZ 5, 197. Emmerich, Staudinger §566 Rn. 53; Blank/ Börstinghaus §566 Rn. 47; Häublein, Münchener Kommentar §566 Rn. 40）．

5　賃貸人の保証責任 Bürgenhaftung

譲受人が賃貸借関係から生じる義務を履行しない場合には，賃貸人は，連帯保証人 selbstschuldnerischer Bürge と同様の責任を負う（BGB 566条2項）．この規定は，所有権の移転によって譲渡人と賃借人との間の賃貸借関係は終了するが，所有権移転後における譲受人の債務不履行による責任を譲渡人にも負わせて賃借人を保護の実効性を確保しようとするものである（Blank/ Börstinghaus §566 Rn. 75）．もっともこの責任は，不法行為責任にまでは及ばない（Emmerich, Staudingers §566. Rn. 60; Häublein, Münchener Kommentar §566 Rn. 44）．

要件は，賃借人が，契約上の債務不履行による損害賠償請求権を譲受人に対して有していることである．この場合に，譲渡人は，先訴の抗弁〔日本民法の検索の抗弁権に相当する〕Einrede der Vorausklage を放棄した保証人（連帯保証人）と同様の責任を負う．したがって，賃借人は，譲受人に代えて直ちに譲渡人に損害賠償を請求することもでき，また譲受人とともに譲渡人に請求することもできる．譲渡人と譲受人は，賃借人に対して連帯債務者としての責任を負う（Volker Emmerich, Emmerich/ Sonnenschein §566 Rn. 39; Blank/ Börstinghaus §566 Rn. 76）．

賃貸人が，賃借人に対して所有権譲受人の名前を明記して，賃貸住居の所有権譲渡を通知したことによって，賃借人がこれを認識できたときは，賃貸人はこの共同責任を免れることができる．この通知は，単に住居を売却した

と通知するだけでは，賃借人が所有権の移転を認識することができないから，不十分である．所有権は，譲受人が新所有者として土地登記簿に登記された時に移転するからである．したがって，通知は，所有権移転前になされても効力が生ぜず，所有権移転後になされなければならない．

賃借人は，所有権譲渡の通知到達後に賃貸借関係を解約告知することによって，賃貸人を保証人のままにしておくことができる．賃借人は，解約告知を譲受人に対して解約告知が許容される期限までしなければならない（BGB 566条2項）．この期間の算定の始期は，通知の到達時である．住居賃貸借の場合は，通知が到達した翌暦月の第3仕事日までに，解約を告知しなければならない（BGB 573条c第1項）．

敷金については，次の「第4章」において説明する．

6　BGB 566条と異なる特約の効力

BGB 566条は，強行規定ではない．したがって，住居賃貸借においても，普通取引約款によらず，個別に交渉された合意による場合には，566条の適用を排除する特約も有効である．しかし，「売買は賃貸借を破らず Kauf bricht nicht Miete」の原則は賃貸借法の指導像であり，本質的根本思想であるから，これに反する約款は，約款使用者の相手方にとって信義則に反する不適切な不利益をもたらすものであって，効力を生じない（BGB 307条）．個別交渉による合意においても，賃借人の不利となる特約となるときは，必ず三者の合意を必要とする〔三面契約 dreiseitiger Vertrag〕．賃借人に負担を課す譲渡人と譲受人の間でのみされた合意は，効力を生じない（Emmerich, Staudinger §566 Rn. 58; Blank/ Börstinghaus §566 Rn. 85; Häublein, Münchener Kommentar §566 Rn. 47, 48; Volker Emmerich, Emmerich/ Sonnenschein §566 Rn. 37）．

BGB 566条は，賃借人の保護を目的とするものであるから，賃貸人と賃借人との間において譲受人の同意を得ることなくBGB 566条の適用を排除することを合意すること，すなわち譲受人は所有権移転後も賃貸借関係に入り込まないとする合意はできると解する見解が有力である（Weidenkaff, Palandt Bürgerliches Gesetzbuch, 2011, 70. Aufl. §566 Rn. 5）．

しかし，これに反対の見解の方が多数説である．すなわち，賃貸不動産の売買があったときは賃貸借関係が終了するという合意は，解除条件付合意と評価されるべきであり，住居賃貸借の場合には，この合意は効力を生じない（BGB 572条2項）．事業用空間賃貸借の場合には有効である．所有権移転と同時に賃貸借関係が終了するとする約定は，賃貸人との契約関係は継続しているが，所有権移転後は履行することができなくなるという結果をもたらすから，BGB 572条2項の類推をして効力が生じないと解されている（Blank/ Börstinghaus, §566 Rn. 82; Häublein, Münchener Kommentar §566 Rn. 47; Volker Emmerich, Emmerich/ Sonnenschein §566 Rn. 38）．

第5編　住居所有者の交代

第4章　敷金 Kaution・賃貸借上の担保 Mietsicherheit の移転

第1節　序　　論

　2001年の賃貸借法改正前の規定では，敷金の返還債務は必ずしも賃貸不動産の譲受人に承継されず，譲受人が敷金の引渡しを受けていた場合または敷金返還義務を引き受けていた場合に，譲受人は，敷金返還義務を負うと定められていた（BGB 旧572条）．この規定の背景には，敷金契約は，賃貸借契約の構成部分ではなく，賃貸借契約とは別に並列して存在し，住居の譲渡に際しては賃貸借契約とともに譲受人に移転するものではないという観念があった（BGHZ 141, 160, 166. Emmerich, Staudinger §566a Rn. 1）.
　2001年の改正によって，「譲渡された住居の賃借人が義務の履行として賃貸人に敷金・担保を給付していた場合には，譲受人はそれから生じる権利および義務の関係に入り込む．賃貸借関係終了時に賃借人が譲受人より敷金・担保の返還を受けることができない場合には，賃貸人〔訳者注：譲渡人〕は引き続き返還義務を負う．」（BGB 566条 a）と規定された．BGB 旧572条は譲受人保護を目的とする規定であったが，改正566条 a は賃借人保護を目的とするものに変わったとされる（Styreyl, Schmidt-Futterer §556a Rn. 2）.
　BGB 566条 a は，所有者が交代した場合に適用されるものである．したがって，契約による賃貸人の交代の場合には，適用されないとされる．

第2節　敷金に関する賃貸人の権利義務関係への入り込み

　賃借人が所有権移転前に敷金・担保を賃貸人＝譲渡人に現実に給付していた場合には，所有権の移転があると，法定的・自動的に敷金・担保に関する権利関係に，所有権の譲受人は，入り込むことになる（BGB 566条 a）．ただし，Emmerich は，既に給付されている敷金・担保が譲受人に移転すると構成する（Volker Emmerich, Emmerich/ Sonnenschein §566a Rn. 6）．敷金を賃借人が給付したか，第三者が給付したかは，問題とならない．

第4章　敷金 Kaution・賃貸借上の担保 Mietsicherheit の移転

　譲受人は，賃借人が既に給付した敷金・担保に対してどのような権利を取得するかは，個別事例における担保の種類によって決まる．

　賃借人が敷金を給付していた場合には，譲受人は，譲渡人に対して敷金（その利息も含めて）の引渡しを請求することができる（Emmerich, Staudinger §566a Rn. 10; Blank/Börstinghaus, §566a Rn. 6）．賃借人が，譲渡人に対して敷金を譲受人に引き渡すように請求できるかは争いがある．BGB 旧 572 条では，譲受人のもとに敷金があるときのみ，賃借人は，譲受人に返還を請求することができたのであるから，この問題については肯定的に考えられていた（Sternel, Mietrecht Rn. Ⅲ 236.）．しかし，この規定は 2001 年の改正によって削除されたから，敷金の引渡しを請求する賃借人の権利は不要であると解されている（Emmerich, Staudinger §566a Rn. 12; Häublein, Münchener Kommentar §566a Rn. 9）．

　敷金が信託口座に預けられている場合には，敷金は，依然として賃借人の財産のままであるが（BGB 551 条），担保約定から生じる権利は，敷金の引渡しがなくても法定的に譲受人に移転する．この法的地位に基づいて，譲受人は，譲渡人に対して口座に関する書類の引渡しを請求することができる（Emmerich, Staudinger §566a Rn. 10; Blank/ Börstinghaus §566a Rn. 9）．

　賃借人が保証人を立てていた場合には，譲受人は，譲渡人に代わって保証契約から生じる保証人に対する権利を取得し，したがって，譲渡人は，以後，なお未決済の保証人に対する債権の請求をすることができなくなる（Volker Emmerich, Emmerich/ Sonnenschein §566a Rn. 6）．

　譲渡担保の場合には，譲受人は，法定的に担保のために譲渡された物の所有者となる（Blank/ Börstinghaus §566a Rn. 11; Volker Emmerich, Emmerich/ Sonnenschein §566a Rn. 6）．

　譲受人は，敷金に関する義務も承継する．住居賃貸借の場合には，賃借人は，譲受人に対して BGB 551 条に従って敷金を信用機関で運用するように請求することができる．譲渡人は，敷金引渡債権と売買代金債権とを相殺することはできない（Blank/ Börstinghaus §566a Rn. 7）．

　譲渡人が所有権移転時に賃借人に対する請求権を行使した場合には，賃借人は，敷金の中から弁済するよう請求することができる．この場合，譲受人

第5編　住居所有者の交代

は賃借人に対して契約で約定されている額まで敷金を補充するように請求することができる（Blank/ Börstinghaus, §566a Rn. 7）。

第3節　敷金返還請求権

まず第一には，譲受人が，敷金を受け取っているかにかかわらず，賃借人に対して敷金返還義務を負い，そして，賃借人が譲受人に敷金請求できない場合に，譲渡人が，補助的に返還の義務を負うことになる（BGB 566条a, Blank/ Börstinghaus §566a Rn. 12; Volker Emmerich, Emmerich/ Sonnenschein §566a Rn. 9）。

賃借人は，原則としてはじめに譲受人に対して返還請求をしなければならない。上に述べたように，譲渡人は補助的な責任を負うのみである。BGB566条aの規定は，先訴の抗弁（BGB 773条）に倣ったものであるが，賃借人は，先に譲受人を訴える必要はない。賃借人は，譲受人に請求するために期待されることを十分になしていればそれでよい（Emmerich, Staudinger §566a Rn. 16; Blank/ Börstinghaus §566a Rn. 13; Häublein, Münchener Kommentar §566a Rn. 12）。譲受人に対して返還請求をしたが，諸般の事情から功を奏しなかった場合に，譲渡人が，責任を負う。特に，譲受人について破産手続きが開始された場合がこれに当たる。

例えば，譲受人が破産宣告を受けた場合に，賃借人が譲受人に対して返還請求をしても返還を受けられなかったときは，賃貸借関係が終了していなくても，譲渡人に対して，賃借人は，確認の訴えを提起することができる。しかし，将来の給付の訴えは，認められない（BGH NZM 1999, 496）。

敷金が信託口座に預けられている場合には，譲渡と同時に，口座所有者は法定的に交代する。そうでなければ，譲受人に対する返還請求権は，支払い不能で確定してしまうであろうからである。譲渡人が所有権移転前に敷金からその債権の満足を得ていた場合には，それに相応して減額された返還義務のみが，譲受人に移転する。譲受人は，賃借人に敷金の補充を請求することができるが，請求しなければならないわけではない。譲渡人が違法に敷金を流用していた場合には，賃借人も譲受人も，譲渡人に対して敷金を補塡するように請求することができる。

第4章　敷金 Kaution・賃貸借上の担保 Mietsicherheit の移転

　譲渡人が賃借人の同意を得て敷金を譲受人に引き渡した場合に，下級審判決では，譲渡人は，返還義務を負わなくなるとするものもある（OLG Düsseldorf WuM 2002, 556）。これに対して学説は，賃借人が同意していただけでは十分ではなく，譲受人が，譲渡人に対して法律上の敷金引渡請求権を有することを考慮して，賃借人が譲渡人に対する請求権の放棄していることを認識できる場合にのみ，譲渡人は，返還義務を免れると解している（Emmerich, Staudinger §566a Rn. 16; Blank/ Börstinghaus §566a Rn. 16）。

第 5 編　住居所有者の交代

第 5 章　所有権移転後における賃料債権の処分

第 1 節　譲受人に不利となる賃貸人による事前処分

　譲渡人が所有権移転前に賃料債権を処分していた場合には，この事前処分 Vorausverfügung は，①所有者交代が遅くとも月の 15 日経過時に生じていた場合には，その経過している暦月について，②所有者交代が月の 15 日経過後に生じた場合には，経過中の暦月および翌月の賃料について，譲受人が所有権移転時にこの処分を知っていた場合には，制限なく譲受人に対して効力を生じる（BGB 566 条 b）．

　ここでの事前処分とは，譲渡人と賃貸借契約と利害関係を有しない者との間における賃料債権の直接移転，担保提供，変更もしくは解消に関する法律行為であると理解すべきである．処分は，直接賃料債権に影響を及ぼすものでなければならない．特に，将来賃料との相殺，将来賃料債権の代物弁済，将来賃料債務の猶予，将来賃料債務の免除，将来賃料債権の譲渡および将来賃料債権の質権設定等がこれに当たる．譲受人が所有権移転時に賃料の処分を知っていた場合には，譲受人は，この処分が自己に対して適用されることを受け入れなければならない（BGB 566 条 b 第 2 項）．

第 2 節　譲受人に不利となる賃貸人＝譲渡人と賃借人の法律行為

　賃貸人＝譲渡人と賃借人との間でなされた将来賃料に関する法律行為，特に賃料債務の弁済に関する法律行為は，賃借人が所有権の移転を知った暦月よりも後の賃料に関するものではない限り，譲受人に対しても効力を生じる．賃借人が月の 15 日より後に所有権移転を知った場合には，翌暦月の賃料についても効力を生じる．しかし，所有権移転後になされた法律行為は，賃借人が法律行為時に所有権を知っていたときには，効力を生じない（BGB 566 条 c）．

　この規定は，住居の所有者が交替した場合において，既に譲渡人に賃料を支払っていたときに，譲受人からの二重払いの請求を受けることから賃借人

を保護しようとするものである.ここでは,特に,賃料債務の履行,猶予,免除および相殺契約が問題となる.

　法律行為が所有権移転前になされていた場合には,①賃借人が所有権移転を具体的に知ったときに経過中の暦月の賃料,②賃借人が月の15日より後に所有権移転を知ったときは,経過中の暦月および翌暦月にの賃料,③賃借人が所有権移転を知ることがなかったときは,期間の制限なく賃料に関して譲受人に対して効力が生じる.

　所有権移転後になされた法律行為は,賃借人が所有権移転を具体的に知っていたときは,効力を生じない.賃貸人からの所有権移転の通知は,そのことから所有権が移転したことが判明するわけではないから,十分ではない.譲受人からの所有権移転の通知は,登記簿謄本が添付されている場合に,十分なものとなる(Blank/ Börstinghaus § 566c Rn. 3-4).

　賃借人が建設協力金 Baukostenzuschuss のかたちで賃料の前払いをしていた,もしくは建設協力金を将来の賃料と差引勘定をすると合意をしていた場合に,この建設協力金が賃貸不動産の増改築のためとものであると定められ,その定め通りに使用されたときは,これらの合意は,譲受人にも効力を生じる(BGHZ 6, 202; BGHZ 15, 3137, 346).なぜならば,建設協力金によって賃貸不動産の実物価値が上昇し,賃借人による協力金の給付は,譲受人の利益にもなるからである(Blank/ Börstinghaus §566c Rn. 7).

第5編　住居所有者の交代

第6章　賃借人による相殺

　賃借人が所有権移転時に譲渡人に対する債権を有していた場合に，これをもって譲受人の債権と相殺できるかが問題となる．

　所有権移転後になされた賃借人の譲渡人に対する債権との相殺は，①賃借人が所有権移転を具体的に知った経過中の暦月の賃料に関して，②賃借人が月の15日より後に所有権移転を具体的に知った場合には，経過中の暦月および翌暦月の賃料に関して，③賃借人が所有権移転を知らなかった場合には，時間の制限なく，譲受人に対して効力が生じる（BGB 566条d第1段）．

　賃借人が所有権移転を知った後に，反対債権を取得した場合，または反対債権の弁済期を知った後であって，かつ賃料の弁済期よりも遅れる場合には，相殺は，譲受人に対して効力を生じない（BGB 566条d第2段）．

第6編　賃借人が死亡した場合における権利の承継

　賃借人が死亡したときは，賃貸借の当事者ではなかった者が賃貸借関係を承継することになるが，ドイツでは，これについて相続法とは別に賃貸借編の563条から564条に独立の規定を置いている．すなわち，住居賃借権の承継は，法律上の財産権の相続法理には服さないことにしたのである．これらの規定の目的は，死亡した賃借人と同居する者として特別の結び付きがあった者の利益のために賃貸借関係の存続を保護することにあり，生活の中心を形成する住居を承継人のために維持することを目的としている（Häublein, Münchener Kommentar §563 Rn. 1）．

　承継の順序は以下のようになる．

　第1順位は，賃借人と住居において共同の世帯 Gemeinsamer Haushalt を営んでいた配偶者である（BGB 563条1項1段）．これと同順位におかれるのが生活パートナーシップ法に定める生活パートナーである（BGB 563条1項2段）．承継人の第2順位に置かれるのは，住居において賃借人と共同生活を営んでいた賃借人の子である（BGB 563条2項1段）．第3順位はに置かれるのは，住居において賃借人と共同の世帯を営んでいたその他の家族構成員および全ての者である．賃借人が複数いる場合には，賃貸借関係は，生存している賃借人と承継人が共同して賃貸借を継続することになる（BGB 563条a 第1項）．承継権人がいない場合には，賃貸借関係は相続人との間で継続することになる（BGB 564条）．

第6編 賃借人が死亡した場合における権利の承継

第1章　配偶者の承継権

第1節　配　偶　者

　死亡した賃借人が賃貸借契約の唯一の当事者であり，賃借人がその配偶者と賃借住居において共同の世帯を営んでいた場合に，その配偶者は，賃借人の死亡によって賃貸借関係を承継する（BGB 563条1項）．

　賃借人死亡時に，婚姻関係が継続していなければならない．離婚の場合は，離婚判決の既判力が生じた時点が問題となる．判決言い渡しから既判力発生までの間に賃借人が死亡したときは，配偶者が，賃貸借関係を承継する．既判力が発生した後に賃借人が死亡した場合には，離婚後も，配偶者であった者が住居に同居し続けていたときであっても，賃貸借関係を承継しない．

第2節　共同の世帯

　夫婦が，住居において共同の世帯を営んでいたことが，承継権の要件となる．共同の世帯とは，共同して生活を営み，家計を営んでいることであるとされるが（Rolfs, Staudinger §563 Rn. 24），また，住居が現実に共同生活の中心点 gemeinsamer Lebensmittelpunkt であることがメルクマールとなるとする見解もある（Häublein, Münchener Kommentar §563 Rn. 16）．Blank は，後者の見解を正当とし，その住居が夫婦の共同生活の中心点である場合に共同の世帯があると認められ，共同の世帯の判断基準は，両配偶者が住居を必要としているかであるとされ，このことによって，賃借人の配偶者が，相続人より賃貸借関係の承継について優先されることが，正当化される，と述べる（Blank/ Börstinghaus §566 Rn. 6）．

　仕事，健康，その他の事情から賃借住居に長期にわたって居住していなかったとしても，配偶者が，賃借住居を共同の住居と認めている限り，共同の世帯である．

　共同の世帯は，住居の放棄によって終了する．それは，夫婦の一方が最終的に住居を放棄することで終了する．賃借人の配偶者が，住居を最終的に

去った場合に，住居の放棄が認められる．配偶者が，一時的に第三地に居住するとか，他の住居に転居することでは，放棄とは認められない．従来の住居への帰還の可能性が，なくならない限り，共同の世帯は存続している．

これと同一の原則は，賃借人が住居を去り，その配偶者が一人住居に残った場合にも適用される．賃借人が住居を最終的に放棄して死亡した場合には，配偶者が，唯一の使用者として占有しているときでも，賃貸借関係を承継しない．

第3節　賃貸借関係

賃借人死亡時に，なお賃貸借関係が，存続していることが，BGB 563 条適用の要件である．

1　賃貸借契約が最初から無効であった場合

賃貸借契約が最初から無効であった場合には，賃借人の死亡によって有効な賃貸借関係が発生するわけではない．配偶者は，占有者ではあるが，賃借人とならないわけであって権原のない占有者として，所有者に住居を返還すべきことになる（BGB 985 条）．

2　賃貸借契約が取消し得るものである場合

取消しによって，賃貸借契約は，遡及的に効力を失うから，配偶者は，賃貸借関係を承継しない．賃借人の死亡後に取消しをする場合には，死亡した賃借人の相続人に対して取消しの意思表示をしなければならない（Blank/Börstinghaus §563 Rn. 15）．

3　賃借人死亡前の解約告知

賃借人の死亡前に賃貸借関係が解約告知されていた場合には，賃貸借関係が，死亡時に終了していたか否かが問題となる．契約終了前に賃借人が死亡していた場合には，配偶者が，存続中の賃貸借関係を承継する．

a）契約終了前に死亡した場合

解約告知の効力が発生する前に，賃借人が死亡していたときは，死亡の時点で配偶者が賃借人の地位を承継しているから，解約告知の意思表示は，配

偶者に対して行わなければならない．

b) 契約終了後に死亡した場合

賃貸借関係終了後に賃借人が死亡した場合には，相続人と配偶者のいずれが賃貸借上の債務関係の巻き戻し（清算）関係を承継するかが問題となる．この債務関係は，賃貸借契約の法的終了によって発生し，明渡しによって終了する．賃貸借関係という概念は，賃借空間において生活する構成員のための住居を確保するという法の目的から，賃貸借契約を基礎としてのみ発生する法律関係であると理解すべきである，とされている（Streyl, Schmidt-Futterer §563 Rn. 11; Rolfs, Staudinger §563 Rn. 4; Blank/ Börstinghaus §563 Rn. 18）．

第4節　承継の効果

1　法定的特別承継

配偶者は，BGB 563条1項の規定によって賃貸借関係を承継する．これは，たとえ相続人が承継する場合であっても，特別の相続Sondererbfolgeではなく，法定の特別な権利承継Sonderrechtsnachfolgeである，と解するのが通説である（Blank/ Börstinghaus §563 Rn. 21; Häublein, Münchener Kommentar §563 Rn. 18; Streyl, Schmidt-Futterer §563 Rn. 44）．賃借人の交替は，法定的に効果が生じるから，承継人から賃貸人に対する通知等は必要ではない．

2　配偶者による承継

配偶者は，死亡した賃借人と賃貸人の間の賃貸借契約における基本的権利義務を承継する．すなわち，住居の使用に関連するもの，例えば，賃料，賃貸借期間，美観修復，修繕，ペットの保有，転貸，入居規則等に関する合意である．例えば，家屋管理人Hausmeisterや清掃人に関して賃貸人と賃借人との間で締結された特別の合意Sondervereinbarungenは，たとえ，賃貸借と経済的に関連するものであって，賃貸借契約の約定とともに同一の書面上において約定されたものであっても，配偶者に承継されない（Blank/ Börstinghaus §563 Rn. 22）．

BGB 549 条から 572 条 a までは，住居賃貸借に関する特別規定であるから BGB 563 条の規定も住居の賃貸借についてのみ適用される．したがって，賃借人が住居とガレージをそれぞれ別個の契約で賃借していた場合，配偶者は，住居賃貸借のみ承継する．ガレージの賃貸借は，相続人に承継される（BGB 564 条）．これに対して，賃借人が住居とガレージを単一の契約で賃借していた場合には，単一の住居賃貸借とみなされるべきであり，配偶者は，この賃貸借を全て承継する．

賃借人と第三者との契約（例えば，電気の供給契約または温水の供給契約）から生じる権利義務は，それが賃貸借契約と密接に関連するものであっても，特別承継人には移転しない（Rolfs, Staudinger §563 Rn. 31; Blank/Börstinghaus §563 Rn. 23）．

3 承継の時点

配偶者による賃借権の承継は，原則として，将来的に効力を生じる．

a) 諸請求権の移転

賃貸借上の占有に伴う請求権は，配偶者に移転する．契約に則した状態に修復するように請求する権利，瑕疵除去請求権並びに賃借物使用を妨害する行為の不作為を請求する権利がこれである．

b) 賃借人の債務

賃借人の死亡までに発生した賃借人の債務は，原則として，遺産債務であるから，相続人が責任を負う（BGB 1922 条）が，それと並んで，配偶者も連帯債務者として共同して責任を負うことになる（BGB 563 条 1 項）．賃借人死亡後に発生した債務については，配偶者が，単独で責任を負う（Blank/Börstinghaus §563 Rn. 26）．

第6編　賃借人が死亡した場合における権利の承継

第2章　生活パートナー Lebenspartner の承継権

　死亡した賃借人が生活パートナーと賃借住居において共同の世帯を営んでいた場合には，生活パートナーが，賃貸借関係を承継する（BGB 563条1項2段）．配偶者の承継権と生活パートナーの承継権が，競合することはない．なぜならば，婚姻していない者のみが，生活パートナーシップ法に基づく結合関係に入ることができるからである．要件は，ここでも，死亡した賃借人が，生活パートナーと共同の世帯を営んでいたことであり，さらに賃貸借関係が，賃借人死亡時になお存続していることである．法律効果は，配偶者が承継する場合と同じである（Blank/ Börstinghaus §563 Rn. 42）．

第3章　その他の者の承継権

　配偶者も生活パートナーも，賃貸借関係を承継しない場合については，次のように，多様な仕方で規定がなされている（BGB 563 条 2 項）．

第1節　配偶者と子とが同居していた場合

　死亡した賃借人が配偶者と子と共同の世帯を営んでいた場合であって，かつ配偶者が承継を拒絶した場合には，賃借人の子が，賃貸借関係を承継する．子が未成年者であっても，問題はない．「子 Kinder」の概念は，家族の保護という法の目的に照らして広く解釈される．したがって，養護を受ける子や継子もここにいう子に数えられる．配偶者が承継する場合には，子による承継は生じない（BGB 563 条 2 項 1 段）．

第2節　子とのみ同居していた場合

　賃借人がその子と（他にパートナーはいない）住居に同居していた場合には，子が，賃貸借関係を承継する（BGB 463 条 2 項 1 段）．

第3節　賃借人が子と生活パートナーと共同の世帯を営んでいた場合

　この場合には，賃借人の子と生活パートナーが，共同して賃貸借関係を承継する（BGB 563 条 2 項 2 段）．賃借人の世帯に属している生活パートナーの子は，生活パートナーが承継を拒絶した場合にのみ，賃貸借関係を承継する（BGB 563 条 2 項 4 段）．

　生活パートナーも子も，承継を拒絶する権利を有する（BGB 563 条 3 項）．

第4節　配偶者も生活パートナーも承継しない場合

　配偶者も生活パートナーも賃貸借関係を承継しない場合には，他の家族構成員が，承継する．これには，子以外の賃借人と血族関係にある者および姻族関係にある者が入る．要件は，ここでも，家族構成員が賃借人と共同の世

帯を営んでいたことである．配偶者または生活パートナーが承継したときは，他の家族構成員は，承継することができない．賃借人の子が承継する場合（BGB 条 563 条 2 項 1 段）には，事情が異なってくる．この場合には，子と共に他の家族構成員も承継する．

第 5 節　その他の家族構成員

　その他の家族構成員とは，長期間継続することを予定した共同の世帯を賃借人と共に営んだ者である（BGB 563 条 2 項 4 段）．これについては，連邦通常裁判所の 1993 年 1 月 13 日判決は，婚姻に類似する共同体におけるパートナーを家族構成員と同様に扱う，と述べていた（BGHZ 121, 116）．実務においては，婚姻に類似する共同体が，他のパートナーシップと区別されているところに意味があった．この判決は，婚姻類似の共同体については男性と女性の間における次のような生活共同体を前提とする．すなわち，長期間継続することを予定し，同種の別の生活共同体の余地を残さず，パートナー相互のために相互に保証しあう，純粋な家計および経済的共同体の関係を越えた内的な結び付きによって特徴付けられる共同体である．この前提条件が存在するかは，具体的事情によって判断しなければならないが，その場合には，共同生活が長期にわたっていること，共同の世帯にいる子並びに構成員の扶養およびパートナーの収入並びに財産の処分権限が，重要な意味を持っている．

　パートナーが既に長期間共同生活を送っていることは，関係が長期であることを問題なく想定させるが，長期であることが決定的なものではない．むしろ，長期間継続することを意図しているかが，判断基準となる（Rolfs, Staudinger §563 Rn. 29; Häublein, Münchener Kommentar §563 Rn. 14; Blank/ Börstinghaus §563 Rn. 50）．

　居住共同体は，通常，長期にわたって存続するものではない．共同生活を営み，共同して家計をやりくりすることを目的とする老人による居住共同体は，例外だとされる（BT-Drucks. 14/4553 S. 61, Rolfs, Staudinger §563 Rn. 30）．この場合にも，この人的グループが，既に長期にわたって共同の家計を営んでいたことが要件となるわけではない（Blank/ Börstinghaus §563 Rn. 51）．

第 4 章　承継の拒絶権限

　住居賃貸借関係の承継は，法定的に生じるのであるが，承継人は，承継を拒絶することもできる（BGB 563 条 3 項 1 段）．

第 1 節　拒絶の意思表示の方式および内容

　拒絶の意思表示は，賃貸人に対して発信され，到達しなければならない受領を要する一方的意思表示である．この意思表示は全ての賃貸人に対してしなければならない．拒絶の意思表示の方式は，定められていない．各承継人は，自己のために拒絶の意思表示をすることができるが（BGB 564 条 3 項 3 段），拒絶の意思表示をしなかった承継人は，賃借人の地位を保持する．

第 2 節　期　　間

　拒絶の意思表示をすることができる期間は，1 ヵ月である．その始期は，賃借人の死亡を確実に知った時である．
　承継の法律効果は，取り消すことができない．なぜならば，この効果は，意思表示によってではなく，法定的に生じるからである（Rolfs, Staudinger §563 Rn. 42; Blank/ Börstinghaus §563 Rn. 55）．

第 3 節　承継拒絶の法律効果

　承継拒絶の法律効果は，賃借人の死亡時に遡って生じる．賃貸借関係の承継は，生じなかったものとみなされ，賃貸借関係の承継人は，次順位の者になる．BGB 563 条 2 項に定める承継人がいない場合には，相続人が，賃貸借関係を承継するが，相続人には拒絶権がないが，しかし解約告知をすることができる．承継を拒絶した者は，賃貸借関係から生じる債務について賃貸人に対して責任を負わない．賃貸人は，権利を承継する者に対してのみ請求をすることができることになる（Blank/ Börstinghaus §563 Rn. 56）．
　家族構成員が権利承継人となったが，承継を拒絶した配偶者がなお住居を占有している場合には，この配偶者は，権利承継人に住居を引き渡さな

ければならない。賃貸人は，この配偶者に対して，住居を権利承継人に引き渡すように，請求することができる（BGB 985条，986条の類推．Blank/ Börstinghaus §563 Rn. 57）。

相続人が権利承継人になる場合には，住居は，相続人に引き渡されなければならない。賃貸人は，家族構成員に対して住居を相続人に引き渡すように請求することができる（BGB 985条，986条の類推．Blank/ Börstinghaus §563 Rn. 58）。

第5章　賃貸人の解約告知権

第1節　法定告知期間付特別解約告知権

　賃貸人は，承継人自身に重大な理由があるときは，賃貸借関係の最終的承継人を知ってから1ヵ月内に法定告知期間付特別解約告知をすることができる（BGB 563条4項）．

　解約告知は，承継人全てに対してしなければならない．したがって，賃貸人は，承継人の1人に対してのみ解約告知をして，しかも他の承継人とは賃貸借関係を継続するということはできない（Rolfs, Staudinger §563 Rn. 53; Häublein, Münchener Kommentar §563 Rn. 28; Blank/ Börstinghaus §563 Rn. 63）．

第2節　重大な理由

　ここでいう重大な理由は，BGB 573条に定める正当な利益とは異なる．ここでいう重大な理由は，賃貸人に承継人との賃貸借関係を継続することが期待できず，新賃借人自身にその理由が存する場合に，発生する（Rolfs, Staudinger §563 Rn. 48; Blank/ Börstinghaus §563 Rn. 64; Häublein, Münchener Kommentar §563 Rn. 26）．連邦通常裁判所は，承継人が過去に賃貸借契約上の特約に違反していた場合に，重大な理由があるとしている（BGH NJW 2013, 1806）．帰責事由は要しない．過去の行動から，承継人が，家屋内の静穏を乱し，または賃借物件を毀損するおそれがある場合には，重大な理由があると認められる具体的な根拠があると解される．承継人が，賃貸人と個人的に不和である場合や下卑た行状があるときも，同様に解される．承継人が，賃料を支払うことができない状態にある場合も，重大な理由があることになる（Blank/ Börstinghaus §563 Rn. 64）．

第6編　賃借人が死亡した場合における権利の承継

第3節　方式，期間

　解約告知は，書面でしなければならない（BGB 568条1項）．解約告知は，賃貸人が賃貸借の承継を知ってから1ヵ月内にしなければならない．期間の始期は，賃貸人が承継人個人を知った時である．

第7編　生存賃借人との賃貸借関係の継続

BGB 563条によって賃貸借関係の承継人となる複数の者が，共同で住居の賃借人となっていた場合には，そのうちの1人が死亡したときは，他の生存している賃借人との間で賃貸借関係は継続する（BGB 563条a）。

第1章　賃貸借関係の継続

第1節　継続権者

BGB 563条に列挙されている者，すなわち，配偶者，生活パートナー，家族構成員および賃借人と長期間を予定した世帯を営んでいるその他の者が賃借人である場合にのみ，賃貸借関係は，継続される（563条a第1項）。

このメルクマールに当てはまらない場合，例えば，居住共同体にいる賃借人が，別個の家計処理を行っている場合には，他の賃借人が死亡しても，生存賃借人の賃借権は何の影響も受けず，死亡した賃借人の相続人が賃貸借関係を承継する。共同賃借人と相続人は，連帯債務者 Gesamtschuldner として責任を負い，賃貸借関係から生じる債権については合有（合手的）債権者 Gesamthandsgläubiger になる。相続人は，共同賃借人に対してその持分に相応した賃貸借上の使用をさせるように請求することができる。生存賃借人が住居を単独で使用するという合意が，相続人との間で成立した場合には，内部関係において他の異なる合意がない限り，生存賃借人が，単独で賃料を負担することになる。さらに，賃貸人と賃貸借契約を変更することが合意できれば，生存賃借人を単独の賃借人として，賃貸借関係を継続することができるのである（Blank/ Börstinghaus §563a Rn. 3）。

第2節　継続の要件

賃貸借関係を継続するためには，BGB563条に列挙する複数の者が「共同

賃借人 gemeinsam Mieter」でなければならない．この要件は，賃借人の1人が死亡した時に共同体的賃貸借関係 gemeinschaftliches Mietverhältnis が存在していることで十分満たされる．住居を共同で賃借する複数の者が，賃借人として契約書の頭に記載されており，同書面に署名をしている場合は，共同の賃借人であることになる（Blank/ Börstinghaus §563a Rn. 4）．

　既に成立している賃貸借契約に，第三者が加入してくる場合にも，共同体的賃貸借関係が成立する．この場合には，賃借人，加入者および賃貸人の間で三面契約を締結しなければならない（Blank/ Börstinghaus §563a Rn. 5）．

　賃貸借関係が継続するためには，賃借人の1人が死亡した時に，なお賃貸借関係が存続していなければならない．

第3節　効　　果

　賃貸借関係は，生存賃借人との間で継続される（BGB 563条a第1項）．したがって，生存賃借人は，死亡した賃借人の持分について特別承継人となる．この結果，相続人は，賃借権の承継からは排除される．同様に，BGB 563条に列挙されている契約当事者ではない者も，承継することができない．

第4節　賃借人の特別解約告知権

　生存賃借人は，賃借人の1人の死亡を知った後1ヵ月内に告知期間付特別解約告知をすることができる（BGB 563条a第2項）．この解約告知をするについて理由は不要である．この告知は，月の15日までにされたときは，翌々月の経過時にその効力を生じる（BGB 573条d第2項）．ただし，賃貸借関係が，複数の賃借人によって継続されている場合には，賃借人全員で共同して解約を告知しなければならない（Rolfs, Staudinger §563a Rn. 13; Häublein, Münchener Kommentar §563a Rn. 15; Blank/ Börstinghaus §563a Rn. 9）．

　賃貸人は，特別解約告知権を有しない（Rolfs, Staudinger §563a Rn. 14; Blank/ Börstinghaus §563a Rn. 10）．

第2章　賃貸借関係の承継または継続における責任
（BGB 563条b）

第1節　承継人の責任

　BGB 563条によって賃貸借関係を承継する者もしくは BGB 563条aによって賃貸借関係を継続する者は，賃借人の死亡までに発生した債務について相続人と共に連帯債務者として責任を負う（BGB 563条b第1項1段）．

第2節　賃貸借関係から生じる債務

1　外部関係

　相続人は，遺産債務について責任を負うが（BGB 1967条），この債務には，賃借人が死亡するまでに賃貸借関係から発生した債務も含まれる．この相続人の責任は，BGB 563条bの規定によっては影響を受けない．BGB 563条bは，賃貸借関係における権利承継人の共同責任を定めているのであって，賃貸人との外部関係について定めているものである．相続人と承継人とは，共に連帯債務者として責任を負うから，賃貸人は，その選択に従って相続人または承継人または全員に対して請求することができる．責任の始期は，賃借人の死亡時である．

2　内部関係

　相続人と承継人との内部関係においては，相続人のみが責任を負う（BGB 563条b第1項2段）．したがって，相続人は，たとえ承継人が住居の使用権者であったとしても，賃借人死亡まで生じた延滞賃料を一人で負担しなければならない．賃借人の死亡時に履行期の到来しているその他の債務についても同様である．例えば，賃借人が美観修復義務を負っていたが，その債務の履行が遅滞していた場合には，承継人ではなく，相続人が，遅滞による損害賠償責任を負うことになる（Rolfs, Staudinger §563b Rn. 5; Blank/Börstinghaus §563b Rn. 4; Häublein, Münchener Kommentar §563b Rn. 5）．したがって，承継人は，負担なく住居を保持することができることになる．

　他方で，死亡した賃借人が賃貸人に主張することができたであろう弁済期

325

の到来している債権（例えば，費用償還請求権，損害賠償債権もしくは不当利得返還請求権）は，全て相続人に帰属する．

　もっとも，相続人と承継人との間で，これと異なる合意をすることは可能である．

第3節　その他の債務

　賃借人死亡後に発生した債務については，相続人は，責任を負わず，賃貸人は，承継人に対してのみ請求することができる．

第4節　賃料の前払い

　死亡した賃借人が死亡後の賃料分を前払いしていた場合には，死亡した賃借人の賃貸借関係の承継人は，この賃料の前払いによって節約できたものもしくは取得したものを相続人に返還しなければならない（BGB 563条b第2項）．

第5節　賃貸人の担保提供請求権

　死亡した賃借人が担保を提供していなかった場合には，BGB 563条および563条bに列挙されている特別承継人は，賃貸人の請求により担保を提供する義務を負う（BGB 563条b第3項）．この規定は，賃借権の承継によって賃貸借関係における経済的状況が変更し得るという事情を計算に入れたものである（Börstinghaus/ Eisenschmid, Arbeitskommentar Neues Mietrecht, 2001, S. 422f.）．

　ここでは，賃借人と賃貸人との間で担保を提供する合意があったことを前提とする．そして，賃借人が担保の提供をしないで死亡したときは，賃貸人は，賃貸借関係の承継人と敷金契約など締結することなく，法律上，担保提供請求権を有することとなる（Blank/ Börstinghaus §563b Rn. 20; Häublein, Münchener Kommentar §563b Rn. 16）．

第 8 編　相続人との賃貸借関係の継続

1　相続人による賃貸借関係の承継

　死亡した賃借人の賃貸借関係を承継する者が存せず，かつ生存賃借人と賃貸借関係を継続する者がいない場合には，賃貸借契約から生じる権利義務は，相続人に移転する．その結果，賃貸借関係は，相続人との間で存続することとなる（BGB 564 条 1 段）．

　賃借人の死亡によって，その財産は，包括的に相続人に移転する（BGB 1992 条 1 項）．賃貸借契約から生じる請求権も義務も賃借人の財産であるから，相続人に移転し，賃貸借関係は賃借人の相続人との間で継続されることになる．このことを，BGB 564 条 1 段は確認しているのである（Blank/ Börstinghaus §564 Rn. 1）．

　相続人も賃貸人も，賃借人が死亡したことを知ってから 1 ヵ月内に BGB 573 条に定める法定告知期間付特別解約告知をすることができる（BGB 564 条 2 段）．

　この規定の趣旨は，多くの賃貸借契約が強い人的関係に基づいており（Prot. II 220），当事者の要求に合わせて形成されているという事情を考慮したものである．それ故，賃貸人は，賃借人が死亡したときは，期間満了前に賃貸借契約を解消する権利を有すべきであり，また，相続人も賃借物件の使用を必要としない場合が，稀ではないから，解約告知権を有するべきであろう，ということが考慮されたのである（Blank/ Börstinghaus §564 Rn. 2-3）．

　BGB 564 条は，563 条および 563 条 a による権利承継がなかった場合にのみ適用される．

2　相 続 放 棄

　相続人は，相続を放棄することができる（BGB 1942 条 1 項）が，放棄された場合には，賃貸借関係の承継はなかったことになる（BGB 1953 条 1 項）．相続放棄は，相続開始を知った時から 6 週間内になされなければならない

327

(BGB 1944条1項, 2項). 相続放棄は, 遺産裁判所に対する意思表示をすることによって効力を生じる.

相続放棄がなされると, 次順位の相続人に相続財産が帰属することになる (Blank/ Börstinghaus §564 Rn. 20).

3 相続人による解約告知がされた場合

賃貸人も相続人も, BGB 573条dに定める告知期間のある特別解約告知をすることができる. この規定はBGB 575条による定期賃貸借のような通常の解約告知をすることができない場合に, 実務上の意味を持つようになる.

解約告知権者は, 賃貸人と相続人である. 相続人が解約告知をした場合には, それは遺産の管理行為のみならず処分行為でもあるとされる (Häublein, Münchener Kommentar §564 Rn. 10; Blank/ Börstinghaus §564 Rn. 33).

4 解約告知理由

解約告知をするについて, 賃貸人も相続人もその理由を必要としない. すなわち, 賃借人たる相続人に対して, BGB 573条および573条aによる賃借人保護の規定は適用されない. 相続人が, BGB 564条によってではなく, BGB 563条, 563条aによって住居に関する権利の継承人となる場合には, BGB 573条d第1項は適用されないから, 解約告知をすることができなくなる (Blank/ Börstinghaus §564 Rn. 43).

死亡した賃借人が住居を契約に則して家族構成員に引き渡しており, 相続人は賃貸借関係を継続する意思を有している場合には, BGB 573条dを適用すべきかが問題となる. すなわち, 賃借人が生存していたときは, 賃貸人は, 解約告知理由がなければ, 解約告知をすることができなかった. ところが, 賃借人の死後は, 住居使用者がなお保護を受けるべきであるのに, 特別解約告知権を取得することになるからである. そこで, BGB 573条dを目的論的に解釈してその適用を限定し, この場合には, 適用を排除するとされている (Blank/ Börstinghaus §564 Rn. 44).

解約告知に対する異議の規定 (BGB 574条, 社会的条項) は, 賃貸人が解約告知をする場合に, 適用される (Rolfs, Staudinger §564 Rn. 16; Streyl, Schmidt-Futterer §564 Rn. 6; Blank/ Börstinghaus, §564 Rn. 45).

5　解約告知の期日

　相続人が解約告知をする場合には，相続人が，自分が相続人の地位に就くことを十分確実に知った時から，1ヵ月内にしなければならない（OLG Düsseldorf WuM 1994, 79）。賃貸人が解約告知をする場合には，相続人を知った時から1ヵ月内にしなければならない（LG Köln MDR 1973, 409）。

索　引

【あ行】

明渡不能（Räumungsunfähigkeit）…… *268*
明渡猶予期間 ………………………… *30, 271*
あるべき性状（Soll-Beschaffenheit）… *135*
アンテナ …………………………………… *117*
異議の効果 ……………………………… *271*
維持・修繕費（Instandhaltungs-
　und Instandsetzungskosten）………… *44*
維持費（Instandhaltungskosten）……… *47*
委　譲（Überlassung）………………… *91*
一部一括賃料（Teilpauschalmiete）…… *33*
一般的配慮義務（Obhutspflicht）…… *124*
一般標準賃料表 ………………………… *172*
一方的に作成された入居規則 ………… *85*
イミシオーン（Immission）保護法… *93, 127*
売上賃料（Umsatzmiete）………………… *33*
運営費（Betriebskosten）………… *44, 186*
　――の決算 ……………………………… *188*
　――の先払金
　　（Betriebskostenvorauszahlung）… *109*
　――の前払い ………………………………… *55*
運営費分担の基準 ……………………………… *58*
運営費分担の合意 ……………………………… *54*
運営費包含賃料
　（Betriebskostenpauschale）………… *186*
運営費令 ………………………………………… *54*
営業的中間賃貸借
　（gewerbliche Zwischenmiete）……… *10*
営業的併用使用（gewerbliche
　Mitbenutzung）…………………… *131, 132*
営業割増賃料（Gewerbezuschlag）…… *34*
エネルギー現代化………………… *184, 194*
エネルギー消費 ………………………… *184*
エレベーターの運転費用 ………………… *49*
延長条項 …………………………………… *23*

延長請求権 ………………………………… *29*
煙突掃除費 ………………………………… *52*

【か行】

外国人割増賃料（Ausländerzuschlag）… *34*
解　除（Rücktritt）…………………… *211*
改　築 …………………………………………… *78*
害虫駆除費 ……………………………………… *50*
解約告知（Kündigung）………… *211, 321*
解約告知期間 …………………………… *219*
　――に対する異議 …………………… *270*
　――のある通常の解約告知
　　（Ordentliche befristete Kündigung）
　　…………………………………………… *219*
　――の撤回 ……………………………… *216*
　――の方式 ……………………………… *237*
解約告知権者 ……………………………… *215*
解約告知権排除特約 ……………… *31, 41*
解約告知権放棄 …………………………… *30*
解約告知権放棄特約 ……………………… *32*
解約告知理由 ……………………… *221, 247*
家屋管理人（Hauswart）………… *52, 158*
家屋経営管理者(人)（Hausverwalter）
　…………………………… *53, 157, 215*
家屋内の平和（Hausfriede）の維持 … *126*
価格ストップ令 ………………………………… *4*
鍵の委譲 …………………………………… *91*
鍵の引渡義務 …………………………… *283*
家　具 …………………………………… *121*
家具設置割増賃料
　（Möblierungszuschlag）……………… *34*
家具付住居 ………………………………… *178*
　――の賃貸借 …………………………… *221*
確定性の原則 ……………………………………… *77*
瑕　疵 …………………………………… *135, 143*
瑕疵自主除去権 …………………………… *155*

索　引

瑕疵除去 …………………………… *105, 153*
瑕疵担保責任 ……………………………… *135*
瑕疵通知義務 ……………………………… *145*
家族構成員 ………………… *162, 228, 311*
過大賃料額 ………………………………… *36*
家畜の飼育 ………………………………… *86*
家庭電化品 ……………………………… *121*
借方記入 ………………………………… *112*
環境瑕疵（Unweltfehler）………… *140*
鑑　定 …………………………………… *181*
鑑定人 …………………………………… *175*
管理費（Verwaltungskosten）………… *44*
期間を定めた賃貸借 ……………………… *22*
期間を定める利益の通知 ……………… *26*
危　険 …………………………………… *146*
　　──に関する通知義務 ………… *146*
危険保険 ………………………………… *108*
危険領域 ………………………………… *112*
気候保全 ………………………………… *194*
犠牲限度（Opfergrenze）……………… *105*
基本賃料（Grundmiete）………… *33, 109*
給付障害 ………………………………… *78*
競業禁止 ………………………………… *96*
競業禁止約款 …………………………… *98*
強制競売 ………………………………… *262*
競争制限禁止法 ………………………… *98*
共同アンテナ …………………………… *117*
　　──の使用費用 ……………………… *53*
共同生活者（Lebensgefährte）……… *162*
共同体的賃貸借関係（gemeinschaftliches
　Mietverhältnis）……………………… *324*
共同賃借人 ……………………………… *323*
共同の世帯（Gemeinsamer Haushalt）… *311*
共用空間 ………………………………… *122*
共用部分の清掃 ………………………… *86*
居住状況の持続的改善 ………………… *196*
居住用部屋（Wohnraum）……………… *82*
緊急行為（Notmaßnahmen）………… *154*
経営義務 ………………………………… *99*
経営上の必要 …………………………… *26*

経済刑法（Wirtschaftsstrafgesetz）5条
　　……………………… *34, 35, 36, 44*
経済単位（Wirtschaftseinheit）……… *60*
傾斜賃料（Staffelmiete）……………… *39*
　　──の額 …………………………… *41*
継続請求権 ……………………………… *30*
契約交渉 ………………………………… *13*
　　──の中絶 ………………………… *14*
契約書面方式 …………………………… *16*
契約締結料（Vertragsabschlussgebühr）
　　………………………………………… *35*
契約に則した状態
　（vertragsgemäßer Zustand）……… *92*
契約に内在する競業禁止（der vertragsim-
　manente Konkurrenzschutz）……… *96*
減　額 …………………………………… *112*
減額請求権 ……………………………… *112*
現金による敷金（Barkaution）………… *63*
健康に危険な状態 ……………………… *104*
検査権 …………………………………… *160*
現実の性状（Ist-Beschaffenheit）…… *135*
原始的瑕疵 ……………………………… *156*
原状回復義務 …………………………… *284*
現代化（Modernisierung）……………… *25*
　　──による賃料増額 ……………… *184*
現代化行為（Modernisierungsmaßnah-
　me）……………………………… *184, 193*
　　──受忍義務 ……………………… *197*
　　──通知義務 ……………………… *197*
建築的変更（Bauliche Änderungen）
　　………………………………… *117, 184*
権利の瑕疵 ……………………………… *143*
権利の承継 ……………………………… *311*
合　意（Einigung）……………………… *15*
合意解約 ………………………………… *277*
行為無能力者（Geschäftsunfähige）… *214*
後継賃借人（Nachmieter）………… *78, 279*
後継賃借人条項 ………………………… *281*
広帯域ケーブル網に接続した分配
　設備の運転費用 ……………………… *53*

交通担保義務（Verkehrssicherungs-
　pflicht） ………… *100, 101, 103, 106, 123*
高齢者 ……………………………… *267*
顧客に敵対的な解釈 …………… *19*
個別的合意（Individualvereinbarung） … *18*
ゴミ除去費 ………………………… *50*
混合空間賃貸借（Mischraummiete）… *10*
コントラクティング（Contracting）… *204*

【さ行】

債権質 ……………………………… *64*
債権譲渡 …………………………… *64*
催　告 ……………………………… *258*
財産税 ……………………………… *45*
再生不可能第一次エネルギーの節約 … *194*
再賃貸（Weitervermietung） ……… *113*
差押禁止物件 ……………………… *207*
敷　金（Mietkaution） …………… *63, 304*
　──の最高限度額 ……………… *65*
敷金返還請求権 ………………… *69, 306*
事業用空間（Geschäftsraum）……… *37, 43*
事業用空間賃貸借（Geschäftsraummiete）
　………………………………… *9, 93, 219*
　──における敷金 ……………… *70*
自己使用（Eigennutzung）………… *25*
仕事日 ……………………………… *109*
自己必要（Eigenbedarf）………… *227*
指数賃料（Indexmiete）…………… *41*
指数約款 …………………………… *43*
執行からの保護 …………………… *275*
締め付け契約（Knebelungsvertrag）… *38*
湿った部屋（Nassraum）………… *82*
社会住宅 …………………………… *4*
社会的義務（Sozialpflichtigkeit）…… *221*
社会的条項（Sozial Klausel）……… *5, 264*
　──による賃借人保護 ………… *264*
社会的所有権（Sozialeigentum）……… *223*
社会的賃貸借法（Soziales Mietrecht）
　………………………………… *5, 221, 264*
社会福祉国家原理（Sozialstaatsprinzip）
　………………………………………… *223*
社　宅 ……………………………… *26*
収去義務 …………………………… *284*
住居拘束法（Wohnungsbindungsgesetz）
　…………………………………………… *5*
住居所有者の交代 ………………… *291*
収去請求権 ………………………… *284*
住居賃借権の承継 ………………… *311*
住居賃貸借（Wohnraummiete）… *9, 92, 220*
住居統制経済 ……………………… *4*
住居法（Wohnungsgesetz）……… *4*
修繕義務 ……………………… *100, 104, 106*
　──の転嫁条項 ………………… *72*
修繕請求権 ………………………… *105*
修繕費用 …………………………… *83*
重大な瑕疵 ………………………… *141*
重大な理由 ………………………… *321*
住宅欠乏法（Wohnungsmangelgesetz）… *4*
絨　毯 ……………………………… *116*
集中温水供給設備の運転費 ……… *48*
集中暖房設備経費 ………………… *46*
修　復（Renovierung）…………… *115*
修復期間 …………………………… *73*
修復義務 …………………………… *106*
　──および修繕義務を賃借人に
　　転嫁する特約 ………………… *106*
　──の履行期 …………………… *75*
修復条項（Renovierungsklausel）… *72, 79*
重要な理由（ein wichtiger Grund）…… *57*
使用維持義務
　（Gebrauchserhaltungspflicht）……… *100*
使用価値の上昇 …………………… *195*
使用供与義務 ……………………… *100*
使用継続による賃貸借関係の延長 …… *289*
承継賃借人 ………………………… *113*
承継賃借人・代替賃借人条項
　（Nachfolge- und Ersatzmieterklausel）
　……………………………………… *113*
承継人の責任 ……………………… *325*
承継の拒絶 ………………………… *319*

索　引

承継の順序 ………………………………… *311*
小修繕 ……………………………………… *83*
小修繕費用分担条項 ……………………… *83*
使用障害 …………………………………… *112*
使用上の適格性（Gebrauchstauglichkeit）
　…………………………………………… *136*
承諾留保付動物飼育禁止条項 …………… *130*
使用適格性 ………………………………… *150*
譲渡担保……………………………… *206, 305*
使用の供与（Gebrauchsgewährung）… *112*
使用の侵害 ………………………………… *143*
情報提供義務 ……………………………… *27*
情報提供請求権 …………………………… *27*
照明費 ……………………………………… *52*
職業の併用使用（berufliche
　　Mitbenutzung）……………………… *131*
所得税 ……………………………………… *45*
所有権の社会的義務 ……………… *224, 264*
所有権留保 ………………………………… *207*
資料閲覧 …………………………………… *191*
迅速行為（Eilmaßnahmen）…………… *154*
スライド条項 ……………………………… *43*
静穏時間 Ruhezeit ………………… *87, 127*
生活パートナー（Lebenspartner）… *311, 316*
　　――の承継権 ………………………… *316*
性　状 ……………………………………… *141*
性状保証 …………………………………… *141*
清　掃 ……………………………………… *122*
清掃義務 …………………………………… *107*
生存賃借人 ………………………………… *323*
整備費（Wartungskosten）……………… *47*
責任保険（Haftpflichtversicherung）… *52*
世帯構成員 ………………………………… *228*
節　水 ……………………………………… *195*
設備品 ……………………………………… *115*
先訴の抗弁 ………………………………… *301*
占有の返還義務 …………………………… *283*
騒　音 ……………………………………… *140*
　　――の禁止 …………………………… *87*
増額限度（Kappungsgrenze）………… *179*

増額請求権排除特約 ……………………… *184*
相　続 ……………………………………… *311*
相続人による賃貸借関係の承継 ……… *327*
即時解約告知 ……………………………… *247*
損害除去義務条項 ………………………… *84*
損傷除去義務 ……………………………… *104*

【た行】

第1次住居賃貸借解約告知保護法
　（Wohnraumkündigungsschutzgesetz）*6*
第1次賃借人保護令
　（Erste MieterschutzVo）……………… *3*
退去賠償金（Auszugspauschale）……… *35*
第三者への使用の委譲 …………………… *162*
代替住居提供義務 ………………………… *267*
代替賃借人（Ersatzmieter）…………… *279*
代替賃貸 …………………………………… *113*
第2次住居建設促進法 …………………… *4*
第2次住居賃貸借解約告知保護法 ……… *6*
第2次賃借人保護令 ……………………… *4*
対物保険（Sachversicherung）………… *52*
建物清掃費 ………………………………… *50*
建物の性状の瑕疵 ………………………… *136*
担　保（Sicherheit）……………… *63, 304*
暖房費用令（Heizkostenverordnung）… *59*
暖房費令 …………………………………… *93*
担保責任（Garantiehaftung）………… *156*
　　――の排除 …………………………… *159*
担保提供請求権 …………………………… *326*
地域における通常の賃料
　（Ortsübliche Miete）………………… *171*
地上権 ……………………………………… *261*
賃借空間 …………………………………… *122*
賃借人
　　――瑕疵自主除去権 ………………… *155*
　　――監督権（監視権）(Kontrollrecht) *191*
　　――の延長請求権 …………………… *29*
　　――の現代化に対する権利 ………… *201*
　　――の使用権（Gebrauchsrecht）… *115*
　　――の情報提供義務 ………………… *13*

――の破産 ………………………… 263
賃借人保護法（Mieterschutzgesetz）…… 4
賃貸借解約契約
　（Mietaufhebungsvertrag）………… 277
賃貸借関係の延長（Verlängerung）… 282
賃貸借関係の終了 ………………………… 211
賃貸借関係の承継または継続における
　責任 ……………………………………… 325
賃貸借期間 ………………………………… 22
賃貸借契約の成立 ………………………… 13
賃貸借合意官署（Mieteinigungsamt）… 3
賃貸借法改正法（Mietrechtverbesserun
　gsgesetz）………………………………… 6
賃貸借保証（Mietsicherheit）………… 64
賃貸人
　――の解約告知権 ……………………… 321
　――の義務 ……………………………… 91
　――の検査権（Besichtigungsrecht）
　　………………………………… 135, 160
　――の使用供与義務
　　（Gebrauchsgewährungspflicht）… 122
　――の情報提供義務 …………………… 14
　――の破産 ……………………………… 263
　――の法定質権 ………………………… 205
　――の保守義務 ………………………… 100
賃貸物の使用適格性
　（Gebrauchtaulichkeit）……………… 112
賃　料（Miete）……………… 33, 109, 169
　――一括払い …………………………… 109
　――回帰的支払い ……………………… 109
　――減額 ………………………………… 112
　――支払期限 …………………………… 109
賃料減額権 ………………………………… 149
賃料減額請求権 …………………………… 169
賃料拘束住宅の優遇賃料の算定に
　関する命令（NMV）…………………… 61
賃料自動改定特約 ………………………… 38
賃料支払いの遅滞 ………………………… 225
賃料支払留保権 …………………………… 152
賃料増額 …………………………………… 170

――請求権 ………………………… 169
――待機期間（Wartefrist）………… 170
――停止期間（Sperrfrist）………… 171
――の意思表示 …………………… 180
賃料増額規制法
　（Miethöheregelungsgesetz）………… 6
賃料増減額の合意 ………………………… 169
賃料データバンク ………………………… 176
賃料保証 …………………………………… 38
追加的担保 ………………………………… 116
通常の解約告知
　（ordentliche Kündigung）…………… 212
通知義務 …………………………………… 145
庭園手入れの費用 ………………………… 51
定期賃貸借（Zeitmiete）………………… 24
　――の終了 ……………………………… 30
定式賃貸借契約（Formularmietvertrag）17
適時性条項（Rechtzeitigkeitsklausel）… 110
テキスト方式 ……………………………… 57
転　貸 ……………………………………… 144
転貸借（Untermiete）…………………… 163
　――の承諾 ……………………………… 164
転貸割増賃料（Untermietzuschlag）… 34
ドイツ工業規格（DIN）…………… 93, 94
冬季作業 …………………………………… 86
冬季における作業 ……………… 106, 102
冬季奉仕 …………………………………… 122
動物飼育禁止条項 ………………………… 129
動物の飼育 ………………………………… 128
　――の承諾 ……………………………… 130
透明性の原則 ……………………………… 18
道路の清掃費 ……………………………… 50
特別解約告知（außerordentliche
　Kündigung）…………………… 22, 321
特別解約告知権 …………………………… 324
特別即時解約告知（außerordentliche
　fristlose Kündigung）………… 213, 247
特別標準賃料表（Qualifizierter
　Mietspiegel）…………………………… 174
独立営業体からの暖房供給費 ………… 47

索　引

土地税 …………………………………… 45
扉閉鎖時間 ……………………………… 86
取立権限 ……………………………… 111
取立権限条項 ………………………… 111
取立権限付与方式約款 ……………… 111

【な行】

中庭の使用 ……………………………… 85
二重賃貸借（Doppelvermietung）…… 143
入居規則（Hausordnung）…………… 85
入居賠償金（Einzugspauschale）…… 35
燃料の供給費 …………………………… 47

【は行】

配偶者 ……………………… 162, 311, 312
　──の承継権 ……………………… 312
排水費 …………………………………… 46
売買は賃貸借を破らず ……………… 291
配慮義務（Obhuspflicht）……… 122, 124
破　産 ………………………………… 263
パラボラアンテナ …………………… 117
バリアフリー化 ……………………… 202
比較賃料(Vergleichsmiete)システム… 170
美観修復（Schönheitsreparaturen）…… 71
美観修復義務 …………………………… 71
非居住用部屋（Nebenraum）………… 82
標準賃料表（Mietspiegel）…… 172, 181
費用の節約 …………………………… 113
不意打ち条項 ………………… 40, 86, 87, 111
　──条項の禁止 ………………… 18, 88
夫婦の日常家事処理権 ……………… 216
付随費用（Nebenkosten）…………… 54
普通取引約款 ………………………… 17, 111
物的瑕疵 ……………………………… 135
不明確性の原則 ……………………… 19
併用使用（Mitbenutzung）………… 131
返　還 ………………………………… 282
返還義務 …………………………… 282, 285
返還条項（Rückgabeklausel）………… 79

返還請求権 …………………………… 282
変更解約告知（Änderungs-kündigung）
　……………………………… 169, 211
弁済条項 ………………………………… 80
包括運営費 ……………………………… 55
包括賃料（Pauschalmiete）… 33, 113, 178
法定明渡猶予期間付特別解約告知…… 260
法定告知期間付特別解約告知権……… 321
法定質権 ……………………………… 205
　──の消滅 ……………………… 208
法定書面方式 ………………………… 15
法定的特別承継 ……………………… 314
暴　利 ………………………………… 38
ホームレス化 ………………………… 274
保護義務 ……………………………… 13
保守義務（Instandhaltungspflicht）
　……………………………… 100, 107
保　証 ………………………………… 64
保証された性状 ……………………… 141
保証責任（Bürgenhaftung）………… 301
保証人 ………………………………… 305
保存行為 ……………………………… 192

【ま行〜わ行】

水供給費 ……………………………… 45
迷惑行為 ……………………………… 226
黙示の延長 …………………………… 289
目的物の委譲（Überlassung）……… 91
模範賃貸借契約(Mustermietvertrag)… 17
約　款 ………………………………… 110
湯沸かし器の清掃費および調整費 …… 49
用　法 ………………………………… 20
ライヒ賃料法（Reichsmietengesetz）… 4
リュッケプラン（Lücke-Plan）……… 5
連結約款（Spannungsklausel）……… 43
連帯保証人
　（selbstschuldnerischer Bürge）…… 301
locatio conductio rei ……………………… 3
割増賃料（Zuschlag）………………… 33

■著者紹介

藤 井 俊 二（ふじい・しゅんじ）

北海道生まれ，神奈川大学法学部卒業，早稲田大学大学院法学研究科博士後期課程単位取得満期退学，山梨学院大学法学部講師，助教授，教授（この間，1996年4月～1997年3月，ドイツ・ポツダム大学に留学）を経て，2000年4月，創価大学法学部教授，2004年4月より創価大学大学院法務研究科教授。早稲田大学博士（法学）。日本土地法学会関東支部長，日本マンション学会副会長を歴任

■主要な論文・著作

〈単著〉『現代借家法制の新たな展開』（成文堂），『借地権・借家権の存続保護』（成文堂），『クルツレーアブーフ民法総則』（成文堂）。

〈共著〉『条解民法Ⅰ』『条解民法Ⅱ』（三省堂），『レクチャー債権各論』（成文堂），『コンメンタール借地借家法』（日本評論社），『借地借家法の理論と実務』（有斐閣），『現代の都市と土地私法』（有斐閣），『民法学説百年史』（三省堂），『借地の法律相談』（有斐閣），『借家の法律相談』（有斐閣），『借地・借家の裁判例』（有斐閣），『実務解説借地借家法』（青林書院），『新基本法コンメンタール借地借家法』（日本評論社）等。

〈論文〉「借地権の存続期間」（法律時報64巻5号），「欧米諸国の定期型土地利用権」（東大社会科学研究所・社会科学研究42巻2号，1990年），"Der Bestandsschutz des Raummietrechts in Japan" in Festschrift für Werner Merle zum 60. Geburtstag. Springer-Verlag, Februar 2000．「居住の権利──日本とドイツ──」（居住福祉研究9号，2010年5月），「正当事由制度の実態と課題」松尾弘・山野目章夫編『不動産賃貸借の課題と展望』（商事法務，2012年10月）所収，「定期建物賃貸借期間満了後の法律関係「再論」」『田山輝明先生古稀記念論文集「民事法学の歴史と未来」』（成文堂，2014年3月）所収。

法律学講座10

◆◆◆

ドイツ借家法概説

2015(平成27)年3月25日　第1版第1刷発行
8040:P376　¥5000E-012:050+015

著　者　　藤　井　俊　二
発行者　　今井　貴　稲葉文子
発行所　　株式会社　信 山 社
　　　　　編集第2部

〒113-0033　東京都文京区本郷6-2-9-102
Tel 03-3818-1019　Fax 03-3818-0344
info@shinzansha.co.jp
笠間才木支店　〒309-1611　茨城県笠間市笠間515-3
Tel 0296-71-9081　Fax 0296-71-9082
笠間来栖支店　〒309-1625　茨城県笠間市来栖2345-1
Tel 0296-71-0215　Fax 0296-72-5410
出版契約 No.2015-8040-1-01011　Printed in Japan

©藤井俊二, 2015　印刷・製本／ワイズ書籍山口, 吉田・牧製本
ISBN978-4-7972-8040-1 C3332　分類324.521-c010 ドイツ借家法

|JCOPY|《(社)出版者著作権管理機構 委託出版物》

本書の無断複写は著作権法上での例外を除き禁じられています。複写される場合は，そのつど事前に，(社)出版者著作権管理機構（電話03-3513-6969，FAX 03-3513-6979，e-mail: info@jcopy.or.jp）の許諾を得てください。

借地借家法の新展開　松井宏興・岡本詔治・牛尾洋也 編
5　「ドイツにおける定期賃貸借 Zeitmiete 制度の展開」（藤井俊二執筆）収載

実務注釈　定期借家法
衆議院法制局・建設省住宅局 監修/福井秀夫/久米良昭/阿部泰隆 編集

◇ 法律学講座 ◇

憲法講義（人権）
赤坂正浩

行政救済法
神橋一彦

信託法
星野　豊

防災法
生田長人

国際労働法
小西國友

実践国際法
小松一郎

外国法概論
田島　裕

アメリカ契約法
田島　裕

国会法
白井　誠

信山社